그래도 세상은 변한다

이대식 자서전

그래도 세상은 변한다

이대식 자서전

열린서원

主犯 3 被告에 死刑

金日成선물간첩 29명宣告, 2명엔 無期

서울형사지법 합의부(재판장 朴○부장판사)는 15일 北韓 金日成에게 선물을 보내려면 고정간첩등 일당 29명중 주범 權養燮피고인(55)李大植피고인(35)崔炳七피고인(58)등 3명에게 국가보안법 반공법 간첩죄 동율적용, 구형대로 사형을, 李鶴坦 피고인(45)에게 무기징역(구형 무기징역)을 선고하고 權樂基피고인(25·구형징역15년)에게도 검찰구형보다 무거운 무기징역을 선고했다. 재판부는 나머지 24명의 피고인에대해서는 최고징역15년 자격정지 10년에서 징역1년 자격정지 1년에 집행유예 2년을선고했다.

主犯등 8명에 最高15년 求刑

KAL機金○수

서울지검 경제부 許○九 부장검사는 15일 KAL기 金○○밀수사건 결심공판을열고 피고인 柳順南피고인(26)등 8명에게 금피밀수 치법 관세법위반죄 동율적용고 주범 柳順南피고인에게 징역15년 벌금1억1천5백만원〜징역10월을 각자 구

▲柳順南=징역15년 벌금 1억1천5백51만원〜추징금

굴곡진 우리 역사의 한 모퉁이

나는 안동군 와룡면 주하동이라는 두메산골의 유림가정에서 1938
년 태어나 여느 족친(族親)처럼 천자문이나 동몽선습(童蒙先習)을
배우며 전통 학문인 한학을 익혔다. 그러나 신학문을 배워야 된다고
해서 일제 강점 말기 와룡공립국민학교에 입학했다. 등교할 때는 책
보뿐 아니라 장작이나 솔방울 또는 관솔, 퇴비용 풀 등을 짊어지고 십
오리(6km) 길을 걸어가야 할 때가 대부분이었다. 요즈음 아이들은
이런 학교라면 아무도 다니지 않으려 했을텐데, 일제 말기에는 모두
궁핍하였고 일제가 최후의 발악을 할 시기였기에 누구나 그러한 고난
을 묵묵히 받아들였다. 그뿐만 아니라 매일 아침, 조회 때마다 황국신
민(皇國臣民)의 맹세를 제창하며 신민으로서 충의(忠義)를 다해야
한다고 강요받았기에 이런 고생쯤은 당연한 것으로 받아들이며 학교

를 다녔다.

1945년 일제는 항복하여 우리는 해방된 줄 믿었으나, 9월 미군이 3·8선 이남에 점령군으로 진주하여 포고령을 발동함으로써 여운형의 건국준비위원회는 물론 김구의 임시정부까지 인정하지 않고 미군이 직접 통치하는 군정을 선포하였다. 해방의 기쁨은 잠시뿐, 미군정청은 항거하는 민중들을 좌익으로 몰아 살육하며 탄압하던 시대에 나는 울분으로 보내야 했다.

미군정을 이어받은 이승만은 1948년 대한민국 정부를 수립하고 불안한 단독정부를 안정시키기 위해 정부 수립 후 최초법률인 국가보안법을 제정하여, 허약한 남한만의 단독정부를 반대하는 절대다수의 민중들을 좌익으로 몰아 살육과 탄압을 일삼았다. 이러한 이승만 독재정권하에서 나는 50년대를 보내야 했다.

1960년 4·19 혁명 봉기로 이승만 독재 정부가 와해 되자 억눌렸던 민중의 정치적 욕구가 분출되어 미국에 의한 남조선만의 단독정부 수립으로 인한 조국 분단 비극을 극복하기 위한 통일논의가 봇물처럼 쏟아져 나왔다. 이에 질겁한 미국은 5·16 군사 쿠데타를 암암리에 지원하여 반공을 국시로 삼는 박정희 군사정권을 탄생시켜 보안법, 반공법 등으로 정권 반대 세력을 억누름과 동시에 '조국 근대화'란 기치를 내 걸고 경제성장에 눈을 돌려 '한강의 기적'을 창출한다고 선전했다. 하지만 '오적(五賊)'이라는 시에서 보는 것처럼, 재벌 국회의원, 고위공무원, 장성, 장·차관을 '을사오적'에 비유하여 도둑촌(동빙고동 등)에 살고 있던 특권층에게는 한강의 기적이었지만, 일반 민중에게는 전태일 열사의 항거에서 보는 것처럼 수출보국에 종사한 노동자의 가혹한 노동착취의 산물이 바로 '한강의 기적'이었다.

　이런 굴곡진 우리 역사의 한 모퉁이를 살다가 나는 1972년 2월 16일 간첩죄로 체포되어 감옥에 격리된 지 19년만인 1990년 2월 28일에 비로소 출소하게 되었다. 지난 시기를 돌이켜 본다면 우리 사회도 변증법적 발전을 해 왔다는 것을 나는 체험에서 확신하게 되었다.

　일제 강점기에 우리 농촌사회는 봉건적 체제를 온존시키고 있어서 세력화된 민중의 역량이 거의 존재할 수 없었다. 이러한 상황에서는 조직적인 저항을 할 수 없었지만, 해방 이후 우리 민족은 스스로 나라를 세워보겠다는 열망이 분출되었다. 이에 미군정과 동조하는 이승만 일당이 총칼로 진압하는 과정에서 살아남은 핵심인자들이 조직적 역량으로 성장하게 되었다. 억압이 있는 곳에는 저항이 있기 마련인데, 남한만의 단독정부 수립에 반대하는 양민들을 좌익으로 편 갈라 무참히 희생시키는 속에서, 각성 된 핵심인자들이 조직적 역량으로 성장하여 오늘날 노동조합, NGO 단체로 공공연히 활동할 정도로 반미 민족 민주 역량은 확대 재생산되어 우리 사회 구석구석의 민주화에 헌신하고 있기에, 아직은 소수지만 사회 민주화에 무시 못 할 세력으로 등장하게 되었다. 다시 말하면 미국이 짜 놓은 70여 년의 분단 체제 속에서도 세상은 발전할 수밖에 없었고, 민주 역량이 태동하여 축적되고 성장 됨으로써 우리 민족 불행의 근원인 분단 체제를 타파할 날이 멀지 않았다는 사실을 알게 되었다. 이처럼 '그래도 세상은 변한다'는 진리를 나는 체험으로 확증하게 되었음을 미리 밝혀두고자 한다.

2025년 봄소식을 들으며 **이대식** 씀

1938년생 안동 사람 이대식

김진향(전 개성공단 이사장·관리위원장)

사람이 있습니다. 여기 한 사람이 있습니다.

우주 만물의 대질서 그 무궁한 대자연을 존엄 있게 살아가는 소중한 한 인간이 있습니다. 우주를 이루는 또 하나의 존엄 있는 소우주 '1938년생 안동 사람 이대식'을 소개합니다.

인생 구순을 바라보는 존엄 있는 소우주 이대식 선생님의 파란 많은 삶을 들여다보는 것은 아픔이고 안타까움이고 눈물이고 경이로움이었습니다. 존엄한 삶을 살아가고자 하는 인간의 존엄성이 끝없이 무궁무진함을 다시 확인합니다.

일제 식민과 분단, 폭압적 야만의 시대를 홀연히 건너온 이대식 선생님의 굽이굽이 인생길을 들여다보는 내내, 이대식 선생님의 존엄 있는 인간이고자 하는, 인간 존엄을 향한 파란 많은 인생사에 절로 고

개가 숙여졌습니다.

　이대식 선생이 만 일곱살에 맞은 해방과 분단 그리고 전쟁의 소용돌이, 이승만 장기독재와 부정부패, 1960년 4.19혁명, 1961년 5.16 군사쿠데타와 박정희의 18년 장기독재, 1980년 광주민주화운동에 대한 폭압적 시민학살과 전두환의 군사독재 연장… 그 모든 파란 많은 우리의 현대사가 이대식 선생님의 인생사 안에 고스란히 담겨 있었습니다.

　일제 식민지배가 잉태했던 분단과 그 분단체제에 기생했던 반민족－반민주－반인간의 정치적 폭압을 이대식 선생님의 인생길 내내 자신의 삶으로 몸소 겪게 되는 수난사는 우리 민족의 수난사를 이대식 선생님의 삶 안에 상징적으로 축소해 놓은 듯하여 가슴이 저리고 아팠습니다.

　폭압적 일제 식민지배가 끝난 줄 알았으나 일제가 물러간 자리에 일제에 충성했던 일제의 주구－사냥개 친일파들이 권력을 잡고 일제를 반대하며 싸웠던 양심적인 사람들, 독립운동가들이 다시 산으로 쫓기고 숨어지내고 친일파들에 의해 다시 고초를 당하고 죽임을 당하는 어처구니없는 야만의 시대를 지켜보아야 했을 소년 이대식 선생의 혼란을 아프게 나누었습니다.

　조상 대대로 살아온 우리의 터전과 이 민족을 지극히 사랑했고 몸 부대끼고 살 부비며 살아온 우리 공동체를 너무 사랑했던 민족주의적 민주주의자 이대식 선생은 오욕에 찬 식민과 분단의 땅에서는 위험한 인물이 될 수밖에 없었습니다. 공동체를 사랑했기에, 민족을 사랑했기에, 민주주의를 신봉했기에, 누구보다 이 땅을 함께 살아가는 이웃과 민중을 사랑했기에 반민족-반민주-반인간의 분단체제는 이대식 선생을 칠성판에 묶어 고문하고 조작하고 날조하고 왜곡해서 간첩으로 몰았던 것입니다.

분단체제 속에서는 공동체를 사랑하면 안 되고, 민족을 사랑하면 안 되고, 나라를 사랑하면 안 되었으며 인간의 윤리와 사회 도덕, 공동체의 정의와 민주주의, 진-선-미를 숭상하면 안 되는 것이었습니다.

이대식 선생님의 자조 섞인 말씀처럼 그 모든 파란만장한 고난과 고초는 '시대를 잘못 태어난 탓'일 지도 모릅니다. 실은 식민과 분단이라는 우리 민족에게 애초부터 폭력이었던 그 야만의 시대를 온전히 살아남은 사람은 거의 없었다고 해도 과언이 아닐 것입니다. 존엄 있는 인간이고자 했던 사람이라면 누구나 겪어야 했던, 폭압적 분단체제가 강요한 구조적 폭력과 제도적 야만이었습니다.

다시… 인간을 바라봅니다. 고요한 마음으로 이대식 선생님을 오롯이 바라봅니다.

인간은 존엄합니다. 그렇습니다. 인간의 존엄성은 무궁무진합니다. 존엄 있는 인간이고자 하는 이대식 선생님의 인간 존엄성 또한 무궁무진합니다. 바꾸어 생각해 보면 이대식 선생님 스스로 애초부터 존엄 있는 숭고한 인간이었기에, 그토록 잔인했던 폭압과 야만의 시대를 이렇게 허허로이 건너와 존엄 있는 인간으로서 지난 시절을 존엄 있게 회고하고 계신 것입니다.

존엄 있는 인간에 대한 야수적 폭력을 강제했던 반민족-반민주-반인간의 식민과 분단-독재체제를 인생 구순의 깊고 넓은 식견으로 만천하에 고발하고 계십니다. 인간의 자연 본성이자 근본 본성인 존엄성이 밀고 온 인류 진보의 역사, 민주주의 역사, 평화와 통일을 향한 중단할 수 없는 민족사의 노정에 이대식 선생님 또한 이 책을 통해 주춧돌 하나 더 단단히 받쳐주고 계십니다.

'그래도 세상은 변한다.'

이대식 선생님께서 지으신 책 제목을 오랫동안 되뇌어봅니다. 구순의 삶을 돌아보면서 마지막 남기고 계신 '그래도 세상은 변한다'는 말씀은 그래도 우리 공동체의 민주주의가 발전함을, 그래도 이 민족의 평화와 통일이 진일보하게 나아가고 있음을, 그래도 인류 역사가 진보하고 발전해 감을 상징적으로 담은 제목이라 생각합니다.

저는 한마디만 거들고 싶습니다. 그 모든 인류 진보의 역사는 인간의 기본 본성이자 근본 본성인 인간의 존엄성, 인간이 스스로 존엄(尊嚴)하고자 하는 자기 존엄을 향한 본성이 끊임없이 밀고 온 역사라고 이야기하고 싶습니다.

인간의 존엄을 지키고 견결하게 확장시켜 온 이대식 선생님의 숭고한 삶 앞에 경의를 표하며 경이로운 소우주의 삶을 더욱 행복하게 가꾸어 가시길 소망하며 작은 마음 함께 나눕니다.

이대식 선생님, 고맙습니다. 감사합니다. 사랑합니다.

당신은 진정 인간의 존엄을 알고, 인간의 존엄성을 체화하며, 인간의 존엄을 실현하는 삶을 숭고하게 살아 오셨습니다. 당신은 존엄 있는 참인간이십니다.

차례

머리말 굴곡진 우리 역사의 한 모퉁이 / 5
추천사 1938년생 안동사람 이대식 – 김진향 / 8

1. 유년시절 / 14

2. 일제해방과 인민위원회 / 30

3. '소개령'에 의한 참상 / 50

4. 전쟁과 피난민 / 53

5. 처음 만난 인민군 / 57

6. 인민군의 '안동해방'과 후퇴 / 61

7. 중고등학교 시절 / 82

8. 대학시절 / 92

9. 4·19 봉기 / 99

10. 군 입대로 피신 / 121

11. 일본여행 / 125

12. 1970년대 초의 사회상 / 131

13. 체포 및 감옥살이 / 135

14. 검사 취조 / 149

15. 서대문구치소에서의 경험 / 152

16. 한영식 선생의 잔영 / 165

17. 대전교도소 특별사(特別舍) / 167

18. 19년만의 출소와 추풍령 휴게소에서의 인수인계 / 240

19. 사업과 결혼 / 245

20. 쑥탕(이금춘, 조상철)과의 관계 / 255

21. GPS 간첩사건 / 265

22. 보안관찰법소송 승소 / 275

23. 대북사업 관련 단상 / 278

24. 평양방문 / 286

25. 북한사람들에 대한 인상 / 299

26. 하나됨을 위한 북녘사람들의 열정 / 331

27. 재심신청 / 357

부록 유위하 선생에 대하여 / 366

해제 한국판 매카시즘의 늪에서 『그래도 세상은 변한다』를 어떻게 읽을 읽을 것인가? - 이현휘 / 377

유년시절

나는 경상북도 안동군 와룡면 주하동에서 1938년 음력 정월 열아흐렛날(양력 2월 18일)에 태어났다. 당시 출생신고는 구장이 면사무소에 가서 대신해주었다. 주하동은 1구와 2구로 나뉘어 각 구장을 두었는데, 내가 태어난 1구의 구장이 3월 15일에 출생신고를 하는 바람에 호적상에서 나의 생년월일은 1938년 3월 15일생으로 되어 버렸다.

내 위로 누님 세 분이 계셨고, 아버님께서는 독자이셨다. 따라서 조부님께서는 대가 끊어질까 봐 첫 손자를 몹시 기다리셨는데, 내가 장손으로 태어나자 나를 몹시 애지중지하셨다.

더욱이 당시는 남존여비 풍조가 지배하던 시절이었기 때문에 조부님께서는 내가 대학까지 마칠 수 있게 해주셨다. 그러나 누님들에게는 "여편네가 남편보다 똑똑하면 집안이 망하느니라"라고 엄명을 내리시면서 국민학교만 마치게 하셨다. 집안에서도 가정교육(유교식 예의범절)만 받아야 하셨던 누님들은 지금도 불만을 토로하고 계신다.

우리 동네는 60여 호가 산골짜기를 따라 옹기종기 살던 진성이씨 집성촌이었기에 성명 대신 택호(宅號)로 호칭했다. 택호 뒤에는 OO 형님, OO 아재, OO 할배로 통하는 평화롭고 화목한 진성이씨 일가 동네였다. 따라서 우리 할배에게는 '명계 할배' 등 항렬에 따라 호칭하였고, 우리 어머니에게는 '일직 아지매' 등 항렬에 따라 호칭하여 혈연관계로 이루어진 공동체 삶을 영위하였다. 이로써 관혼상제 등 큰일을 치를 때는 동네 사람이 거의 다 모여 자기 집안일처럼 함께 즐기고 함께 슬퍼했다. 농사철에는 '두레'라고 하는 품앗이로 농사일을 서로 거들어 주며 전통적으로 이어 왔던 공동체적 삶을 살았다.

집집마다 경작하는 농지면적은 각각 달라 많은 집은 수천 평, 적은 집은 수백 평씩 농사를 지었다. 수백 평 농사짓는 집은 공출에 곡식을 빼앗겨 음력설만 지나면 양식이 떨어졌다. 상황이 이렇게 되자 내 고향 사람들은 산에 가서 소나무껍질을 벗겨 먹기도 하고, 칡뿌리를 캐 먹기도 하는 등 빈한한 두메산골 생활을 해야 했다. 5일마다 서는 안동장날에는 장작이나 소나무가지를 말려 묶은 '솔깝'을 한 지게씩 지고 가서 팔고, 그 돈으로 좁쌀 등 양식을 사 와야 하는 고단한 삶으로 근근이 목숨을 연명하는 집들도 많았다.

우리 동네는 안동읍 장터까지 약10km나 되는 먼 길이었지만, 장날이면 이렇게 땔감 등을 지게에 지고 가서 팔아야 연명할 수 있는 몰락한 양반(?)동네였다. 당시 우리 동네는 상품사회로부터 완전히 소외된 곳이었다. 농사를 지어도 자급자족하기 위해 지었지 자기가 생산한 농산물을 상품화시킬 생각은 엄두도 못 내었던 것이다. 곡식은 식구들의 양식을 해결하기 위한 것이었고, 삼(대마)과 목화, 누에치기는 식구들이 입을 옷감을 해결하기 위한 것일 뿐이었다. 여유분이 있게 되면 안동 장에 가서 팔아 석유를 구입하기도 하고, 월사금(月謝金, 예전에 스승에게 감사의 뜻으로 다달이 바치던 돈) 등을 위해 몇 푼의 돈을 마련하는 것이 고작이었다.

이렇게 내가 태어난 동네는 빈한한 두메산골이었지만 많은 동네 어른들과 아재, 할배들은 가난을 운명으로 받아들이고 체념한 채 현실을 초월한 듯 근엄한 모습으로 대대로 이어온 한학에만 몰두하여, 밤에는 사랑채마다 글 읽는 소리만 낭랑하게 들려 올 뿐이었다. 그런가 하면 안방에서는 베틀을 차려놓고 베를 짜기도 하며, 내방가사를 읽고 시름을 달래곤 했다.

물론 신문, 라디오 등과 같은 문명의 이기(利器)는 아무것도 없었다. 시국이 어떻게 돌아가는지 알려주는 매체들도 없었다. 외부 세상과는 등진 채 주로 주자학과 같은 한학(漢學)에만 매몰되었고 생계를 타개할 현실적인 방책은 엄두도 내지 못했다. 가난을 운명인양 받아들이면서 근엄하게 초현실적인 삶을 대대로 살아온 동네였다.

이런 동네이다 보니 문명의 이기는 겨우 탈곡기 2대가 전부였다. 이 탈곡기로 가을이면 온 동네 집들이 순서대로 탈곡하였다. 호미, 낫 등의 농기구를 활용한 수백 년 이어온 농사법을 그대로 답습하여 인력으로만 농사를 지어온 것이다. 상품사회로부터 완전히 소외된 채, 각자가 지은 농사로 양식만 해결하면 족할 뿐 농산물을 상품화할 여지는 없었다. 오직 호롱불을 밝히기 위한 석유만 구입할 수 있으면 족하였다. 이렇게 빈한한 동네에 시계를 가지고 있는 집은 한 집도 없었지만, 육감(肉感)적으로 아침, 점심, 저녁때를 거의 맞추고 살았으며, 새벽에 지내는 기제사(忌祭祀) 시간도 대충 맞출 수 있었다. 어떤 때는 호롱불 켜는 석유조차 아까워 관솔불로 광창에 불을 피워 호롱불을 대신하기도 했다

내가 태어난 곳이 이렇게 가난한 두메산골이다 보니, 굶어 죽지 않고 목숨만 유지될 수 있으면 다행으로 여기고 살았다. 당시에는 우리 동네만 특별히 가난했던 것은 아니고, 안동의 이웃 동네도 다 같이 먹을 것이 궁해 겨우 목숨만 유지했었다.

오히려 진성이씨 집성촌인 우리 동네는 당시 일제 말기에도 양반촌이라는 특혜를 받아 여러모로 유리했다. 그러나 이웃의 중인(中人) 촌, 상민(常民) 촌의 사람은 일제가 거리낌 없이 수탈하고 억압하여 우리 동네보다 더 열악한 생활을 할 수밖에 없었다. 이렇다 보니 우리 동네 어른들은 가난을 운명으로 여기고, 한학과 체통만으로 위안을 삼아, 각 가정의 사랑채에서는 글 읽는 소리만 낭랑하게 울려 퍼졌다.

동네 분위기가 이렇다 보니 노인들은 신학문인 일제(日帝)의 교육을 받지 말고 전통 한학을 배우라고 권유할 정도로 일제의 산업 문명을 등한시했다. 이처럼 우리 동네는 외부세계와 교류의 기회를 거의 가지지 못한 채, 오직 영남 양반들끼리만 교류하면서 옛 풍습을 존속시키는데 급급했을 뿐이다. 나의 아버지 이경운도 이런 환경 속에서 1912년에 출생하여 한학으로 어린 시절을 보냈다. 그러다 당시 영남 한학의 거두였던 봉화군 닭실(유곡)의 채산장 권상규의 문하생이 되었다. 아버지는 사서삼경에 능통하여 영남에서 두 사람만 뽑는 경성

(서울)의 명륜 학원(현 성균관대학) 장학생으로 선발되어 1936년에 입학하게 되었다.

아버지는 이 명륜 학원에서 비로소 신문명을 접하게 되었는데, 당시 한문학, 국문학을 강의하시던 김태준(金台俊, 1905-1949) 선생의 애제자가 되어 변증법적 유물론을 비밀리에 터득함으로써 새로운 세계에 눈을 떴다. 아버지는 당시 유행하던 마르크스-레닌주의에 심취했다. 또 바로 이웃집에 사는 4년 후배의 조카 이용준(李容準, 1916년 3월 3일 출생)을 신문명으로 유인하고 상경시켜 김태준 선생의 추천으로 명륜 학원에 입학시켰다.

그 후 아버지는 해방을 맞이하여 서울에서 활동하다가 6·25전쟁이 발발하자 고향 안동에 피난하여 살던 도중, 서울에서의 활동을 구실로 1951년에 체포되었다. 죄명은 국가보안법 및 비상사태하의 범죄 처벌에 관한 특별 조치령 위반이었다. 할아버지는 하나밖에 없는 아들이 형무소에 갇혀 생사가 위급하게 되자, 농지 천여 평을 팔아 검사에게 바쳐 집행유예로 석방되게 하셨다. 그 후 아버지는 대구 경북고 등지에서 국어, 한문, 고전 등을 가르치는 교편생활을 하다가 1972년에 내가 간첩혐의로 체포되자 강제퇴직 되고 말았다.

나의 간첩 사건으로 우리 집은 완전히 몰락하였다. 아버지는 가족 생계를 위하여 대구에서 조그마한 건강식품 가게를 운영하였다. 1983년 대구 미문화원사건이 발생했다. 사건이 미궁에 빠지자 공안 기관은 대구의 양심적 지식인을 모조리 잡아 가두었는데, 70이 넘은 나의 아버지까지 또 잡혀 들어가 반공법 위반이라는 혐의로 7개월간 복역 후 항소심에서 집행유예로 풀려나는 비운을 겪었다.

이렇게 내 고향 두루(周村)는 진성이씨 집성촌이자 대대로 이어온 몰락한 양반 촌이었다. 가난을 숙명으로 여기면서 오직 전통 주자학만을 학문으로 고집했다. 따라서 일제의 신문명을 제대로 접하지 못했고, 어쩌다 접했더라도 거부하면서 살았다. 그런데 아버지는 일제 양반 유림촌의 회유책으로 경성의 명륜 학원에 장학생으로 추천되어 입학했던 것이다. 아버지는 신문명에 눈을 뜨면서 당시 한문학, 국문학 강의를 하던 김태준 선생의 제자가 되어 마르크스-레닌주의를 접했고, 자신의 세계관도 확립했다. 아버지의 도움으로 명륜 학원에 입학한 이용준도 김태준 선생의 애제자가 되어 선진사상으로 무장하게 됨으로써 내 고향 두루는 하루아침에 완고한 양반 촌에서 진보사상으로 무장된 농촌으로 변모되었다.

이때 우리 앞집에 살던 친척 이용욱, 이용극 형제는 새로운 세계에 눈을 떠서 국민학교를 졸업하자마자 사고무친의 일본 동경으로 건너가 온갖 고생을 다 해 가며 고학으로 와세다 대학 법문학부를 졸업했다. 이용욱은 해방 후 조총련 중앙정치학원 교수로 재직했고, 동생 이용극도 일본 조총련 조선대학 교원으로 재직했다. 1967년에 나는 중국 원(元)나라의 4대 화가 중 한 사람인 왕몽(王蒙)의 산수화를 처분하러 일본을 갔는데, 이들 형제가 이 그림을 판매하는 데 일조했다. 1972년에는 내가 유위하(柳渭夏) 사건1)으로 잡혀가게 되자 정보기

---

1) 유위하(柳渭夏)는 고향이 안동군 풍천면 하회리 출신으로, 1946년 단성 단정 반대 투쟁으로 투쟁을 하다가 안동형무소에서 1년간 옥살이를 하고 출소하여 서울 충정로에서 바느질로 품팔이를 했다. 한국전쟁 때 인민군 후퇴 시기에 같이 월북하여 중국 동북지방으로 간 후, 1951년에 귀국하여 국경 지역에서 여맹(女盟) 사업을 했던 사람이다. 이후 남파공작원으로 활동하다 남측에서 체포되어 사형을 당한 여성이다.

관은 내가 마치 조총련의 지령을 받고 잠입한 것처럼 날조하여 내 판결문에도 위 두 형제의 이름이 등재되었다.

여기서 나는 이용준씨와 관련된 <훈민정음해례본> 원본에 얽힌 일화를 털어놓아야겠다. 이용준씨는 앞서 언급한 것처럼 아버지의 추천으로 김태준 선생에 의해 명륜 학원에 입학한 후 아버지와 함께 김태준 선생의 애제자가 되었다. 김태준 선생은 당시 경성제국대학과 명륜 학원에서 조선 한문학사와 조선 문학사를 강의하였고, 해방 후에는 경성대학 초대총장으로 선출된 진보적 학자였다. 미군정(美軍政)은 김태준 총장을 눈엣가시로 여겨 '국대안(서울대학 국립대학안) 파동'2)을 야기시켜 축출해 버린다. 그는 조선의 천재학자인데 시대를 잘못 만나 재능을 제대로 발휘 못하고 희생된 변혁기의 풍운아였다.

김태준 교수는 제자 이용준의 재능을 꿰뚫어 보고 진보사상을 교육하여 사상적으로는 물론 사제지간으로도 결합되었다. 이때 이용준은 스승에게 <훈민정음해례본> 원본을 입수 소장하게 된 경위를 털어놓았다. 이용준의 처가는 광산김씨 '긍구당 종택'이었는데, 그가 처가 서고를 뒤지다보니 <훈민정음해례본> 원본이 눈에 들어왔던 것이

---

2) 1946년 국립대학안을 반대하여 일어난 동맹 휴학 사건이다. 1946년 6월 19일에 미군정청은 경성대학과 경성의학전문학교, 경성치과의학전문학교, 경성법학전문학교, 경성고등공업학교, 경성고등상업학교, 수원고등농업학교 등을 통합하는 국립대학안을 발표하였으며, 일부 학생들의 반대를 무시하고 8월 23일 <군정령>으로 국립서울대학교의 신설을 강행하였다. 반대투쟁에 나선 이유는 국립대학안이 고등 교육기관의 축소를 의미하며 총장 및 행정 담당인사를 미국인으로 한 것은 운영의 자취권을 박탈하는 것이고, 통합의 시도로 각 학교의 고유성을 해친다는 이유 등이었다. 이의 여파로 전국 대학 곳곳에서 동맹 휴학한 학교수는 57개였고 그 인원은 약 4만명에 달했다. 반대 운동에 따라 해직된 교수도 380명에 달했으며 동맹휴학으로 제적된 학생 수는 총 4,956명이었다.

다. 그는 장인에게 이 책을 정독하고 싶으니 가져가서 정독할 수 있게 허락해 달라고 청했다. 이에 장인이 허락해서 본가(두루)에 보관해 두고 정독하고 있었다고 털어 놓았다.

자초지종을 다 듣고 난 김태준 선생은 자기가 조선 문학을 강의하고 한글을 연구하고 있지만, 한글이 어떤 원리를 바탕으로 창제되었는지 알지 못하여 애를 태우던 차에 놀랍게도 애제자가 <훈민정음해례본>을 보관하고 있다니 당장 확인하고 싶었다. 안동 두루 이용준 본가의 부친 이한걸은 경류정 종손의 4촌 동생으로서 슬하에 이용규, 이용훈, 이용준의 3남을 두고 있었다. 이에 김태준 선생은 이용준과 저의 아버지와 함께 안동본가에 가서 <훈민정음해례본>이 진본임을 확인하고 엄청난 충격을 받았다고 했다.

당시 김태준 선생은 강단에 서면서도 일제로부터 해방되기 위해서는 우선 조선의 진보적 활동가들이 통일단결 되어야 한다고 생각하고 경성콤그룹에서 핵심적으로 활동하고 있었다. 하지만 일제의 탄압으로 재정적으로도 매우 힘들게 활동할 수밖에 없었다. 이에 세 사람은 해방운동의 활동자금을 마련하기 위해 이 보물인 <훈민정음해례본>을 처분하기로 결정하고 김태준 선생에게 처분을 위임했다.

김태준 선생은 이 보물이 일제의 수중에 넘어가지 않고 민족의 보물로서 그 가치를 길이 보존시키려면 친구인 전형필 선생이 소장하는 길 밖에 없다고 믿고 그에게 은밀히 제안했다. 전형필 선생은 당시에도 우리나라의 골동품들을 수집하고 있었는데 <훈민정음해례본>이 안동에 비장되어 있다는 사실과 민족해방운동의 자금마련을 위해 이를 처분하려 한다는 사실을 김태준 선생으로부터 듣게 되어 흥분을 감추지 못하고, 어떻게든 이 <훈민정음해례본>을 자기가 소장할 수 있게 도와달라고 간청했다고 한다.

이리하여 전형필은 김태준 선생의 감정결과만 믿고 현품을 본 후 즉시 거금 1만원을 책값으로 지불하고, 감정해 준 김태준 선생에게도 감정료 명목으로 1천원을 지불했다고 한다. 사실 김태준 선생과 이용준, 아버지 세 사람은 이 <훈민정음해례본>을 1천원을 받고 처분하기로 합의하여, 이 책을 대대로 보관해 오던 궁구당 김응수 장인에게도 1천원에 처분하기로 동의를 받았다고 했다.

그러나 전형필 선생은 이 책 대금이 민족해방자금으로 쓰인다는 것을 알고 호가의 10배인 1만원을 지급하겠다했고, 김태준 선생에게는 별도로 감정료 조로 1천 원을 후사했다 한다. 당시 1만원이면 서울 장안의 기와집 10여 채를 살 수 있는 거액이라 했다. 그런데 당시 김태준, 이용준, 김응수 어른, 그리고 저의 아버지는 이 <훈민정음해례본>의 가치를 제대로 평가할 수 있는 안목이 부족하여, 높게 호가해야 한다고 합의한 금액이 기껏 1천 원이라 했다.

왜냐면 당시에도 한문은 동양 3국 즉 조선, 중국, 일본에서 통용되는 글다운 글이기에 진서(眞書)라 칭했고, 조선 글(한글)은 쉬운 통속문자이기에 여성들의 내방가사에서나 사용할 정도의 비천한 글이라 하여 언문(諺文)이라 칭할 정도로 사대주의가 조선식민지사회를 지배하고 있었기 때문에 <훈민정음(언문)해례본>의 가치도 얕잡아 보았다.

따라서 <훈민정음해례본>의 가치를 우리 민족문화의 주체적 견지에서 평가하지 못해 기껏 1천 원을 호가했는데, 전형필 선생이 우리 조선 글의 진가를 올바로 평가하고, 더욱이 조선해방을 위한 투쟁자금으로 전액 사용한다 하니, 호가의 10배를 주고 매입했다 하며 이 해례본을 발굴해 준 김태준 선생에게는 별도로 1천 원을 감정료 조로 사례했다는 것이다.

이렇게 이용준은 20대 초반에 처가의 보물을 처분하고 나서, 김태준 선생의 확약서를 소지하고 저의 아버지와 함께 장인께 양해를 구하러 가서 장인(김응수)에게 이 <훈민정음해례본>을 일제의 수중에 넘기지 않고 민족문화유산 수집가인 전형필 선생에게 소장케 했으며, 처분대금 1만 원과 김태준 선생의 감정료 1천 원 전액을 조선해방을 위한 활동자금(경성콤그룹 활동자금)으로 사용하기로 했으니, 해방되면 장인어른께 상당한 보상이 있을 것이라고 설득하여 양해를 얻어 내게 되었다고 한다.

여기서 한 가지 첨가해 둘 것이 있다. 이 <훈민정음해례본>이 이용준 본가에서 대대로 비장해 오던 것을 이용준이 처분했다는 와전된 설이 있었지만, 그것은 분명히 헛소문이란 것을 여기서 밝혀둔다. 다시 말하면 이용준의 조부는 종손의 동생으로서 분가할 때 약간의 토지와 집만 신축해 받았을 뿐 장서들은 종손이 소장하는 것이 관례였을 뿐 아니라, 나의 아버지도 이용준과 동행하여 긍구당가 김응수 어른이 자초지종의 상황을 듣고 흔쾌히 승낙하시는 모습을 목격했기 때문이다.

다만 이 보물 처분대금(감정료 1천 원 포함) 1만 천 원의 거금을 어느 누구도 한 푼을 사사로이 쓰지 않고 '경성콤그룹' 활동자금으로 사용했다니 선배 지사들의 고결한 품성에 고개가 저절로 숙여질 뿐이다. 당시 11,000원으로 서울 장안의 기와집 10여 채를 구입 할 수 있는 거금이었다고 하는데, 관계 당사자들이 경제적으로 모두 곤궁했음에도 한 푼도 사용(私用)으로 쓰지 않고, 전액 경성 콤 그룹 활동자금으로 사용했으며, 긍구당가 종손(이용준의 장인)도 민족해방을 위해 기꺼이 가보를 희사한 데 대하여 머리 숙여 찬탄하지 않을 수 없다.

만일 내가 그때 당사자였다면 나도 그렇게 고결하게 헌신할 수 있을까를 상상해 본다. 이용준은 안동 본댁(아버지 이한걸)이 춘궁기에는 식량이 없을 정도로 빈한하였음에도, 오직 조선의 독립과 무산자의 해방을 위해 <훈민정음해례> 원본을 처분하기로 용단을 내려 경성콤그룹 활동자금으로 기꺼이 다 바쳤던 것이다.

이용준은 곧 해방을 맞이하여 꿈을 실현할 수 있으리라고 믿었는데 미군정이 일제 대신 38선 이남의 나라를 차지하게 되었다. 이에 저항하다가 '조선정판사 사건'[3])의 조작으로 수배를 당하게 되자, 이용준은 서울을 버리고 간신히 38선을 넘어 북조선 신의주로 피신해 버렸다. 그는 6·25전쟁 전에는 고향으로 이따금 소식을 전해 왔는데, 전쟁 후 인민군을 따라 후퇴한 조카 이재봉, 이재규, 종질녀 재성이 함께 지낸다는 풍문은 들었으나 지금은 소식이 단절되고 말았다.

김태준 선생은 당시 경성제국대학에 유일한 조선 사람으로 재직한 천재적 지식인이었으나, 조선 해방투쟁에 전념하느라 전 가족이 아사할 정도로 빈한한 생활을 하였다. 하지만 그는 후배들에게 전혀 그런 기색을 보이지 않았다. 그는 우리 문학사에 큰 족적을 남긴 위대한 학

---

3) 조선정판사 사건은 1945년 10월 20일부터 6회에 걸쳐 조선정판사(朝鮮精版社) 사장 박낙종 등 조선공산당원 7명이 위조지폐를 발행한 사건으로 알려져 있다.

자이면서도 사회발전 법칙을 터득한 사회운동가였다. 그가 경성콤그룹에서 활동하다가 옥고를 치르고 해방되자 경성대학(현 서울대) 초대총장으로 선출되었지만 미군정의 탄압으로 축출되고, 경성콤그룹 동지였던 이현상의 지리산 빨치산 문화선전대로 활동하다 체포되어 희생되고 말았다.

그의 후학 양성에 대한 열정은 식을 줄 몰랐고, 나의 아버지 이경운을 국어, 한문, 고전 등을 가르치는 교사로 만들어 주었다. 이용준의 중형 이용훈도 국문학을 가르치는 교사로 키워준 천재학자이면서도 시대가 낳은 혁명가였다. 그리고 이 <훈민정음해례본>은 간송 전형필에 의해 세상에 밝혀져 국보로 지정되었으며 조선 글 창제의 원리와 과정을 알려 주어 조선 글(한글)의 우수성이 세상에 밝혀지게 되었다. 여기서 우리가 흔히 '한글'이라 쓰고 있는 낱말의 유래에 대해서도 살펴 볼 필요가 있다고 생각한다.

<훈민정음해례본>이 창작될 당시에는 우리말을 '한글'이라 호칭하지는 않았고 '언문'이라 칭하기도 했지만, 고종이 조선의 국호를 대한제국이라 개칭하고 스스로를 황제라 칭함에 따라, 우리말 학자 주시경과 변절한 최남선이 처음으로 조선 글을 '한글'이라 명명하게 되었다. 그 동기는 훈민정음 서문에서 보는 바와 같이 "나랏말쑴이 듕귁에 달아—"라는 표현에서 알 수 있다. 예컨대, '나랏말'은 '조선말 나라 글'을 뜻하는데, 이는 고종이 조선을 '대한제국' 곧, 한국이라 개칭하면서 '나라 글'을 '한글'로 호칭하기 시작했다. 해방 후에 '대한제국'이 '대한민국(한국)'으로 개칭되어 훈민정음에서의 '나라 글(조선 글)'도 '한글'로 굳어진 것이다. 이렇게 훈민정음에서의 '나라 글(조선 글)'도

우리는 '한글'이라 칭하지만, 이북에서는 월북한 홍명희의 장남 홍기문, 이용준 등 조선말 학자들이 '한글'이라는 용어는 쓰지 않고 '나라글(國文)'이라는 의미에서 '조선말'(朝鮮語), '조선 글'로 그대로 쓴다고 한다.

나의 어머니 이인쾌(李仁快)는 재령이씨 밀암파 종녀로 1910년 출생하였는데, 신식교육은 전혀 받지 못해 국민학교 문전도 구경하지 못한 분이지만, 집안에서 <명심보감>까지 배우셨고 언문(諺文)도 익혀서 <옥루몽>, <심청전> 등 내방가사들을 달달 외우고, 손수 <누에가>등을 작사하여 동네 사돈지(査頓紙.자식 결혼하면 안사돈끼리 나누는 편지)를 도맡아 대필해 줄 정도로 문장에 능하였다.

당시의 언문이란 오늘의 한글을 말하는데 남존여비사상 때문에 남자는 한문을 익혀야 체통을 세울 수 있다고 하여 <사서삼경>까지 공부하게 했으며, 여자는 보다 쉬운 언문만 익혀 가정의례를 지킬 줄 알정도의 쉬운 언문(조선 글)과 <동몽선습>(童蒙先習) 정도의 한문만 익히게 했던 것이다. 어머니는 시부모님을 모시면서 자식들 키우고 머슴까지 돌보며 집안 안살림을 살아야 하는 1인 3역의 사역을 해야 하는 고달픈 삶을 살아야 했다.

뿐만 아니라 집안 식구들의 삼베옷, 무명옷, 명주옷을 직접 손수 길쌈하여 입혀야 했고, 집안일을 도맡아 하면서 시아버지를 봉양해야 하는 눈 코 뜰 새 없는 고달픈 나날을 보내면서도 자식을 키워야 했으니 얼마나 가혹한 삶을 사셨는가를 생각하니 지금도 눈시울이 적셔진다. 어머님은 봄, 가을로 뽕을 따 누에를 길러 고치를 짜 명주옷을 만들어야 했으며, 여름에는 일꾼들이 삼 농사를 지어 삼 굿(삼을 불위에 놓고 찌는 것)까지 해 주면 어머님은 삼을 삼아 베틀에 놓고 삼베를 짜야 했다. 가을에는 목화밭에 나가 목화를 따다가 씨를 갈라내고 물레로 실을 뽑아 베틀에 얹어 베를 짜서 무명옷을 입혀주기도 하고, 솜을 만들어 솜옷, 솜이불을 만들어 주어야 했다.

또 농사철이면 두레나 품앗이로 온 동네 사람의 밥과 참을 해 주어야 하는 그야말로 눈코 뜰 새 없는 나날들을 보내면서도, 단 한 번도 바쁜 생활에 대해 불평을 하거나 태만히 하시지 않았다. 물론 어머니 혼자서 이 모든 집안일을 한 것은 아니고, 누님들을 비롯한 동네 친척들의 도움도 있었지만, 기본적으로는 누님들을 비롯한 여자 집안 식구들의 당연한 몫이었다. 누님들에게도 이런 가사 일을 시키면서 "시집가서 며느리로서 해야 할 일을 미리 예행연습하는 것이니, 친정 어미 욕먹지 않게 잘 배워라."하시며 하나하나 가르치기도 했다. 이런 와중에서도 어머니는 동지섣달 긴긴밤에 동네 아주머니들과 모여 허난설헌의 <규원가>, <화전가> 등을 낭송하기도 하고, 손수 지은 <누에가> 등을 낭송하면서 여성의 애환을 읊조리기도 하였다.

어머니가 작사한 <누에가>는 내가 1972년에 체포됨으로써 우리 집안이 풍비박산되어 살림을 잃어버릴 때 없어졌다는데 아쉬움을 금할 길이 없다. 어머니는 이렇게 바쁜 나날들을 보내면서도 남자인 나에게는 잔심부름 같은 일을 절대 시키지 않았다. 당시에는 남자가 할 일, 여자가 할 일을 엄격히 구분하여 남자는 바깥 큰일을 해야 하니 사소한 집안 잔일을 하면 협량(狹量)해 진다고 내가 거드는 것을 엄금하셨다.

나는 이런 가정환경과 동네 분위기 속에서, 6살부터 <천자문>을

배우고 <동몽선습>까지 마친 후, 8살에 와룡공립국민학교에 시험을
치른 후 합격하여 입학하게 되었다. 일제 때는 의무교육이란 제도가
없어 국민학교부터 입학시험에 합격해야만 입학할 수 있었기에, 같은
학년생일지라도 나이 차이가 5살 정도 되는 학생도 있었다. 몇 년씩
이나 입학시험에 합격하지 못하는 학생도 있었기 때문이다. 또 입학
시험에 낙방하지 않기 위해 아예 10살 넘어서 입학시킨 경우도 있었
다. 그런가 하면, 일제 신학문을 배척하고 구학문(漢學)을 하다가 마
음이 변해 신학문을 배우려고 입학한 학생도 있었기에, 내가 입학해
보니 나보다 대부분 나이가 많아 1살 내지 5살 더 많은 어른 같은 동
급생도 있어서, 4학년 때는 장가가는 동급생도 있었다. 이렇다 보니
학교에서는 나이 어린 약 60여 명은 매조(梅組), 나이 많은 60여 명
은 국조(菊組)로 반을 나누어 공부시켰다.

우리 학교는 집으로부터 약 6km 거리에 있는 와룡면 소재지에 있
었는데, 오솔길로 된 고개를 두 개나 넘어야 신작로에 도달했다. 신작
로에서부터는 각 동네 학생들이 집결하여 학교 정문까지 약 2Km를 6
학년 학생의 인솔하에 정렬하여 일본 군가(軍歌)를 부르면서 행진하
며 등교해야 했다. 단순히 책보자기만 메고 행진했다면 그래도 쉬웠
을 텐데 매번 장작, 관솔, 솔방울, 풀등을 메고 6km나 떨어진 학교를
다녀야 했으니 얼마나 힘들었는지 지금 생각해도 아찔하기만 하다.
일제는 대동아전쟁 막바지에 최후 발악을 하느라 어린 국민학생에게
까지 이렇게 잔혹한 수탈을 했던 것이다.

그뿐만 아니라 창씨개명을 강요당하여 내 이름은 靑木植(아오끼
우에루)으로 개명해야 했고, 아침조회 때마다 황국신민의 맹세를 합

창하게 했다. 일제는 '영미귀축(英美鬼畜)'의 비행기 공습에 대비하여 거의 매일 어린 학생들에게도 방공훈련을 시켰다. 이런 학교생활이라면 지금의 초등학생은 아무도 학교에 가려고 하지 않겠지만, 당시에 나는 신문명은 이런 거구나 생각하고 반항 없이 묵묵히 받아들였다. 어느 학생도 감히 결석하지 않았고 당연한 것처럼 생각하며 학교에 다녔다.

일제 말기에는 단말마적 최후 발악을 할 시기인지라, 일본 순사가 번쩍번쩍하는 일본도를 차고 동네에 나타나 산천초목도 벌벌 떨 정도로 공포감을 자아냈다. 동네 어른들은 그들이 무력으로 모든 것을 강탈해 가는 것을 보아 왔기에, 엄청난 힘 앞에서 꼼작도 못했다. 나는 이런 환경 속에서 어린 시절을 보내야 했기 때문에, 매사에 적극적이지 못하고 소극적인 것으로 되어버렸고, 성격이 온순하여 환경에 잘 순응하는 것이 살길이란 것을 은연중 터득하게 되었다.

당시 일제의 수탈이 너무나 심하여, 우리 집은 먹을 양식을 뒤주나 고방에 넣어두고 먹을 수 없어서, 뒷산 골 안 숲속에 숨겨 놓고 3, 4일마다 밤에 몰래 조금씩 가져와 먹곤 했다. 식량이 있는 것이 발각되면 공출로 빼앗기고 엄벌을 받아야 했기 때문이다.

일제해방과 인민위원회

참혹한 생활로 연명하던 1945년 여름 방학 기간인 8월 18일 경이었다. 동네 어른들은 천방(川防)에 나와 징과 북을 치면서 덩실덩실 춤을 추고 있었다. 해방이 되었다고 했다. 몇몇 집에서는 집에서 담근 밀주를 갖다 주며 잔치 날처럼 흥겨워하면서 좋아 어쩔 줄 몰라 했다. 나는 어머님께 해방이 무엇이기에 어른들이 저렇게 좋아하냐고 물었더니 어머니는 일본 놈들이 대동아전쟁에서 패하여 쫓겨 가버리고, 이제는 우리 조선 사람의 세상이 되어 일본 놈으로부터 해방되었기 때문이라고 했다.

나는 이 말씀을 들었지만 잘 납득이 안 되었다. 나는 학교에서 일본 황군은 천하무적이라고 배웠는데, 하루아침에 영미귀축에게 졌다는 것이 도무지 납득이 안 되었기 때문이다. 그래서 나는 동네 동무들과 함께 학교에 가 봤더니 과연 관사에 있던 일본 교장식구들은 사라지고 관사는 텅 비어 있었다. 지서 앞을 가 봐도 일본도를 찬 순사들은 간 곳이 없었다. 그때서야 나는 해방이란 것이 무엇인가를 실감하며 당황했다.

일제 식민지 세상이 오래 지속될 고정불변의 세상인 줄 알았는데, 하루아침에 일제가 사라진 것을 보고 비로소 다른 세상도 있구나 하는 것을 깨닫게 되었다. 일본 제국 천황폐하만이 이 세상을 지배할 수 있는 유일한 힘이라고 배웠는데, 일본천황을 이길 수 있는 더 큰 힘도 있다는 것을 비로소 알게 되었다.

일본 천황폐하를 이길 수 있는 더 힘 센 천황폐하라면 힘없는 우리들을 더 힘들게 하지는 않을까? 아니면, 옛 요순임금처럼 선정을 베풀어 우리 백성들을 편안하게 공출도 없이 잘 살게 해 주지는 않을까? 장작, 관솔 등을 지고 힘들게 학교에 가지 않아도 공부하게 해 줄까? 해방이 되었다고 동네 어른들이 즐거워하는 모습들을 보면서 나는 별 상상을 다 해 보았지만, 해방된 세상이 어떤 세상이 될지는 알 수가 없었다.

그리고 우리 동네 사람들은 바깥 세상과는 거의 교류가 없어서 8월 15일에 일본 천황이 무조건 항복을 했다는 것도 8월 18일경에나 알 정도로 세상과는 동떨어진 낙후된 두메산골에 살고 있다는 것도 깨닫게 되었다. 사실 그 당시에는 우리 동네뿐만 아니라 이웃동네들도 라디오도 없었고 신문 구독자도 물론 없어서 소문에 의해서만 바깥소식을 접할 수밖에 없었다.

그 후 얼마 지나지 않은 9월 어느 날, 우리 소학생들은 학교에 오라는 통지를 받고 학교에 갔다. 게도리 찬 일본인 선생들은 모두 사라지고 가네모도(金本) 조선 선생이 이름만 김봉학 선생이라고 바꾸어 우리들을 맞이했다. 그는 '가, 갸, 거, 겨'를 처음으로 가르치면서, 미 군정청에서는 미국식대로 학년제 시작을 가을학기로 바꾸기로 했다고 했다. 이제 다시 1학년 1학기가 시작된 것이다.

그리고 우리 동네 어른들은 인민위원회를 조직하여 일제 천황폐하처럼 압제를 받지 않고, 우리 어른들이 직접 우리 주민의 어려운 문제들을 스스로 해결한다고 하면서, 일본제국주의 시대 때 득세하던 친일분자들을 잡아 가두고 재산도 몰수하여 가난한 사람들에게 나누어 준다고 했다. 정말 세상이 뒤집힌 광경을 목도하게 되어, 나는 그때서야 우리들이 좋은 세상에서 자유롭게 공부하고 평화롭게 살 수 있으리란 기대에 부풀었다.

그러나 얼마 지나지 않아 순사들이 총을 메고 지서에 다시 오게 되었다. 또 이웃 동네 '건청(건국청년단)'사람들은 몽둥이를 들고 함께 우리 동네를 찾아와 '인민위원회' 일을 했던 어른들을 개 잡듯이 두들겨 패고 갔다. 그 소식을 들은 동네사람들은 공포에 질렸다. 나중에 안 사실이지만 여운형 선생이 조직했던 '인민위원회'가 두메산골 우리 동네까지 파급되어, 면 인민위원회 까지 장악했다. 그러나 이렇게 해산명령을 받자, 면 인민위원회는 하루아침에 해산당하고 말았다. 해산만 당한 것이 아니라, 아예 좌익의 씨를 말려 버리고자 했다. 그래서 면 '인민위원회'에 단순히 동조했던 청장년은 물론, 그들의 부모형제까지 구타대상이 되었다.

어떨 때는 동네 누구누구가 지서에 호출당하여 몹시 구타당하고 돌아와 깊은 상처를 입고 누워서 농사일을 할 수 없다고 했다. 일제로부터 해방이 되어 한순간만은 모두 좋아했는데, 이제는 '인민위원회'란 말조차 꺼내면 잡아가는 세상이 되어버렸다. 우익이라는 사람들과 지서 순사들은 일제 때 득세하고 부역했던 사람들과 한편이 되어 '인민위원회'에 참여하고 동조했던 어른들을 마구잡이로 두들겨 패서 낮에는 집에 있을 수 없었다.

그래서 동네 어른들은 낮에는 산에 들어가 피신해야 했고, 밤에야 집에 돌아와 집안일을 할 수 밖에 없었다. 농사철이면 이른 새벽에 농사일을 하고 산에 들어 가야하는 '산사람들'이 되고 말았다. 이처럼 '산사람들'은 밤에는 동네 정자에 모여 회의도 하곤 했으며 이웃 '건청' 사람 집을 습격하여 두들겨 패주기도 했다고 한다. 이런 와중에 나의 외사촌 형님 이일호가 우리 집에 와 숨어 살면서 골방에 등사기를 설치하여 놓고 무언가를 등사하여 매일 어떤 사람이 밤마다 이 등사물 뭉치를 갖고 나가곤 하였다.

우리 집은 당시 어른이라고는 이농증(耳聾症)이 심한 할아버지와 어머니밖에 없었으므로, 경찰 등 우익의 눈을 피할 수 있는 안성맞춤의 장소이기 때문에 이일호 외사촌 형님이 숨어서 등사 일을 해 오고 있었다. 그 후 외사촌 형님은 철도경찰에 들어가 종사하다가 잡혀 들어가, 서울 서대문 형무소에서 복역 중에 6·25 전쟁이 발발하였고, 인민군이 형무소를 개방하여 출소한 후 아직도 생사를 모르고 있다.

다만 소문에 의하면, 이북으로 후퇴하여 공안 일을 하고 있고, 북에서 결혼도 하여 아이까지 있다는 말은 들었으나 확인할 길은 없다. 이곳 남녘땅에는 남편 이일호를 기다리며, 하나밖에 없는 아이 이동주를 키우면서 수절한 외사촌 형수 권희섭이 오매불망 남편을 기다리다 눈을 감은 아픈 사연도 그대로 남아있다.

당시 나는 처음으로 무서운 광경을 목격하기도 했다. 나는 동네아이들 동급생 네 명과 함께 학교에 등교하고 있었는데, 지서 앞에 다다를 즈음 앞에서 트럭 한대가 어른 5~6명을 태우고 지서 앞으로 다가오고 있었다. 당시 신작로에는 버스 한대 구경도 할 수 없었다. 트럭에 사람을 태우고 다니던 시절이라 우리들은 아무렇지 않게 생각하고 걸어가고 있었는데, 마주 오던 트럭이 지서 앞에 이르자 지서를 향해 돌연 총을 쏘고 연막탄을 터뜨리며 돌진하여 순식간에 지서는 화염에 휩싸였다.

우리 학교에서도 비상종을 쳐서 우리는 학교 정문으로 갈 여유도 없었고, 학교 측백나무 울타리 틈으로 기어들어가 교실에 당도하니 선생님은 엎드리라고 소리쳤다. 연막탄 타는 냄새 때문에 숨쉬기도 힘들었다. 한참 후에야 총소리도 없고 바깥은 고요하여, 고개를 들라 하여 고개를 들고 바깥을 바라보니 연기만 자욱할 뿐 너무나 고요했다.

'산사람들'은 지서를 습격하여 불태우고 난 후, 그들의 행방을 감추기 위해 연막탄을 피워 온 동네가 연기로 자욱하여 앞이 안 보일 정도였다. 서너 시간 후에 안동에서 국방군이 트럭 3대에 나누어 타고 요란하게 진입했으나 이미 사태는 종결된 후라 '산사람'들은 간 곳없고 총소리 하나도 들리지 않았다. 이렇게 일본제국주의 시대부터 존속하던 와룡면 경찰지서는 완전히 불타버렸고, 각 동네주민들의 부역으로 지서를 새롭게 짓게 되었다. 지서 주위로 지서 건물 높이만큼 토성을 쌓아 올려 토성초소에서 지서를 경비토록 했다.

이런 사태가 있고 나서도 치안은 안정되지 않고, 더욱 혼란해지자 국방군 22연대 중 일부가 아예 와룡국민학교에 주둔하게 되었지만, 안정을 되찾지 못하고 22연대는 우리 학교만 불태워 우리는 가교사에서 공부를 할 수밖에 없었다. 이런 세상이다 보니 낮에는 우익세상, 밤에는 좌익세상에서 살아야 하는 순박한 동네 농민들의 고초가 일제 때와 다름이 없었다. 뒤주를 뒤져가며 공출을 강요하는 작태도 일제 때와 같았고, '산사람들'에게 양식을 제공하지 않나 감시하고 조사하는 모습도 일제 순사와 같았다.

다만 다른 점은 일제 때는 순사가 제복을 입고 일본도를 차고 위압적으로 행사했고, 지금은 평상복을 입은 '건청' 사람들이 방망이를 차고와 조사하면서 닭 잡아 달라, 술상차려 달라 하는 것뿐이었다. 따라서 농사짓는 순박한 농민들은 낮 세상과 밤 세상을 달리 살아야 하는 2중고를 겪지 않으면 안 되었다. 아니 단순한 이중고가 아니라, 낮 10시경 경찰이 나타나 앞잡이를 데리고 다니면서, 전날 밤 '산사람들'에게 식량을 주거나 편의를 제공해 주지 않았는지 무섭게 협박하며 추궁했다. 따라서 농민들은 경찰을 만나는 것조차 무서워하며 해가 지기만을 기다려야 했고, 밤만 되면 '산사람들'이 내려와 농사일도 거들어 주기도 했다. 이들은 경찰이 낮에 와서 한 행동들을 알고 나서 우익 앞잡이의 집을 방화하기도 하는 등 골육상잔의 나날들을 보내야 했다.

이렇게 미국 군정청의 통치는 일본 총독부 통치와 조금도 다름없이 우리 동네를 탄압하여 해방의 기쁨을 옛일로 돌려버렸다. 이들은 좌익, 우익으로 편을 갈라 서로 불신을 조장하여 단란했던 동네사람들을 갈라놓고 말았고 몽둥이질과 폭력이 그칠 새 없었다.

이런 혼란 속에서도 1948년 여름밤에 동네 어른들이 와서 할아버지와 어머니에게 투표를 하라면서 투표용지를 갖고 왔다. 어머니는 난생 처음 당하는 일이라, 투표가 무엇인지 어떻게 하는 것인지 몰라 투표용지를 가지고 온 동네 어른께 물었다. 그러자 그는 "진정한 통일된 인민 정부를 수립하기 위한 대의원 선거를 위한 투표인데, 원래는 투표장에 가서 투표 해야되지만, 미군정과 반동들이 통일 인민정부수립을 방해 탄압하기 때문에 부득이 이렇게 비밀리에 투표하게 되었다."면서 찬반여부를 물었다. 이에 어머니와 할아버지는 통일정부수립을 위한 투표란 말에 모두 "찬성"에 서명해 주었다.

이렇게 하여 우리 동네에서는 간접적으로나마 통일적인 인민정부수립에 참여하게 되었는데, 여기서 투표(선거)에 대한 나의 상념을 간단히 남기고자 한다.

당시 미 군정청은 남한만이라도 확실히 장악하기 위해 1948년 5월 10일 단독선거를 실시하여 투표를 강요했지만, 우리 동네에서는 남북분단을 초래하는 단독선거는 대부분 거부하여, 구장이 대신하여 대리투표를 했는데 물론 관에서 요구하는 김익기란 사람에 투표해 주었다. 당시 투표는 비밀투표가 아니라 경찰에 확인받아 투표하는 공개투표였고, 구장이 동네 어른들을 대신하여 대리투표를 하는 것이 당연시되었다.

3인조 9인조 투표가 횡행하던 시절이라, 우리 동네에서는 3인조 9인조를 만들어 투표하고 나서 막걸리를 얻어먹지 않고, 아예 구장에게 투표를 맡겨 버렸다. 따라서 우리 동네 어른들과 할아버지와 어머니는 제헌국회의원 선거는 구경도 못하고, 그 후 밤에 몰래 갖고 온 통일정부수립을 위한 투표에 접하다 보니 난생처음 투표를 하게 되었던 것이다. 그리고 투표방식도 달랐다.

자본주의를 지향하는 사회에서는 미국식대로 몇 사람의 입후보자 중 1인을 선택하는 투표이지만, 계급이 없는 사회에서는 1인의 입후보자에 대한 찬반투표였다. 다시 말하면 계급사회에서는 자본가 계급 무산계급의 이해관계가 달라 각 계급을 대변하는 입후보자가 나와야 민주적일 수 있지만, 사회개혁으로 계급이 사라지고 이해관계가 일치하는 사회라면 복수의 입후보자 제도는 비효율적이고 낭비이며 무의미하다고 믿어 단일후보에 대한 찬반투표가 시행된다 했다.

이렇게 내가 태어나서 자란 고향 두메산골은 일제에서 해방되었다 한들 더 나아진 구석이라고는 아무것도 없고 오히려 어른들은 좌익, 우익 편을 갈라 서로 싸우고 두들겨 패고 죽이기까지 하는 골육상잔의 처참한 시대를 살아야 했었다. 미군정시대는 일제 강점시대와 마찬가지로 외국군대가 와서 통치하니 어쩔 수 없다고 할 수도 있겠지만, 이승만 단독정부가 수립되고 나서도 미군정시대와 달라진 것은 아무것도 없었다.

지서 순경들과 '건청' 사람들은 거의 날마다 낮에는 동네를 휘젓고 다니면서 공출을 적게 한다고 곳간을 뒤지기도 하고, 또 '산사람들'이 오지 않았냐고 호통치고 위협하여 평온한 날이 거의 없었다. 이렇게 빨갱이 동네로 낙인찍혀 버린 우리 동네는 일제 때보다 더 혹독한 감시와 탄압을 받아 해방의 기쁨은 헛된 꿈으로 변하고 말았다.

이때쯤 경성(서울)에 계셨던 아버지는 할아버지께 문안 인사차 몰래 내려오셨다. 아버지는 할아버지께 문안편지를 이따금씩 드렸지만 해방후 처음으로 인사를 드리면서 자주 문안드리지 못한 불효자식을 용서해 달라며 경성 소식을 대강 다음과 같이 전해 드린 것으로 기억된다.

소련군이 히틀러의 독일을 패망시킨 후 곧 대일 선전포고를 하고 일본의 최강육군인 관동군을 하루아침에 격파하고 물밀듯 조선반도로 남하했다. 오끼나와 전투와 보르네오전투 등에서 일본해군의 저항에 부닥친 미군은 다급했다. 소련군이 조선 전체를 해방시켜 버린다면, 미국으로선 아시아대륙 진출을 가능케 하는 교두보를 확보할 길이 없었기 때문이다. 그래서 미군은 소련군에게 38도선에서 멈출것과 북위 38도선 이남은 미군이 일본군을 무장해제 하게 해 달라고 제안했다. 소련이 미국의 제안을 수락해서 38선을 경계로 미소 양군이 분점하게 되었다는 것이다. 소련의 붉은 군대는 전 조선의 일본군대를 항복시켜 해방할 수 있었음에도 불구하고 미군에 양보한 이유는 일본본토를 독일처럼 연합국이 분할 점령할 수 있으리라 기대했기 때문이라는 것이다. 그러나 소련은 미국 원자탄의 위력 때문에 일본과 강화조약도 체결하지 못한 채 일본이 지배하던 북방 4개 섬을 반환받는데 그쳤다고 했다.

미군은 9월 초순이 되어서야 겨우 일본군을 제압하고 38도선 이남에 진출했다. 진출 직후 맥아더 포고령 제1호 "조선 인민에게 고함"을 발표했다. 포고령에는 "북위 38도 이남의 조선영토를 점령한다," "모든 사람은 나의 권한 하에 발한 명령에 복종해야 한다" 등이 명시되었다. 미군정 실시를 선포한 것이다. 미군정은 여운형의 건국준비위원회(건준)는 물론 김구의 대한민국 임시정부까지 불인정하고 한국인의 자주적인 통치 활동을 부정하였다고 했다.

반면에 38도선 이북에 진주한 소련군 사령부는 "일제의 식민지 폭압에서 조선 인민을 해방하기 위하여 진출했다"라면서 "해방군"으로 진주하여 모든 행정권을 북조선 임시 인민위원회에 위임했다고 한다. 남조선에서는 미 군정청이 행정권을 행사한 반면, 북조선에서는 북조선 임시 인민위원회가 미군정청이 행사한 행정권을 갖고서 토지개혁법, 남녀평등권법 등을 제정해서 실시했다는 것이다. 이렇게 미소 양국군은 38도선 이남과 이북에서 다른 목적과 의도를 갖고 진주했지만 순박한 조선 사람들은 이를 간파하지 못하고 일제가 패망하자 우리 조선은 해방된 줄 착각했다. 우리 민족 스스로의 힘으로 나라를 건설하고 사회를 발전시켜 나가려 했던 진보세력은 미 군정청의 호된 탄압을 받게 되었다는데, 그 대표적 희생자가 바로 아버지가 존경하던 스승 김태준 선생이었다고 하셨다. 김태준 선생은 일제시 경성콤그룹이 탄로되어 옥고를 치르고 병보석으로 출옥하여 겨우 중국으로 탈출하여 무정장군의 조선의용군과 해후했다. 조선이 해방되자 귀국하여 경성대학(현 서울대) 초대총장으로 선출되었다. 그는 미 군정청의 식민지 교육정책에 반대했다. 그러자 미 군정청은 김태준 총장과 같은 기피 인물이 총장이 되지 못하도록 "국립서울종합대학안"(국대안)을 공포했다. 대학의 인사권, 재정권 등을 틀어쥐고서 눈엣가시였던 김태준 선생을 축출했다. 아버지는 이에 격렬히 반대한 지식인 투쟁을 바로 "국대안반대투쟁"이라고 했다. 미 군정청은 이 국대안 반대 투쟁을 폭압으로 억눌러 마침내 김태준 총장을 축출하고 미군 대위가 총장으로 부임하여 서울대학을 결국 미군정청의 식민지 교육정책에 순응하는 어용 지식인을 양성하는 대학으로 만들었다. 아버지는 미 군정청이 국대안반대투쟁에 참가한 많은 지식인들로 하여금 학문적 자유를 찾아 38선 이북으로 월북하게 만들었다고 하셨다. 그 대표적 인사로 『임꺽정』의 저자 홍명희 선생 가족, 오늘날의 인권변호사 역할을 했던 허헌 변호사와 그의 딸 허정숙 여사, 저명한 경제학자 백남운 선생, 김태준 총장의 부인 박진홍 여사, 조선의 핵물리학의 아버지 도상록 박사, 비날론(Vinalon)을 발명하여 레닌상까지 받은 리성기박사 등등, 일제 해방 후 경성에 있던 저명한 학자들이 대거 월북하였다. 당시 북조선에는 일본인 과학기술자들이 모두 철수하여 북조선 공장들을 가동할 능력이 없었는데, 이들 100여 명의 월북지식인들과 과학기술자들이 몰려들어 북조선 공장들을 가동시킬 수 있었다고 했다.

이렇게 38도선 이남에 점령군으로 진출한 미군은 군정청을 설립하여 군정을 실시하면서 동조세력을 확보하기 위해 미국식 문화, 생활양식을 전파하며 미국식 식민지체제로 개편해 나갔다. 하지만 이에 호응하는 세력은 주로 이승만과 친일파뿐이었다고 한다. 왜냐하면 일제에 기생하던 친일파들은 일제의 패망으로 타도대상이 되어 전전긍긍하던 차에 미 군정청이 "일제총독부시대에 종사하던자들은 별도의 명령이 있을때까지 종래의 정상적인 기능과 의무를 수행하고 모든 기록과 재산을 보존 보호하라"는 명령에 의거 친일파들을 청산하지 않고 온존시키겠다고 하므로, 친일세력은 미군정청의 비호세력으로 둔갑하여 미국을 동경하던 일부 인테리층과 더불어 미군정청에 적극 협력하게 되었다. 이들이 바로 우익의 주류를 형성하게 되었으며 이승만 정권의 골간을 이루게 되었다고 한다.

반면에 일제의 패망으로 우리나라(민족)는 해방 된줄 착각하고 우리 민족 스스로 자주적으로 나라를 세우면 되는 줄 알고 건국준비위원회(건준)등을 결성한 순박한 민중들은 불현듯이 나타난 미 군정청이 건준을 불인정하고 광범위하게 민중을 탄압하였다. 미 군정청을 반대하는 자들을 좌익으로 호칭하게 되었다고 한다.

따라서 미국은 미군정을 지지하는 우익과 친일세력이 반공을 주장하면서 이승만을 지지하지만, 소수에 불과하다는 것을 파악하고 남조선에서만이라도 교두보를 확보하고자 했다. 따라서 처음부터 모스크바 3상 회의에서 합의한 통일된 임시정부 수립안에는 관심도 없었다.

요컨대 미국은 38선 이남에서만이라도 교두보를 확보하고자 했다. 미군정청은 이런 의도 하에 우익을 확대 강화하기 위해서 남조선 민중을 좌우익으로 편 갈라놓고 우익은 비호하고 좌익은 온갖 명목으로 탄압을 자행하였다. 좌익으로 분류된 사람들은 생계를 이어갈 수 없어 본의 아니게 강제전향을 하거나 산속에 들어가 "산사람" 혹은 빨치산이 될 수밖에 없었다. 따라서 그들은 토벌대상이 되어 기구한 생을 마감할 수밖에 없는 운명에 내몰렸다. 물론 일부 빨치산들은 지리산과 태백산 등지에서 6·25 전쟁 직후까지도 활동하다가 백두대간을 따라 북녘으로 귀환하였다는 이들도 있었다고 한다.

막다른 골목에 내몰린 민중은 미군의 강대함 신화에도 아랑곳하지 않고, 점령군으로 활동하는 미 군정청과 남한만의 단선 단정 계획에 저항하다가 엄청나게 희생되었다. 아버지는 미군정 시기 최초로 발생한 1946년 10월 1일 대구 경북 민중봉기 (10·1 사건이라고도 칭함),

2·7 구국 투쟁 (1948. 2. 7.), 4·3 제주항쟁 (1948. 4. 3.), 10·19 여수 순천 사건(1948. 10. 19.) 등을 예시하시면서 수많은 민중이 희생된 아픈 역사를 우리 가슴속에 간직하게 되었다고 말씀하셨다.

앞에서 말한 2·7 구국 투쟁, 4·3 제주항쟁, 10·19 여수 순천 사건 등은 미군정과 이승만의 남조선만의 단선 단정 음모에 대한 격렬한 반대 투쟁이었다. 아버지께서는 미군정의 이 단선 단정 정책을 말씀해 주실 때 끓어오르는 울분과 격정을 힘겹게 억누르셨다. 미군정과 이승만 일당의 단선 단정 정책에 의해서 남조선에서만 "대한민국"이 수립되었고, 그러자 북조선에서도 "조선인민공화국"이 수립되었다는 것이다.

아버지는 조국이 두 동강이 나고 오늘날까지 우리 민족은 분단의 비극으로 인해 수백만 수천만이 희생되고 있다고 토로하시곤 하였다. 민중은 미 군정청의 후원을 받는 이승만 일당의 남조선만의 단선 단정론의 비극을 예견하고서 광범위한 반대 투쟁을 전개했다. 그러나 미 군정청은 총칼로 억누르면서 남한만의 단독정부를 수립했다. 이후 민족적 비극은 오늘날까지 지속되고 있다. 아버지는 이들을 "조국분단의 원흉"이라고 규탄하시면서 일제강점의 원흉 "이완용의 매국노"에 버금가는 "민족반역자"들이라고 통렬히 질책하셨는데 그 이유는 대략 다음과 같다.

2차 세계대전에서 일본 군국주의를 패망시킨 연합국은 카이로선언 (1943.11.27.), 얄타회담(1945.2.4.), 포츠담선언(1945.7.26.), 모스크바 3상회의(1945.12.16.~27.) 결정 등으로 일본의 식민지였던 조선의 독립을 합의한 바 있지만, 모스크바 3상회의에서 조선의 독립을 위해 구체적으로 다음과 같이 결정하였다고 한다.

1. 일본의 조선통치의 참담한 결과를 청산하기 위하여 <u>조선임시민주주의</u> <u>정부를 수립할 것이다.</u>
2. 조선임시민주주의 정부의 구성을 지원하기 위하여 미소공동위원회를 설치하며, 미소공동위원회는 조선 민주주의 정당 및 사회단체와 협의하여 임시 민주주의정부를 수립할 것이다
3. 미, 소, 영, 중 4개국에 의한 최고 5년간의 신탁통치를 시행할 것이다.

그런데 3개국 외교 책임자들의 모스크바 회의 결정을 실행하기 위해 미소공동위원회가 열렸지만, 조선임시민주주의 정부수립을 위한 미소공위의 협의 대상 단체 문제와 신탁통치 문제로 이견과 불신이 조성되어 미소공동위원회 회담은 결렬되었다. 미국측은 조선임시민주주의 정부를 수립하기 위한 미소공위의 협의대상 단체는 현존하는 조선의 모든 정당 및 사회단체(친일인사 및 단체포함)를 포함해야 한다고 주장했다. 그러나 소련측은 일제의 조선통치를 청산하기 위한 조선임시민주주의 정부를 수립하기 위한 협의 대상에는 조선의 민주주의 정당 및 사회단체로 합의했기 때문에 당연히 친일인사나 단체는 제외되어야 하고, 모스크바 3상 회의 결정에 동의하는 민주주의 정당 및 사회단체만 협의 대상이 되어야 한다고 주장했다. 그러나 신탁통치에 대한 동아일보를 비롯한 남조선 신문들의 초대형 조작사건 (1945.12.27 보도)으로 미소공위는 결렬되고 말았다고 한다.

초대형 조작사건이란 동아일보를 비롯한 남조선 신문들이 모스크

바 3상 회의 마지막 날인 1945년 12월 27일에 3상 회의 내용조차 알려지지 않았을 때인데도, 미국 UP통신의 랄프 헤인젠(Ralph Heinzen) 기자의 추측기사(고의적 왜곡기사)를 1면 외신 보도에서 "외상 회의에 논의된 조선독립문제"라는 제목으로 "소련은 신탁통치 주장, 소련의 구실은 38선 분할점령. 미국은 즉시 독립주장"이라고 하여 사실관계를 완전히 반대로 날조하여 대서특필한 사건을 말한다.

그러나 사실 미국은 2차대전후 일관되게 조선을 비롯한 여러나라에 신탁통치를 주장했고 소련은 이에 반대했다. 그런데도 미 국무성의 마타도어 작전에 놀아난 동아일보를 비롯한 우리 언론은 소련과 공산주의 혐오감을 불러일으켜 반소 반공 분위기를 조성하기 위해서 완전히 거꾸로 보도했다. 대형 허위 조작 보도 사건이었다. 모스크바 3상 회의에서 결정한 통일된 조선임시민주주의 정부수립을 파탄시키기 위한 미 국무성과 미군정청의 음흉한 술수였다. 그렇지 않고서야 어떻게 미군정청의 삼엄한 언론검열을 통과하여 이런 대형 허위보도가 나올 수 있었겠는가? 아버지는 상상이 되지 않는다고 했다. 그뿐만 아니라 미국의 태평양 주둔군 신문인 <태평양성조기>(Pacific Stars and Stripes)에서만 같은 날(27일) 보도 된 것을 동아일보 등이 사실인양 인용하였을 뿐 미국의 저명신문에서는 전혀 보도되지 않았다니, 미 정부의 계획적이고 조직적인 지원 또는 방조없이 이와같은 대형 날조 보도(마타도어 전술)가 나올수 없었기 때문이란다. 동아일보 등의 이런 허위 날조 보도로 인하여 순박한 조선민족은 이 기사가 사실인 줄 알고 소련에 등을 돌리게 만들었고, 신탁통치안을 격렬히 반대함으로써 모스크바 3상 회의에서 결정한 통일조선 임시민주주의 정부수립안을 물거품으로 만들어 버리고 남조선만의 단독정부를 수립할 수 있는 길을 터 주게 되었다. 이렇게 미 국무성의 마타도어 전술의 성공으로 인하여 미국은 허약하고 수세적이었던 우익을 공세적으로 전환시켜 강화하였을 뿐 아니라, 통일조선 임시민주주의 정부수립안을 와해시켜 남한만이라도 미국의 우방으로 확실히 남게 만들었으니 미국으로서는 대성공의 마타도어 작전이라 하지않을 수 없다.

그 당시 미국무성은 신탁통치에 관한 초대형 언론 조작사건으로 이와같은 마타도어 언론 플레이를 자행했을 뿐 아니라, 이와 유사한 사건이 또 있어 여기에 기술하니 참작하기 바란다. 당시 미 국무성은 현대인의 상식으로서는 도저히 상상할 수 없을 정도의 치졸한 언론 플레이 공작정치를 감행했는데, "소련은 신탁통치 주장, 미국은 즉시 독립주장"이라는 흑색선전 이외에, 우리나라와 관련된 또 다른 언론 플레이(마타도어전술)가 연출되어 여기서 그 전모를 밝히고자 한다. 미 국무장관 에치슨은 1950년 1월 12일 소위 에치슨성명(에치슨라인)을 발표했는데 "미국의 극동방위선은 알류샨열도->일본->필리핀을 연결하는 선"이라는 소위 에치슨라인을 발표하였다. 한국을 미국의 방위선에서 제외시켜 놓아 세상 사람들을 어리둥절하게 만들어 놓았는데, 이 에치슨성명을 뒷받침 하는 근거로 미국의 국가안전보장회의는 1949년 12월 결의에서 "만약 공산군이 남한에 대하여 무력침공을 하더라도 미국은 남한에 지상군을 파견하지 않을 것이다"라고 연막을 쳤다. 그 이유로 한반도는 미국의 전략상 중요하지 않다는 인식이 지배적이었기 때문에 미국의 방위선에서 제외시키게 되었다라고 했다. 이렇게 평화를 사랑하는 나라인양 언론 플레이를 하고 나서 실제로는

1950년 1월 26일 대한민국정부와 미합중국 정부 간에 "상호방위원조협정"을 체결한 후 6월 25일 전쟁이 발발한 직후 10일 만인 7월 5일 미군은 바로 오산전투에 참가할 수 있을 정도로 이미 전쟁 개입을 준비해 놓았던 것처럼 속전 속결로 한국전쟁에 개입했는데, 이런 상호 모순된 마타도어 작전을 실행한 미국의 한반도 정책을 우리는 어떻게 해석 해야 될 것인가?

이처럼 당시 미국은 국무장관 에치슨으로 하여금 1950년 1월 12일 남한은 미국의 방위선에서 제외된다고 소위 "에치슨 성명"을 발표해 연막을 쳐 놓고 나서 바로 2주 후인 1월 26일 대한민국과 "상호방위원조협정"을 체결한다는 것은 너무나 치졸한 흑색선전(마타도어) 전술이다. 더구나 약 5개월 후인 6·25 전쟁을 예견하여 준비해 놓았듯 7월 5일 즉시 미군이 한국전쟁에 참가할 수 있었다는 사실은 현대인의 상식으로 과연 납득될 수 있는 일인지? 6·25 전쟁을 예견이나 한 듯 바로 7월 5일 미 육군이 자랑하던 "스미스 특수 임무부대"를 투입하여 조선인민군쯤은 적수가 안된다고 기고만장했지만 예상외로 대패하여 미국은 15개국의 추종국가 군대를 동원해야 할 만큼 한반도는 갑자기 미국의 전략상 중요지역으로 둔갑되었다는 말인가? 미국의 이와같은 모순된 한반도 정책을 우리의 현대사가들은 진솔하게 해명해 주어야 함에도 왠지 역사적 사실을 단편적으로 나열만 해줄 뿐 명명백백하게 미국의 상반된 마타도어 정책을 해명해 주지는 못해 안타까울 뿐이다. 월남전의 단초가 된 통킹만 사건의 진실은 나중에 해명되었는데 왜 국무장관 에치슨은 에치슨 라인을 발표하여 한국을 미국의 방위선에서 제외해 놓았으면서도 6·25전쟁 발발 직후인 7월 5일 바로 미군이 한국전쟁에 참전한 이유는 어떻게 설명되어야 할까?

앞에서도 언급했지만, 미 군정청이 통치하던 남조선에서조차 미국을 지지하는 우익세력은 소수에 불과하다는 것을 간파한 미 국무성은 모스크바 3상 회의에서 합의한 전조선의 임시민주주의정부를 수립할 의도는 사실상 사라져, 3상 회의에서 합의한 통일된 전 조선의 임시민주주의정부 수립에는 처음부터 관심도 없었고, 어떻게 하든 남조선만이라도 친미정부를 수립할 방도를 찾고 있었다. 때마침 서로의 꿍꿍이가 달랐던 미소공위가 결렬될 수밖에 없어 통일정부 수립방안에 진전이 없던 1946년 6월 3일에 이승만은 정읍강연에서 "남방(남조선)만이라도 임시정부 혹은 위원회 같은 것을 조직하여 38선 이북에서 소련이 철수하도록 세계공론에 호소해야 될 것"이라고 남한만의 단독정부론에 불을 붙이기 시작했다. 그리고 이씨 조선 왕족 출신인 이승만은 태생적으로 평등사상과 공산주의 사상에 혐오감을 느껴 반소 반공의 선두에 서서 38선 이북과의 통일된 조선 임시민주주의 정부라는 것은 전 조선의 공산화를 초래하는 수단에 불과하다고 단정하고, 미 군정청과 협력하여 남조선만이라도 반공정부를 수립해야 된다는 강박관념에서 남조선만의 단독선거에 의한 단독정부를 결행하게 된 것이다. 이렇게 되어 38선을 경계로 우리민족은 분단되어 오늘날까지 엄청난 희생을 강요당하고 있음에도 오늘의 일부 정치세력은 민족분단의 원흉 이승만을 재평가 해야 한다느니 동상을 세워야 한다느니 하면서 역사적 사실을 호도하면서 찬미하고 있는데, 과연 우리는 역사를 잊은 민족이 되어야 하는가?

과연 이승만은 대한민국을 건립한 애국자로 숭앙받을 수 있는가?

그의 인생행로를 더듬어 보면 알 수 있을 것이다. 그는 이씨 조선 왕족 후예로 태생적으로 만민평등의 민주주의 이념과는 융화될 수 없는 선민의식의 소유자로 일제시 독립투사로서가 아니라, 구미열강에 독립을 청원하는 방법으로 온건하게 독립운동을 하였다 하며, 일제 해방후 조선 임시 민주주의 정부가 공산화 될 우려가 있다고 속단하고 대한민국 단독정부를 수립하여 조국분단의 단초를 제공한 분단원흉의 일원이었다. 지금 대한민국 일부에서는 이승만 동상까지 운운하고 있으니 우리의 역사는 이렇게 거꾸로 흘러갈수도 있는가?

그의 반소 반공노선이 진정으로 우리국민을 위한 길이었다고 생각했다면 그는 3인조 9인조 부정투표를 감행하거나 막걸리 선거, 고무신 선거도 결행하지 않았을 것이고, 사사오입 개헌도 감히 창작하지 않았을 것이며, 순진무구한 우리 국민을 좌우익으로 편 갈라 거창양민학살사건 등에서 보는 바와 같이 양민들을 좌익으로 몰아 학살행위는 범하지는 않았을 것이다. 불의에 항거하는 4·19 청년 학생봉기를 유혈로 진압하지는 못했을 것이다. 지금도 매년 4·19 묘지에서 이승만 정권의 불의에 항거하다가 희생된 영현들을 추모하는 행사를 거행하고 있는데, 4.19 희생자 영현들이 이승만을 위대한 애국자라 칭송하는 두 얼굴의 당국자를 대하게 된다면, 바로 들고 일어나 응징하려 할텐데 이를 각오하고 이승만을 칭송하고 있는지 알고 싶다. 더군다나 이승만은 불의에 항거하는 청년학생들을 무참히 살육해 놓고서도 눈 하나 까닥하지 않고 경무대에 앉아 버티고 있었지만, 매카너기 주한 미대사가 하야를 해야 된다고 하니 바로 하야를 결정할 정도로 이승만은 미국을 위한 미국주도의 꼭두각시 대통령이었지 대한민국 국민을 위한 대한민국의 대통령은 아니었다는 것이 입증되었음에도 이승만을 애국자로 칭송하는 사람들은 도대체 어느 나라 국민인지 묻고 싶다.

오늘날 우리의 근현대사가들 조차 이러한 분단과정의 역사적 사실들을 단편적으로 나열하기만 하였을 뿐, 우리의 분단역사를 공정하게 총체적으로 분석하고 평가하여 미군정시대의 조국 분단과정을 객관적으로 기술한 통절한 역사를 후세인들이 인식하여 두 번 다시 이런 뼈아픈 역사가 되풀이하지 않도록 각성시켜 주어야 함에도 민족의식이라고는 찾아볼 수도 없는 단편적인 사실들만 나열하면서 미소양군의 분할점령으로 인한 강대국의 불가피한 선택이었다고 옹호하는 듯한 서술에 분노를 느끼지 않을 수 없다고 저의 아버지는 울분을 토하셨다. 이와 같은 사조(思潮)가 오늘날까지 이어져 4·19를 기념하기도 하고 한편으로는 4·19 학생봉기에 의해 축출된 이승만을 건국의 아버지로 숭앙하기도 하는 줏대도 없고 의식도 없는 민족으로 만들어 동물적 삶을 이어가도록 길들여지고 있는데, 만일 양심적인 현대사 사가들이 우리나라의 분단과정과 분단 음모자들의 행태들을 사실대로 서술할 수 있었다면 분단의 비극이 이렇게까지 지속될 수 있었을까를 상상해 본다.

'소개령'에 의한 참상

안동군 북부지역에 위치한 우리 와룡면 등 산간지역은 '산사람들'을 퇴치시킬 수 없었다. 밤에는 '산사람들'이 출몰하여 도저히 치안유지를 할 수 없었다. 그러자 정부는 밤 세상이 해방 천지가 되어버리는 것을 막기 위해 1949년 초겨울 소개령을 발동했다.

우리 동네 주하동 1구(두루)는 두루와 마창골과 대박골로 구성되어 있다. 산골짜기에 산재하여 있는 60여 호는 진성이씨 집성촌이었는데 소개령에 의해 마창골과 대박골에 거주하는 세대는 몽땅 집을 비우고 두루로 이전하라고 명령했다. 이는 곧 두루에 거주하는 세대는 방 하나만 사용하고 나머지 방들은 이전하는 마창골과 대박골 세대에게 방을 넘겨주라는 것이었다. 그러나 방 하나로 살 수 없는 세대, 즉 며느리와 시아버지가 있는 세대는 방 하나로는 살 수 없어 방 두

개를 사용하게 하고, 시아버지 방에는 이주해 오는 시아버지들과 공동으로 사용하도록 명했다.

이렇게 소개령으로 강제 이주해 오게 되자, 우리 집 안방에는 어머니, 누님들과 소개받아 오는 세대의 아주머니 등이 꽉 들어찬 식구로 살아야 했다. 사랑방 할아버지 방에는 할아버지와 나, 그리고 강제 이주를 당해 오는 할아버지들이 누우면 빈 공간이 없을 정도로 꽉 채워 살아야 했다. 소개받아 온 4명의 할아버지들은 식사 때에는 멀리 떨어진 소개 당한 며느리 방에 가서 식사를 해결했다. 이들은 우리 사랑방에 모여 대화하고 잠을 잤는데 이 시기가 나에게 가장 힘든 시기였다. 집에서 공부할 수 있는 조건이 되지 않아 책과는 거의 담을 쌓아야 했고, 게다가 할아버지 다섯 분이 독한 담배를 피워 담배 연기 때문에 숨쉬기조차 힘들었기 때문이다.

할아버지 다섯 분이 피워대는 독초는 여간 독한 것이 아니었다. 할아버지들은 약 1m 정도 되는 장죽에 각 가정에서 재배한 잎담배를 말려 피우시다 보니 권연(捲煙)보다 독기가 훨씬 더 심했다. 담배 연기가 사랑방을 꽉 채웠지만, 겨울이라서 문 열어 놓고 담배 피우시라 할 수 없어 참고 견딜 수밖에 없었지만, 내 기관지가 나빠져 지금도 담이 나오고 기침이 있는데 그때 얻은 병인지도 모른다.

이렇게 우리 집은 방 두 개만 우리 식구가 사용하고 나머지 방 3개는 소개되어 오는 세대에 무조건 넘겨주어야 했다. 이렇게 되니 우리 집은 4세대가 살아야 했으니까 불편하기 짝이 없었다. 마창골과 대박골에서 소개 당해 온 세대들은 방 한 칸에 전 식구가 살아야 했으니, 입은 옷과 이불, 조금의 식량밖에 가져온 것이 없어 약 5일마다 본댁에 가서 식량도 가져왔다. 또 낮에는 비어 있는 본댁이 이상 없는가를 확인하러 본댁에 가보아야 했다.

경찰 당국은 이렇게 소개령으로 세 골짜기에 산재해 있던 주하동 1구 진성이씨 집성촌을 좁은 공간에 밀집시켜 놓고 밤에는 야경을 돌게 했다. 야경은 동네 장정들과 이웃동네 '건청' 사람들로 구성시켜 서로 감시케 했는데 '산사람들'과 내통하는 집이 있는가를 감시했다. 그러나 갑자기 시행된 소개령은 '산사람들'의 날뛰는 발호(跋扈)를 막지 못하고 오히려 '산사람들'의 활동공간을 넓혀 주는 꼴이 되고 말았다. 대밭골과 마창골의 빈집에 '산사람들'이 밤에 내려와 밥을 해 먹고 주민 눈치 안 보고 쉬어 갈 수 있었을 뿐 아니라, 길목에 잠복해 있다가 경찰이나 '건청' 사람들이 야경(夜警)을 도는 '동네야경꾼'을 감시하러 온 것을 습격했기 때문이다. '산사람들'은 우리 동네 주민들에게는 탄압의 구실을 주지 않으려 '동네 야경꾼'의 감시구역이 아닌 타 동네와 우리 동네 사이 길목에 잠복해 있다가 습격했으므로 우리 동네 사람들을 '산사람들'과 내통했다고 탄압할 구실이 없었던 것이다. 이렇게 소개령의 효과는 없었고 오히려 부작용만 생겨 이듬해 봄에는 소개령을 해제할 수밖에 없었다.

전쟁과 피난민

 이런 혼란의 와중에서도 시간은 흘러 1950년 여름 전쟁이 일어났다는 소문이 들려 왔다. 나는 바로 전해인 1949년에 담임 선생님으로부터 38선상에 있는 송악산 전투에서 국군돌격대 10명의 용사가 육탄으로 송악산 고지를 점령하고 큰 승리를 거두었다는 이야기를 들었다. 우리는 육탄 10명의 용사를 기리는 노래까지 배웠기 때문에 전쟁이 일어났다고 해도 국군이 북진하는 줄로만 알았다.

 또 당시 38선 근처에서는 크고 작은 전투가 다반사로 발생했다. 따라서 나는 전쟁이 일어났다고 해도 대수롭게 여기지 않았다. 38선이란 지금의 남북 분계선(휴전선)과는 달리 비무장지대도 없이 위도상의 38도 선을 일직선으로 그어 남북을 갈라놓았기 때문에 같은 도시, 같은 동네, 심지어 같은 건물도 선으로 갈라놓고 바로 남북이 손닿는 곳에서 서로 대치하도록 만들었다. 또 경작하던 농토는 38선 이북에 있기도 하여 생활권과 생존권을 강제로 갈라놓았기 때문에 곳곳의 우발적인 분쟁과 전투는 다반사로 일어났다.

더욱이 이승만은 북진통일을 표방하고 전쟁을 부추겼으니, 38선에서의 전투는 일상화되던 시기였다. 당시 우리나라는 38선이라는 실선으로 인위적으로 갈라놓았기 때문에 통상적인 생활권이 붕괴되어 전쟁이 언젠가는 일어날 수밖에 없는 상황에 놓여 있었다. 나는 이런 구조를 누가, 왜 만들었는가 하는 것을 알 필요가 있다고 믿는다.

소련군이 조선혁명군과 협동으로 일본이 자랑하는 육군 최강의 관동군을 제압하고 급속히 조선반도에 진출하자, 미국은 소련군의 전 조선반도의 점령을 막기 위해 황급히 찰스 번스틸과 딘 러스크대령으로 하여금 38선을 경계로 소련군 남하를 저지시켜 38선 이남만은 미군이 확보하게 되었다. 그러나 그들은 우리 민족에게 형언할 수 없는 재앙을 가져오게 한 원흉이었다.

이후 미국은 소련군과 달리 3년간 군정을 실시하여 미국식 민주주의(?) 기반을 조성하고, 충복들을 집권세력으로 키워 냈다. 이와 같은 시대 상황이었기에 학교 선생님들은 세계 최강 미군이 참전하게 되었으므로 이제는 백두산에 태극기를 꽂고 북진 통일할 날만 남았다고 큰소리치며 학생들을 안심시켰다. 그러나 봇짐을 진 남정네, 머리에 보따리를 인 아낙네 등 피난민들은 철길을 따라 자꾸만 수도 없이 내려오는 것이 목격되어 전쟁에 대한 공포감은 씻을 수 없었다.

우리 동네는 비록 두메산골이기는 하지만 철길이 동네 옆을 지나갔다. 따라서 남으로 남으로 내려오는 피난민들이 많아졌다. 어떤 사람들은 잠시 쉬었지만, 자고 가게 해 달라는 사람, 식량이 조금밖에 없으니 밥 좀 달라는 사람 등도 많았다. 그러자 우리는 아예 마당에 명석을 펴 주고 그들을 쉬어 가게 해 주기도 했다. 그런데 우리 경상도 사람들은 피난민들이 사용하는 서울 말씨를 처음 들어서 신기하기도 했고, 또 잘 알아들을 수가 없었다.

그때만 해도 우리 동네 사람들은 경상도 이외의 외지인과는 거의 교류가 없어서 경상도 사투리 이외의 억양이 다른 서울 말씨는 잘 알아들을 수 없었다. 나는 마치 외국 사람을 만난 듯 신기하여 피난민들의 일거수일투족을 유심히 살펴보았다. 그때 어떤 유식해 보이는 피난민 아저씨가 말하기를 "일제 때부터 용맹을 떨친 김석원 장군이 죽령과 새재 고개에서 김일성 공산군을 물리칠 것이니 곧 고향 집으로 돌아갈 것이다."라고 했다. 그래서 나는 김석원 장군이 누구냐고 물었다. 피난민 아저씨는 "김석원 장군은 일정 때 일본사관학교를 나온 몇 안 되는 조선 사람으로서, 만주에서 공산군 비적(匪賊)도 물리친 백전노장이기 때문에 틀림없이 공산군 비적들을 격퇴할 것이다."라고 했다.

당시 김일성 장군은 축지법을 쓰는 신출귀몰하는 전법으로 일본 관동군을 전율케 했다는 소문이 자자했다. 그리하여 나는 김석원 장군도 만주에서 혼이 났을 텐데 어떻게 김일성 공산군을 이길 수 있냐고 반문했다. 그러자 그는 일제 때 소문난 축지법을 쓰는 김일성 장군은 나이가 많아 벌써 죽었고, 지금의 김일성은 다른 사람이라고 하면서, 이북의 김일성은 항일 투쟁한 김일성이 아니고 나이가 젊은 애숭이라고 했다.

나는 엄청 유식해 보이는 그 피난민 아저씨의 말을 듣고, 빨리 전쟁이 끝나서 피난민들이 우리 집에서 떠나가기를 기다렸으나, 오히려 북쪽에서 내려오는 피난민들은 더 많아지고, 멀리서 대포 소리가 이따금씩 들려오기 시작했다. 대포 소리가 은근히 들려오기 시작하자 피난민들은 하나 둘씩 남쪽으로 철길을 따라 황급히 떠나 버리고, 우리 집 마당은 텅 비게 되었다. 동네 친지들은 우리도 피난을 가야 할지, 간다면 어디로 가야 할지 의논하게 되었는데, 모두들 멀리 피난 갈 형편이 안 되니 앉아서 죽으나 서서 죽으나 마찬가지라면서, 철길만 피해서 가까운 산속으로 들어 갈수 밖에 없다는 결론을 내리고 각 집마다 피난 준비를 하게 되었다.

더욱이 우리 집은 연로한 할아버지를 모시고 멀리 떠나갈 수 없었을 뿐 아니라, 서울에 계신 아버지 소식도 못 들었다. 우리는 아버지 혼자 버리고 떠날 수 없어 집을 비우지 않기로 했다. 그러나 대포 소리는 점점 가깝게 들려 우리는 할아버지를 모시고 이불과 식량만 조금 갖고 동네 계곡 개천 옆 수양버들 밑에 피신해 있었다.

처음 만난 인민군

우리 동네 사람들은 오솔길 밑 개천가의 수양버들 아래에서 웅크리고 앉아 피난할 방법을 이야기하고 있을 때, 갑자기 수 십 명의 군인들이 날쌔게 길 위를 지나가고 있었다. 이 길은 남쪽 안동읍을 향한 길이 아니고, 동쪽 예안 쪽을 향한 길이었기에 수십 명의 군인들이 왜 동쪽으로 향하여 달려가는지 동네사람들은 알지 못했다.

10여 분 후에는 모자와 등에 온통 나뭇가지로 뒤집어 쓴 수많은 군인들이 다시 이 오솔길을 지나가면서 우리에게 물었다. "바로 앞에 군인들이 지나갔는가? 지나간 지 얼마나 되었는가?"라고 물어서 나는 국군인줄 알고 금방 지나갔다고 대답했다. 그런데 등줄기에 온통 나뭇가지로 위장한 수많은 군인이 지나가면서 말하기를 "이곳에서는 전투가 없으니, 여기 개울가에서 고생하지 말고 집으로 돌아가라."라고 친절하게 말해 주었다. 그래서 나는 "국군인겨?"라고 물었더니, 그들은 "그렇다"라고 대답하여 나는 국군인 줄 알았다.

그러나 함께 피난 온 동네 어른이 말하기를 "인민군인 것 같다"고 해서, 나는 길옆으로 올라가 유심히 살펴보았지만, 지나가는 군인들 옷에는 아무런 표시가 없어 국군인지 인민군인지 분간할 수 없었다. 그래서 나는 상냥해 보이는 군인 아저씨에게 다가가 미소를 띠며 "국군이냐"고 물었더니 그는 "우리는 국방군이 아니고 너 같은 소년들이 즐겁게 공부할 수 있도록 해방시키러 온 인민군이다. 여기서는 전투가 없으니 부모님과 함께 집으로 돌아가 공부나 하라."고 대답했다.

나는 평상복 입은 총 멘 '산사람'은 많이 보아 왔지만, 인민군이 예상외로 빨리 우리 동네까지 왔다는 사실에 놀랍기만 했다. 더욱이 어제 밤까지만 하더라도 멀리서 대포 소리가 울렸을 뿐이었는데, 교전 총소리 한번 없이 인민군이 바로 눈앞에 나타났다는 사실이 믿기지 않았다. 그러나 동네 어른들은 "인민군이 맞다"라고 하면서, "이렇게 된 바에야 모두 피난봇짐을 싸 들고 집으로 돌아가자"라고 했다. 우리도 흩트려 놓은 짐들을 다시 쌌다.

큰 짐은 소 잔등에 싣고, 할아버지를 제외하고 어머니, 누나들은 각자 자신의 짐을 머리에 이고, 나는 등에 짐을 짊어지고 집으로 돌아오며 앞산을 바라보았다. 그때 나무도 없었던 민둥산이 숲으로 뒤덮였는데, 자세히 바라보니 숲이 움직이는 듯 위장한 인민군이 온 산을 뒤덮고 있었다. 우리는 집에 돌아와서 점심을 먹고 있었는데, 몇 사람의 인민군이 집에 와서 밥을 좀 하게 해 달라고 청했다. 어머니는 무서워 "쌀을 얼마나 드려야 되느냐"고 물었다. 그러자 그 군인은 "쌀은 가지고 왔으니 밥을 할 솥만 빌려 달라"는 것이었다. 그래서 어머니는 "쌀을 주면 밥을 해 주겠다"고 하자, 그 인민군이 꺼내 준 것은 쌀이 아니라 좁쌀이었다.

어머니가 좁쌀을 씻어 큰 솥에 밥을 하는 동안, 그 인민군은 마당과 뜰을 빗자루로 깨끗이 쓸고 있었다. 어머니가 만류했지만 그 군인은 "어머님이 밥을 해 주는데, 젊은 우리가 우두커니 놀고 만 있을 수 없지 않느냐? 무엇이든 도와드리고 싶다."면서 물지게를 지고 우물 있는 곳으로 나가는 것을 보고 나는 몹시 놀랐다.

처음 보았을 때는 흉악하고 포악한 인민군이라는 선입감으로 공포에 질려 있었으나, 어머니와 나눈 대화와 행동을 보니 마치 머슴 출신 같았다. 그래서 이제는 좀 안도감을 느끼고 물동이를 지고 온 그 인민군에게 "아저씨는 인민군의 머슴이껴?"라고 물었더니 그는 크게 웃으면서 "나는 인민군 머슴이 아니라 인민의 머슴이다. 우리는 인민을 위한 일이라면 무엇이든지 한단다."하면서 내 머리를 쓰다듬어 주었다.

나는 지금까지 보아 온 국방군(국군)의 투구 쓰고 위엄 있는 자태와는 너무나 달리, 우글쭈글한 무명모자를 쓰고 머슴처럼 집안일을 스스럼없이 해 주는 인민군에게 형님 같은 친밀감을 느껴 공포감이 싹 가 버렸다. 그때서야 나는 국군과 인민군의 판별법을 알게 되었다. 국군은 철모를 썼지만, 인민군은 우글쭈글한 무명모자에 위장 나뭇가지를 꽂기 위한 그물망이 있고, 등 뒤에도 똑같은 그물망이 있다는 것이었다.

그뿐만 아니라 인민군은 우리 농촌 사람들과 거동이 비슷한 촌사람 같아서 이웃사촌처럼 느껴지며 호감이 가서 무엇이든 도와주고 싶었다. 그 인민군은 밥을 가지고 가면서 고맙다고 어머니에게 인사하고 나에게도 손을 흔들어 주었다. 나에게는 이렇게 처음으로 만나 본 인민군이 상상과는 달리 상냥하며 친숙한 모습을 보여서 호감을 갖게 되었다. 비록 말씨는 달라도 같은 민족, 같은 핏줄이라는 것을 실감하게 되었다. 이렇게 안동 내 고향에서는 인민군이 총 한 방 쏘지 않고, 소리 소문 없이 1950년 7월 하순경 진입하게 되었다.

인민군의 '안동해방'과 후퇴

안동읍 근처에서는 미군 비행기 폭격이 시작되었다. 국군과 미국 군사고문단의 안동 사수작전은 쉽게 끝났다. 하지만 하루도 안 걸려 인민군은 안동읍을 포위 점령해 버렸다. 내가 처음 본 동쪽으로 향하던 인민군들도 안동읍을 널리 포위 공격하기 위하여 멀리 돌아갔다는 것을 깨닫게 되었다. 그 용맹하다고 소문난 국군 김석원부대도 '김일성 장군'의 인민군 앞에서는 오금도 못 펴고 분쇄되는 것을 보고, 나는 과연 '김일성 장군'의 인민군은 신출귀몰한 전법으로 강적도 섬멸시켜 버리는데 감탄하지 않을 수 없었다.

당시의 국군과 미군은 인민군에 비해 훨씬 성능이 좋은 M1소총과 기관단총 등으로 무장되어 있는 반면, 인민군은 구식 단발 구구식 총을 소지하고 있었다. 국군은 1개 분대에 72발 장전되는 따발총으로 무장되어 있어서 장비가 압도적으로 우수 하였을 뿐 아니라, 제공권을 장악한 미군 항공지원까지 받고서도 참패를 당했기 때문이다.

1개 분대에 1정 가지고 있는 인민군의 따발총 탄창에는 72발이 장전되지만, 10발 이상 연속사격하면 총구가 달아올라 나중에는 유효사거리가 몇 10m 밖에 안됐다. 인민군이 그처럼 열등한 장비를 갖고서도, 미군과 국군에 연전연승하고 있으니 경탄할 수밖에 없었다.

1950년 7월 하순경 안동이 '해방(?)'되자, 지하에 잠복했던 토착진보세력에 의해 '인민위원회'가 꾸려졌다. 여맹, 민청, 자위대가 속속 꾸려지고 소년단도 꾸려지기 시작했다. '산사람'으로 변신했던 동네어른들도 '와룡면 인민위원회' 조직 구성원이 되어, 떳떳하게 활보할 수 있게 되었고, 나에게 "소년단 사업을 해 보지 않겠는가."하고 물었다.

나는 소년단이 무엇인지도 모르고, 무슨 일을 하는지도 몰라 물었더니, 그 어른은 소년단에 대해 이렇게 설명 해 주었다. "소년단은 단체생활을 통해 동무들과 서로 정을 돈독히 하고, 서로 돕는 습관을 기르며, 8·15해방 이후 오히려 더 피폐해진 우리 동네가 평화롭게 번영하기 위해, 빨리 전쟁을 끝내도록 어른들을 돕는 것이 소년단의 조직 목적이다."라고 하면서 "네가 소년단에서 열심히 활동한다면 김일성 장군께서 너를 어여삐 여기고 몹시 귀여워하실 것이라."고 했다.

나는 "어떻게 그 위대한 축지법을 쓰는 김일성장군님이 두메산골 조그마한 동네의 소년단을 알 수 있느냐"고 물었더니, 그는 "김일성 장군께서는 동에 번쩍 서에 번쩍하시며 세상 일을 다 굽어보고 계시는데 왜 모르겠느냐"고 대답하였다. 나는 그 어른의 말씀을 듣고 소년단 사업을 하기로 마음먹었다. 우리 동네는 해방 후 혼란 속에서 낮과

밤의 정치가 달라 순박한 주민은 낮에는 우익 '건청'의 눈에 거슬리지 않으려고 눈치를 봐야 하고, 밤에는 산사람들의 눈치를 살펴야 하는 이중고 속에서 고통스럽게 살아야 했다. 나는 동네 형님과 같은 인민군대가 이러한 현실을 타개할 수 있을 것으로 기대했다. 그들은 전쟁을 빨리 끝낼 수 있을 것 같았기 때문이다. 그러면 우리는 아무런 근심 걱정 없이 공부할 수 있을 것이다. 나는 기대에 부풀어 소년단에 가입하기로 했다. 그래서 나는 이튿날 그 어른과 함께 10km가량 되는 안동읍에 걸어갔는데, 그 어른에겐 총은 없고, 오직 방망이와 수류탄만이 신변 보호 장비였다.

안동읍에 당도한 곳은 안동향교였던 안동사범학교 교실이었다. 교실에는 이미 몇 명의 소년단원이 있었는데 나보다 나이가 많아 보였다. 우리는 함께 <애국가>와 <김일성장군의 노래>, <적기가(赤旗歌)> 등을 배우기 시작했다. 여기서 노래를 배워서, 밤중에 동네 소년단원들에게 노래를 보급하는 것이 나의 첫 임무였다. 나는 신나기도 하여 <김일성 장군의 노래> 등을 열심히 배웠기에 지금도 달달 외울 수 있다.

이렇게 이따금씩 이곳에 와서 소년단의 노래 등을 배워서 동네 소년단원들에게 밤마다 강당에 모여 가르쳤다. 지금도 기억되는 노래들은 <애국가>, <김일성 장군의 노래>는 물론이고, <소년단의 노래>, <적기가>, <민청노래>, <인민유격대의 노래> 등이 있는데, 이 노래들의 가사를 아래에 게시한다.

소년단의 노래 _

희망 넘친 새 조선의 넓은 대로에

조국애로 불타올라 맹세도 굳은

우리들은 애국소년 조선의 아들딸

함께 뭉쳐 나가자, 김장군따라

깃발을 흔들어라, 소년단 깃발을

외쳐라 노래하자, 소년단 만만세

적기가 _

높이 들어라, 붉은 깃발을

그 밑에서 전사하리라

비겁한 자는 가려면 가라

우리들은 붉은 기를 지킨다

모스크바에 깃발 높고

시카고에 노래 소리 크도다

민청노래 _

우리들은 민주청년 3천만 인민의 아들딸

민주조선 창건하는 장엄한 새날의 투사다

일터에서 학원에서 젊은 힘 뻗나니

민주의 깃발 하늘높이 김장군 두리에 뭉치자

승리는 우리의 것 진리로 뭉쳐진 힘

바치자 조국을 위해 인민을 위해 바치자

인민유격대의 노래 _

원수와 더불어 싸워서 죽은
우리의 죽음을 슬퍼 말아라.
깃발을 덮어다오 우리 깃발을
복수에 끓는 피 용솟음친다.

반동 테러에 쓰러진 동무
원수를 찾아서 떨리는 총칼
조국의 자유를 팔려는 원수
무찔러 나가자 인민유격대

혁명가의 노래 _

가슴치고 나무 밑에 쓰러진다, 혁명군아
가슴에서 흐르는 피, 푸른 풀에 즐벼웁게
산에 나는 까마귀야, 시체보고 울지 마라
몸은 비록 죽었으나 혁명정신 살아 있다.

제목미상 _

야- 녹는다, 남조선 이승만이 큰 야단났네.
인민군의 총소리에 간이 질려서
이제는 할 수 없이 부산으로 도망가
야- 녹는다, 이승만이 멋 떨어지게 녹는다.

야- 녹는다, 미국의 양코배기 큰 야단났네.
인민군의 포 소리에 간이 질려서
이제는 할 수 없이 쥐구멍만 찾는다.
야-녹는다, 양코배기 멋 떨어지게 녹는다.

이렇게 많은 노래를 배워서 동네 소년단에 밤마다 보급했다. <김일성 장군의 노래>, <애국가> 등 많은 노래를 사범학교에서 배워 동네 소년단에게 보급해 주었다. 밤마다 정자 강당에서는 동네 소년단의 노랫소리가 온 동네에 울려 퍼졌다.

인근 청년들은 의용군에 자원해서 머리에 수건을 동여매고 남쪽 전선을 향해 떠나는 길에, 우리 동네 소년단이 노래하는 정자에 이따금씩 나타나 격정적으로 연설을 했다. "양코배기를 몰아내 하루빨리 부산까지 해방시키고 말겠다."라고 다짐했다. 그러면, 동네 소년단은 그들 앞에서 <인민유격대노래> 등을 합창해 주면서, 빨리 부산까지 해방시켜 전쟁을 끝내달라고 그들을 고무하고 격려하면서 환송해 주었다. 마치 알고 지낸 형님 오빠처럼!

지금 생각해도 13살 어린 나이에 어떻게 비행기 공습이 밤낮없이 이어지는 속에서, 왕복 50리 길을 걸으면서 이런 활동을 했는지 상상이 잘되지 않는다. 한번은 이런 일도 있었다. 나는 안동읍 소년단 선생님에게 배우기 위해 우리 동네에서 철길을 따라 안동읍을 향하여 걸어가고 있었는데, 말을 탄 인민군이 나뭇가지로 온몸을 위장하고 뒤에서 쫓아오고 있었다.

그는 나에게 다가와서는 "혼자서 어디를 가느냐?"고 물었다. 나는 안동읍에 가는 길이라 대답했더니, 그는 더운데 힘들 테니 뒤에 타라고 하면서 덜렁 나를 들어 뒤에 태워 주었다. "왜 안동을 가느냐?"고 묻기에, 나는 사실대로 소년단 단장이기에 안동군 위원회에 가서 지도 선생님께 배우러 가는 날이라고 대답하는 찰라 '쌕쌕이'(미군비행기)가 갑자기 산 위에 낮게 나타났다.

우리 두 사람은 얼른 말에서 뛰어내려 철길 옆 도랑에 몸을 숨겼으나 훈련된 말은 덩치가 커 도랑에 들어오지 못하고 길옆 땅바닥에 납작 엎드리기만 했다. 그 순간 귀가 찢어지는 기관포 소리가 들려 나는 그 인민군이 맞은 줄 알고 정신없이 그의 어깨를 흔들어 보았더니, 그 군인은 꼼짝 말고 엎드려 있으란 명령을 하여 정신없이 한참을 엎드려 있었다. 비행기가 사라지고 난 후, "일어나라"는 근엄한 말을 듣고 일어나 보니 타고 왔던 말이 몇 발의 기관포 탄을 맞고 죽어 있었다.

말은 비록 나뭇가지로 위장은 했으나 비행기에 발각되어 우리 대신 죽음을 당하였다. 나는 눈물이 핑 돌았다. 미군이 남의 나라에 와서 이렇게 비행기에서 보이는 사람과 가축을 모조리 살상하는 이유는 몰랐지만, 미군에 대한 증오심이 그때부터 싹트기 시작했다. 더욱이 미군은 사람을 태운 기차도 서슴지 않고 폭격했다. 대낮에는 기차가 다닐 수 없어서 굴속에 숨어 있다가 밤에만 운행 해야되니, 우리 같은 농민은 기차를 타 볼 엄두조차 낼 수 없었다.

나는 이런 전쟁의 참극 속에서도 안동사범학교에 가서 소년단 선생님의 가르침에 따라 방공연습도 하고, 전황 소식도 듣고, 노래도 배우면서, 동네 소년단에 노래를 보급하는 일을 게을리하지 않았다. 어머니는 위험하니 가지마라 하셨지만, 안동 소년단 지도 선생님이 전해주는 전황 소식과 인간교육에 나는 심취되어 선생님 말씀을 듣기 위해 결석하는 날이 없었다.

특히 안동 소년단 선생님의 전황 소식은 흥미진진하였으며, 나의 지금까지의 상식을 송두리째 뒤엎는 놀라운 현실을 눈뜨게 해 주었다. 6·25 전쟁이 일어난 지 바로 10일 만에 세계 최강이라는 미군이 오산 숯고개 전투에서 김일성 장군의 인민군에게 참패하였다는 것이다. 일본이 대동아전쟁이라고 칭하고, 미국은 태평양전쟁이라고 칭하는 2차 세계대전 당시 일본의 최강 황군을 태평양에서 격멸시킨 미군의 최정예부대는 조선인민군 정도는 적수가 못 된다고 오만에 빠져있었다고 했다. 그렇게도 얕잡아보고 적수도 못 된다고 큰소리쳤는데 오히려 최강 미군이 조선인민군에 대패하였다는 것이다.

반면에 세계 최강이라는 미군과의 첫 교전에서 대승을 거둔 조선인민군은 사기가 충천하여 앞으로의 미군과의 전투에서 승리할 수 있다는 자신감을 갖게 되었다고 했다. 나는 이 이야기를 듣고 의심이 들어 "정말이냐?"고 선생님에게 물었더니, 선생님은 "왜 어른이 소년단에게 거짓말을 하겠느냐?"라면서, "오산전투에서 미군을 패퇴시키지 못했다면 여러분 소년단도 만나지 못했을 것"이라 했다. 나는 마음속으로 상상해 보았다. 일제 때는 일본 황군이 세계 최고 강군이라 배웠는데, 태평양전쟁에서 일본 황군이 미군에 패배해서 미군이 세계 최고 강군이라 믿었다. 그런데 세계 최고 강군 미군도 김일성 장군의 인민군에게 대패했으니 김일성 장군의 인민군이 세계 최고 강군이 틀림없구나 하고 생각해 본 것이다.

그러나 의문도 가시지 않았다. 어떻게 정부 수립한지 1년여 밖에 안 된 조그마한 분단된 나라의 인민군이 거의 백배나 땅덩이가 크고, 원자탄도 갖고 있어서 세계를 주름잡는 최강 미군을 이길 수 있을까? 미국은 독립한 후 수백 번의 전쟁에서 한 번도 진 적이 없는 세계 최고 강군이라 배웠는데, 왜 조선인민군에게만 패했을까? 과장된 선전으로 우리 소년단을 속이는 것은 아닐까? 미군은 잠깐의 실수로 숯고개 전투에서만 패한 것이 아닐까? 온갖 상상이 교차되었다. 하지만 이러한 의문은 곧 풀리기 시작했다.

미군의 최정예부대라고 자타가 공인하던 미24사단이 대전지구 전투에서 인민군에게 포위되고 섬멸되어 사단장 딘 소장이 인민군에 포로로 잡혔다는 것이다. 미국 전쟁사에서 사단장이 포로로 잡힌 것은 전무후무한 일인데, 미국 최강군의 명성이 땅에 떨어지고 만 것이라고 했다. 더구나 딘 사단장은 미 군정청 군정장관도 역임하여 조선 실정도 잘 알고 있고, 미국 대통령 트루만과도 처남 매부지간이라 하니 그 굴욕이 얼마나 컸겠는가?

아마 조선 인민군은 미국 대통령 트루만과 딘 소장의 관계를 알기 때문에 포로로서의 가치가 높아 희생을 무릅쓰고 사단장 생포 작전을 감행하지는 않았을까 하는 생각이 들었다. 어쨌든 나는 소년단 선생님이 전하는 전황 소식이 너무도 흥미진진했다. 미군 중에서도 최강 24사단을 포위 섬멸하고, 사단장 딘 소장을 포로로 잡았다는 것은 인민군이 세계 최고 강군임에 틀림이 없다는 확신을 비로소 갖게 되었다. 인구나 국력 면에서 미국은 조선민주주의 인민공화국과 비교도 안 되지만, 미국은 분명 전쟁에서 후퇴만 하는 것으로 보아서는 김일성 장군의 인민군에게 패하고 있는 것은 확실했다.

미국은 6·25전쟁 때 총 187만 명의 군인과 막대한 최신장비를 투입하여, 태평양전쟁 때보다 더 많은 인적, 물적 자원을 쏟았다고 한다. 그 막대한 미군과 국군만으로는 조선인민군을 당해 낼 수 없어 미국의 추종국가 15개국의 군대를 지원받아서야 인민군을 낙동강 전선에서 고착시킬 수 있었다. 바로 이것은 김일성 장군의 인민군이 천하무적이라는 사실을 실증해 주는 것이라고 어린 나는 확신하게 되었던 것이다.

옛날 항일독립투쟁을 했던 김일성 장군과 지금의 김일성 장군은 다른 사람이라는 소문도 헛소문이고 거짓이라는 것도 알게 되었다. 미국은 국군을 제외하고 총 16개국의 군대를 동원 해서야만, 부산과 대구를 잇는 좁은 계선의 전장에서 머물도록 고착시킬 수 있었다는 것도 놀라운 일이었다. 더욱이 미국은 제공권을 장악하여 비행기가 쉼없이 공중에서 지상을 샅샅이 뒤져 폭격하고 있음에도 불구하고, 낙동강 전선에서 더 진격하지 못하고 인민군과 대치하고 있다는 것은 나에게 매우 경탄스러운 일이었다.

나는 이렇게 안동읍에 가서 전장 소식을 듣고 배웠다. 그리고 동네에 와서 그 소식을 소년단에게 가르쳐 주곤 하였다. 안동읍에 가지 않는 날이면 동네 소년단원들과 함께 동네 남쪽 제일 높은 산에 올라가 방공호를 파 놓고, 미군 비행기가 낮게 소리 없이 접근하면 징을 쳐서 동네 어른들이 공습피해를 받지 않고 일할 수 있게 도와주기도 했다. 그래서 동네 어른들은 소년단 때문에 공습걱정 없이 일하게 되었다고 좋아했다

1950년 8월 중순경인지 확실히 기억이 나지 않지만, 소년단 선생님이 이곳 사범학교 교실은 인민군 부상병을 위해 비워 주어야 한다면서, 화성국민학교로 모이라고 했다. 안동 도립병원의 병실이 모자라 사범학교까지 부상병 병실로 쓴다고 했다. 화성국민학교는 사범학교 바로 옆에 있었다. 나는 그곳에서 소년단 선생님의 가르침과 전황 소식을 듣고 있었다. 하루는 선생님이 사범학교에 가서 부상병 병실 청소를 해 줄 수 있는 사람은 손을 들라고 하여 나는 손을 들었다. 나는 몇 사람의 군 소년단원과 함께 선생님의 인솔하에 사범학교에 갔다. 부상병 교실에서 끔찍하다기보다는 몸서리치는 참혹한 광경을 처음으로 보았다.

내장이 튀어나온 사람, 팔다리에 부상을 입은 사람 등이 물을 달라고 비명을 지르고 있는가 하면, 곪은 상처 자국이 안 보일 정도로 파리들이 우글우글 파먹고 있는 부상병도 있었다. 나는 어찌할 바를 모르고 서 있었더니, 간병 하는 아주머니가 말하기를 걸레로 마룻바닥만을 닦아 주되 절대로 부상병들에게 물을 갖다 주어서는 안 된다고 했다.

나는 마룻바닥 닦는 것 보다 우글대는 파리를 잡아야 하지 않느냐고 했더니, 아줌마는 걸레 청소를 한 후 파리를 잡아달라며 파리채도 주었다. 나는 구석구석 걸레질을 하는 동안 물을 달라고 애원하는 부상병을 못 본 척하면서 지나가는 매정한 인간이 되어야 했다. 걸레질을 끝내고 나서 파리를 잡으려고 파리채를 들었다. 그러나 파리들은 전부 고름 난 상처에만 무리로 달라붙어 있어서 파리채로 때릴 수가 없었다. 그래서 양손으로 상처에 붙어 있는 파리를 쫓아내다 보니 상처에는 구더기가 우글대고 있었다.

여기 누워있는 청년들도 집에 가면 다 귀한 자식이고 형들일 텐데, 멀리 안동까지 와서 부상 당하여 이렇게 참혹한 처지에 놓인 것을 생각하니 미군이 더욱 미웠다. 미군이 남의 전쟁에 개입하지 않았던들 전쟁은 이미 끝나서 같은 민족과 혈육끼리 화해하고 오손도손 손을 잡고 복구건설을 하여 평화를 되찾았을 것이다. 미군이 멀리 이 땅에까지 와서 닥치는 대로 폭격하고, 닥치는 대로 우리 동포를 살상하며, 전쟁을 장기전으로 끌고 가서 이런 참혹한 광경을 야기했으니 단순한 미움을 넘어 그들이 야수처럼 느껴졌다.

그런데 파리를 잡는 나에게 어떤 부상병이 손짓으로 부르고 있었다. 내가 가보니 다리에 붕대를 감고 있는 앳된 부상병이었는데 옆으로 누울 수 있게 좀 도와 달라는 것이었다. 나는 그가 시키는 대로 조심조심하며 천천히 그를 부축해 주었다. 그는 나에게 나이가 몇 살이냐고 물었다. 나는 13살이라고 대답했더니, 그는 자기도 내 나이와 같은 동생이 고향에 있다면서 나의 손을 꼭 잡고 물끄러미 먼 산을 바라보고만 있었다. 고향 생각을 하는 듯했다.

그는 한참 후 나에게 "어떻게 이 병실까지 오게 되었느냐"고 묻기에, 나는 소년단이라고 밝히며, "선생님이 병실 청소를 해 줄 사람은 나오라고 하여 오게 되었다"라고 대답했다. 그러자 그는 놀라면서 해방 된 지 얼마 안 되었는데도 벌써 소년단에 입단했다고 대견해 했다. 그의 동생도 소년단이라면서, 이렇게 미군 공습이 심한데도 안동읍까지 와서 소년단 일을 열심히 하는 나를 진심으로 사랑해 주었다.

그는 남루한 군복 주머니에서 퇴색한 그의 가족사진도 꺼내 보여 주면서, 내 나이 또래의 사진 속의 동생에 대해서도 설명해 주었다. 그의 동생은 지금 초중 1학년이라 하며, 월사금도 한 푼 안내고 마음껏 공부하고 있을 텐데, 폭격에 어떻게 살아가는지 걱정했다. 이북의 초등학교는 5년제라 나와 나이가 같지만, 초급 중학 1년생이라면서, 김일성 장군이 항일 빨치산 부대를 이끌고 들어온 해방 이후부터는 무료로 학교에서 공부하며 뛰어놀게 해 주었다고 했다.

공책 등 학용품을 돈 한 푼도 안 받고 공급해 준다고 해서, 나는 몹시 그 세상을 동경했다. 이제 전쟁이 끝나면 나도 돈 한 푼 안 들이고 공부할 수 있을 것으로 상상하니 그 세상이 몹시도 그리웠다. 나는 일제 때부터 월사금을 내고, 각종 찬조금을 내면서도, 장작 등을 지고 학교에 갔었는데 이 부상당한 인민군 형의 말을 들으니 꿈만 같았다. 이렇게 무료로 교육을 시켜 주면서도 김일성 장군은 우리 소년단을 왕같이 대접하면서 끔찍이 사랑해 주신다니 이보다 더 부러운 세상이 있을까 싶었다.

이런 세상이다 보니 인민군은 자기의 세상을 지키고 싶어서 세계 최고 강군이라는 미군과 싸워 이길 수 있구나 하는 비결을 나는 나름대로 찾아내었다. 사실 나는 그 당시 인민군을 여러 차례 보았다. 그런데 미군과 비교도 안 될 만큼 열악한 무장장비를 가지고서도 낙동강 전선까지 연전연승하는 원인을 찾지 못했는데, 이 부상당한 인민군 형을 만나보고 비로소 그 비결을 찾아냈다. 아무리 무장 장비가 우월하고 전쟁물자가 풍부하며, 하늘의 비행기가 움직이는 모든 것을 살상한다고 할지라도, 자기 세상을 지키려는 인간의 의지에는 당해낼 수 없어서 미군이 대구 부산까지 패퇴할 수밖에 없었구나 하는 확신을 얻게 되었다.

　자기 부모 형제가 살고 있는 낙원을 지키기 위해서는 이 부상당한 인민군 형처럼 목숨을 던져서라도 적을 타격하겠다는 인간의 굳은 의지 앞에는 거칠 것이 없다는 것을 나는 깨달았다. 일제 때까지 억압받고 천대받으며 자기 권리를 유린당해 온 민중이 '김일성 장군의 인덕정치'로 자기 운명의 주인으로 등장하게 되었다니, '조선인민군의 의지와 열정 앞에 감히 어떤 군대가 맞설 수 있겠는가?' 하는 생각을 하게 되었다.

　나는 부상당한 그 인민군과 매번 다시 만날 것을 약속하고 헤어졌다. 천천히 집으로 25리 길을 걸어오면서 곰곰이 내 자신도 생각해 보았다. 나는 초등학교 6학년, 만12살의 어린 나이지만, 이렇게 하루 왕복 50리 길을 걸으며 미군 비행기 공습을 피해 가면서 안동읍까지 다니는 이유가 무엇일까? 누가 강제로 시키지도 않았는데, 왜 자발적으로 이 고생과 모험을 해야 할까를 생각해 보았던 것이다. 나는 어린 몸으로 지금까지 힘들고 고통스런 세상을 살아왔기 때문에, 좀 더 좋은 세상에서 살아보려는 강한 열망 때문이었다는 것을 깨달았다.

　일제 식민지 세상이 끝나면 좋은 세상이 되어 맘껏 공부하고 즐겁게 놀 수 있을 줄 믿었는데, 좌익과 우익으로 편이 갈려 동족끼리 서로 싸우고 죽이는 세상을 맛보게 된 것이다. 인민군은 근엄하고 무서워 감히 접근도 못하리라는 선입감을 가졌었는데, 예상외로 머슴 같은 인민군을 접하게 되자 호기심이 생겨났다. 소년단 활동을 하면서 내가 꿈꾸던 바대로, 마음껏 공부하고 마음껏 즐길 수 있는 세상이 바로 이런 세상이란 것을 찾아냈기 때문이었다.

아마 누가 강제로 시켰다면 나는 거부하고, 이 어려운 길을 안 걸었을 것이다. 내 스스로의 의지와 욕구를 채우기 위한 길이었기에 피곤하지도 않고, 두려움도 없이 새 세상을 향한 발걸음은 힘차고 가벼웠다. 더욱이 부상당한 인민군과 말동무가 되어 이북의 고향 이야기를 들어보니, 이북은 내가 꿈꾸던 세상이란 것을 확신하였다. 그리고 그의 전투경험담을 들으니 흥미진진하여 나는 안동읍에 갈 때마다 그의 병실을 찾곤 하였다.

그는 소대장으로서 항상 선두에서 진격하면서 소대원을 지휘했다. 비행기 공습을 피하기 위해, 적진에 근접하여 비행사가 피아(彼我)간의 구별을 못하도록 바싹 접근하면, 적진은 무서워 그대로 후퇴하곤 했다면서 미군은 예상외로 겁이 많다고 했다. 그래서 미군은 아예 포차, 자동차 등을 후퇴 방향으로 세워놓고 위급하면 곧바로 후퇴할 수 있도록 준비를 해놓고 전투를 한다고 했다. 이렇게 "도망갈 준비를 먼저 하는 군대가 어찌 목숨 걸고 싸우는 인민군을 당해 낼 수 있겠는가"라고 했다.

그는 고등학교를 졸업도 못하고 전쟁이 발발하여 인민군에 자원입대했는데, 입대하자마자 소위 계급장을 달고 치악산 전투에서 처음으로 전투에 참가했다고 했다. 영천 안강전투 때 폭격을 맞고 다리에 파편이 박혀 있었는데, 얼마 전 파편을 제거하였지만, 약이 부족하여 잘 치료가 되지 않는다고 했다. 마취제가 없어서 부상병실 곳곳에서 비명을 지르고 있었다. 붕대조차 부족한지 상처 부위를 그대로 노출하여 파리가 끓고, 구더기가 우글대는 부상자도 있었다.

이렇게 열악한 환경 속에서도 그는 비명 한번 지르지 않았다. 이를 악물고 참으면서 나를 만나면 반가워 헤어지기 아쉬워하며 내 손을 꼭 잡은 채 또 만나자고 애원하듯 말하곤 했다. 그러나 나는 밤이 무서워 어둡기 전에 집에 도착해야 하므로 아쉬운 작별을 하곤 했다. 소년단 선생님이 알려 주는 전황은 거의 새로운 것이 없었다. 인민군이 의성까지 물밀듯 빠르게 진격하면서, "오늘 대구를 해방한다."고 알려 준 것이 벌써 오래지만 대구가 완전히 해방되었다는 소식은 들려오지 않았다.

비행기 폭격이 심해져서 영천, 포항 등 낙동강 경계선 전투에서 전선이 교착되어 있는 상태라고 했지만, 이곳 안동에도 밤낮없이 비행기 폭격은 날로 더해가서, 밤에만 겨우 보급품을 전선으로 보내야 했다고 한다. 반면에 부상자들은 날로 더 늘어나 사범학교 교실이 다 찰 지경까지 이르렀다. 그런데 며칠 후 나는 안동읍에 갔더니, 안동사범학교 교사는 폭격에 불타 없어지고 벽돌 덩어리만 쌓여 있었다. 곳곳에 직격탄을 맞은 웅덩이에는 물이 고여 있었다.

운동장에는 몇 백 년 묵은 은행나무 두 그루가 있었는데, 폭격을 맞아 타다 만 나무 밑둥치만 처참하게 서 있었다. 나는 너무나 놀라 소년단 선생님에게 부상병들은 어떻게 되었느냐고 물어보았으나 자기도 모른다고 했다. 또 친하게 지내던 부상병에 대해서도 물어보았으나 아무도 속 시원히 대답해 주는 사람이 없었다. 나는 사범학교에 가서 벽돌 더미 속을 뒤져 보았으나 사람 그림자도 없었다. 시체라도 찾으려고 손이 트도록 벽돌 더미를 헤쳐 보았으나 사람 뼈조차 찾을 수 없었다. 이렇게 나는 절망과 분노를 삼키며 그 상냥했던 부상병 형을 내 가슴에 묻고 말았다

벼 낟알이 한창 익어가던 1950년 9월말 경 어느 날, 인민위원회 등에 참여했던 우리 동네 어른들이 잠시 후퇴를 했다가 다시 돌아오겠으니, 그동안 잘 있으라는 인사를 남기고 동네를 떠나갔다. 나는 국군과 미군이 다시 진격해 오리라는 것은 상상도 하지 못했다. 그러면서 동네 어른들은 돌아오리라 믿고 있었는데 아직도 돌아오지 않았고 생사조차 알 길이 없었다. 일부는 살아서 북에 있다는 소문도 들려 왔으나 확인할 길이 없었다.

이렇게 안동 지방에서는 해방과 수복의 전투를 겪으면서, 무고한 주민이 전장을 피해 북으로 피난 갈 수밖에 없었던 이산가족들이 많이 생겨났다. 이러한 사연을 잘 알려주는 사례가 있다. '강제 탈북당한' 김련희씨의 시가(媤家) 사연을 들어보면 알 수 있다. 김련희씨의 시아버지는 나와 일가친척인 진성이씨 집안의 안동사람이었는데, 전쟁통에 북으로 피난을 가서 이산가족이 되었다. 그의 시아버지는 평양에 살고 있다는데, 공교롭게도 그의 며느리 김련희씨는 '강제 탈북' 되어 홀로 광야에 버려졌으니 운명치고는 너무나 잔혹한 우리 민족의 운명이 아닌가!

동네 어른들이 후퇴한 후에도, 국군과 미군은 북진하고 있다는 소문만 무성할 뿐 한 사람도 나타나지 않았다. 오히려 뒤늦게 후퇴하는 수백 명의 인민군이 산줄기를 따라 청량산 쪽으로 가는 것이 보였지만, 추격하는 유엔군이나 국군도 없었고 미군기의 공습도 없었다.

우리 동네는 산간 오지라서 한 사람의 미군이나 국군도 보이지 않았다. 미군과 국군은 도로를 따라 북진하느라 우리 동네 같은 산간 오지에는 발도 들여놓지 않았기에, 정말 수복이 되었는지 확인할 길이 없었다. 다만 안동읍 쪽에서 잠깐의 대포 소리 콩 볶듯 들려오는 소총 소리가 있었다. 그런 후에는 하늘에서 폭격하는 미군 비행기가 사라 지면서 적막강산을 되찾았을 뿐, 눈에 보이는 변화는 아무것도 없었 다. 오직 동네 사람들의 불안과 공포만 더해 갔고, 누구도 말을 삼가 고 수군거리기만 했는데, 닥쳐올 공포를 예감하는 듯했다.

이윽고 며칠 후 서슬 퍼런 경찰이 동네에 찾아왔다. 인민군 치하 때 인민위원회 등에 부역했던 사람들을 찾았으나 모두 피신하고 없었다. 경찰은 분풀이 할 데가 없어 본보기로 종손이었던 무고한 이재태, 이 문길 등 많은 애꿎은 청년들을 끌고 가서 새애고개 등지에서 총살시 켜 버렸다.

20대 초반의 이재태 종손은 인민군 치하 때 전혀 부역하지 않았지 만, 그 부친인 이용순 선생이 진성이씨 종손이라는 명망 때문에, 면 인민위원장이란 감투가 씌워졌을 뿐인데, 피신하고 없게 되자 그 아 들인 무고한 이재태를 본보기로 끌고 가서 총살시켜 버린 것이다. 또 이문길은 당시 18살밖에 안 된 앳된 청년이었지만, 그 형인 이용진을 찾다가 없으니 분풀이로 대신 끌고 가서 처형해 버릴 정도로 눈에 보 이는 청년들은 모두 끌고 가서 총살시켜 버렸다

이문길은 나이에 비해 건장하고 씨름도 잘 하여 와룡면 일대에서는 씨름장사로 촉망받던 소년{?)이었다. 그는 나의 '1972년 간첩사건 판 결문'에 등장한 재일동포 조총련 중앙정치학원, 조선대학 교원 이용 욱, 이용극의 동생이기도 하다.

이렇게 피에 굶주린 지방 우익과 경찰은 인민군 치하 때 실제 활동 한 동네 어른들이 피난 가버리고 없게 되자 애꿎은 그들의 형제와 자

매 등을 연좌제로 덮어씌워 총살해 버렸다. 인민군 치하 때는 대지주와 '건청'에서 일했던 사람들을 인민재판에 회부 하여 농지를 몰수하고 곤장을 치는 것은 보았으나, 이렇게 청년들을 총살시킨 일은 없었는데 경찰은 보이는 청년들을 무조건 총살해 버렸다. 심지어 인민군은 비행기에서 낙하산을 타고 내려와 정탐한 '켈로(KLO)대원'[4] 조차 총살시키지 않고 어디론가 데려가는 것을 보았는데, 경찰은 피에 굶주린 듯 보이는 청년들을 모두 총살해 버렸다.

이렇게 되니 우리 동네는 또 숨도 쉬지 못할 정도로 압박과 감시의 대상이 되어버렸고, 들에 나가 일할 남정네가 없게 되었다. 그래서 어쩔 수 없이 한 번도 들에 나가 농사를 지어 보지 않았던 양반 아낙네들이 들에 나가 일을 할 수밖에 없게 되었다. 우리 동네 아낙네들은 양반의 체통을 살려야 된다면서, 집안에서 길쌈만 하며 집안의 모든 일을 해 왔다. 들일을 해야 할 남정네가 적어 농사일을 하지 않으면 굶을 수밖에 없어서 아낙네들이 들에 나가 농사일도 하고, 장터에 나가서 무엇이든 팔아 양식을 마련해야 했다.

이렇게 가난하고 탄압받는 동네였는데, 1951년 봄 어느 날 38선 근처에 있다는 경기도 '청단 경찰서' 경찰이라는 사람들 10여 명이 찾아왔다. 그들은 일반 경찰처럼 총과 침낭 등을 메고 와서 동네 옆 철교와 터널을 지키러 왔으니, 그들이 살 집을 주어야 한다고 했다. 그리고 동네에서는 그들에게 밥을 해 줘야 한다고 했다. 경찰이라면 무서워 벌벌 떨던 동네 사람들은 거역할 수 없어 철길과 가까운 우리 정

---

4) 미국 극동군 사령부가 1949년에 북한지역 출신을 중심으로 조직한 북파공작 첩보부대(Korea Liaison Office)를 말한다.

자와 다른 집의 방을 내 주어야 했다. 그리고 동네 몇몇 집에서 돌아가며 밥을 해 주어야 했다. 뿐만 아니라 철교 옆 요충지와 굴 입구 요충지에 참호를 파서 그들이 지킬 수 있도록 부역을 해야 했다.

동네 사람들은 쑥덕거렸다. "다른 철길 옆 동네에는 주재하지도 않으면서, 우리 동네만 밤낮 주재하는 것은 철교만 지키는 것이 아니고, 동네 동태를 감시하러 온 것이다." 하지만 밖으로 발설할 수 없을 정도로 공포가 심하여, 민폐를 당해도 꿈적하지 못했다. 또 그들이 주거하는 방과 참호의 난방을 위해 동네에서는 장작을 공급해 주어야 했다.

우리 동네 각 가정에서의 난방과 취식을 위한 땔감은 보리짚, 밀짚 등 농사의 잔재들과 산에 가서 낙엽이나 풀을 베어 오는 것이었다. 땔감을 사용하기 위해서는 사람이 계속 아궁이 앞에 앉아서 불을 때야 했으나, 경찰들은 그렇게 할 수 없으니 장작을 바치라 했다. 그들이 주재한 3년 동안 동네 소나무들을 많이 베어 장작을 만들어 말려서 바쳤다. 그러자 벌거숭이 문중 산들이 많아졌다.

경찰들은 붐비는 장날 외에도 가만히 있지 않았다. 평소에는 지나가는 사람이 거의 없었지만, 어쩌다 지나가는 사람이 있으면 참호에서 도민증 검사를 하면서 트집을 잡았다. 어른들은 성가셔하셨지만 중요한 길목이라 피할 길이 없었다. 한번은 이웃 동네에서 좀 유식한 어른이 정당한 도민증을 제시했는데 통과시키지 않았다. 그러자 "왜 귀찮게 굴며 통과시키지 않느냐"고 항의했다. 항의를 받은 청단경찰은 다짜고짜 그 어른을 꿇어 앉히고 두들겨 팼다. 그 사실이 소문난 후부터 어른들은 저항 한번 못하고 검문을 받게 되었다.

이 경찰들은 가끔 산에 가서 꿩과 노루를 구구식 총으로 잡아 와 우리 집에서 볶아 먹곤 했다. 어린 나도 사냥질에 가끔 따라가 사냥 방법과 명중 방법을 배우기도 했다.

중고등학교 시절

이런 전쟁의 와중에서도 시간은 흘러, 나는 1951년 9월에 중학 입시를 위해 전국에서 일제히 치르는 국가고시에 응시했다. 다행히 우수한 성적이 나와서 당시 경북 북부지역의 명문이었던 '안동사범 병설중학'에 입학했다. 내가 다녔던 와룡 공립 국민학교 교장 선생님은 국가고시에서 이 정도의 점수라면, 서울의 경기중학은 물론이려니와 대구 경북중학 등 어떤 중학이라도 상위성적으로 입학할 수 있다고 했다. 하지만 서울은 전쟁으로 위험하니 대구 경북중학을 가라고 강권했다. 그러나 할아버지께서는 시국이 전쟁으로 위험하니 손자를 멀리 떠나보낼 수 없다고 반대하여 '안동사범 병설중학교'를 가라고 엄명하셨던 것이다.

내 세대는 기구한 운명을 타고나서인지 왜정시대에는 4월에 신 학년이 시작되기 때문에 3월에 입학시험을 치렀다. 와룡 공립 국민학교에 입학했으나 미군정시대에는 미국식대로 9월에 신학년이 시작된다. 9월에 국가고시로 중학교를 입학 하였으나, 1950년 이승만의 학기제 변경으로 중학교에 입학하자마자 또다시 봄 학기제로 되돌아오게 되었다. 이리하여 나는 왜정시대와 미군정시대의 피지배교육을 맛보아야 했던 불운아였는데, 이승만의 봄 학기제(3월) 변경으로 또다시 교육과정 혼란의 희생자가 될 수밖에 없었다. 중학교에 입학해 보니, 내가 폭격 맞은 벽돌 더미를 뒤지면서 인민군 부상병 형을 찾아 헤맸던 그 벽돌 더미가 그대로 있었다.

입학은 했으나 학생들이 공부할 교실은 미군의 폭격을 맞아 없어졌다. 사범 본과 학생은 전부, 강습과 1개 반, 병설중학생 전부는 아침 조회를 마치고 모두 무너진 벽돌더미에서 벽돌을 들고 인부들이 일하는 가교사 짓는 곳으로 옮겨 주어야 했다. 말이 중학교 입학이지 사실은 조회 후부터 붉은 벽돌 나르는 것이 일과였다.

공부할 교실이 없으니, 우리 학생들이 미군 폭격으로 무너진 붉은 벽돌을 이렇게 가교사 짓는 곳까지 날라주어야 했다. 인부들은 이 벽돌로 벽을 쌓고 창문은 유리 대신 조선종이로 발랐다. 지붕은 초가지붕으로 만들고 땅바닥 위에 책걸상을 놓아 임시교실을 만들어 수업을 해야 했다. 우리는 가교사가 축성될 때까지, 책가방은 아예 가지고 가지 않고 벽돌 나르기 등을 사역하는 것이 공부였다.

이에 나는 무너진 벽돌 더미에서, 혹시나 부상당했던 바로 그 인민군 형의 흔적이 남아 있지는 않을까 싶어, 이곳저곳 벽돌 더미를 돌아다니며 남몰래 그 형의 자취를 더듬어 보았으나 사람 흔적은 전혀 찾을 수 없었다. 이때 선생님은 "너는 왜 벽돌은 나르지 않고, 벽돌 더미만 뒤지면서 돌아다니느냐?"고 꾸중을 하셔서, 나는 내 주머니 속에 있던 돈을 떨어트려 찾고 있다고 둘러대면서 찾아보았지만 허사였다. 부상병 어느 사람의 흔적도 없었다.

다행히도 함께 이곳에서 소년단 연수를 했던 낯익은 다른 동무들은 이 학교에서 눈에 띄지 않았기에, 나는 능청스럽게 거짓말을 할 수 있었고 소년단 경력을 감출 수 있게 되었다. 아무리 살펴보아도 어느 인민군 부상병의 흔적도 남아있지 않아 그때서야 나는 안도의 숨을 쉬게 되었다. 생각해 보니 미군의 폭격 정보를 사전에 알고 인민군 부상병을 폭격 직전에 안전하게 대피시킨 것이 분명한 것처럼 느껴졌다. 부디 그 형이 살아서 고향으로 돌아가 다시 만날 수 있기를 마음속으로 빌고 빌었다. 또 여기 학생들 중에 나와 함께 소년단에서 배웠던 동무가 한 사람이라도 있는가 하면서 눈여겨 살펴보았으나 다행히 아무도 없었다.

불과 몇 개월 전에 내가 경험했지만, 누구에게도 말 못 할 이 안타까운 사연을 이곳 학생들은 알 리가 없었다. 안동사범학교 교실이 왜 미군 폭격을 맞아서 이렇게 부서졌는지도 학생들은 알지 못했다. 학교가 인민군 임시병동으로 사용되고 있었는데, 제네바협정에 의하면 폭격을 할 수 없음에도 미군은 불법으로 폭격하였다. 결국은 우리 학생들이 왜 이렇게 고생해야 하는지도 모른 채, 그저 안동 시내가 다 소이탄을 맞고 불탔는가 보다 하고 대수롭지 않게 여기며 벽돌만 나르는 것이었다.

이렇게 나는 선망하던 중학생 모자와 제복을 입은 학생이 되긴 했지만, 1학년 때는 미군정시대의 9월 학년제가 3월 학년제로 변경되어 1학기만 마치고 2학년이 되었다. 이러한 사정뿐만 아니라 벽돌을 날라서 가교사를 짓느라고 허둥지둥 보냈지만, 2학년부터는 가교사에서 제대로 공부를 할 수 있어서 좋았다. 그리고 무엇보다 좋은 것은 비행기 공습이 더 없어서 학교를 편안히 다닐 수 있었다.

전쟁은 저 멀리 북쪽에서 일진일퇴하고 있다고 들었지만, 아무도 소년단 선생님처럼 자세하게 전황을 이야기해 주는 사람은 없었다. 다만 중공군 수십만 명이 개입하여 유엔군만으로는 이길 수 없어서 휴전회담을 하고 있다는 소식을 선생님이 전해 줄 뿐이었다.

그리고 기차는 하루에 몇 차례 동네 옆을 지나고 있지만, 객차는 하나도 없고 화차만 다녔다. 화차에는 미군과 국군만이 타고 지나갔다. 미군이 탄 기차가 지나갈 때면 먹다 남은 통조림, 빵조각 등을 던져 주었다. 우리 동무들은 철로 변에 나가 미군이 버린 먹다 남은 빵조각, 통조림 등을 주워 먹곤 했는데, 이를 본 화차에 탄 미군들은 재미 삼아 닭 모이 주듯 던져 주었다. 우린 그것도 받아먹었다.

나는 다음과 같은 일도 목격했다. 어느 날 학교에서 집으로 돌아오는 길에 이하역에서 본 사실이다. 평상복을 입은 국군 징병(徵兵)자들을 태운 화차들이 천천히 이하역을 지날 때다. 갑자기 기관차가 정지하더니 기관차에서 인솔군인이 카빈총을 들고 내리자마자 이하역 출장소 경찰이 서 있는 곳으로 달려가 경찰의 총을 빼앗고 다짜고짜로 경찰을 두들겨 패는 것이었다. 실컷 두들겨 패고는 그 경찰을 끌고 기차에 태웠다. 다른 경찰이 잘못 했다고 해도 소용이 없었다.

왜 이런 일이 일어났는가 하면, 사복 입은 징병자들이 역에 서 있는 경찰을 보고 욕을 하니, 끌려간 경찰이 화차를 향하여 카빈총을 겨누었는데, 마침 인솔군인이 기관차에서 이를 목격하고 달려나가서 경찰을 두들겨 패고 그 차에 태워 갔다고 했다. 이런 사실을 목격한 우리 학생들은 3년 묵은 체증이 내려가듯 통쾌하게 좋아했다.

당시 경찰은 백성들 위에 군림하면서, 억압하고 무소불위의 권력을 휘둘렀을 뿐 아니라, 동네 어른들이 인민군에게 부역했다고 총살시키곤 했다. 그래서 우리는 가슴에 원한을 품고 있었다. 또 우리 학생들이 철길로 다닌다고 공포탄을 쏘면서 붙잡아 두들겨 패기도 했다. 당시 경찰은 어디서나 똑같이 민중을 탄압했기 때문에, 징병에 소집되어 가는 징집자도 총을 들고 근무하던 경찰에게 욕을 하며 조롱했다. 그러자 악질 경찰이 참지 못하고 징집자들이 타고 있는 화차를 향하여 총을 겨누자 다행이도 인솔자가 징집자인 군인을 향하여 총을 겨누었다고 이렇게 경찰을 두들겨 팬 것이다.

당시 경찰과 군인 간에는 이런 갈등과 반목이 다반사로 있었다. 정전회담은 하고 있었지만, 전투는 더욱 치열해져 쌍방 간에 인명피해는 더욱 늘어나고 있다고 했다. 전사(戰死) 통지를 받는 세대수가 자꾸만 늘어났다. 어떤 집은 아들 형제 가운데, 형은 의용군으로 가서 죽고, 동생은 국군으로 징집되어 죽었다. 형제간에 서로 총 뿌리를 겨누고 싸우다가 죽었다는 골육상잔의 실화를 남긴 가족도 있었다.

이런 참극 속에서도 완고한 이승만 대통령은 북진통일만 부르짖어 전화(戰禍)에 시달린 국민들의 원성만 샀지만, 미국의 비호를 받고 있기에 누구도 감히 이런 전쟁을 반대한다는 목소리를 내지 못했다. 마침 1952년에 미국의 대통령이 민주당의 트루만에서 공화당의 아이

젠하워로 교체되었다. 전쟁에 염증을 느낀 사람들은 미국 대통령 이름을 풀이하기를 "아— 이젠 (정전을) 하오"라고 하면서, 곧 정전이 될 것이라고 기대하기도 했다.

미국 대통령 이름 풀이가 맞았는지 틀렸는지는 모르겠으나 어쨌든 미국도 많은 인명피해와 물자피해를 입어, 드디어 1953년에 정전을 할 수밖에 없었다. 미국은 2차 세계대전 때보다 더 많은 인적, 물적 자원을 투입했지만 어쩔 수 없이 38선 근처에서 정전을 할 수 밖에 없었다. 그러나 이승만 정권은 여전히 북진통일을 부르짖으면서 '학도호국단' 조직을 강화했다. 아침 조회 때마다 '학도호국단가'를 제창하면서 군대식 제식훈련을 강화해 나갔다.

전쟁이 한창 치열하던 1951년 늦여름, 서울에 계셨던 아버지가 불쑥 나타났다. 할아버지를 비롯한 온 집안 식구들은 아버지가 살아 돌아와서 기뻐했는데 기쁨도 잠시뿐이었다. 들에서 일하던 아버지가 갑자기 들이닥친 안동경찰서 형사들에게 잡혀 가버린 것이다. 아무도 왜 잡혀갔는지 알지 못했다. 그냥 잠깐 조사할 일이 있다고 말하며 잡아갔기 때문이다. 하루 이틀이 지나도 나오지 않았다. 어머니는 백방으로 알아본 결과 아버지가 서울에서 인민군을 도왔다는 이유 때문이었다. 비상사태 시국의 긴급조치 위반과 국가보안법 위반으로 잡아넣었다는 것이다.

당시는 경찰이 즉결 총살하던 시국이라서, 할아버지는 하나밖에 없는 독자 아들이 총살당할까 염려했다. 당장 좋은 논 5마지기(약1,000평)를 팔아 관계요로에 간접적으로 청탁함으로써 약 1년 동안 안동형무소에 살면서 재판을 받게 되었다. 나는 안동형무소 옆을 지나다가 죄수들이 형무소 옆 밭에서 긴 대나무로 엮은 얼굴까지 가린 용수를 쓰고 일하는 것을 많이 보아 왔기 때문에, 아버지도 남루한 푸른 죄수복을 입고 그런 용수를 쓰고 있는 줄 알았는데, 막상 면회를 해 보니 아버지는 그런 고깔모자도 안 쓰고 어머니가 지어준 조선옷을 입고 있었다. 나는 한편 안도하면서 아버지께 형편을 물어보았더니, 아버지는 아직 미결이어서 재판을 받는 중이기 때문에 그렇다고 대답하셨다. 우리 식구들은 반년 동안 아버지 얼굴을 한 번도 못 보아 걱정했는데, 즉결 총살을 당하지 않고 이렇게 살아 계신 모습을 보고, 논을 팔아서 큰돈으로 청탁한 효험이 있는 것 같아서 조금은 안심할 수 있었다.

재판 결과 아버지는 풀려났는데 집행유예 형을 받았다 한다. 나는 그 뜻도 모르고 석방되어 그저 좋기만 했다. 그러나 아버지는 안동경찰서에서 많은 고문을 당했다. 형사들이 "서울에서의 행적을 고백하라"고 고문하며 폭행했으나, 아버지는 끝까지 결백을 굽히지 않았다. 형사들은 아버지가 좌익 활동을 했으리라는 풍문만 믿고 고문을 가했던 것이다. 이때 몸이 몹시 망가진 아버지는 집에서 기르던 개를 잡아먹으며 요양했다.

그 후 아버지는 의성의 점곡 중학교 교장이었던 친구 류시벽 선생의 도움으로 점곡 중학교에서 교편을 잡았다. 그 후 아버지는 다시 경북고등학교에서 교편생활을 하던 중, 1972년에 '나의 활동 사건'이 계루되어 교편생활을 그만두게 되었다.

1954년에 내가 안동고등학교에 입학해 보니, 안동사범 병설중학 때와는 완연히 다른 분위기였다. 중학교 때는 아침조회마다 학도호국단 노래를 부르며 제식훈련만 잠깐 했을 뿐이었는데, 고등학교에 입학해 보니 아예 군복을 지급받았고, 교련 선생님(예비역장교)이 배정 되어 있었다. 교련시간에는 목총을 들고 제식훈련을 하는 것이었다. 교련 선생은 훈련이 마음에 안 들면 단체 기합을 주곤 했다. "엎드려 뻗쳐"를 시킨 후, 배트 방망이로 엉덩이를 때리는 것이 일쑤였다.

1953년 7월 27일 정전협정(停戰協定)이 체결되어 정전은 되었지만, "공비(共匪)"가 출몰하여 후방을 교란하고 있기에, 북진통일을 위해서는 어린 고등학생도 군사훈련을 해야 된다는 이유였다. 이렇게 하여 나는 처음으로 군복을 입고, 목총을 들고, 방망이를 맞아가면서 교련을 처음 맛보게 되었다.

실제로 1954년 늦겨울 밤중에, 바깥이 어수선하여 내다보니 동네 앞길에 수많은 군인이 지나가고 있었다. 얼마나 많은 군인이 지나가는지 새벽까지 행렬이 끊이지 않았다. 총소리 한번 나지 않았기 때문에, 나는 국군인 줄 알았는데 인민군이었다. 바로 우리 집 옆 정자에는 청단경찰서(지금은 이북 땅) 경찰들이 주둔해 있었는데, 어떻게 총소리 한번 없이 지나갈 수 있는지 의아해서 행렬을 바라보았다. 대부분 감기가 들어 기침 소리가 끊이지 않았고, 부상을 당했는지 절룩거리며 겨우 걸어가는 군인도 많았고, 말을 타거나 소를 탄 군인도 보였다. 아마 도 몇만 명이 지나가는 듯했다.

날이 밝아 마지막 대열이 지날 때, 멀리 철로 위에는 청단경찰이 지나가는 인민군 대열을 물끄러미 바라만 볼 뿐 총 한 방 쏘지 않았다. 인민군 대열은 학가산 쪽에서 청량산 쪽을 향하여 이동하는 것 같은데, 워낙 많은 병력이라 국군이나 청단경찰은 교전자체를 피하는 것 같았다. 그 흔했던 비행기 폭격도 없었다.

인천상륙작전으로 퇴로가 막힌 인민군대가 정전이 되어, 태백산맥 줄기를 타고 후퇴하려는 것 같았다. 인민군은 동네에서 양식을 달라거나, 또는 도와 달라는 어떤 징후도 보이지 않고, 말없이 동네를 빠져나가기만 했다. 이렇게 병들고 지친 인민군의 대부대가 이동하는 정보를 국군은 분명히 알고 있었을 텐데, 국군은 나타나지도 않은 것으로 보아 전투 자체를 피하는 것 같았다. 또 정자에는 청단경찰이 주둔해 있었는데 그들이 밤중에 정자를 비우고 기차 굴속으로 피해 간 것으로 보아, 인민군 대부대가 이동해 오고 있다는 정보를 틀림없이 알았을 것이다.

이렇게 양측은 피차의 존재를 파악했음에도, 총소리 한번 없이 통과한 것은 피차 교전을 꺼린 것이 분명해 보였다. 아무튼 인민군 척후병들은 청단경찰이 주둔했던 정자와 동네 민가 주위를 대충 훑어보고 지나갔을 뿐, 그대로 남겨두고 지나가는 것으로 보아 피차 교전을 피하는 것 같았다. 지나가는 인민군 패잔병들은 병들고 지쳐서 걸음도 잘 못 걷는 군인들이 많았고, 심한 부상자들은 말에 타기도 하고, 소 잔등에 그대로 탄 채 신음하며 지나갔다. 쿨룩쿨룩거리는 기침 소리가 쉴 새 없이 그치지 않고 지나가고 있었는데, 이렇게 전쟁으로 부상을 입고 고통당하는 인민군들이 어서 고향의 부모 형제 곁으로 무사히 돌아갈 수 있기만을 빌었다

고등학교 2학년이 되자 지긋지긋했던 교련시간도 없어졌다. 기합 받을 공포도 없이 공부에만 전념할 수 있어서 한결 마음이 가벼웠다. 나는 대학에 진학하기 위해 공부에 집중하게 되었지만, 공부할 환경은 극히 열악했다. 이하역에서 안동역까지 기차통학을 했는데, 우리

집에서 약 3Km나 떨어져 있는 이하역까지 걸어가서 통학 열차를 타야 했다. 당시의 통학 열차는 보통 30-40분 연발착하기가 일쑤였다. 기다리는 데 시간을 허비해야 했다. 통학 열차의 환경이 열악하여 차 안에서는 도저히 책을 볼 수 없었기에 공부할 시간을 빼앗겨야 했던 것이다. 증기 기관차가 내뿜는 매연과 시커먼 먼지를 맞으며, 보통 밤 8시경에 집에 도착하면 녹초가 되어 겨우 한두 시간 공부하고 잠에 떨어지고 만다. 이렇게 열악한 환경 속에서도, 나는 1957년 고려대 법과대학 행정과에 입학하게 되었다.

대학시절

    나는 대학에 입학하여 처음으로 서울 구경을 했다. 서울에는 전차도 있고, 사람도 많고, 큰 집들도 많아 나 같은 촌놈이 서울 구경을 하면 눈이 휘둥그레질 것이라고 상상했다. 막상 청량리역에 처음 당도해 보니, 청량리역사는 전쟁 중 폭격에 불타서 안동역과 다름없는 급조된 가역사(假驛舍)였다. 하지만 사람들은 인산인해를 이루었다. 그렇게 많은 사람을 처음 보았다.

    지게꾼들이 모여들어 서로 짐을 지고 가겠다고 아우성을 치는가 하면, 창녀들이 나와 호객을 하고, 시내버스에는 남자 차장이 큰 소리로 잘 알아듣지도 못할 가락으로 호객하고 있었다. 처음 보는 허름한 전차는 역 대합실 바로 앞에서 승객을 기다리고 있었다. 안동 시골 촌놈이 처음 본 서울은 난장판 시장 같았다. 단순히 난장판 시장 같은 곳이 아니라, "눈 뜨고도 코 베어 간다."라는 속담이 실감 날 정도로 순간순간이 정신없이 돌아가고 있었다.

고등학교까지 마친 나였지만 모든 것이 신기하고 새로운 세계였다. 당시 서울은 휴전된 지 얼마 지나지 않았기 때문에 곳곳에 폭격의 상흔이 남아 있었다. 중앙청(일본 총독부였다. 중앙정부 청사, 지금의 광화문 중앙박물관 자리)도 단단한 석조건물이었지만, 폭격을 맞아 지붕이 파괴된 채 돌벽이 그대로 을씨년스럽게 서 있었다. 명동도 폭격의 피해로 붉은 벽돌을 그대로 들어낸 채 사람이 살지 않는 집들이 많았다. 그러나 서울은 생각보다 예상외로 파괴된 건물이 적었다.

안동읍은 폭격으로 성한 집이 거의 없었는데, 서울은 을지로 일부와 용산을 제외하곤 폭격에 파괴된 건물이 거의 없었다. 일제강점시대 서울의 모습을 그대로 보여 주었으며, 고려대도 폭격을 면하여 본관과 도서관 등 석조건물이 상처받지 않고 유지되어 강의를 받을 수 있었다. 하지만 내가 기거할 방은 열악하기 그지없었다.

시골에서 농사짓는 형편으로는 서울의 좋은 집에서 하숙할 수 없었기에, 고려대학교 앞 제기동 허름한 초가집에서 방을 얻어 자취를 하는 수밖에 없었다. 고향집에서 쌀과 된장, 고추장만 가지고 와서 자취생활을 해야 하니 어렵기 짝이 없었다. 어렵사리 가정교사 자리를 얻었는데, 그 집은 한국은행 부총재 집이었다.

후암동에는 일제 때부터 한국은행 관사가 있었다. 그 집 아이들은 덕수국민학교 6학년생과 덕수국민학교 4학년생이었다. 나는 두 아이의 가정교사가 되어 그 집에서 기거하게 되었다. 나는 그 집에서 살면서 놀라운 충격을 받았다. 더운 여름에는 선풍기를 틀어 시원한 바람을 쐴 수 있었다. 난생처음 선풍기를 보았다. 냉장고도 처음 보았는데, 아무리 더울 때도 시원한 물 뿐 아니라 아이스크림을 만들어 꺼내 먹을 수 있으니 신기하고 놀랍기만 했다.

나는 아이들이 핥아 먹는 아이스크림을 맛보고 싶어 견딜 수 없었지만, 과외지도하는 선생 체면에 나도 맛보자고 할 수 없어 물끄러미 바라보기만 했다. 그 집 가족은 가정교사인 나에게 냉장고 물건을 하나라도 꺼내 줄 정도로 관심 가지는 사람은 아무도 없을 만큼 냉담한 사람들이었다. 개성사람들은 상인 기질이 있어서 이렇게 야박한지는 몰라도, 개성이 고향이라는 이 집 사람들이 가정교사쯤은 사람으로 여기지 않는 것 같았다. 그뿐 아니라 텔레비전이란 것이 있었는데, 그 것으로 AFKN 미군 텔레비전 방송을 아침저녁으로 활동사진처럼 보고 있었다.

당시 우리나라에는 텔레비전 방송국조차 없었는데 이집에서는 영어로 된 미군 사령부 방송을 거의 매일 보고 듣고 있으니 더욱 나와는 이질감이 생겨났다. 이런 고급 생활용품들이 있다는 것을 나는 얼핏 들었을 뿐인데, 전쟁이 막 끝난 서울의 바로 이 집에 그러한 실물이 있다는 것을 알고는 서울이 별세상이라는 것을 실감하였다.

당시 서울에는 방 한 칸을 구하지 못해 거리에서 방황하는 숱한 피난민들이 꿀꿀이죽 등을 얻어먹으며 하루하루 지탱하는 사람들이 많았다. 그런데 이곳 한국은행 부총재 집은 별천지 세상인 것 같았다. 서울의 거리마다 직업 없이 지게 품팔이를 하거나 살길을 찾아 방황하는 사람들이 넘쳐 났지만, 이곳 한국은행 부총재 댁은 전혀 그런 일에 개의치 않고, 더 높은 자리 더 영달할 자리를 얻기 위해 사모님은 경무대에 줄을 대느라 부산히 돌아다니기만 하는 것 같았다.

그뿐만 아니라 서울에서 일류중학 입학률이 제일 좋다는 명문 덕수초등학교 4학년생인 막내아들 녀석은 버스 타기 싫다면서 한국은행 부총재인 자기 아버지에게 전화해서 자가용차를 보내 달라고 했다. 도저히 상상이 되지 않았다. 나는 내 학비를 대주기 위해 뙤약볕에서 일해야 하는 할아버지, 어머니를 생각해 보니 이들과는 너무나 다른 세상에서 살고 있는 것 같아서 세상을 원망하지 않을 수 없었다.

뼈 빠지게 일해도 고기 한 점 맛보기 어려워 잡곡밥으로 근근이 연명하는 세상이 있는가 하면, 사무실에 편안히 앉아 쉽게 일해도 선풍기, 냉장고 텔레비전을 가질 수 있는 불공평한 세상에 내가 살고 있다는 것이 원망스러웠다. 이런 이질적인 광경을 목격하고 나니, 나는 안동사범학교 야전 병실에서 만난 부상당한 인민군 아저씨들, 특히 소년단 학생들의 생활을 이야기해 주던 부상당한 인민군 형이 떠올랐다.

그의 말에 의하면, "이북은 남녀 상하 차별 없이 누구나 함께 일하고 함께 즐기면서 서로 아끼고, 서로 도와주며 대가족처럼 지내면서 소년단은 마음껏 공부하고 마음껏 뛰놀 수 있는 세상"이라니 더욱 그리워지고 동경이 되었다. 나도 그런 세상에서 살아보고 싶은 욕구가 분출하여 대학도서관에 가서 사회과학도서들을 찾아 읽기 시작했다.

처음에는 법대를 지원하여 고등고시에 합격하여 판검사가 되겠다고 생각하여 고려대 법대를 갔는데, 막상 서울에서 특권층 가정교사 생활을 해 보니, 사회의 부조리와 불공정을 눈 뜨고 볼 수 없었다. 우리 사회를 정의롭고 공정한 사회로 발전시키는 데 일조를 하는 것이 오늘을 사는 나의 사회적 책무라고 확신하고 고등고시 공부를 포기하기에 이르렀다.

나는 "인간이란 도대체 무엇인가?", "인류사회는 어떻게 발전해 왔는가?" "자본주의, 사회주의, 공산주의란 무엇이며 왜 생겨나게 되었는가?" "왜, 우리나라는 남북으로 갈라져 서로 다른 체제 속에 살아야 되는가?" 등등의 문제를 풀기 위하여 대학도서관을 뒤져 보기도 하고, 혼자 골똘히 생각해 보기도 했으나 해답을 찾을 수 없었다. 당시에는 이승만 정권의 북진통일론, 승공 통일론만 용납되던 시절이라서 사회과학을 객관적으로, 체계적으로 공부할 수 있는 상황이 아니었다.

이때 내 마음을 사로잡은 분이 형법 각론을 강의하시던 이건호 선생님이셨다. 나는 이건호 선생님을 사사(師事)하게 되었다. 이건호 선생님은 현대과학의 발달로 유물론과 관념론의 논쟁에서 유물론이 승리했다는 것을 말했다. 마르크스의 『자본론』 출현으로 '유물변증법'이 사물과 현상발전의 법칙이라는 진리를 해명했다는 점도 말해 주었다. 인류 역사는 필연적으로 사회주의, 공산주의를 지향하여 나아간다는 점 등의 많은 것을 깨우쳐 주었다.

그러나 나는 선생님의 가르침만으로 낭만적인 공산주의를 막연히 동경했을 뿐 나의 세계관으로까지는 확립할 수 없었다. 선생님은 엄혹했던 사회 분위기와 학내 조건 때문인지, 확신을 가지고 사물발전의 법칙, 역사발전의 법칙 등을 나의 지적 수준에 맞게 해명해 주시지는 않았다.

이때쯤 이승만은 1959년 재일교포 북송사업을 "극렬히 반대하라"라고 하면서 각 대학에 북송반대 데모를 지시했다. 법대에서도 시위 참가 여부를 위한 토론이 있었는데, 나는 "일본은 우리보다 훨씬 잘 산다. 이렇게 잘 살면서도 '이북으로 귀환하겠다.'라고 동포들이 나서는 것은 이북이 일본보다 더 희망찬 사회이기 때문이지 않겠나?"하고 생각했다.

"송환 동포들의 의사를 존중해 주는 것이 동포로서의 책무가 아니겠나? 주거이전의 자유는 누구나 보장해 주는 것이 법학도로서의 양심이지 않나? 정부의 지시에만 따른다면 우리는 지성인이 아니라 정부의 개가 되는 것 아닌가?" 이렇게 반대한 우리 대학은 결국 북송반대를 결정했다. 다만 서울운동장 집회에 개별적으로 참가할 학생만 참가하기로 했다. 결국, 이승만의 시도는 대학생들의 호응을 받지 못해서 수포로 돌아가 버렸다.

1960년 3.15 정부통령 선거가 있었지만, 생활고에 허덕이던 일반 국민은 관심도 갖지 않고 남의 집 잔치 바라보듯 하였을 뿐이었다. 자유당과 민주당 보수 양당의 치졸한 권력다툼에 염증이 극에 달했기 때문에 오직 자기 가족 굶기지 않는 데만 몰두했다. 이승만이 대통령이 되든지, 장면이 부통령이 되든지(민주당의 조병옥 대통령후보는 미국에서 치료 중 급사했다) 서민들의 민생고를 해결하는 데 아무런 도움도 줄 수 없다는 것이다.

그때만 해도 정치는 부유하고 유식한 사회 주도층들의 독점물이었기에 농민 등 서민은 감히 쳐다보지도 못할 영역이라고 여기고 있었다. 이른바 '고무신 선거', '막걸리 선거'를 통해 투표 때만 잠깐 상층부로부터 얻어먹는 것으로 끝나는 행사쯤으로 여겼다. 그래서 고등학생, 대학생 정도의 학식만 갖춰도 지식인층에 속해 정의감, 의협심, 양심이 살아나 꿈틀거렸지만, 억압구조 속에서는 분출되기 어려웠다.

그러나 3.15 정부통령 선거에서 조병옥(1894-1960) 대통령후보가 미국병원에서 급사하자, 이승만(1875-1965) 후보는 1956년 선거 때처럼 동정표가 민주당에 몰릴까 두려웠다. 또 이승만의 후계자로 부통령에 출마한 이기붕(1896-1960)이 장면(1899-1966) 후보에게 질 가능성을 우려하여 종전의 선거 때처럼 노골적인 부정 부패 선거를 자행하게 되었다. 이에 마산에서 부정선거를 규탄하는 학생시위가 있었는데, 경찰은 평소 자행하던 방식대로 최루탄을 쏘며 야수적으로 진압했다. 그대로 묻힐 뻔했던 시위와 탄압은 4월 11일 김주열이라는 어린 학생 시체의 눈에 최루탄 파편이 박힌 채 마산 앞바다에서 떠올라 학생들의 분노에 기름을 부어 넣게 되었다. 경찰은 처음에 모든 것을 은폐하고 부인했으나 명백한 증거 앞에 거짓이 탄로 날 수밖에 없었다.

4·19 봉기

마산사건이 백일하에 드러나게 되자, 서울의 주요 대학 학생회에서는 울분을 참지 못해 4월 21일에 데모하기로 합의했다. 그러나 고려대에서는 정보 경찰이 자기 집 드나들듯 감시의 눈길이 심해서 21일까지 비밀보장이 우려되어 4월 18일에 신입생 환영회를 하고, 곧바로 시위를 결행하기로 했다. 당시 고려대 학생회는 이철승(1922–2016)의 직 간접적인 영향을 많이 받아 상당히 보수적인 지도부였다.

이철승은 고려대 재학시절 학도호국단 단장으로서 '국대안(國大案) 반대투쟁' 등 진보적 학생운동을 탄압, 말살시키는 데 크게 공헌하였으며 인촌(仁村) 김성수(1891–1955)의 비호를 받은 민주당 국회의원이었다. 따라서 경찰은 <동아일보>와 함께 고려대를 야당 성향으로 분류하여 감시 탄압을 강화하였기 때문에, 학생회(안암총학)

는 신입생 환영회를 구실로 학생들을 운동장에 집결시켜, 환영회를 마친 직후 3,000여 명의 학생이 구호를 외치며 스크럼을 짜고 국회의사당(현 서울시 의회자리) 앞까지 진출했다.

국회의사당 앞에서 학생들이 부정선거 규탄 구호를 외치고 있을 때, 유진오(1906-1987) 총장이 나타나서 학교로 돌아가자고 설득하여 학생들은 총장의 설득에 응하기로 했다. 유진오 총장은 지식인의 속성을 전형적으로 들어낸 인물이다. 중일전쟁(1937-1945)이 발발하기 전까지 그는 사회정의를 위한 사회주의자로 자처하다가, 일제의 탄압이 극심하게 되자 친일 반공 노선으로 전향했다. 해방 후 남한 단독 정부수립 논쟁 때에 그는 단독정부 반대 노선에 동참하기도 했다. 미군정청의 단독 정부수립이 확실하게 되자, 그는 단독 정부수립을 위한 내각책임제 헌법 초안을 주도했다. 이승만 독재 시대 때는 김성수 계열과 동조하며 고려대 총장으로 행세하기도 한 전형적인 기회주의자였다. 이러한 상황에서 학생들이 만일 그의 설득에 응하지 않으면, 경찰의 야수적인 탄압에 무방비로 노출될 수밖에 없다는 협박에 어쩔 수 없이 학생들은 응하고 말았다.

이리하여 고려대 학생들은 교정으로 돌아가고 있었는데, 종로4가 천일백화점 근처에서 동대문시장 깡패들이 갑자기 나타나서 갈고리, 벽돌 등으로 학생들을 공격하여 많은 희생자가 생겼다고 한다. 동대문시장 깡패 임화수의 '반공청년단'이 공격했다고 하는데, 그들은 학생 시위대열의 후미를 공격하였다. 나는 시위대의 앞줄에 있었기 때문에 깡패들의 공격 자체도 알지 못하고 학교에 돌아왔다. 돌아와 보니 후미의 저학년 학생대열이 없어서 알고 보니 동대문시장 깡패 이

정재, 임화수 일당들로부터 공격을 당하며 난투극이 벌어져서 다친 학생들이 많았다고 했다.

우리는 후미 학생들을 구하기 위해 다시 천일백화점 앞으로 갔으나 이미 싸움은 끝나고 깨진 벽돌 조각만 어지럽게 널려 있었다. 이 소식이 서울 시내 대학들과 고등학교에 알려지자, 이튿날인 4월 19일 서울의 전 대학과 고교생들이 데모에 가담하게 되었다. 우리 고려대는 늦은 정오경에 국회의사당에 도달해 보니, 이미 국회의사당 앞은 학생들로 발 디딜 틈도 없게 되었고 진압경찰은 한 사람도 보이지 않았다. 마치 민중의 세상이 된 듯 어제의 호령하던 억압자는 그림자도 안 보였다.

이에 우리 고려대 학생 동료들은 경무대로 가자고 하여 광화문 쪽으로 진출해 보니 중앙청까지 학생과 군중이 구름떼처럼 덮여 있었다. 너무나 많은 사람이 도로를 가득 메워 말 그대로 인산인해를 이루었다. 전날처럼 스크럼을 짜고 돌진할 수 없어 개별적으로 뚫고 나아갔다. 경무대 쪽에서는 요란한 총소리가 들려오더니 동국대학 학생들이 트럭을 타고 피 묻은 웃옷을 흔들면서 중앙청 쪽으로 격앙된 함성을 외치며 오고 있었다. 그들은 흥분된 어조로 지금 경무대에서는 경찰이 시위 군중을 향하여 실탄사격을 가하여 경무대 앞은 피바다가 되고 말았다고 하였다.

효자동 전차 종점 쪽을 바라보니, 그쪽에서도 학생들은 물밀듯 나오고 있었는데 간헐적으로 총소리가 들려 왔다. 분노한 학생들은 이제 대학 구별 없이 함께 행동했다. 자유당 이인자였던 이기붕 집(옛 경교장, 지금의 삼성병원)으로 쳐들어가자고 하여, 그의 집 앞에 당도

했지만, 문이 굳게 닫혀 있었다. 잠긴 대문을 힘차게 두드렸으나 아무런 반응이 없었다. 분명코 무소불위의 권력을 휘두르던 이기붕, 박마리아 등 가족이 집 안에 있었을 텐데 흥분한 군중 앞에서는 쥐새끼처럼 몸을 감췄다. 이에 학생들은 굳게 잠긴 대문 앞에서 자갈을 던져 돌세례를 안겨 주었다. 그래도 인기척이 없었다.

우리는 죽은 듯이 숨어 있는 이기붕 식구들을 이렇게 놀라게 한 후, 세종로 네거리에 되돌아왔다. 이미 중앙청 앞에는 총을 들고 있는 경찰이 일렬로 우리 쪽을 향하여 사격 자세를 취하고 있었다. 우리는 국제극장 뒤로 빠져나와서 시청 앞을 지나 내무부 청사(옛 동양척식회사) 앞에서 돌을 던지며 최인규(1919-1961) 장관이 부정선거 원흉이라고 규탄했다. 이렇게 내무부 청사가 학생들의 돌멩이 세례를 당하여 유리창들이 파손되었지만, 어떤 직원도 고개를 내밀고 항의하는 사람이 없을 만큼 거리를 꽉 메운 군중들에게 완전히 압도당하고 있었다.

그러나 세종로 쪽에서 발포하던 경찰이 시청 앞까지 진출하면서 발포했고, 내무부 쪽으로 다가오고 있었기에 우리는 총탄을 피해 서울운동장, 동대문 쪽으로 후퇴하면서 을지로 6가 파출소를 습격하여 방화해 버렸다. 왜 이렇게까지 사태가 악화 되었는가? 오후 2시경 계엄령 선포와 함께, 경찰은 거리에 쏟아져 나온 시민들을 향해 야수적인 총탄을 퍼부었다. 시위군중이 피를 흘리게 되자, 시위대열은 분산될 수밖에 없었다. 몇십 명, 수백 명 단위로 흩어졌다. 계엄령이 선포되었다지만 피를 본 학생들은 시내 도로변의 파출소를 닥치는 대로 때려 부수고 방화하였다. 그동안 평소에 억눌려 왔던 분노와 불만이 일시에 폭발하고 만 것이다.

비록 계엄령이 선포되었을지라도 계엄군은 나타나지 않았다. 경무대 경비 경찰력과 남대문에 있던 시경 경찰의 병력만으로 경무대→광화문→ 남대문→ 서울역→ 용산까지만 경찰의 병력이 배치되었을 뿐, 서울의 다른 지역은 시위군중의 해방지역이었다. 해방지역의 시위 군중들은 화물트럭 등을 타고, 시민들에게 피 묻은 옷들을 흔들면서 악질 경찰들이 이렇게 학생들을 쏴 죽였다고 울분을 토하며 이승만 정권을 규탄했다.

밤이 되자 광화문 쪽에서 더욱 요란한 총소리가 들려 왔다. 우리는 고려대 교정으로 들어가서 향후 대책을 논의하고 있었는데, 새벽에 완전무장을 한 계엄군이 들어와서 해산을 요구했다. 해산하고 귀가한다면 귓갓길을 보장해 주겠다고 하여 학생들은 해산했다. 나도 이렇게 집에 돌아오니, 그때야 피로를 느껴 잠자리에 떨어지고 말았다. 나중에 확인해 보니 고려대 학생들 가운데는 사망자가 없었다.

고려대 학생들은 18일 시위 때 임화수의 동대문시장 깡패(반공청년단)들의 공격을 받아서 상처를 입었던 학생들을 수습하느라 19일 좀 늦게 시위에 가담하게 되었다. 이미 경무대 앞을 차지한 학생들이 피해를 가장 많이 입게 되어 고려대는 기회주의자라는 비판도 받게 되었다.

마침내 4·19학생 봉기로 계엄령이 선포되어 대학을 비롯한 시내 요소요소에 계엄군이 배치되었지만, 25일 교수들의 데모로 이승만 정권은 대단원의 막이 내려지게 된다. 지금까지 한국의 이승만을 앞세워 정치, 경제, 군사, 문화 등 다방면에 걸쳐 절대적인 힘을 발휘하던 미국이 이승만을 용도 폐기해 버린 것이다. 주한대사 매카나기는 25일 교수들 시위를 보고 이승만으로서는 민심을 수습할 수 없다는 결론을 내리고 26일 이승만을 면담하여 하야를 권고한 것이다.

이에 이승만은 반항 한번 못하고 하야(下野) 성명을 발표하게 되었다. 충격받은 이기붕 일가는 장남 이강석이 아버지 이기붕, 어머니 박마리아, 동생 이강욱을 권총으로 쏴 죽이고 자기도 자살하였다. 이강석은 당시 육군사관학교를 나온 소위로서, 이승만의 양자였는데 이로써 암울했던 이승만 시대는 종말을 고하게 되었다. 그러나 4·19 봉기로 미국은 이승만을 용도 폐기 처분할 정도로 이 땅에서 막강한 힘을 갖고 있었다.

미국은 6·25전쟁에서 막대한 희생을 치른 후, 휴전선을 경계로 한 휴전협정의 유일한 당사자로 5만여 명의 미군을 주둔시키고 있었다. 미국의 잉여(剩餘) 농산물 등의 원조자금을 대충자금이라는 명목으로, 한국 정부 세입예산의 절반 이상을 좌우할 정도로 미국은 막강한 힘이 있었다. 이러한 상황에서 이승만과 같은 미국의 꼭두각시가 어찌 감히 거역할 수 있겠는가마는, 국민의 한 사람으로 4·19 봉기에 참여했던 나로서는 몹시 치욕스러웠다.

비록 이승만은 미국의 도움을 받아 대통령이라는 권좌에 올랐을지언정 분명히 우리 대통령이며, 따라서 그를 쫓아내는 처벌도 우리 국민이 결정해야 했다. 그런데도 이승만은 미국대사와 면담 후 '하야 성명'을 발표했다. 그런 모습을 지켜본 나는 민족적 수모를 느끼지 않을 수 없었다. 도대체 미국이 무엇이기에 명목상으로는 엄연히 독립 국가인 한국의 대통령을 하야하라, 말라 할 수 있는가? 미국은 왜 무슨 권한으로 일제 패망 후 3년간 군정을 실시하고, 이승만 단독정부를 수립하여 한국의 내정에 간섭할 수 있는가? 미국은 왜 한국에 막대한 원조를 하며, 그 원조자금을 멋대로 한국 정부 예산에 투입하여 멋대로 사용하는가? 나는 이런 문제들을 골똘히 생각하게 되었다.

학생들이 많은 피를 흘렸지만, 앞으로의 정부는 어떤 정부이어야 하는지, 어떤 사람들로 구성되어야 하는지에 대한 생각도 많아졌다. 하지만 학생들의 논의는 소외되고 의사전달 창구는 봉쇄된 채, '학생의 본분은 공부'하는 데 있다는 명분으로 희생만 감수해야 했다. 사실 대부분의 데모 참가 학생도 4·19 봉기를 돌발적인 순간의 사건 정도로 여기고, 아무 일 없었다는 듯이 상아탑에 안주하려고 했다.

어쨌든 미국은 이승만을 하야시키고, 눈 가리고 아웅 하듯 이승만 정부의 외무장관이었던 허정(1896-1988) 장관에게 과도정부를 맡게 하고 이승만을 안전하게 하와이로 피신시켰다. 국회는 이승만 자유당 정권 시대의 국회를 그대로 유지한 채, 내각제 개헌안을 통과시켜 7·29 민참의원 선거를 치르게 했다. 미국은 순진한 학생들이 부정부패 정권을 갈아 치우자고 절규하며 피를 흘렸건만, 구체제를 그대로 유지하면서 내각제 개헌으로 생색만 내고 정권과 체제를 그대로 계승시켰다.

이러함에도 지금의 일부 논객들은 '4·19혁명'이니 뭐니 하면서 미화하는데, 이는 너무나 역사를 곡해하는 것이다. 그런 꼴을 볼 때마다 나는 안타까움을 금할 수 없다. 주한미국대사 매카나기는 불안한 정국을 수습하기 위하여 일단 이승만만 하야시키고, 현직 외무장관이었던 허정에게 과도정부를 맡기면서 부정부패 체제를 그대로 보존시켰다. 또 부정부패의 원흉 이승만을 편히 쉬게 하려고 미국령 하와이로 피신시켜 버렸다. 나는 미국의 그런 처사를 도저히 용납할 수 없었다.

이승만은 집권 이후 순박한 우리 국민을 좌익, 우익으로 양분해 놓고, 백여만 명을 학살한 장본인이었다. 그런데도 미국이 순수한 정의감에 불탄 학생들 데모를 피로 물들여 놓은 독재자를 안전하게 피신시켜 버리고, 이승만의 충복들을 그대로 정권에 온전하게 보존시킨 것은 이해되지 않았다. 정의감에 불탄 순진한 학생들이 피 흘려 싸워서 이승만을 권좌에서 쫓아냈으나, 엉뚱하게도 차려놓은 밥상에 숟가락질한 것은 부패하고 탐욕스러운 구정치인이었다.

왜 이 지경이 되었을까? 나는 나름대로 그때의 상황을 그려본다. 그 이유는 첫째, 학생들은 꿈에 그리던 새 정권을 담당할 능력도 의지도 없었고 또 의사전달을 할 소통 통로도 봉쇄되어 있었다. 바로 전해에 개정한 국가보안법이 자유로운 의사 표출의 길을 봉쇄했기 때문이다. 따라서 깨어있는 민족자주 역량이 숨 쉴 수 있는 공간조차 없었다. 사실 당시 대학생이라면 엘리트 의식에 충만해 있어서, 현 체제 속에서 부귀영화를 누릴 수 있으리라는 허황한 꿈을 간직했다. 현 체제를 개혁할 적극적인 의지도 없었고, 현실에 안주하려는 경향이 강했다. 당시 1개 군내에 사각모자를 쓴 대학생은 몇 사람 되지 않았다. 따라서 대학생 모자를 쓴 사람만 보면 선망의 대상이 된 시절이었고, 졸업 후 취업이 요즘처럼 어렵지 않은 시절이기 때문이었다.

당시에는 문맹자도 많아서 고등학생 정도면 지식인층에 속했었다. 따라서 선거 때만 되면 고무신 한 켤레 사주고서 한 표를 얻을 수 있었고, 막걸리를 사주면 몇 표를 살 수 있을 만큼 선거는 돈 있고 조직력 있는 사람만이 즐길 수 있는 자본주의의 꽃이었다. 그 당시 조직력이란 이념을 함께하고 정견을 함께하는 자발적인 조직체가 아니었다. 관권(官權), 특히 경찰력을 동원할 수 있는 능력이 곧 조직력이었다. 따라서 조직력은 이승만을 추종하는 여당만이 향유 할 수 있는 특권이었다.

일반 민중은 경찰 혹은 국군에 의해서 가족들이 구타당하고 살육당하며 어떻게 몰락되는가를 생생히 보아 왔다. 그 때문에, 관권 특히 경찰의 눈에 거슬리지 않으려고 무조건 맹종하던 시절이라 감히 누구도 거역할 수 없었다. 좀 똑똑하다는 사람치고, 현 정부에 협조하지 않으면 가차 없이 탄압받아 좌익으로 몰려 가정이 파멸되었다. 그러한 시절이기 때문에 무식을 오히려 자랑으로 여겼고, 아는 것이 힘이 아니라 모르는 것이 상책이라 여겼던 시절이었다.

따라서 민중의 절대다수는 이승만의 3·15 부정선거도 권력자라면 능히 할 수 있는 다반사 정도로 느끼고 있었으며, 누가 당선되든 '그게 그놈'이라고 여기며, 내 생업 내 처지와는 아무런 상관없는 잘난 사람끼리의 도박장쯤으로 여겼다. 당시에 인구의 절대다수를 차지했던 농민은 이렇게 각성 되지 않은 상태였다.

4·19 봉기의 주도 세력이었던 대학생들조차 대부분 이렇게 현실에서 편안히 존속하려는 사고방식에 젖어 있었다. 그렇다보니 보다 나은 세상을 향한 개혁에 직접 참여하겠다는 의지가 없었다. 일부 깨어 있는 학생도 보안법이라는 굴레가 무소불위의 힘으로 억누르고 있어서 감히 새로운 제도, 새로운 체제에 대해서는 입 밖에 낼 수 없었다. 따라서 미국의 매카나기 대사가 일본 총독처럼 행세해도 당연한 것처

럼 지켜보고만 있었을 뿐이었다.

당시에는 "보지 말고, 듣지 말고, 말하지 말라."라는 말이 유행어처럼 돌아다녔으니 얼마나 엄혹한 시절이었나를 상상할 수 있으리라. 이런 세상이다 보니 나는 외로웠다. 같은 행정학과 친구에게조차 내 생각을 말할 수 없어 혼자서 울분을 달래야 했다. 어쩌다 친구에게 미국의 원조와 '대충자금'의 정체를 이야기하면 그 친구는 "나도 대강은 알고 있다. 그러나 우리가 행동으로 표현하면 바로 매장된다. 형님이 제주 4·3사건에 연루되어, 우리 집은 폭삭 망해 아버지가 절대 어떠한 반미, 반정부 행위도 용납하지 않을 정도로 겁에 질려있다."라고 한 제주 출신의 고0혁 친구의 말을 나는 아직도 잊지 못하고 있다.

이런 시대이다 보니 조직된 민주 역량이라는 것은 상상할 수도 없었고, 각성된 몇 사람이 같은 목소리도 못 낼 만큼 숨죽이고 있었을 때이다. 대다수 밑바닥 민중은 한글조차 깨우치지 못해 노예처럼 사는 것을 자기 운명으로 여기면서 민주주의가 무엇인지, 투표의 의미가 무엇인지도 모르며 주권이 자기 자신에 있다는 자기 힘을 깨닫지 못하는 실정이었다. 이렇게 우민정책의 희생자들만이 있는 세상이다 보니 민족 주체역량은 표출될 수도 없는 암흑기였다.

부정부패와 암흑의 시대가 지속되었던 두 번째 이유는 미국의 본질을 보지 못하고, 미국에 대한 환상을 씻어 내지 못했기 때문이다. 미국은 6·25전쟁 때 많은 피를 흘려 가면서도 우리나라를 도운 혈맹이고, 굶주린 백성들에게 밀가루 등을 원조해 줌으로써 살려 준 천사와 같은 존재라는 소문이 벽지까지 파다하였다. 민중들로 하여금 '미국은 돈 많은 나라, 선의의 나라, 베푸는 나라'라고 믿게 만들었다. 더욱이 산간벽지 동네마다 교회를 세우고, 밀가루와 분유 등을 동네 사람에게 나누어 주면서 미국을 천사처럼 느끼게 했다.

내 고향 두메산골에도 교회가 생겨났다. 춘궁기를 견디기 힘들었던 사람들에게도 밀가루, 옥수수(강냉이)가루 등을 나누어 주면서 "예수를 믿으면 복이 와서 먹을 걱정 없게 되고 죽어서는 천당에 갈 수 있다"라고 하였다. 그러자 많은 사람이 예수를 믿게 되었고, 수백 년 내려오던 유교적 관습이 깨지기 시작하여 조상제사를 지내는 것까지 미신이라고 거부하게 되었다. 이렇게 되자 같은 일가끼리 불화하고 분열되어 갈등이 조성되었다. 그뿐만 아니라 미국의 잉여 농산물 원조로 일시적으로는 허기를 면했으나, 그다음 해부터는 밀, 보리, 면화 농사를 지을 수 없을 정도로 가격이 폭락하여 밭농사는 할 수 없게 만들었다. 농사를 짓고 살수 없을 정도로 형편이 어려워지자 농민은 몰락하여 농촌을 버리고 도시로 갔지만, 그들은 도시 빈민으로 전락해 버렸다.

미국의 원조는 이렇게 부익부, 빈익빈으로 우리 사회를 급격히 분화시켰지만, 원조에 혜택을 입은 소수의 지배층은 이 모든 것을 운수와 운명의 탓으로 돌리고 미국을 찬미하는 나팔만 불어대니 순박한 서민들은 최면 당한 것처럼 그대로 믿기만 했다. 사실 미국의 원조는 마셜 플랜(Marshal Plan)5)에 의하여 미국의 잉여상품 처리로 미국 경제를 살리고 서유럽, 극동 등 사회주의권과 접한 지역들에 공산 세력 확장을 막아 미국주도의 제국주의 세계시장을 확보하기 위한 순전

---

5) 마셜 플랜은 제2차 세계대전 이후 전쟁으로 폐허가 된 서유럽 동맹국들을 중심으로 유럽 자유 국가들의 재건과 경제적 번영을 위해 미국이 계획한 재건과 원조 기획이다.

한 미국을 위한 일석이조의 정책이었다. 이를 알고 있는 양심적 지식인들은 입이 봉해져 말을 못했다. 미국에 은총 입은 어용학자, 특권층이 앞다투어 찬미, 숭미(崇美)를 부르짖게 되니 이를 깨닫지 못한 대부분의 순박한 민중은 많이 배운 지식인의 말씀이라 무조건 믿어 버리게 되었다.

이렇게 한국을 길들여 온 매카나기는 거리낌 없이 정권을 요리하고 자기 뜻대로 구도를 그려 나갔는데도, 이를 제어할 만한 민족역량이 존재할 수 없었다. 청년 학생들이 피를 흘려가며 이승만 독재정권을 하야시켰다면, 당연히 국민 각계각층의 의견을 수렴하여 새 정권, 새 제도를 수립하기 위한 임시정부를 창출했어야 했다. 하지만 이를 감당할 자주적인 민족 주체역량이 생성되지 못했기 때문에, 4·26 이승만 하야 직후 매카나기는 자기 설계대로 허정 외무장관을 앞세워 내각책임제 개헌을 하고, 7·29 총선거를 실시하기로 그림을 그려 나갔음에도, 어떤 반대의 목소리를 내거나 저항 한번 못한 채 미국의 각본대로 7·29 총선까지 지켜보기만 해야 했다. 7·29총선까지 3개월도 채 안 되는 급박한 일정 속에서 해방공간에서 고개를 쳐들었던 진보 세력들, 조봉암 진보당 사건에서 살아남은 민족 민주 역량들은 황급히 당을 제각각 창당하여 총선에 임했으나, 사분오열된 진보 세력에게 민중은 외면하고 참패만 안겨 주었다.

그럴 수밖에 없었던 것은 비록 내각책임제 개헌으로 약간의 정치적 자유가 보장되기는 하였지만, 그 짧은 기간 내에 민중이 주인의식으로 각성 될 수는 없었고, 또 힘을 합해도 모자라는 상황에 제각기 우후죽순처럼 진보 정당들이 태어나 사분오열되어 있었기 때문이었다.

이에 청년 학생들은 기성 정치인들에 대한 불신을 표출하면서 우리가 겪고 있는 온갖 고통의 근원은 민족분단에 있다는 것을 깨닫고 이 민족분단을 초래케 한 책임도 기성세대에게 있으므로 민족 통일문제를 기성 정치인들에 더 맡길 수 없다고 하며 "가자, 북으로. 오라, 남으로"라는 구호 밑에 직접 통일운동에 참가하기도 했다.

다른 한편 일부 학생들은 피 흘려 싸운 쟁취를 민족 자주역량의 결핍으로 고스란히 미군정청이 길러 놓은 숭미주의자 민주당에 갖다 바쳐 버렸다는 것을 통감하고, 인구의 절대다수를 차지한 농촌을 각성시켜야 한다고 '농촌 계몽운동'에 나서기도 했다.

나 역시 농촌 출신이어서, 서울에서 생활해 본 결과 서울 출신 학생들과는 처지가 너무나 달랐다. 그래서 나는 서울대생 등이 벌이는 농촌 계몽운동에 참가하여 "우리의 농촌은 왜 이렇게 가난하게 살아야 되고, 억압만 받고 살아야 하는가?"를 농민들과 함께 살며 해답을 찾아보기로 했다.

7·29 선거에서 실망하면서, 방학 기간에 농촌 계몽운동에 참가하여 8월의 뙤약볕 속에서 농민과 함께 김매기를 하기도 했다. 동네 진입로도 정비하기도 했고, 파리가 우글대는 하수도 구멍도 깨끗이 청소해 주면서 농민과 격의 없이 지내게 되었다. 밤이면 한글도 가르치기도 하면서, 농촌이 자꾸만 피폐해지는 원인에 대해 소박하게 설명해 주기도 했다.

농민은 교통 통신의 혜택을 받을 수 없어서 섬처럼 고립되어 있기에, 세상 돌아가는 물정을 알 길이 없어 무지하다는 말을 듣게 되자, 자존심을 위해서라도 각성 분발하기도 했다. 주권 의식을 당당히 가질 것에 대하여, 그리고 농민은 못나서 가난한 것이 아니라 일제 강점기부터 아부하여 영달을 누린 자들이 그대로 미국에 아부하여 권세를 누리면서 미국원조를 이용하여 농민을 수탈, 억압하여 가난에서 벗어나지 못하고 있다는 점을 말해 주고 싶었다. 또 헌법에 보장된 주권재민의 권리를 행사해야 할 것, 그리고 미국원조 때문에 상층부는 부를 누리지만 농민은 밀, 보리, 면화 등 농산물 가격폭락으로 농사를 지을 수 없게 된 점 등도 말해 주었다.

그뿐만 아니라, 미국은 잉여농산물 등 과잉 물품을 처리하지 못해서 원조라는 명목으로 선심 쓰는 척하지만 실제로는 저들 이익을 위해 새롭게 시장을 확보해 가고 있다는 점이다. 원조라는 명목 때문에, 우리 정부는 미국에 예속되어 간섭받고 있다. 학생들이 피 흘려 이승만 독재자를 쫓아냈지만, 미국이 이승만을 평안히 하와이로 출국시키고 숭미, 찬미(讚美)자인 장면(1899-1966) 정권을 수립했다는 점도 말해 주고 싶었다. 인구의 절대다수를 차지하는 농민이 나라의 주인이라는 주인의식을 되찾으면 미국도 이렇게까지 간섭할 힘을 잃게 된다는 점, 이 나라의 주인이 미국이 아니라 우리 농민이라는 점 등등을 토론 형식으로 깨우쳐 주니 민족의식과 계급의식이 싹트는 것이 보였다.

우리 학생들은 일제 강점기의 브나로드 계몽운동6)과는 달리 농민들과 혼연일체가 되어 현실을 솔직한 대화로 풀어가니 공감하는 사람들이 많았으나, 그래도 납득을 못 하는 이도 있었다. 그만큼 당시 농민들은 한글도 깨닫지 못한 사람들이 많았으며, 눈앞의 먹고사는 문

---

6) 민중계몽운동의 일종으로 어원은 19세기 러시아의 지식인 층에서 "민중속으로"라는 구호를 외치며 계몽운동을 한데서 비롯된다.

제에만 집착하고 우리 정치, 사회의 양상에 대해서는 애써 외면하려는 농민도 많았다. 십여 년 전의 농지개혁으로 받은 농지의 상환료를 그때까지 내느라 허덕이는 농민도 있었으니 나는 그들 농민의 심경을 이해하려고 애썼다.

우리는 짧은 방학 기간의 운동이었기 때문에 내년에 다시 만날 것을 약속하고 헤어져야 했다. 서울에 돌아와 2학기 강의에 출석해 보니 수강생이 많이 줄어들었다. 갓 출범한 장면 정권은 봇물 같이 쏟아져 나오는 각계각층의 민원을 감당하지 못하고 우왕좌왕하고 있었으며 양 담배, 커피 등 외국산을 배척하고 국산품을 애용하자는 신생활운동을 하던 학생들은 아직도 거리에서 캠페인을 하고 있었다.

그래서 나는 대학에서 편안히 강의를 듣고 있을 수 없어 대구에 내려가 피학살자 유족회를 만나 보고 싶었다. 1951년 2월에 일어난 '거창양민학살사건'은 워낙 소문이 나 있지만, 우리 동네를 비롯한 안동 지역에서 자행한 학살 사건을 파헤쳐 달라고 하소연하기 위해서였다. 대구지역에서 유족회 운동을 하던 권영섭을 처음으로 만났다. 만나고 보니 바로 내 외사촌 형 이일호의 처남이라는 사실을 알게 되어, 허물없이 서로 믿고 지난 일들을 소상히 나누었다. 이 만남이 내 인생에 커다란 전기를 가져오게 되었다.

권영섭과의 만남으로 인하여, 나는 1972년에 앞서 언급한 유위하라는 이름의 북에서 온 공작원을 잠깐 우연히 만나게 되었다. 이것으로 인해 나는 억울하게도 1972년 7·4 공동성명 바로 3일 후인 7월 7일에 사형 구형을 받고 7월 15일에 사형 선고를 받았기 때문이다. 나는 지금 4·19 직후의 체험을 더듬어 보면서 오늘날의 사회상과 대비해 보지 않을 수 없게 되었다.

오늘날 우리 사회는 분명 60여 년 전의 4·19 시절보다 발전한 부분도 많이 있지만, 사회의 기본 틀은 옛날이나 지금이나 변함없이 그대로 유지되고 있다. 마치 우리에게 주어진 이 틀이 고정불변의 운명인 것처럼 4·19 봉기 때나 지금이나 똑같이 우리를 질곡으로 억누르고 있다. 4·19 때에도 우리 불행의 근원이 민족분단에 있다는 것을 깨닫고 중립 통일을 위한 외국군 철수를 주창해 왔는데, 변함없이 오늘날도 미군 철수를 주장하고 있지만 관철되지 못하고 있다.

분명 우리 국민에게 분단은 민족적 자존심에 상처를 주는 치욕이다. 독립국이라는 위상에 걸맞지 않고 불합리한 미군 주둔은 왜 오늘날도 시정되지 못하고 지속되는 것일까? 우리의 역사를 둘러봐도 이렇게 장구한 세월 동안 외국군이 주둔하며 속국이 된 적이 없는데, 지금 우리는 왜 외국군 없이는 살 수 없을 정도로 열등한 국민이 되어버렸는가? 지금 우리 세대는 이런 수모를 겪으면서도, 남의 일인 양 외면하며 살 수 있는지 냉철히 성찰해 봐야 할 것이다. 왜 우리는 이렇게까지 민족적 자존심이 마비되었는가를!

4·19 이후의 개정된 헌법에 따라 어느 정도 언론의 자유를 누릴 수 있게 되자 억눌렸던 기층민의 정의감이 봇물처럼 분출하기 시작했다. 이승만 정권의 폭압 통치의 실상이 폭로되어 민족분단이 우리의 온갖 고통의 근원이란 사실이 밝혀지게 되자, 민족분단을 극복하기 위한 통일운동이 점차 확대되어 갔다.

이에 미국은 기존 분단의 틀을 지속시키려 했고, 박정희는 5·16 군사쿠데타를 일으켜 반공을 국시로 하는 군사정권을 출현시켰다. 이렇게 장면 정권은 채 1년도 집권하지 못하고 미국의 눈밖에 벗어나 이승만처럼 용도 폐기되어 버렸으며, 허울 좋은 헌법에 명기된 나라의 주인인 국민은 자기 권리행사를 방기한 채 우두커니 바라만 보아야 했다.

제2공화국의 내각책임제 헌법은 독일 바이마르헌법을 모방한 부르주아 민주주의가 싹틀 수 있는 여건을 조성한 헌법이었다. 최고 통치권자(?)의 의도와는 달리, 초보적인 언론자유를 틈타 중립 통일론으로까지 통일논의가 앙양되자 불안을 느껴 군사정권이 나와 버린 것이다. 따라서 나는 일제 해방 이후 처음으로 나라의 주인인 민초(民草)들이 봉기하여 수립한 4·19 때의 사회상과 오늘날의 촛불이 만든 사회상을 비교해 본다. 두 시대 모두 백성이 일어나 구악과 적폐를 청산하고 개혁하려는 역사적 전환점이라는 공통점도 있다. 하지만 차이점도 있기에 양 시대를 대비해 보며 교훈을 찾아보려 내 나름의 생각을 피력해 보고자 한다.

첫째 대비되는 점은 4·19 시대 때는 일제의 우민정책의 영향과 이승만의 유아독존적인 독선 정책으로 민중들은 한글도 깨닫지 못한 사람이 많아서 나라의 주인의식을 갖지 못하던 시절이었다. 정치는 민초들과 전혀 관계없는 학식 높은 사람들의 전유물이라 여기는 풍조들이 많았다. 따라서 4·19 봉기도 사회 엘리트층 내부의 권력다툼, 알력 정도로만 여겼을 뿐, 자기들 기층민중의 가난을 해결해 주거나, 당장 목구멍에 풀칠이라도 할 수 있는 기회를 만들어 주는 것이 아니었다. 기층민중의 실생활 문제와는 상관없는 유한층끼리의 공리공론만 일삼는 별개 세계의 당파싸움 정도로만 인식했다. 중요한 정치적 문제도 민중과는 상관없는 지체 높은 사람들끼리의 문제라고 외면해 버리기 일쑤였다.

더욱이 미군정시대와 이승만 독재 시대에서 겪은 억울한 학살 참상을 직접 체험했기 때문에, 평화적 통일이라는 단어나 이북이라는 단어가 나오기만 해도 기피 할 정도로 보안법의 위세에 피해 망상증에 사로잡혀 감히 정부를 비판할 수가 없던 시기였다. 이러다 보니 민중이 단결하여 공개적으로 반정부 활동을 하기란 꿈도 꿀 수 없던 시기였다.

정부를 비판하거나 억울한 일을 당했을 때는 비공개적으로 비밀리에 몇 사람끼리만 모여 울분을 토할 수밖에 없었는데, 발각되면 이를 지하당이니 뭐니 하며 침소봉대하며 보안법으로 처벌하던 시기였다. 이러한 암흑시대였으므로 어떤 계급에도 속하지 않은 순진무구하다는 평을 받은 학생들만이 감행할 수 있는 특권이 바로 4·19 봉기를 일으킬 수 있었다.

또 미국은 돈 많은 부자나라 지상낙원이기에 가난하고 불쌍한 우리나라에 자비심을 베풀어 원조하는 것이고, 이 원조물자가 적재적소에 배분되도록 자문하기 위해 단순히 조언하는 것이지 내정에 간섭하는 것이 아니라 선전하여, 감히 누구도 미국원조의 성격과 본질을 말하면 배은망덕으로 낙인찍혀 처벌받던 시기였다. 이에 비해 오늘날의 촛불 시대는 상황이 어떠할까? 그래도 세상은 많이 발전되어 문맹자는 거의 없고, 민중도 최소한 중졸 이상의 학력을 갖게 되었다. 보릿고개라는 말이 생소하게 들릴 정도로 굶주림에서 해방되었고 노동조합, 농민단체 등 사회단체와 통일 운동단체까지 우후죽순처럼 비정부

기구(NGO)들이 많이 활동하고 있다.

4·19 당시와는 비교가 안 될 정도로 정보의 홍수 속에서 민중은 각성 되었고 의식화되어, 자기 권리와 이익을 쟁취하기 위해 공개적으로 투쟁하고 있다. 특히 인터넷의 발달로 먼 지구 오지의 모습도 바로 이웃집 모습처럼 보고 듣는 시대가 되었다. 4·19 당시에는 북한에 대한 정보는 철저하게 차단 봉쇄되어 전혀 알 수 없었지만, 지금은 무소불위의 보안법조차 막을 수 없을 정도로 북한의 정보가 우리의 일상 속으로 파고들고 있어 북한 정보에 관심 있는 사람이라면 취사선택해 볼 수 있을 정도로 넘쳐 나고 있는 시대에 우리는 살고 있다.

따라서 보안법의 적용도 옛날과는 달리 무소불위의 힘을 발휘할 수 없게 되었다. 6·15, 10·4, 4·27, 9·19 평양 선언까지 공개로 해야 할 정도로 남북 관계는 우리 일상생활에 가까이 다가왔다. 이만큼 세상은 변했다. 생산력의 발전으로 보릿고개도 없어졌고, 권력자가 국민 위에 군림하면서 무소불위의 권력도 행사를 못 할 만큼, 억압과 착취 속에서도 민중은 각성 되었다. 그래서 역사는 그래도 발전한다는 확신을 나는 지니고 있다.

비록 억압과 회유, 기만 속에서도 민중은 차츰 각성 되어, 역사의 주인의식이 확대되고 있다. 그 어떤 난폭자도 이 도도한 역사의 필연을 막을 힘이 없다는 것을 보아 왔기에, 우여곡절은 있을지라도 역사는 전진한다는 철칙을 나는 인생역정의 체험을 통하여 확신하게 되었다.

그러나 민주화 세력인 소위 운동권이 이렇게 확대되었지만, 한목소리로 왜곡된 우리 사회구조를 개혁, 혁파하려는 입장은 갖지 못하고 있다. 자기 각성의 수준만큼 자기 조직, 단체의 이해관계에 매몰되어 제각각 다른 목소리를 내면서, 단결하지 못하고 있는 것이 너무 가슴 아프다. 물론 조직 내부의 입장과 한계는 이해할 수 있으나 대의를 소홀히 하고 눈앞의 문제에만 집착한다는 비판을 면하기 어려울 것이라 믿는다.

힘을 합해도 모자랄 상황에, 있는 힘조차 분산되어 제 역할을 못 하고 있으니 미소 짓고 있는 곳은 미국이라는 상전과 한국의 적폐 세력 뿐이리라. 물론 우리의 경제발전 양상에 따라, 다양한 계급과 계층으로 분화 발전되어 민중의 이해관계가 복잡해져서 그 공통분모를 찾기가 복잡하게 된 것은 사실이다. 하지만 이런때 일수록 집단이기주의에 매몰되지 않도록 헌신적이고 포용적인 지도력이 절실히 요청된다.

우리 운동권의 양상을 자기 손금 보듯 분석하고 바라보는 미국은 회심의 미소를 지으며, 온갖 간교한 수단을 동원하여 우리 내부를 분열 조장 할 것을 상상하니 울분을 참기 어렵다. 미국은 현 체제의 틀 안에서 적당히 운동권을 키워 보존한다면, 미국식 자유민주주의의 선전장으로 활용할 수도 있어서, 분단체제를 유지하는 데 오히려 유익하리라는 생각을 할 것이다. 이러한 미국의 계산에 우리가 농락당하고 있다는 것을 상상하면 더욱 분노가 치밀어 오른다.

지금도 미국대사관 앞에서는 미군 철수를 주장하는 깨어있는 청년학생들이 있지만, 이를 내려다보는 미국대사는 우리 운동권의 실상을 잘 알기에 "뛰어 보았자 벼룩이다"라고 대수롭지 않게 생각할 것이다. 미국이 우리의 운동을 무시할 만큼 아직도 우리는 소수에 불과하여 적폐를 완전히 청산할 힘이 부족하다는 것을 절감하고 있다.

미국과 적폐 세력은 제도언론과 도구들을 총동원하여 현실의 본질은 숨기고, 미국식 자유민주주의를 찬양하고 있는 반면에, 민주 민족 세력은 아직도 보안법의 영향 아래에 있다. 미국 지배의 70여 년이 지난 오늘날까지도 정의와 진실은 둔갑 되어 절대다수 민중의 공명을 얻지 못하고 있다. 이렇게 미국은 불사조인양 변함없이 이 땅의 주인 행세를 하며 버티고 앉아 있고, 보안법은 사람들의 눈과 귀와 입을 틀어막아 언로를 봉쇄하는 치욕스런 현실이다.

심지어 이 땅이 미국의 51번째 주로 편입되기를 바라는 명칭이도 생겨날 정도로 최면상태가 되어 있다. 이 같은 우리민족의 절체절명의 위기 속에서 우리 민중 모두가 한마음 한뜻으로 각성하여 민족 정통성을 회복할 비책(秘策)은 없을까? 우리 민족 불행의 근원인 분단 체제를 타파하고 통일 조국을 건설할 비책은 무엇일까?

4·19 당시에도 기성세대는 미국을 등에 업고 단독정부를 수립하여 남북분단을 초래했다는 것을 청년 학생들은 깨닫고 외세의 간섭 없이 남북의 청년들이 힘을 합하여 통일을 이룩하자고 중립 통일론을 주창한 바 있다. 그런데 미국은 "원조의 우방"이라는 탈을 쓰고 우리 민족 스스로의 의사에 반하여 아직도 변함없이 버티고 있다.

지금까지 각성된 소수 민족주의자들이 미국 상전의 간섭을 배제하고 정전협정 규정에 근거하여 외국군 철수를 주장해 왔다. 하지만 종미(從美)정권은 오히려 보안법으로 철쇄(鐵鎖)를 가하고 있고, 미국은 코웃음 치며 버티고 있는 것이 오늘의 현실이다. 심지어 트럼프가 "자기의 승인 없이는 문재인 대통령은 아무것도 못할 것"이라고 공개적으로 민족적 치욕을 안겨 줘도 저항 한번 못하는 것이 오늘 우리의 참담한 현실이다.

그러나 미국이라면 오금도 못 펴는 종미 민족반역자들도 우리를 둘러싼 외적 조건의 질적(혁명적) 변화에는 눈이 어두워, 객관적 현실을 바로 보지 못한 죄과에 대하여 뼈저리게 후회할 날이 멀지 않았다는 것을 역사는 증명해 주리라 확신한다. 따라서 나는 이 땅에 진정한 자주, 민주주의가 실현되기 위해서는 8·15이후 미군정시절부터 심어 놓은 친일, 친미, 숭미(崇美)주의자들로 이루어진 반민족적인 사회 주도층의 두꺼운 장벽을 허물어 내야 한다고 믿는다.

　미군정은 이 땅의 친일 지도층을 숭미 사대주의자로 탈바꿈시키고, 권력과 원조를 미끼로 포섭하여, 사회 주도계층으로 둔갑시켜 70여 년간 확대 재생산해 왔다. 그 뿌리가 깊고 두꺼워 문재인 정부의 적폐 청산 과업은 이러한 장벽에 가로막혀 힘을 잃고 말았던 것이다.

군 입대로 피신

　나는 4·19 이후 잠깐 동안의 사회적 분위기 속에서 정열을 불태우다가 5·16 군사 쿠데타를 맞이했다. 올 것이 왔구나 하는 침통한 심경을 가눌 수 없었다. 8·15 이후 우리 동네에서는 인민위원회가 활발히 움직였으나, 곧바로 미 군정청의 탄압으로 인하여 많은 희생을 겪은 쓰라린 체험이 연상되었기 때문이다. 따라서 미국이 이 땅에 존재하는 한 그들의 이익에 배치되는 사태의 진전을 절대로 용납하지 않는다는 것을 알기 때문에, 또다시 탄압의 광풍이 불어 닥칠 것이라 예상했다.

　아니나 다를까 박정희 군사 깡패들은 4·19 이후의 민족자주세력을 검거 탄압하기 시작했다. 민족일보를 비롯한 혁신계 정치인과 자주통일을 부르짖던 학생들까지 검거 투옥하기 시작했다. 이때 나의 눈을 뜨게 해 주었던 존경하는 이건호 교수도 투옥되었다. 학생운동을 함께했던 학우들이 하나둘씩 잡혀가 투옥되자, 나는 불안을 느껴 당시에는 피난처였던 군대에 입대하여 우선 피신을 해 보고자 했다.

비록 내 양심으로는 아무 죄도 없다고 믿고 있었으나, 잡혀간 학우들도 남보다 먼저 각성했다는 이유만으로 투옥되어 버렸다. 나도 희생물이 될 것 같아 피신을 위해 군대에 지원 입대하려 했으나 서울에서는 받아 주지 않았다. 그래서 급히 고향 안동에 가서 지원해 보았으나 역시 받아 주지 않았다. 다시 낯선 의성에 가서 지원했더니 받아주어 논산훈련소에 갈 수 있었다.

막상 논산훈련소에 입소하여 입고 있던 사복을 벗고 군복을 입어 보니 이가 너무 많아 견디기 힘들었다. 얼마나 많은 이가 있었는지 손으로는 도저히 잡을 수 없을 만큼 수만 마리나 될 것 같아 훈련이 없는 일요일에 중대별로 늦봄의 강가에 나가 털어 내곤 한 기억이 아직도 생생하다.

이렇게 일요일마다 이를 개천에 나가 털어 내곤 했지만, 완전히 박멸시킬 수는 없어 논산훈련소에 있을 때는 항상 가려움 속에서 지내야 했다. 그러나 대전 병참학교에 가게 되니 논산훈련소의 이 소문을 알고 있는 듯 입소하자마자 논산훈련소의 옷을 전부 벗기고 알몸으로 세워 온몸에 DDT를 쳐서 발라 새 군복으로 갈아입으니 이가 완전 박멸 되었던 기억이 아직도 생생하다.

나의 중대는 의성 농촌 사람들이 대부분이라서 국졸이 절대다수였고, 문맹자도 있었기에 중대장은 나에게 소대향도를 시켰다.

소대장(선임하사)은 소대 내무반으로 인솔하더니 지금부터 여러분은 사람이 아니라 군인이라면서 군인정신을 불어 넣어 주겠다면서 "엎드려뻗쳐"와 "일어 섯"을 수차례 반복시켰다. 그러더니 자세가 안 되었다며 몽둥이로 한차례 두들겨 패고 나서, 군기를 지키지 않으면 이런 몽둥이세례가 있을 것이라고 경고했다. 우리 훈련병들은 그 기간 병사를 왕처럼 대접하고, 그의 명령에는 절대복종하게 되었다.

당시 논산훈련소에서는 군사훈련이라기보다는 형식적으로 훈련 흉내만 내고 실제는 시간만 때우는 과정이었다. 심지어 각개전투 훈련 과정에서는 중대장께 뇌물을 주고, 보리밭에서 모포부대(모포를 들고 다니며 몸을 파는 여자들)와 놀다가 오는 훈련병도 있을 정도로 당시 국군은 썩어 있었다. 당시 내가 속했던 28연대 중대장들은 이들 모포 부대 포주들과 공모 결탁하여 훈련병들로 하여금 이들 모포부대와 보리밭 속에서 놀 수 있도록 각개전투 훈련장을 보리밭으로 정하여 모포부대 영업(?)장소로 이용하도록 방조했다.

이렇게 나는 논산훈련소에서 훈련 아닌 훈련을 마치고 후반기 교육에 들어가야 했는데 큰 문제가 발생했다. 나는 대학 재학생이라는 학적보유증명서를 군대에 제출해야 단기복무 1년 6개월의 혜택을 받을 수 있는데, 황급히 지원 입대하느라 대학에서 이 학적 보유증명서를 발급 받지 못하고 입대하여 3년의 군 복무를 하게 되었기 때문이다. 학생 운동을 했던 죄 때문에 구속만은 피했다고 자위하면서 어쩔 수 없이 3년 간의 군복무를 각오해야 했다.

SO군번(학적보유자 군번)을 받게 되면 전방 일선에 배치되어 벌목과 숯 굽기 등 온갖 사역에 시달리며 고생하면서 1년 6개월을 마쳐야 되지만, 일반 군번을 받게 되면 지식인으로 분류되어 3년간 행정병으로 편안하게 군복무를 마칠 수 있어 위안을 삼았다. 그런데 나는 대전 육군병참학교를 수료하고, 서울 6관구사령부 병참참모부에 배속되어 근무하던 중, 마침 나 같은 경우가 많아 육군본부에서 학적보유자 추가신고 기간을 주었다. 나는 대학에서 학적보유증명을 발급받아 서울에서 1년 6개월의 군 복무를 마치고, 4학년에 복학하게 되어 전화위복이 되었다.

일본여행

대학 졸업 후 나는 엄혹한 군사정권의 눈을 피해 활동하면서 서울 제기동에서 유림여관이란 것을 경영했다. 당시 취직을 하지 못하고 유림여관을 경영하게 된 연유는 다음과 같다. 선친과 교분이 좋은 대구에서 교직 생활을 함께한 김영기 선생님이 있었다. 그의 고향은 충남 금산이지만 대구사범에서 교직 생활을 하던 중에 박정희를 제자로 만났다. 박정희가 5·16 쿠데타를 일으키기 직전에 김영기 선생을 찾아뵙고 거사를 실토할 정도로 박정희가 제일 존경하던 선생이었다. 그 선생님은 내가 4·19 때의 학생운동 경력 때문에 취직이 안 된다는 사실을 전해 듣고, 직접 박정희 의장에게 전화를 걸어서 나의 취직을 부탁했더니, 박정희는 즉석에서 중앙정보부에 취직시켜 주겠으니 나의 이력서를 보내달라고 했다는 것이다.

나는 이 말을 전해 듣고 "중앙정보부에는 절대 취직하지 않겠다."라고 거절하여 김영기 선생이 퍽 난처한 입장에 처했다고 했다. 이 사건으로 인해 나는 취직을 못하고 여관을 경영하게 된 것이다. 당시 박정희 일당은 미국의 지원을 받아 소수 병력으로 군사 쿠데타에는 성공했지만, 정치적 기반이 없었다. 박정희는 정치적 기반을 확대하기 위해 우선 그의 연고지였던 대구 경북 지방에서 온갖 인연을 동원하여 국가재건최고회의 중앙정보부 등 폭압 기관에 자기 사람을 심게 되었다. 이것이 TK(대구 경북)를 보수로 만든 원초적 동기가 된다.

그전까지만 해도 대구 경북지역은 조선의 모스크바로 불릴 정도로 선진 진보역량이 많은 지역이었다. 1946년 10월, 최초로 미군정에 반기를 들어 10월 민중봉기를 일으킨 지역이었다. 4·19 때는 진보 정당들의 근거 지역이었는데, 박정희의 집권으로 TK 세력은 한국사회의 주도계층으로 자리 잡아 보수 기득권층으로 변모되고 말았다.

나는 유림여관을 경영하던 중에, 아버님이 소장해 왔던 중국 원나라의 4대 화가 중 한 사람이었던 왕몽(王蒙, 1308-1385)의 산수화를 일본의 박물관 등 골동품상에 처분하기로 작정하고, 도일하여 공부도 하고 견문도 넓히려고 여권발급 신청을 하려 했지만 할 수가 없었다. 당시만 해도 극소수의 사람들만이 여권을 소지하던 시절이라서 나는 신원조회에서 걸려 허가되지 않았다.

타개 방법을 모색하던 중에 마침 나의 안동사범병설중학 동창인 장기탁을 만났는데, 그는 한국 알루미늄 사장 장영봉의 친척으로서 '한국 알루미늄'에서 근무 중이었다. 당시 한국 알루미늄 주식회사는 일본 동양면화 주식회사의 낡은 알루미늄 제조설비를 차관으로 도입하여, 설비 운용기술을 전수받기 위해 일본에 기술자들을 파견하고 있을 때였다. 그리하여 나는 장기탁의 도움으로 기술자의 일원이 되어 일본입국 초청장을 받아 여권신청을 하게 된 것이다. 그러나 역시 또 신원조회에 걸려 고민하던 차 당시 중앙정보부에 근무하던 이성학을 만나 그의 도움을 청했다. 이성학은 영양 석포 재령이씨 갈암 종손이었다. 그의 장형 이병주는 6·25 당시 월북했다가 남조선 해방사업을 위한 공작원으로 남파되어 지하사업 중 체포되었지만 전향한 사람이며 나의 외가 친척이었다.

그런데 이성학은 그의 친형(종손) 이병주가 남파공작원이었으므로 중앙정보부 직원이 될 수 없었다. 그러나 직원이 될 수 있었던 것은 이성학의 숙부(3촌)가 자식이 없자 숙부 집에 양자로 가게 됨으로써, 호적상으로는 별개의 집으로 기재되었기 때문에 신원조회에서도 이런 사실이 드러나지 않아 중앙정보부 직원이 될 수 있었다. 이런 그의 집안 사정을 나는 외숙 이정발로부터 들었기 때문에 소상히 알고 있었다.

그런데 이성학은 나의 부탁을 바로 거절했다. 이유는 4·19 당시의 학생운동 경력 때문이라고 했다. 나는 너무 화가 나서 "당신은 형 이병주가 남파공작원이었음에도 중앙정보부 직원으로 행세하고 있는데, 나는 4·19 때 학생운동을 했다고 여권조차 발급해 주지 않는 것은 심히 불공평하므로 중앙정보부에 부당함을 호소하겠다."라고 했다. 그랬더니 이성학은 얼굴이 새파랗게 질리면서 "누구로부터 그런 사실을 들었나?"라고 물었다. 그러자 나는 "내 외삼촌으로부터 들었다."라고 했더니, 그는 "숙부에게 양자로 갔기 때문에 아무도 그런 사실을 모르는데, 절대로 외부에 발설하지 않겠다고 약속하면, 여권발급용 신원조회를 해결해 주겠다."라고 했다. 나는 그의 가족관계를 발설하지 않겠다고 하여 여권 문제를 해결했다. 당시 중앙정보부라면 날아가는 새도 떨어뜨릴 수 있는 무소불위의 권력이었기 때문이다.

이런 곡절을 겪고 나는 처음으로 일본 땅에 발을 들여놓았다. 그러나 아는 사람이 없어 혼자서 골동품을 갖고 서울에서 수집한 정보로 박물관 등을 방문하여 보았으나 원매자는 아무도 없었다. 그때 생각난 것이 고향 동네 일가인 이용욱, 이용극 형제여서 그들의 도움을 받아 골동품을 처분하려고 찾아가게 되었다. 그들 형제분은 일제강점시대에 동경으로 건너가서 살아왔지만, 거의 서신 연락도 두절하다시피 지내게 되어 무엇을 하는지조차 모르고 불쑥 찾아갔으나, 고향 친척이 왔다고 반갑게 맞아 주었다. 나는 고향 소식도 전해 주고 내가 동경에 온 사연을 말하였더니 그는 골동품판매를 적극적으로 도와주겠다고 했다.

그런데 일본에 와서 보니 이용욱은 조총련 중앙정치학원 교수였고, 이용극은 <조선대학> 교수여서 고향 친척들과 단절하고서 살아왔다는 것을 비로소 알게 되었다. 그분들의 도움으로 나는 동경, 경도 등 골동품상들을 다니며 노력한 결과 5만 불에 처분하기로 합의하고, 우선 계약금 5천 불을 받게 되어 풍족한 자금으로 일본 구경을 다닐 수 있었다. 그리하여 나는 이용극씨를 따라 <조선대학> 기숙사 증축 기념식에도 가 본적이 있다.

당시 <조선대학>은 일본 반동 정권의 탄압으로 대학은 설립했으나, 대학인가를 받지 못해 공장으로 가등록하여 민족교육을 실시하던 눈물겨운 시절이었다. 대학은 정문에 간판도 못 내걸었지만, 동경 교외에서 말끔하게 자리 잡고 있었다. 한덕수 학장을 비롯하여 많은 사람이 모여 행사를 했는데, 나는 대학 내부시설을 둘러보기로 작정했다. 도서 열독(閱讀)실, 강의실, 기숙사 등을 둘러보았는데 깨끗하게 정돈되어 있었다. 기숙사는 2인 1실로 되어 있었다. 마치 호텔같이 정갈하게 정돈되어 있어서 서울의 고려대보다 더 좋은 설비와 분위기를 느끼게 되어 놀라웠다.

더욱 놀란 것은 신문열독실에는 이북의 <로동신문> 등 언론 잡지들은 물론이고, 일본의 언론 잡지, 미국의 <뉴욕타임>지뿐만 아니라, 이남의 <조선일보>, <동아일보>, <사상계>, <신동아>까지 비치해 학생들에게 열독시키고 있었다. 나는 표지만 남녘언론이고, 내용은 가짜일줄 알고 내용을 읽어 보니 바로 서울에서 발간한 진짜 남녘 언론 그대로였다.

나는 서울에서 대학생활까지 해 보았지만 "이북"이란 말만 꺼내도 수상히 여기고 경계의 눈초리를 받았는데, 이곳 <조선대학>에서는 버젓이 "이남"의 출판물을 학생들이 읽으라고 진열해 놓았으니 충격이 아닐 수 없었다.

그래서 나는 놀라서 물어보았다. "이남 출판물을 그대로 학생들에게 보여 주면, 학생들이 유혹되어 이남 사회를 동경하면 어떻게 하려고 이남 사회상을 그대로 알리는가?" 이에 이용극 선생은 "학생들이 남북의 사회를 있는 그대로 보고 읽어, 어떤 사회가 좋고 정의로운 사회인가를 학생 스스로 판단하여 선택하라고 교육시키는 것이지, 어느 일방은 감추고 어느 일방만 과장 선전하는 주입식 교육은 시키지 않는다.”고 했다. 이것이 과연 올바른 교육방법이구나! 나는 감탄하지 않을 수 없었다. 이런 교육이야말로 실증적이고 객관적이고 공정한 방법이어서 과학적 교수법이 될 수 있겠다고 판단했다.

나는 서울에서 이북은 폭압과 강제노동과 굶주림만 있는 지옥이라는 교육만 받아 왔는데, 일본에 와서 보니 그것은 허위와 기만선전이라는 것을 알게 되어 씁쓸했다. 나는 일본의 방방곡곡을 둘러보며 눈을 올바로 뜨게 될 수 있어서 보람으로 느끼게 되었다. 그러나 왕몽의 그림이 가짜로 판명되어 계약을 파기 당했다. 나는 그림을 환수해서 한국으로 돌아왔다.

또 나는 일본에서 귀국할 때 일제 흑백텔레비전, 트랜지스터라디오 등을 사 가지고 왔다. 서울 청량리 동네 사람들이 밤마다 텔레비전 연속극을 보려고 우리 집에 몰려온 기억이 엊그제 같은데, 세상은 급속히 변화하고 발전했다. 이제는 이런 텔레비전은 찾을 수도 없게 되었으니, 덧없는 세월을 실감하게 된다. 다만 변하지 않는 것이 있다면 씁쓸한 부정의(不正義)가 여전히 판치는 한국정치 현실이랄까?

1970년대 초의 사회상

일본에서 돌아와 보니 박정희 군사정권은 날로 깡패의 본성을 드러냈다. 사회는 불안해졌고 민심은 흉흉하였다. 청계천 평화시장에서 인간 이하의 노동조건 속에 일하던 '전태일 열사'가 의분을 참지 못해 분신자살하는 사건이 벌어져 사회에 큰 충격을 주었다.

당시 박정희 정권은 미·일 등으로부터의 차관과 직접투자에 대한 외화를 갚기 위해서는 수출로 외화를 획득하여 상환해야 했다. 수출 제일주의를 내 걸고 수출에 매달리지 않을 수 없게 되어 있었는데, 수출할 수 있는 상품이라고는 저임금에 의한 단순 소비제품밖에 없었다. 피복, 가발 등 단순 노동제품 노동자의 피땀에 의존할 수밖에 없는 구조여서 입에 풀칠도 할 수 없을 정도로 노동착취가 광범하게 이루어지던 시기였다. 이렇게 전태일 열사는 시대의 제물이 되어 버렸다.

당시 노동자는 수출역군이라는 미명하에 얼마나 가혹하고 처참한 노동조건 속에서 희생되고 있었는지 후세 세대들은 상상도 못 할 것이다. 일제말기 징용에 끌려가 광산과 공장 등에서 온갖 압박과 착취를 받은 우리 선배 노동자들과 박정희 시대의 노동자의 열악했던 처지는 외지에 끌려갔다는 것 외에는 동일했다. 우리 지식인들 대부분은 한국의 체제와 제도를 미화하거나 혹은 치부를 은폐하거나 외면하고 있지만, 실상이 공정하게 평가될 날이 반드시 오리라 믿는다.

박정희 정권은 저가 농산물 정책으로 농촌을 붕괴시켰고, 농민을 도시 빈민으로 전락시켰다. 값싼 노동력시장의 공급구조를 구조화하여 하루 일을 해서 하루 입에 풀칠할 정도의 값싼 노동시장을 형성했다. 노동자의 눈물과 피땀을 자아내어 이룩한 것이 바로 수출 입국이며 한강의 기적이다. 이런 구조의 대표적 희생자가 바로 전태일 열사였다.

1971년 국제 정치질서의 변화로 말미암아, 미중관계의 극적인 변화징조를 보이자 박정희는 최초로 남북적십자회담을 제안하였다. 판문점에서 남북적십자회담이 성사되었다. 북한적십자 대표가 정전 후에 최초로 서울을 방문하여 회담할 것에 대비하여, 서울의 추한 모습은 감추고 화려한 부분만 북한적십자대표들에게 보여 주기 위해서, 북한대표가 지나갈 길목으로 예상되는 현저동 고개 등 서민주택 밀집지역은 페인트칠을 하여 가난한 모습을 은폐하였다.

또 청계천 등 서울의 판자촌을 강제 철거하여 판자촌 주민들을 경기도 광주 대단지인 지금의 모란 근처 황무지에 내다 버렸다. 지금은 그곳이 도시로 변해 있지만, 당시에는 황량한 산골이어서 하루 벌어 하루 먹는 판자촌 주민에게는 지옥과 같았다. 고물을 주어 팔아도 서울을 가야 하고, 품팔이를 해도 서울을 가야 하는데, 걸어서 가기에는 너무 멀고 버스 교통도 불편하여 생계수단을 잃어버렸기 때문이었다. 따라서 양식을 구하지 못한 판자촌 사람들은 굶을 수밖에 없어 허기져 누운 세대가 많았다.

나는 제기천변(제기2, 3동 사이의 개천) 판자촌에 살다 강제로 이주당한 사람의 증언을 들었는데, "이웃집 산모가 버린 탯줄을 가져와 삶아 먹어 허기를 면했다"라고 했다. 이 정도로 광주 대단지 주민들은 처참한 처지였다. 이 말이 와전되어 배고파서 갓난아이를 먹었다고 대단지 주민들의 야만성을 폭로하는 허위 소문까지 퍼트렸다. 이런 환경이다 보니 일부 약삭빠른 판자촌 주민은 생계를 위해 당국이 금하는 '딱지'(토지 분양권)를 팔고 서울로 되돌아가는 세대도 생겨나 토지 투기꾼들도 모여 들게 되었다.

이런 열악한 환경에서 우연히 발생한 것이 제도권에서 말하는 소위 광주대단지 방화 폭동 사건이다. 전태일 열사 분신사건과 광주대단지 사건을 여기서 내가 기술하는 이유는 중앙정보부에서 일본을 다녀온 나를 연관시켜 보려고 시도한 사실이 있었기 때문이다.

1971년 가을경 수도방위 사령부 군인들이 완전무장하고 고려대에 난입하였다. 학생들이 농성 중이던 자유열람실 등을 뒤져 교련반대 시위를 한 학생들을 무조건 구타 연행하였다. 그리고 군부는 대학을 아예 휴교시키고 공수부대 군인들을 대학에 주둔시킨 사건이 벌어졌다. 박정희 정권은 비상사태를 선포하고도 부족하여, 위수령을 발동하고 대학을 휴교시킴으로써 학생들이 교련반대 데모를 못하도록 학내를 군대가 점령한 것이다. 천추에 씻지 못할 죄악을 범한 박정희를 아직도 일부 국민은 존경한다고 하면서 향수를 느끼는 것을 보면 울분을 참을 수 없다.

이들은 일제 군국주의 통치하에서 영달을 맛본 친일의 후예이거나 외세를 등에 업고 민주주의를 거부하는 족속이다. 그럼에도 아직도 일제 잔재가 청산이 되지 않고 도리어 목소리를 높이는 상황이라면, 우리의 미래도 암울하다 하지 않을 수 없다.

이런 불행한 과정에서 자유 열독실 내에서 학생들이 전태일 분신사건, 광주 대단지 방화사건 등의 사회적 참상의 실상을 등사하여 돌려본 사실이 발각되었다. 이를 당국은 "지하신문"이라 단정하고, 그 배후를 추궁당한 학생들 입에서 내 이름이 거명되었다고 하여 나는 애꿎게 조사를 받고 고문을 당했기 때문이다. 나중에 "지하신문"이라는 이 등사 사건이 나와는 관련 없다는 것이 밝혀져서 혐의를 벗었지만, 하마터면 간첩 사건으로까지 포장될 뻔했다.

체포 및 감옥살이

이같이 암울한 시대를 살아야 했던 나는 1972년 1월 11일경에 부산에 살고 있던 권양섭 선생으로부터 전갈을 받았다. 아들 권낙기 문제로 상의할 일이 있으니 부산 집에서 좀 만나자고 했다. 권양섭 선생은 나의 외사촌 형수와 남매간이고 4·19 때 만났던 권영섭 선생과 형제간이기 때문에 알 수 있는 사형관계(詞兄關係)였다.

권양섭 선생을 만나 안부를 물을 때, 기차에서 다리를 다친 아들 권낙기 때문에 걱정이 많다고 한 적이 있었다. 나는 권낙기에게 무슨 변고라도 있는가 걱정되어 부산 권양섭 댁으로 갔다. 하지만 권양섭 선생은 공교롭게도 급한 운송 관계로 출타 중으로 없었다.

당시 권양섭 선생은 천일화물 트레일러 운전기사였다. 급히 여수로 출발했다고 하여 나는 하는 수 없이 권 선생 댁에서 식구들과 함께 아침을 먹었다. 그때 낯선 아주머니가 한분 계셔서 권낙기에게 "어떤 관계냐"고 물었더니, "고향 친척분"이라고 대답하여 나는 그런 줄로만 믿었다. 말씨도 내 고향 안동 근처 말씨이기 때문에 그렇게 믿을 수밖에 없었다.

나는 약 1시간 정도 권양섭 선생 가족들과 아침을 함께하며 간단한 인사만 하고 헤어졌다. 그럴 수밖에 없는 것이 당시만 해도 사가(사돈집) 여성들과는 상면조차도 삼가는 것이 양반 전통이고 관습이었기에 긴 대화는 더욱 법도에 어긋나기 때문이었다. 그래서 나는 아침을 먹자마자 10시경 고속버스로 서울로 출발해 버렸다. 그런데 이 친척이라는 미상의 아주머니를 잠깐 만남으로 인해, 간첩이라는 누명을 쓰고 19년간 감옥살이를 하게 되었다.

바로 이 아주머니가 북에서 내려온 '유위하 정치공작원'이란 것이 나중에 정보기관에서 드러났기 때문이다. 나는 체포당시 서울 경동시장 근처에서 여관업에 종사하고 있었다. 음력설 초이튿날인 1972년 2월 16일 새벽 5시 반경에 종업원이 나를 깨우면서 손님이 찾아 왔으니 나와 보라고 했다. 객실 쪽으로 나가 보았더니 험상궂게 생긴 중년의 남자 두 사람이 객실에서 기다리고 있었다.

한 사람은 얼굴에 칼자국 같은 큰 상처 줄이 남아 있어 험상궂게 생긴 40대로 보였다. 그들은 나를 보자마자 "처음 뵙겠습니다."라고 하며 넙죽 큰절을 하는 것이었다. 나는 얼떨결에 큰 절을 받아, 얼른 맞절을 하고 고개를 드니 내 이마에 권총을 겨누고 있었다. "아무 말 말고 따라 나오라" 해서 식구들에게 말 한마디 못해주고, 잠옷 바람으로 따라 나가니 지프차가 대기하고 있었다. 나를 태운 지프차는 어디론가 달려가고 있었다.

主犯 3被告에 死刑

金日成선물간첩 29명宣告, 2명엔 無期

서울형사지법 합의부(재판
장 朴秉洋부장판사)는 15일
상오 북한 會成에게 선
물을 보내려면 고정간첩
일당 29명중 주범權養菜피고
인(55) 李大模피고인(55) 禪炳
七 피고인(58)등 3명에게
국가보안법 반공법 간첩죄
등 禦橫獅

역응 龠成에게 선
기징역(구형 무기징역)을선
고하고 權薬恭피고인 25구
형징역15년에게도 검찰구
형보다 무거운 무기징역을선
고했다.

역15년 자격정지
10년에서 징역1년 자격정지
1년에서 집행유에 2년을선고했다.

재판부는 나머지 24명
의피고인에대해서는 최고징

부장검사는 15일 KAL기
금피밀수사건 결심공판을열
고 주범柳順兩피고인(62)등
8명에게 관세법위반죄등을적
용 징역15년벌금1억1천5백
만원~징역10월~각각 구51

主犯등 8명에
最高15년 求刑

KAL機金린수

▲柳順兩=징역15년벌
금1억5천5백만원/추징금
-1억1천5백55만5천-/~

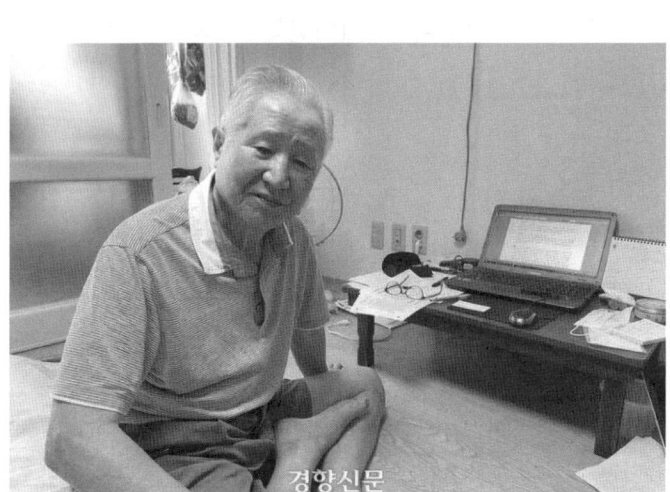

경향신문

서울 지리에 밝은 나였지만 눈이 수건으로 가려지고 놀라서 정신없이 도착한 곳이 어딘지 몰랐는데, 치안본부 대공 분실이란 사실을 검찰에 송치되고 나서야 알게 되었다. 당시 치안국장은 정석모였는데, 그 집안과의 악연도 기구하다. 그는 해방 후 좌우 갈등시기에 터득한 잔학한 고문 수법으로 나를 고문하면서 사건을 멋대로 날조하였다. 간첩으로 조작하여 내 인생을 이렇게 파멸시켰고, 정보3계(공작 반)를 악명 높은 고문 공작의 온상지로 만들었다. 박정희 시절에 그는 이런 공적을 평가받아 전두환 시절에 내무부 장관까지 감투를 썼다. 그의 장남 정진호는 별명이 흑금성으로 명성을 떨친 박채서와 <아자커뮤니케이션>이란 프락치 회사를 경영하면서, 북녘의 인기배우 조명애와 남녘의 인기배우 이효리를 엮어 삼성 애니콜 광고 선전에 이용했다. 이미 내가 조명애와 <강서약수> 광고 선전 계약을 체결한 이후였다.

　이로 인해 내가 경영하는 ㈜대동무역과 ㈜삼성 간의 분쟁이 야기되었다. 차남 정진석은 국민의 힘 비대위원장으로 미국 대북특사 성김과 초등학교 시절부터 막역한 사이였으며, 그의 정치철학과 반대되는 사람들은 질식할 정도로 탄압하고 있다.

　여기서 독자들의 이해를 돕기 위해 <아자커뮤니케이션>의 실질적 소유주였던 정진호와 얽힌 악연에 대해 털어놓아야겠다. 나는 1996년부터 ㈜대동무역 대표로 북녘 <강서약수>공장에 투자하여 약수를 한국에 판매하고 있었다. 그 시기 조명애는 북녘의 미녀 무용수로 남녘행사에도 참가하여 남녀청년들에게 인기 최절정에 있었다. 나는 조명애가 <강서약수> 광고모델이 되면 약수 판매에 큰 도움이 되리라고 판단했다. 그래서 조명애와 독점계약을 체결했다. 당시 현대계열사들도 조명애 광고사진과 함께 <강서약수>를 납품하고 있었다. 그런데 갑자기 현대홈쇼핑에서 큰일 났다면서 나를 불러들였다.

나는 영문도 모른 채 불려 들어가 보니, 홈쇼핑 책임자가 얼굴이 사색이 되어 다음과 같이 말했다. "<삼성애니콜>에서 조명애, 이효리를 광고모델로 몇십억 주고 독점 계약했는데, 현대에서 <강서약수> 광고 선전을 위해 조명애를 무단으로 이용하므로, 손해배상을 청구하겠다니 어떻게 하면 좋겠느냐?"라고 하면서 걱정이 태산이었다. 그래서 나는 "내가 먼저 북한 '민경련'(민족경제협력위원회)과 독점계약되어 있으니 안심하라"라고 했다. 그러나 그는 상대가 삼성인지라 그들은 철저히 검토하지 않고서는 현대에 협박하지 않는다고 하면서 나에게 독점계약 원본을 요구했다.

나는 북한 '민경련'과 체결한 계약서 원본은 줄 수 없고 사본은 주겠으며, 만일 삼성에서 문제 삼으면 내가 책임지겠으니, 나에게 모든 책임을 전가하라 했다. 그리고 남북경협의 북측 공식 담당자는 '민경련'이기 때문에 '민경련' 이외 단체나 개인은 남북경협의 공식 담당자가 될 수 없으며, 따라서 법적으로 공인될 수 없었다. 또한 "누가 먼저 조명애를 광고모델로 계약했는지 계약 일자를 확인해 보라"고 요청하고, 오히려 <대동무역>이 <삼성전자>를 상대로 손해배상청구를 하겠다고 삼성에 통고하라고 했다. 그랬더니 삼성에서 사실관계를 확인해 보니 <대동무역>에서 훨씬 먼저 공식 창구인 북한 '민경련'과 계약했고, <아자커뮤니케이션> 흑금성은 남북경협의 공식 창구가 아닌 다른 단체와 <대동무역>보다 늦게 계약했다는 것이 확인되었다.

이후 삼성에서는 더 망신당하지 않으려고 즉시 애니콜 광고에서 조명애와 이효리 모델을 삭제해 버렸다.

북한에서 이미 <대동무역>과 조명애 광고모델 계약을 해놓고 왜 <아자커뮤니케이션> 박채서와 이중으로 계약했는지 모르겠지만, 추측해 보면 박채서의 정체를 이미 알고 고의로 이중계약을 했거나, 아니면 박채서의 정체가 의심스러워 검증해 보기 위한 술책이 아니었을까 생각된다.

나는 정석모 치안국장(장남 정진호, 차남 정진석) 시절 정보3계(공작반)에서 형언할 수 없는 고문을 받고 간첩이라고 허위자백하는 과정에서 정석모 국장이 나타나 "모든 사실을 솔직 자백하면 자수 간첩은 바로 석방된다는 사실을 너도 알고 있을테니 모두 자백하라"라고 회유 협박당하기도 했고, 그의 장남 정진호(아자콤뮤니케이션 대표)는 박채서로 하여금 인기 여배우 조명애를 <삼성애니콜> 광고모델로 계약시켜 삼성과 현대 간을 이간시켜 나를 궁지로 몰아넣으려 했던 악연이 있는 집안이다.

나는 이렇게 적산가옥 비슷한 건물의 으슥한 곳에 연행이 되자마자 그들은 대뜸 "유위하를 알고 있지?"라고 물었다. 나는 정말 모른다고 대답했더니, 그들은 그렇다면 알게 해 주겠다고 하면서 군용 야전침대 몽둥이로 내 엉덩이를 두들겨 패기 시작했다. 얼마나 맞았는지 정신을 잃어버렸는데 나중에 깨어보니, 내 팬티는 피와 똥으로 범벅이 되어 있었다.

그들은 나에게 팬티를 벗고 내 몸에 묻은 오물들을 닦아 내라 하면서, 어디서 구했는지 헌 팬티로 갈아입혔다. 그리고 "이래도 유위하를 모르는가?" 하고 다그쳐서, "나는 정말 처음 들어본 이름이니 어떤 사람인지 좀 설명해 주라" 했다. 그랬더니 그들은 끈 달린 얇은 널판을 가지고 와서 그 위에 "누우라" 하였다. 누웠더니 판자에 달린 끈으로 내 몸을 묶고 나서 "칠성판을 아느냐?"고 묻기에, "나는 듣기는 들어 봤는데 잘 모른다."라고 대답했다. 그들은 "네가 누운 판데기가 바로 칠성판이다. 사람이 죽으면 칠성판에 올려놓고 염을 하는데, 보통 삼베로 염을 한다. 너는 영광스럽게도 가죽끈으로 염을 한다."면서 내 몸 몇 군데를 널판자에 달린 끈으로 묶었다.

그리고서 "너는 이제 칠성판에 올라탔으니, 이대로 죽으면 관에 넣어 묻어 버리면 된다. 염라대왕을 만나러 갈 것인데 염라대왕 시키는 대로 해야 할 것이다. 염라대왕이 유위하를 알게 해 줄 것이다. 마지막 유언을 남기려면 해라."라면서 얼굴에 수건을 덮었다. 나는 이렇게 죽이는 줄 믿고 순간 죽음의 공포에 휩싸여 부모님께 먼저 떠나는 불효를 빌었다.

이때 고문하던 사람이 나의 얼굴을 덮은 수건 위로 주전자의 물을 부었다. 물은 코와 입으로 쏟아져 숨이 막혔다. 입이 벌어진 상태로 물이 입과 코로 들어가서 위와 폐를 적시니 형용할 수 없는 고통에 몸부림치다가 정신을 잃고 말았다.

얼마나 시간이 흘렀는지 정신이 들어 눈을 떠 보니 그들은 "어! 염라대왕이 아직 너를 안 불러들였네. 염라대왕이 너를 내보냈으니 너는 우리와 협조를 해야 해. 그렇지 않으면 또 염라대왕에게 가서 영영 돌아오지 못하게 돼! 어떻게 할래?"라고 하기에, 나는 제발 협조할 테니까 염라대왕에게 보내지 말라고 애걸했다. 그랬더니 그들은 "이제야 정신이 드는구나."라면서 "유위하를 알지?"라고 물었다. 나는 "지금은 누군지 생각이 안 나지만 어떤 사람인지 대강 알려주면 생각날 것이다."라고 대답했다. 그러자 그들은 "1월 12일 부산 권양섭 집에 가서 만나지 않았느냐?"고 하여, 나는 그때서야 권낙기 친척이라는 아주머니가 '유위하'라는 사실을 알고서 "안다"라고 대답했다.

"안다"라고 대답했으나 의문은 풀리지 않았다. 왜냐하면, 권양섭 선생이 1월 말경 나에게 말하기를 "1월 16일에 북으로 귀환한 공작원 선생은 평양에 무사히 안착했다는 전문을 받았다."라고 분명히 말했는데, 어떻게 정보기관이 나도 모르는 그 공작원 이름을 '유위하'라고 알게 되었는지 알 수 없었다. 이미 평양에 안착한 그 공작원이 지금 왜 정보기관에서 문제 삼고 있는지, 내가 왜 이렇게 잡혀 와서 고문당해야 하는 그 수수께끼가 풀리지 않았다.

공작원(유위하), 권양섭, 권낙기 이외에는 아무도 나의 행적을 모르는데, 그중 아무도 변절할 것 같은 사람이 없는데, 어떻게 지금 정보기관이 이렇게 고문하고 강요할까? 수수께끼 같은 현실의 의문이 도저히 풀리지 않았다. 그 공작원은 내 고향 농촌 아낙네의 외양을 그대로 갖고 있어서, 봉화 친척이라고 소개하여 나도 완전히 속을 정도로 완전히 위장되어 검문에 걸릴 우려도 없었다. 또 평양에 안착했다는 전문까지 받았다니 평양에 무사히 귀환한 것은 확실한데, 급한 일로 또다시 곧바로 남파되어 영해에서 체포되지는 않았을까 하는 온갖 상상이 내 머리를 어지럽혔다.

내가 왜 이렇게 잡혀 오게 되었는지의 수수께끼는 풀지 못하고 있다가, 근 50년이 지난 후 이 사건의 재판을 재심으로 신청하면서 법원의 수사기록 열람 복사 허가를 받아 수사기록을 본 후에야 비로소 수수께끼가 풀렸다. 나는 방대한 수사기록 등, 사건 전체 기록을 USB에 복사해 놓고 있기에, 여기서는 그 전모를 밝히는 것은 생략하고자 한다.

나는 당시 충무로 근처의 모처로 잡혀 오기는 했지만, 누가 어떤 기관이 나를 잡아 왔는지도 알지 못했고, 감히 물어볼 엄두조차 없었다. 그들은 전무, 상무, 이사, 부장으로 상호 호칭하였다. 그들의 신분을 알 수 없었지만, 언젠가 전무에게 양경감이라고 하는 소리를 듣고, 나는 그들이 경찰 특수조직임을 비로소 느낄 수 있었다.

나의 유위하 관련 사건은 단지 1972년 1월 12일 약 1시간가량 대화하고 10시 고속버스로 상경한 것밖에 없었고, 전부 그들 요구대로 다 해 주었기 때문에, 모든 일이 마무리된 줄 믿었다. 자포자기 상태에서 죽음만을 대비하던 중에 그들은 갑자기 "너 일본에는 왜 갔는가? 조총련의 이용욱, 이용극 형제와 만나 간첩 지령을 받은 사실을 솔직히 고백해야 해"라고 다그쳤다.

나는 아버님이 소장하고 계시던 중국 원나라 시대의 4대 화가 중 한 사람인 왕몽의 산수화를 판매하기 위해 도일하였고, 아는 사람이라고는 고향 친척인 이들 형제밖에 없어서 그들 도움으로 잠시 산수화 골동품을 팔러 다녔을 뿐이고, 이북 이야기는 전혀 하지 않았다고 사실대로 대답했더니, 이사라는 직책의 수사관은 "나는 너의 머릿속을 들락날락하는 귀신이다. 왜 나를 속이려 하느냐? 솔직히 시인하면 용서해 주겠다. 자수 간첩은 석방된다는 것을 너도 알지 않느냐? 너도 자수 간첩이 되려면 전부 시인해야지 조그만 것이라도 숨기면 자수 간첩으로 보지 않는다. 조총련과 관계된 사실들을 전부 자백하면 곧 석방해 주겠다.”라고 달랬다.

그래서 나는 “상무님(수사관)은 누구신데 저를 석방해 줄 권한을 갖고 있느냐?”고 물었더니, 그는 “나는 치안국 특수 부서에 있는 사람인데, 청와대에 직보할 수 있는 사람이니 너 하나쯤은 죽일 수도 있고 살릴 수도 있는 사람이다. 너는 나와 협조하면 석방될 수 있지만 그렇지 않으면 죽여 버릴 수도 있다.”라고 했다. 그러면서 끼고 있던 커다란 금반지를 보여 주면서 “대통령 박정희가 직접 주신 선물”이라고 자기 신분을 자랑했다.

나는 “정말 상무님과 협조하여 잘 지내고 싶지만, 거짓말을 하면 안 될 것 아니냐? 내 양심을 걸고 고백하지만, 나는 일본에 골동품 팔러 갔다. 이용욱, 이용극을 만난 것은 사실이지만, 그들을 만나기 전까지는 조총련계라는 사실을 알지 못했다. ‘조선대학’ 교수라서 퇴근 후에 만나 화랑가를 함께 다니며, 골동품판매에만 정신을 집중했다. 이북이라든지 정치 이야기는 할 여건이 안 되어 정말 하지 않았다.”라고 대답했다. 그랬더니 그는 “너는 아직 염라대왕 주위를 방황하면서도 살길을 찾지 못하고 왔다 갔다 한다. 아예 염라대왕에게 붙던지 아니면 환생하여 나와 협조하던지 둘 중 한 가지를 선택해야 해”라고 하면서, 이사에게 눈짓하니 보조수사관은 얼른 칠성판을 갖고 왔다.

나는 또 칠성판에 눕혀서 결박당했다. 전처럼 얼굴에 수건을 씌우지 않아 무슨 고문인가 몰라 공포에 질려 식은땀만 흘리고 있었다. 그들은 발가락 사이에 무슨 물건을 끼우고 나서 옛날 수동식 전화기를 돌렸다. 전화기를 돌릴 적마다 내 몸은 충격으로 허공에 붕 뜬 것처럼 느껴지기도 하고 온몸이 마비되어 가는 듯했다. 특히 고환 부분에 견딜 수 없는 충격이 왔다. 그들은 내 얼굴 모습을 살피면서 즐기듯 간헐적으로 전화기를 돌렸다.

그들은 이 전기고문이 물고문처럼 혼수상태에 이르지 않는다는 것을 알자 전화기 돌리는 것을 중단하고 일본에서 일어났던 일을 전부 소상히 말하라고 했다. 나는 하늘에 맹세하건대 일본에서는 이북 이야기나 정치적 대화는 할 기회조차 없었지만, 원하는 대로 진술할 터이니 제발 더 이상 칠성판에는 태우지 말라고 애원했다.

나는 잡혀 온 후 줄곧 무릎에 각목 끼우고, 짓밟기 등 다반사로 고문을 당해서 차라리 빨리 고문 없이 죽여 줄 것을 바라고 있었다. 그러나 그들은 "너는 인간 재생창에서 더 단련되어야 참된 국민으로 환생될 수 있다."라면서 또다시 칠성판에 태우고, 내 얼굴에 수건을 덮어 씌웠다. 이번에는 전과는 달리 일반 물을 주전자에서 붓는 것이 아니라, 고춧가루 섞은 물을 부어대니 기침이 나고 속이 쓰려 토하기도 하며 견딜 수 없는 고통이 엄습했다. 기절되지도 않아 오히려 고통은 더했다.

나는 이래 죽으나, 저래 죽으나 죽는 것은 마찬가진데, 더 이상 고문 없이 죽고 싶어서 일본에서 간첩 교육을 받았다고 허위로 자백했다. 그들은 진작 자백할 것이지 왜 "작업"을 받고 나서야 자백하여 피차 힘들게 했느냐며 이제야 참된 국민이 되고 있다고 했다. 앞으로 판사 앞에서도 일관된 진술을 해야지, 만일 번복하면 또 여기 와서 재생 훈련을 받게 되니 알아서 현명한 판단을 내리기 바란다고 했다. 그 이후부터 나는 자포자기 상태에서 수사관이 시키는 대로 진술서를 가공해 냈고, 그들의 요구에 충족되는 진술서를 만들어 냈다.

인간의 양심, 인격, 자존심 등과 같은 낱말들은 나에게 사치스런 말 장난처럼 들렸다. 더 이상의 극한적인 고통 없이 생을 마감하는 방법만이 내 생각의 전부를 차지했다. 나는 내 인생행로에서 이같이 치욕스런 인간 붕괴 체험을 처음으로 당하였기 때문에, 아직도 그때의 악몽이 생생히 떠오르고 있다. 이는 아마 무덤 속에서도 잊혀지지 않을 것 같다. 그러나 이렇게 날조 가공된 나의 진술서조차 허점이 많아서, 그들의 간첩 만들기 성과에 미흡했는지, 아니면 소기의 목적을 달성하지 못해서인지는 모르겠으나, 나는 중부경찰서 근처에 소재한 중앙정보부 아지트건물(평범한 5층 건물)로 이송되었다.

그 건물 사장이라는 사람 방으로 들어갔더니, 사장이 말하기를 "고생 많았으리라 믿는다. 나는 중앙정보부 이곳 책임자이며, 당신의 고려대 법대 선배이고, 같은 경상도 고향 사람인 김근수라는 사람인데, 후배가 이런 곤경을 당하여 당신을 도우려고 특별히 치안국에 지시하여 불러내 왔다. 어떻게 된 건지 자초지종을 솔직히 말하면 도울 방법을 찾아보겠다."라고 하면서 담배 1갑을 주면서 피우라 했다.

그래서 나는 치안국에서 당했던 일들을 그대로 말했더니 그는 "경찰은 원래 무지막지한 사람들이다. 해방 후 이북에서 공산당 사람들과 목숨 걸고 싸우다 쫓겨 온 사람들이 대부분이기 때문에 포악하다. 이곳 중앙정보부 사람들은 전부 이남 출신이고, 대학을 나온 지성인들이니 합리적으로 도울 수 있는 데까지 도와줄 테니, 솔직히 말해 주면 좋은 해결책을 강구하겠다."라고 회유하며 위로해 주었다.

나는 정보기관을 총지휘한다는 중앙정보부에 끌려와 불안했다. 그러나 침착하게 유위하와 잠깐 만난 경위와 중국 골동품(산수화)을 처분하기 위해 도일하여, 일가인 이용욱, 이용극 형제를 만난 경위 등을 상세히 말해 주었더니 그는 끄덕이며 수긍했다.

그 후 그는 중국 이과두주(백알)를 가지고 와서 같이 한잔하면서 회포를 풀자고 권했다. 나는 함께 독주를 마시면서 소상히 과거사를 말해 주었다. 저녁이 되어 그는 퇴근하고, 나는 이문동 중앙정보부 경내에 철망으로 둘러싼 단층 독립가옥으로 이송되어 또 조사받고 나서 혼자 잠을 잤다. 그 이튿날 아침밥을 먹고 나니 김근수 대장의 직원이 와서, 치안국에서 나를 부른다며 지난번의 고문실로 데려다주었다. 다시 치안국 수사대에 돌아와 보니 그제야 구속영장이 발부되었다며, 동대문경찰서 유치장에 구속되었다가 그 이튿날 서대문구치소로 수감 되었다.

아마 중앙정보부에서 달래고 회유해 보았으나 성과가 없자 경찰로 되돌려 보낸 것이라 나는 믿고 있다. 나는 이런 곡절을 겪으면서, 조작된 간첩이 되어 1972년 2월 24일경 현저동 101번지 서대문구치소에 이송되기 직전, 서울지방검찰청 유치장에 유치되었다. 일단 검사의 소환에 응해 공안검사실에 들어가 보니, 놀랍게도 낯익은 정경식 검사가 있었다.

그는 고려대 법대의 한해 선배인데, 대학도서관 자유열람실의 내 옆자리에서 공부하고 토론하며 고시 공부를 한 친구였다. 나는 4·19 때의 학생운동 경력 때문에 고시(高試)를 포기했지만, 그는 공부하여 검사가 되었다. 또 나의 선친의 경북고 제자이기도 하여 남달리 여겼는데, 우연히 담당 검사와 피고로 만나게 되었다. 그는 나를 보자마자

"이대식이가 누군가 했더니 바로 너였구나." 하면서 나의 따귀를 세게 때렸다. 그는 대법원까지 따라다니며 사형을 시키겠다고 입에 거품을 물며 소리치고 "나가라" 하여, 그날 바로 서대문구치소에 입소하게 되었다.

나는 정경식 검사와의 첫 만남 인상을 결코 잊을 수 없었다. 내가 석방된 1990년 2월 28일 이후 문소문하여 헌법재판소 재판관으로 출세 가도를 달리던 정경식에게 전화를 걸어 만나자고 했다.

정경식 헌법재판관은 얼떨결에 내 전화를 받고 당황해하면서 건강은 괜찮냐? 언제 출소했냐 물으면서 요즈음은 바빠 시간이 없으니 다음에 만나자고 했다. 나는 전화를 끊고 그의 상면 회피 심경을 상상해 보았다. 그는 정말 거북한 만남이라서 회피했으리라 믿지만, 인생은 이런 만남도 있을 수 있다는 교훈도 그에게 일깨워 주었다.

검사 취조

이렇게 나는 치안국 공작반에서 북망산천을 오가며 그들이 그려놓은 그림대로 간첩 사건이 만들어져서 검찰에 이송되었다. 기구하게도 담당 검사는 알고 지내던 정경식 검사였다. 그는 경찰 고문으로 반병신이 된 내 몸 상태를 보고도 아랑곳하지 않고, 대법까지 따라다니며 사형시키겠다고 입에 거품을 물었다. 이러한 정경식의 모습에서 나는 우리 사회, 특히 공안기관이 '보안법'이라는 이름으로 자행되는 군국주의 악법 위반자들을 어떻게 바라보고 있는지 알게 되어 실소를 금할 수 없었다.

그들은 겉으로는 자유민주주의를 외치면서도, 실제로는 그것과 다른 주의 주장을 하면서, 나를 마치 왕조시대의 '역적 취급'을 하면서 말살시키려 했다. 헌법에서 나열한 각종 자유와 권리는 전시품일 뿐,

그 속에는 전부 '예외규정'이 숨어 있어서 그들의 주장과 반대되는 '우리 민족의 가야 할 길'은 용납되지 않는 것이 그들이 말하는 '자유민주주의'였다.

하여튼 나는 정경식 공안검사를 생각하면서, 서울구치소에 입소 되어 잡범들과 함께 상대적으로 편안히(?) 지내면서 망가진 몸을 다소 회복시키려고 노력했다. 그러던 중에 구치소 직원이 1972년 3월 10일에 '검취'(검사취조)라며 호출하여 정경식 검사실에 들어갔다. 그는 치안국 공작반에서 만든 조서를 그대로 읽으며 묻기에, 나는 "아니다"라고 부인했다. 그는 "아무리 부인해도 다른 사람의 증거가 있으니 두고 보라"고 협박하면서, "이렇게 계속 부인하면 치안국 조사관을 불러 대질심문(對質審問)해 보겠는데, 두 당사자끼리 처리하도록 넘겨 줘 버릴까"라고 은근히 경찰 고문을 암시했다.

그러나 나는 굽히지 않고 치안국 공작반에서의 조서는 고문에 의한 허위진술로 엮어진 치안국이 만들어 낸 소설작품이라고 했지만, 정경식은 그대로 인정해 버렸다. 2차 3차 '검취'는 검찰청 검사실에서 이루어진 것이 아니라, 서울구치소 2층에 특별히 마련한 조사실에서 이루어졌다.

내 몸이 워낙 상해서 그렇게 했는지는 모르나, 어쨌든 정경식은 구치소에 와서 조사했는데, 치안국 공작반의 조사 중 상호 모순되는 사실만 적당히 얼버무리고, 경찰 고문조작 그대로 공소사실 11가지를 범죄사실로 하여 공소장을 작성해 버렸다.

공소사실 중에 웃지 못할 사실은 공안검사라면 누구나 알 수 있는 '지하당 사업'이다. 여기서는 절대로 '복선조직은 금물'이란 원칙을 알고 있음에도, 나는 일본 조총련과 연계된 지하조직원이기도 하고 다른 한편으로는 유위하 공작원의 지하조직원이기도 하다는 것이다. 이렇게 이중의 지하당 조직원이라는 그림을 그려놓고 보니, 공안기관도 좀 어색했는지 일본 조총련과는 지하조직 구성원이었다가 선이 끊어졌다고 얼버무려 버렸다.

대부분의 세상 사람들이 알고 있는 것처럼 '지하당' 건설 사업은 이루어지기도 어렵고, 선이 끊어지기도 매우 어려운 일이다. 공안기관이 이를 알고 있음에도, 나의 간첩 조작 공안기관은 그들이 그린 소설 그림을 맞추기 위해 일본 조총련과의 지하당 조직은 생성되었다가 끊어져 버렸다는 소설을 마무리하고 기소했다.

그뿐만 아니라 공안기관은 내가 1972년 1월 12일에 기껏 1시간 정도 유위하 공작원을 처음으로 만났는데, 그때 유위하 공작원은 나를 조선노동당에 입당선포를 했다고 공소를 제기했지만, 원심공판정에 증인으로 출두한 유위하는 증언하기를 "영광스런 조선로동당은 아무나 입당시키는 저속한 정당이 아니다. 어떻게 처음으로 잠깐 만난 사람에게 입당선포를 할 수 있느냐?"고 반문하였다. 원심판사도 너무나 상식에 반하는 공소사실이기에 조선로동당 입당 부분만은 무죄 선고할 수밖에 없었다.

서대문구치소에서의 경험

나는 말로만 듣던 서대문구치소 3사 중 어느 방인가에 배치되어 들어갔다. 내가 보안법 위반으로 구속되었기 때문에, 일반 잡범과는 달리 요시찰인물이어서 내 방 앞에는 빨간 4각형 표지가 붙은 특별 시찰 대상이라고 했다. 막상 방에 들어가 보니 사복 입은 두 사람과 죄수복(관복)을 입은 7명이 앉아 있었다.

그중에 깡패처럼 보이는 '배식'이라는 청년이 말하기를, "전과가 있나?"고 묻기에, 나는 처음 들어왔다고 대답하니 그는 "여기 처음 들어오는 사람은 자기소개와 범죄사실에 대해 방장님께 신고하게 되어 있다. 여기서는 하루 선배를 조상처럼 모셔야 하고, 방장님의 명령에 절대복종해야 한다"라고 했다. 그는 사복 입은 방장을 가르치며 절하고 신입 신고를 하라면서 "고문을 몹시 당한 것 같은데 움직이기 정말 불편하냐?"고 물었다. 나는 50대로 보이는 사복 입은 방장에게 절하고 간단한 자기소개와 체포 경위, 고문 사실 등을 신고했다. 그러자 '배식'이란 젊은이가 "일반 사범인 줄 알았더니 당신은 나라 도둑이구먼, 신입 신고자는 원래 변기통 옆자리를 주는데 당신은 특별 대우하여 방장 옆자리를 줄 테니 몸 회복 잘하라"라고 했다.

그리고 방 사람들을 소개했는데 방장은 금괴 밀수로, 부방장은 소매치기단체 부사장, '배식' 자신은 폭력범, 나머지는 사기, 절도 등으로 입소했다는 것이다. 여기서는 방장의 명령을 대행하는 자기(배식)에게 절대로 복종하라고 했다. 이 방에서 살아보니 방장은 해방 후 최대 금괴 밀수단 사건으로 체포되었는데, 매일 접견하며 필요한 접견물을 영치하여 방안에는 먹을 것이 산더미처럼 쌓여 있었다. '비둘기'를 정기적으로 날려, 방장과 부방장인 '배식'은 공급된 담배를 변기통에서 마음껏 피우고 있었다.

왜 변기통에서만 담배를 피워야 하느냐면, 방안에서 피우면 담배 냄새가 복도까지 퍼지기 때문이다. 여기서 '비둘기를 날린다.'라고 하는 말뜻은 사방 본무 담당이 재소자가 쓴 편지를 직접 재소자 가족에게 찾아가 전달하면, 그 가족은 구속된 자기 가족의 필적이 확실하므로, 의심하지 않고 편지에 쓰인 대로 현금 등 요청하는 물품을 전달하는 것을 말한다. 옛날 전서구(傳書鳩) 역할을 하기에 이곳 구치소에서는 "비둘기를 날린다."라는 은어로 말한다.

이 '비둘기'를 날리는 방법은 의외로 간단했다. 원래 재소자들은 우편엽서를 구입한 후, 담당 책상 앞에서만 서신 작성을 하도록 허가되었다. 재소자는 마치 합법적 절차를 거쳐 우편물을 발송하는 척하면서, 실제로는 담당 호주머니에 넣어준다. 담당이 그 서신에 적힌 주소지를 직접 찾아가 가족에게 전해 주면, 가족은 서신을 읽고 나서 감옥에 갇힌 재소자 편지 내용대로 현금 등을 전해 준다.

배달료(?)는 형편에 따라 각이한데, 많으면 담배뿐 아니라 술 등 요구하는 물품을 배식구로 몰래 넣어 주는 것이다. 술은 작은 병에 든 중국 '백알'을 밤에 배식구로 넣어 주는데 나까지 네 사람이 마시기도 했다.

재소자가 담당과 이렇게 이면거래를 할 수 있게 되면, 그 방 전체가 특별대우를 받게 되어 "범털 방"이 되지만, 가족과 연결이 안 되는 "개털들"은 변기통 청소를 비롯한 온갖 궂은일은 도맡아 하는 하인이 되어야 했다. 이따금 '배식'의 주먹세례도 감내해야 했다. 그리고 이렇게 운반비(?)를 벌어들이는 담당은 이 운반비를 혼자 착복할 수는 없고, 상부 감독자들에게도 상납하여 웬만한 담배 연기는 관구 부장 주임 순시 때는 묵인해 주며 공존 공생 관계가 이루어진다.

이렇게 재소자와 담당 사이, 담당과 감독자(부장, 주임, 계장, 과장) 사이에 부정부패로 서로 얽혀 있어, 공공연한 비밀이지만 탄로되지 않는다. 어쩌다 의협심 많은 초범이 이를 신고해도 객관적 증거가 없어 묵살 되고 만다. 그런데 배식구로 들어오는 모든 물품은 '배식'만이 처분 권한이 있어서, 설사 내 접견물이라 할지라도 나는 손도 못 댄 채 '배식'이 나누어 주어야 먹을 수 있다.

따라서 면회 오는 사람이 없어서 '비둘기'를 날리지 못하는 절도 등은 변기통 밑에서 살아야 하고, 방 청소와 변기통 청소를 도맡아야 하는 데 '배식'의 마음에 안 들면 주먹세례도 당해야 했다. 이리하여 우리 방에서는 방장을 비롯하여 소매치기 부사장, 사기 등은 형편에 따라 주기적으로 '비둘기'를 날려 담당과 공생 관계를 맺고 '범털'로 수형 생활을 했다.

'배식'은 폭력 전과 5범으로서 보안 사범의 처지를 잘 알았다. 그래서 나에게 '비둘기 날리라'고 강요하지도 않았다. 그래도 나는 체면상 5천 원짜리 '비둘기'를 날려 줬더니 나에게는 극진히 대해 주었다. 그는 전과가 많아 내가 중형을 받으리라 예상했기 때문이다.

해방 후 가장 큰 금괴 밀수단이라는 방장은 무죄로 나갔고 나는 사형 구형을 받았다. 그러자 방 앞표지가 빨간 삼각형으로 바뀌었고, 나는 수갑을 차게 되니 나를 방장으로 승격 대우해 주었다. 그런데 나는 이곳 서대문구치소에 들어오기 전까지 우리 사회의 이런 이면 세계를 알지 못했다. 이곳 동거인들이 범죄 경험을 털어놓는 것을 들어 보니 이 세상은 요지경 세상이란 것을 더욱 절감하게 되었다. 또 미국이 주도하는 자본주의 사회는 불의와 부정으로 얼룩진 불공정한 사회라고 하는 것을 더욱 확신하게 되었다.

왜냐하면, 방장이란 사람은 일당이 해방 후 최대 금괴 밀수 사건을 일으켰지만, 금에 대한 관세법의 맹점으로 무죄로 나갈 수 있었고, 소매치기단 부사장의 범죄행태를 듣고 나니 너무나 충격적이었기 때문이다. 그는 서울에서 3대 소매치기단의 부사장이었는데, 구성원은 7명이며 각자가 범행을 수행하는 역할이 다르다고 했다. 부사장 자신은 경험이 많아 범행 대상을 선별하고 총지휘하며 '바람 잡이조, 감시조, 은폐조, 실행조'로 조직을 구성한다고 했다. 범죄 대상을 지목하면 각 조가 분담 된 역할을 맡아 범행하기 때문에, 범죄 피해자나 주위 사람들조차 누가 범행을 했는지 모를 정도로 대상을 둘러싸 범행을 은폐하고 실행하여 정말 감쪽같이 처리한다고 했다.

만일 바람잡이에 허점이 생기게 되면 실행을 잠시 중단하고, 장애부터 해결하고 재시도한다고 했다. 한번은 전차에서 '바람잡이'의 은폐가 완전치 않아, 맞은편에 서 있는 처녀에게 발각되어 처녀가 '어머머'하며 놀라기에 실행을 중지하고, 대신 그 처녀를 '바람잡이'가 둘러싸 실행자가 스컷트 입은 그 처녀의 팬티를 확 끌어 내려 창피를 주었지만, 아무도 누구의 범행인지 몰라 그 처녀는 얼굴이 빨갛게 되어 다음 정거장에서 하차해 버렸다. 그 후 결국 선정했던 여성의 손가방을 탈취했다는 것이다. 그들은 은행 앞, 전차, 버스, 시장 등지에서 작업하는데 성공률이 거의 100%라 했다.

심지어 다이아몬드 반지를 손가락에 낀 부인이 있었는데 손가락에 낀 반지는 실행할 수 없었다. 따라서 바람잡이가 부인에게 다가가 귓속말로 "아주머니! 이 버스에 소매치기가 탄 것 같은데, 아주머니 반지를 노릴 수 있으니 보이지 않게 핸드백에 감추어 두세요."라고 하니, 그 아주머니는 놀라 얼른 손에 낀 반지를 빼어 핸드백에 넣었다. 그러자 '실행조'가 면도칼로 가방을 그어 다이아몬드 반지를 소매치기한 실화도 말해 주기도 했다. 또 은행에서 다량의 현금을 찾아 가방에 담고 오는 장년에게 다가가 "퍽치기"로 가방을 탈취한 후, 바람잡이가 "도둑이야"하고 소리치며 도둑을 따라 쫓아가는 시늉을 하면, 피해자도 정신이 없어 그 방향으로 달려가게 되는데 실제로는 그 반대방향으로 '실행조'는 돈 가방을 갖고 유유히 사라진 이야기 등등, 전율을 느낄 정도의 체험담을 많이 들려주었다.

그러나 그들 소매치기 회사도 수확한 물건들을 그들 식구끼리만 나누어 먹을 수 없다고 했다. 시경 소매치기 단속반에서는 사건이 신고되면 어느 파가 범행했는지 레이더 들여다보듯 전부 알 수 있다고 했다. 어느 파가 몇 시경에는 어디서 활동하고 있었다는 사실을 시경 소매치기 단속반에서는 알기 때문에, 사장은 시경 소매치기 단속반 로비만 전담한다고 했다. 따라서 사장은 웬만한 사건은 무마할 수 있지만, 사회를 떠들썩하게 한 사건은 정도에 따라 한두 사람이 희생타로 감옥에 들어와야 하는데, 부사장 자기도 이번에는 어쩔 수 없어 들어왔으며 감옥에 들어온 조직원의 뒷바라지는 사장이 책임지고 맡게 된다고 했다.

그리고 '배식'이라는 폭력범은 이 감옥에서도 실질적인 권력을 행사하지만, 사회에서는 서울 창신동 창녀촌을 관리하던 중에 모 포주가 분쟁 중인 청년을 처리해 달라고 하여 폭력을 행사했는데 그 청년이 바로 청량리경찰서 직원이어서 이렇게 잡혀 왔다고 했다. 나머지 사기 및 절도범은 먹고살기 위해 좀도둑을 했다가 잡혀 왔다고 했다. 이미 그들은 '빵'(전과)이 몇 개나 있어서 감방 안에서 형량을 예측하여 거의 판사 수준으로 근사하게 맞출 수 있는 것을 보고, 법을 배운 내 자신이 부끄러웠다.

그들은 취조 때 진술을 어떻게 해야 형량이 감해진다는 것을 상호 가르쳐 주기도 하고, 범죄증거를 남기지 않는 수법도 교환하는 등, 이곳이 교도소(矯導所)가 아니라 도적질을 가르치는 '교도소(教盜所)'라는 것을 실감케 했다.

나는 내가 경험해 보지 못했던 음지 세상을 여기에 와서야 알게 되었고, 이곳이 자유민주주의라고 하는 우리 사회의 축소판이란 것을 실감케 해 주었다. 부정부패의 쇠사슬이 어떻게 얽혀져 있는가를 배우게 되었고, 떠들썩한 시장에서 사는 것처럼 매일 매일이 번잡하게 지나가면서 상처받은 몸도 부지불식간에 많이 회복되고 있었다.

나는 이런 밑바닥 삶을 체험하면서 살다 보니 이곳 생활에도 차차 익숙해졌다. 아침 세면 시간에 지나가게 되는 빨간 삼각형 딱지가 붙은 방 앞에서는 혁명 선배들께 인사하며 간단한 자기소개도 하면서 지나갔다. 당시 3사 중(中)에는 한 방 건너 빨간 표지가 있다는 것을 알게 되었다. 하층과 상층에도 비슷한 숫자의 사형수가 있으리라 믿어 놀라움을 금할 수 없었다. 더욱이 밤에 변기통 뒤 창문에 기대어 소리를 질러보니 놀랍게도 3사 하(下) 몇 방인지 김규철 선생이 잡혀 와 있다는 것을 알고 반갑게 인사하고 서로의 소식도 교환하곤 했다.

김규철 선생은 4·19 때 만나 세상을 논하기도 했고, 또 그의 선친께서도 교직 생활을 하셔서 나와 처지가 비슷했다. 나보다 몇 달 앞서 잡혀서 이미 형이 확정된 줄 믿었는데 우연히 소리를 지르다 보니 바로 내 하층에 수용되어 있다는 것을 알고 서로의 사정을 토로하기도 했다.

이런 밑바닥 생활 속에서도 시간은 어김없이 흘러, 출정이라고 호명되어 비로소 공판정에 서 보니, 우리 사건으로 구속된 연루자가 32명이나 된다는 것을 알게 되었다. 내 약혼녀도 구속되었다는 것을 처음으로 알게 되었고, 예상치도 못했던 사람들이 잡혀 와서 나와 함께 재판을 받고 있다는 사실에 놀라지 않을 수 없었다. 내 약혼녀의 고모도 잡혀 왔고, 고종사촌 오빠도 잡혀 왔다. 내 둘째 누님의 동서도 잡혀 와서 재판정에 서 있었는데 어떤 연유로 잡혀 와서 재판을 받는지 몹시 궁금했다. 아마도 북에서 왔다는 유위하 공작원이 나와 같은 경상도 북부지역의 말씨였던 것으로 미루어 보아 친인척으로 연루되어 잡혀 와서 재판받고 있지 않을까 짐작했다.

그런데 이 32명이나 되는 피고인 중 주범이라야 할 유위하 공작원의 모습은 보이지 않았다. 바로 유위하 공작원 때문에 이 많은 사람이 억울하게 고문받고 피고석에 서 있는데, 유위하는 어딘가에 사라지고 보이지 않으니 너무나 괴이한 재판처럼 느껴졌다. 그래서 나의 변호사 윤희경이 유위하를 증인으로 신청하였고, 유위하가 증인으로 우리 재판정에 출두했다. 그녀를 보니 깨끗한 한복 치마저고리를 입고 낯익은 치안국 수사관의 계호(戒護) 하에 재판정에 나타났다.

나는 유위하가 우리처럼 잡혀 있을 줄 알았는데 깨끗한 한복을 입고 나타나서 놀랐다. 그녀는 재판받는 우리 32명을 제물로 바치고 전향하여 자수했나? 단상 판사 옆자리에 앉아 있는 그녀의 모습을 보니 가증스럽고 역겹기 그지없었다.

유위하는 이미 6·25전쟁 전 남조선만의 단정을 반대하는 투쟁을 하다가 안동형무소에서 1년간 복역했다. 전쟁 시기 북으로 후퇴하여 1959년부터 남조선 해방을 위해 지하사업에 동원되었다는데, 이렇게 여러 사람을 희생시키고 자기 몸만 빠져나가는 철면피 배신자를 쳐다보기조차 싫었다.

이런 상상을 하던 중 재판장 박충순은 증인에게 "주소를 말하라"하니, 유위하는 "조선민주주의 인민공화국 평양XXX"라 대답했다. 재판장 박충순은 얼른 제지하고 "대한민국 주소를 말하라" 하니, "서울 미501정보부대"라 대답했다. 당시 미 501 정보부대는 북에서 내려와 체포된 공작원은 누구나 한번은 거쳐 가야 하는 미국의 핵심정보기관이었다.

검사 이창우는 증인심문에서 유위하에게 "이대식을 부산에서 조선노동당에 입당시켰느냐"고 물었다. 유위하는 "이대식은 부산에서 잠깐 처음으로 만났는데, 어떻게 영광스러운 조선노동당원으로 입당시킬 수 있나? 조선노동당은 아무나 입당할 수 있는 것이 아니다. 이대식 같은 사람은 입당시킬 수 없다."라고 대답했다. 그는 경찰 고문조사 때 나를 조선노동당에 입당시켰음을 선포했다고 진술한 부분을 번복하여, 나는 1심에서 '조선노동당에 입당했다'라는 부분만 무죄를 받고, 나머지 공소사실은 검찰의 공소장 그대로 글자 한 자 틀리지 않게 판결문이 작성됨으로써, 사법부가 정부의 시녀라는 사실을 확인하게 되었다.

증인 유위하는 마지막 증언에서 말하기를 "지금 여기서 재판받는 사람들은 전부 나 때문에 잡혀 온 사람들이니, 전부 석방시켜 준다면 내가 자수하여 협조하겠다."라고 제안하는 것으로 보아, '유위하가 변절하여 우리 32명을 희생양으로 만들었구나.' 하는 오해를 지우게 했다.

유위하의 말이 끝나자마자 치안국 수사관은 유위하를 데리고 나가 버렸다. 유위하의 증언 이전에도 정보기관은 유위하를 통신공작으로 이용해서 역공작을 여러 차례 시도했으나, 유위하의 비협조로 실패만 거듭하였다. 정보기관은 유위하를 도저히 변절시킬 수 없다는 것을 깨닫고 바로 기소했다. 유위하는 1973년 3월 6일 서울 형사지방법원 사건번호 '72고합847'로 사형 선고를 받았다. 서울고법에서는 사건번호 '73노539호'로 1973년 6월 7일에 항소기각 판결했다. 대법원에서도 사건번호 '73도1796호'로 1973년 9월 29일 상고기각 판결을 했다. 나는 이런 사실들을 자료로 확인하면서 평화적 통일을 꿈꾸던 유위하가 형장의 이슬로 사라졌다는 것을 알게 되었다.

이로써 1970년대 거물 여간첩으로 각종 언론에 회자 되던 그녀에 대한 다양한 평가에는 종지부를 찍고 역사 속으로 사라졌다. 그러나 나는 그녀의 애국 열성과 후대들을 위한 희생정신에는 고개를 숙이지 않을 수 없다. 물론 그녀에게도 극한상황에서 인간적 과오는 있었지만, 조국과 민족을 위한 일념(一念)만은 올바로 평가되고 존경받아야 된다고 나는 믿고 있다.

나는 서대문구치소로 이송되기 전에는 누구와도 면회 한번 못했는데, 구치소로 온 후 어머니가 처음으로 면회를 왔다. 유리벽 너머로 어머니 모습을 보니 몰라볼 정도로 수척해져서 불효한 죄를 마음속으로 빌었다. 그래도 어머니는 살아 있는 자식의 얼굴을 바라보며 "몸은 어떻노? 제발 마음을 굳게 먹고 건강관리를 잘 해야 한데이."라고 했다. 오직 자식 걱정만 하는 어머니의 자식 사랑을 느끼니 가슴이 미어졌다.

내가 눈물이 나오는데 어머니 심경은 얼마나 아프겠는가? 꿋꿋하게 눈물을 참고 용기와 힘을 불어넣으려는 어머니의 갸륵한 자식 사랑에 감복되어 할 말을 잊어버렸다. 더욱이 경찰의 엄포로 다른 가족은 면회조차 오지 못했고, 오직 어머니만 눈이 오나 비가 오나 한결같이 오셨다. 면회시간 3분 동안 오히려 나를 위로하며 힘과 용기를 불어넣는 어머니의 애처로운 모습이 지금도 눈에 선하다.

그런데 나의 사건 1심 결심이 끝나고, 7월 7일 검사의 구형을 앞둔 7월 4일에 분단 정부수립 이후 최초로 1972년 '7·4 남북공동성명'을 맞이하게 되었다. 7월 4일 어머니가 면회 오셔서 유리벽 너머로 동아일보를 펼쳐 보이시기에 바라보았더니 '7·4남북공동성명' 기사가 1면 전체를 덮고 있었다. 공안사범 면회담당 교도관은 어머니에게 "얼른 신문을 치우지 않으면 면회를 불허하겠다."라고 협박하여 어머니는 신문을 접어 넣으면서, "세상이 이렇게 변했으니 너도 곧 석방될 것"이라고 좋아서 어쩔 줄 몰라 하셨다.

처음으로 웃는 어머니의 모습을 보고, 나도 기적 같은 사실에 놀라 어머니에게 웃음으로 대답했다. 3일 후(7월 7일)가 되면 검사의 구형이 있을 예정이므로, 그때 나도 석방되리라 믿으며 말할 수 없는 고통에 시달린 어머니께 위로와 희망을 전해 주었다. 그런데 곧 불길한 예감이 나를 엄습했다.

분단 이후 최초로 '7·4남북공동성명'이 발표되었다는 소식이 서대문구치소 안에서도 소문이 돌아 모두 평화에 대한 기대가 부풀어 있었다. 하지만 공동성명 발표 이튿날부터 좌익사형수들을 하루에 몇 사람씩 사형을 집행하고 있었기 때문이다. 과거 서대문구치소에서는 어쩌다 살인범 사형수를 사형집행하는 날이면, 점심에는 돼지고기 국을 줄 정도로 드물게 사형을 집행했는데, 7·4 공동성명이 있고난 후부터는 공안사범 사형수를 하루에 1명뿐 아니라, 많을 때는 하루에 3~4명씩 사형 집행을 했다. 이러한 사실은 박정희 정권의 7·4 공동성명 발표의 저의를 일깨워 주는 것으로서 치밀어 오는 분노를 삼키는데 애먹었다.

공동성명 발표 전에는 사상범 사형 집행이 없었다. 한방 건너 1명씩 빨간 삼각형 표시가 방 앞에 붙어 있을 정도로 사상범 사형수는 많았는데 7·4공동성명이 발표되자 곧바로 사형 집행을 서둘러 대기 시작했다. 이렇게 하여 이름은 잊어버렸으나, 1950년대부터 사상범 사형수로서 서대문구치소 터줏대감이라 칭하던 선생조차 사형 집행을 해 버렸다.

사상범 사형수에게는 빨간색 삼각형, 일반 보안법 위반자에게는 빨간색 사각형, 일반 잡범 사형수에게는 파란색 삼각형 표지를 방 앞에 붙여놓고 법무부에서 요시찰로 감시를 해 왔다. 내가 무기수로 확정되어 대전교도소로 이감될 때쯤인 1973년 4월 19일경에는 그 많던 사형 확정된 보안법 위반자는 한 사람도 남아 있지 않았다. 박정희는 그 정도로 7·4남북공동성명과 남북조절위원회를 악용하고 학살을 감행하여 분단체제를 공고히 하려고 발악했다.

나도 7·4 공동성명 3일 후인 7월 7일 검사의 사형 구형을 받았다. 내 방 앞에는 빨간 사각형 표지가 빨간 삼각형으로 변경되었고, 나에게는 밤낮없이 수갑이 채워졌다. 7월 7일 이창우, 정경식 검사의 사형 구형에는 나뿐만 아니라 권양섭 선생, 재일교포 서승 선생, 우리 사건과는 전혀 관련 없는 북에서 왔다는 최병칠 선생을 포함하여 모두 4명이 '7·4남북공동성명'에도 불구하고 사형 구형을 받아 서대문구치소를 떠들썩하게 했다. 그래서 서대문구치소 빨간 딱지들에게는 박정희 정권의 7·4 공동성명 저의가 드러나 우울한 날들을 보내게 되었고, 박정희 정권에 대한 분노가 더욱 더해졌다.

반면 정경식은 그 후 공안검사로 승승장구하여 헌법재판관까지 출세 가도를 달렸다. 하지만 나는 사회 밑바닥에서 온갖 간난신고를 맛보며 인생의 황혼기를 맞게 되니 세상이 덧없음을 절감할 뿐이다. 과연 이 세상이 정의로운 세상이라면 이럴 수가 있겠는가?

나는 이렇게 7·4공동성명 3일 후인 7월 7일에 사형 구형을 받았다. 7월 15일에 1심 박충순 재판장은 내가 조선노동당에 가입했다는 공소사실만 무죄로 하고, 나머지는 공소장 그대로 간첩죄를 적용하여 사형 선고를 했다. 내가 간첩죄가 적용된 이유는 박정희의 "비상사태 선포와 남북적십자회담에 대한 여론조사"를 각계각층별(자본가, 노동자, 청년학생)로 조사하여 유위하에게 보고했다는 구실이었다.

이렇게 나는 1심에서 사형 선고를 받게 되었다. 어머니를 비롯한 우리 가족은 '7·4남북공동성명' 발표로 내가 석방될 줄 믿고 있었는데, 뜻밖에도 사형을 받게 되자, 변호사가 변호를 잘못하여 억울하게 사형을 받았다고 믿고 2심에서는 윤희경 변호사를 오제도 변호사로 교체했다. 윤희경 변호사는 자형 권탁이 근무하던 신진자동차 회사의 공인변호사로 민사문제에 정통한 변호사였다. 반면에 오제도 변호사는 일제강점 시기부터 공안검사로 악명을 떨치다가, 해방 후에도 이승만 단독정부에 반대한 수많은 애국지사를 처형한 공안검사로 널리 알려진 변호사다. 그런 그가 내 사건을 수임하면서 "잘 처리해 주겠다."라고 했다 한다.

그러나 나는 2심에서 1심 판결문 그대로 인정되었고, 오직 무기로 감형된 것밖에 없어서, 과연 오제도의 효험이 있었는지 의심하지 않을 수 없다. 나 이외의 권양섭 선생, 서승 선생, 최병칠 선생들도 모두 무기로 떨어졌기 때문이다.

한영식 선생의 잔영

1973년 4월 19일 대전교도소로 이감되었는데 서대문구치소의 처참한 정황이 머리를 떠나지 않았다. 7·4공동성명이 있은 후 한방 건너 한 명씩 수용되어 있던 빨간 삼각형 확신범들이 불려 나가, 복도에서 "조선민주주의 인민공화국 만세"를 부르며 형장의 이슬로 사라진 광경을 직접 목도 했기 때문에, 나만 도피자가 된 것 같은 가책을 지울 수 없었기 때문이다.

특히 내 옆방에는 서울 양정고를 나와 6·25 전쟁 시기에 인민군을 따라 월북한 한영식(?)선생이 있었는데, 그 선생과는 가끔 대화도 하면서 인격적 감화를 많이 받았었다. 하루는 세수하러 가는 나를 불러 세우더니 "리동지! 아마 오늘 리동지와 마지막 상면일 것 같으니, 부디 조국통일의 그날까지 건강관리를 잘 하여 나의 한을 풀어 달라."라고 했다. 이에 나는 선생께서 강인한 신념을 가졌는데, "왜 오늘은 이렇게 약한 모습을 보이냐"면서 격려 해 드린 사실이 있었다. 과연 바로 그날 아침밥을 먹고 난 후 소장면회라면서, 내 방 앞에 와서 나에게 "잘 있어라"라는 말을 남기고, 복도에서 "조선민주주의인민공화국 만세"를 3창 하고 영영 돌아오지 않았다. 내 가슴 속에 그 선생님의 잔영이 여전히 남아 있어서 서대문구치소를 떠나 이감 되는 나의 가슴을 너무도 아프게 짓누르고 있었다.

대전교도소 특별사(特別舍)

1973년 4월 19일, 나는 우리 사건연루자들과 함께 대전교도소로 이감을 가게 되었다. 나는 왜 이날을 생생히 기억하느냐 하면 바로 1960년 4월 18일 고려대 데모로 인해 4·19를 촉발시켰기 때문이다. 운명의 장난인지는 모르지만 바로 역사의 그 같은 날에 대전교도소 특별사에 갇혀 내 인생의 황금기를 처절하게 보내야 했다.

나는 우리 사건 일행들과 함께 대전교도소 입소 수속을 마치고, 특별사 8사 앞에 도착하니 담당 교도관이 "당신들은 지금부터는 일반 국민이 아니고 수형자다. 따라서 일반 국민으로서의 권리는 박탈되고 수형자로서의 의무만 준수해야 한다. 그리고 구치소에서는 무질서하게 아무렇게나 살았지만, 여기는 교도관의 명령에 절대복종해야 되는 특별사라는 곳이다. 일반 재소자들을 수용하는 일반사동이 아니고,

사상범만 수용되는 특별사이기 때문에 특히 규율이 엄격하다. 정면 정좌하며 반성해야지 시끄럽게 떠들면 처벌받는다."라고 하면서 처음부터 공포 분위기를 조성하며 위압했다.

나는 서울구치소 분위기와는 달리 절간처럼 적막하여, 도대체 몇 명이 이곳에 수용되어 있는지 몰라 물었더니, 비밀이라면서 알려고 하지 말라고 했다. 나는 사건연루자인 이학돌, 김현구, 권낙기와 함께 4인이 8사 4방에 배치되었다. 방 앞에 앉으라 하여 앉아서 소지품 검사를 당하면서 방문을 바라보았다. 8사는 전부 0.72평의 방이며 정원은 1명이라 표시되어 있었다. 방문은 두꺼운 오래된 목조 문이었고, 특별사라는 이 건물 자체가 오래된 튼튼한 목조건물이었다.

일제때 독립운동하다 체포되면 바로 이 8사에 수용되어 감옥살이를 해야 했다. 그 악명 높은 정치범 수용소가 이제는 사상범(정치범) 수용소로 그대로 존속하고 있었다

방에 들어가 보니, 네 사람이 기거하기에는 너무나 협소하여 앉아 있기조차 거북했다. 따라서 잠잘 때는 두 사람씩 머리를 반대 방향으로 두고 상대의 발을 안고 자야 했다. 그리고 변기통 위의 조그마한 창문 외에는 빛이 들어올 수 없게 밀폐되어 있었다. 가끔 담당 간수가 조그마한 시찰구를 열고 조용히 이야기하라고 경고를 하고 가는 것 외에는 사람 구경을 할 수 없었다.

배식하는 소지(담당보조 하는 잡범청소부)에게 "이곳 8사는 방이 몇 개며, 방마다 우리처럼 4인이 수용되어 있느냐"고 물어봐도 비밀이라며 말해 주면 큰일 난다고 대답해 주지 않았다. 날씨는 점점 더워지는데 0.72평의 방에 4사람이 살아야 되니 무엇보다 절박하게 필요

한 것이 물이었다. 이 물을 식수와 잡수로 구분하여 공급해 주었다. 식수는 매 끼 식사 전 반 국자로 공급해 주고, 잡수는 하루 3국자로 공급해 주는 것이 전부였다.

이 식수와 잡수로 4사람이 마셨다. 이 물로는 식기를 닦거나 방을 청소하고, 땀내 나는 몸을 닦기가 너무 부족하였다. 물 공급을 더해 달라고 하면 특별사동(特別舍棟)에서는 어느 방이나 동일 량을 공급해 주는데, 우리 방만 특별히 더 공급해 줄 수 없으니, 물이 더 필요하면 전향하여 일반사동으로 가라고 했다. 이렇게 되니 우리 4사람은 매일 기상 후 세면기에 한 사발 정도의 물을 담아 4사람이 동시에 세수하고 몸을 닦았다. 마지막에는 4사람의 땀이 보태져 세면기 물이 처음보다 오히려 더 많아질 정도로 서로의 땀이 섞인 물로 몸을 닦는 웃지 못할 참경을 겪어야 했다.

이렇게 특별사동 사람들은 기상 후 몸 닦는 습관이 생활화 되어 나는 특별사동을 떠날 때까지 매일 냉수마찰을 해야 하는 습관이 생겼다. 이와 같은 공포 분위기 속에서 짐승 같은 삶을 이어가고 있었는데 책도 성경, 불경 등 종교서적 외에는 차입이 불가능하다 하였다. 서울 구치소에서 가지고 온 내 책은 전부 영치시켜 버려서 이야기로만 시간을 때우고 있었다. 서로의 대화를 통하여 알게 된 사실인데, 공교롭게도 내 사건연루자인 김현구 선생과는 나와 생년월일시까지 같다는 것을 알게 되어, 만나기 힘든 기이한 인연에 서로 놀랐다. 사주팔자대로라면 운명이 같아야 되는데, 서로 다른 인생행로를 걸어왔다. 또 이번 사건에서도 김현구 선생은 10년, 나는 무기징역이라는 다른 형을 받았으니 사주팔자도 맞지 않는다는 것을 확인하기도 했다.

이렇게 시간을 허비하고 있던 6월 어느 날, 문을 열고 호출하기에 나갔더니 사동 목욕실 옆에 있는 상담실에 사복 입은 청년이 서 있었다. 대전교도소 내에서는 사복 입은 사람을 나는 처음 보았기에 기관원이 온 줄 알고 불안했다. 그는 법무부에서 전향공작 전담반이 새로 조직되어 미전향 수형자가 있는 대전, 대구, 광주, 전주교도소 중에 자기는 대전교도소 전담반으로 온 송XX 교회사(敎誨士)라고 소개했다. 특별사의 실태를 보기 위해 현장에 와 본 것이다. 이제부터 나를 담당하게 되었으므로, "전향을 하지 않으면 안될 것이니 잘 생각해 보라"고 으름장을 놓았다. 또 그는 "이대식씨는 다른 미전향자와는 달리 이북에 아무 연고도 없고 단순히 학생운동만 하다가 이렇게 되었으니, 사회에 나가 가족과 함께 살아야 되므로 전향하리라 믿는다."하고 나갔다.

이렇게 나는 대전교도소 특별사라는 정치범 수용소에 갇혔으나 아직 이런 생소한 환경에 적응되거나 익숙해지기도 전에 내 정신을 내리누른 것은 '전향'문제였다. 아침에 눈만 뜨면 전향문제가 내 가슴을 짓눌렀고 밤에 잠들기 전까지는 이런 강박관념 속에서 시간을 보내야 했던 곳이 대전교도소 '특별사' 15년간이었다.

이곳 사방이 막힌 0.72평 공간에서 4사람이 출입문을 향해 정면 정좌해 앉아 조용히 이야기하라고 강요하면서 전향하면 자유롭게 말하게 해 준다면서 전향을 권유했다.

이곳에서는 4등식 '틀 밥'(재소자에게는 밥 량에 따라 1등식~4등식까지 차등급식)도 관계자들이 도적질하였다. 정량보다 적게 공급되어 배고파 못 견디겠다고 정량을 달라고 요구하면, 전향하면 3등식을 주겠다고 했다. 하루 5분~10분간 배정된 운동시간도 더 늘려 달라고 하면, 전향하면 1시간도 늘려 주겠으니 전향하라고 했다. 또 영치된 일반서적을 읽을 수 있게 허가해 달라고 하면, 전향하면 전부 열독을 허가해 주겠다고 했다. 그런가 하면 몸이 아파 의무과에 가서 진찰받게 해 달라고 하면, 특별사는 1주일에 한 번 순회 진찰하는 것 외에는 의무과 연출이 불가하니 전향하면 언제든 의무과에 연출시켜 주겠다고 했다.

1달에 한 번 직계가족에 한해 허용되는 면회를 친지들 모두에게 허용해 달라 하면, 전향만 하면 모든 친지와 면회를 허용해 주겠다고 하는 등 일상사가 전향과 연계된 곳이 바로 특별사 생활이다. 따라서 전향문제를 빼놓고서는 특별사 삶 자체가 있을 수 없어, 나는 여기서 내가 체험한 전향문제와 사회참관 면회 등 이곳 생활을 그대로 서술하고자 한다.

1. 사상 전향문제

나는 이곳 특별사에 수용되기 전까지는 사상 전향문제에 대해 별 관심을 갖지 않아 추상적으로만 알고 있었다. 예를 들어 이광수가 '기미독립선언서'를 초안할 당시에는 민족 독립사상을 소유했었지만, 일본 제국주의가 팽창하는 정세를 보고 우리 민족 독립문제는 시기상조라 믿고, 일제에 협력해 친일파 지식인으로 전향했듯이, 인간 내면의 정신적 관점이 외적 물리적 강제에 의하지 않고, 스스로의 결정에 의해 바뀌지는 것으로 알고 있었던 것이다. 그런데 이곳 대전교도소 특별사에 와 보니 모든 외적 조건이 전향을 강제하기 위한 수단으로 이용된다는 것을 알게 되었다. 과연 이런 전향방법과 수단이 올바르고 실질적인 성과를 거둘 수 있을까를 생각해 보게 했다.

특히 우리 헌법에는 사상의 자유를 명시해 놓고서도 이렇게 외적 불이익을 주어 억지로 전향시키는 교도소 담 안의 무법천지에 소름이 끼쳤다. 교도소는 법을 가장 준수해야 할 법무부 산하기관이면서도 이곳 담 안의 특별사에는 법은 사치에 불과하고 폭압만이 일상적으로 지배했다.

다시 말하면, 20세기 후반기에서도 사회와 단절된 이곳 교도소 특별사에서는 파쇼적인 끔찍한 폭압이 자행되고 있다는 사실이다. 불법과 불의와 부정이 다반사로 이루어지고 있어도 '미전향'이라는 이유로 하소연할 데가 없는 밀폐된 장소에서 연명해야 하는 내 자신이 너무나 처절했다.

1973년 전향 공작 전담반이 설치된 지 얼마 안 된 7월 초, 동거하던 생년월일시까지 같은 김현구 선생이 전방통보를 받고 어디론가 전방되었고, 이학돌 선생과 권낙기도 대구 광주교도소로 이감을 가니, 나 혼자 고독한 독방을 차지하게 되었다. 독방을 차지하게 되니 네 사람이 서로의 땀 냄새로만 지새워야 했던 고통에서는 해방되었지만, 외로이 홀로 떨어진 고독감으로 낯선 특별사의 분위기를 참으로 견뎌내기 힘들었다.

바로 그날 밤 2병사(8사 입구에 있는 방 6개뿐인 비어있는 사동으로 전에는 특별사 수용자들의 병사로 사용된 적이 있어 2병사라 칭함)에서 우당탕하는 소리와 함께 사람 비명소리가 들려 와 잠을 이룰 수 없었다. 나는 '패통'(담당을 부르는 신호기)을 쳐서 야간담당을 불러 2병사에서 잡범들이 싸우는지 비명소리가 들려 잠을 잘 수 없으니 조치를 바란다고 말했더니, 야간담당은 "남의 일에 신경 쓰지 말고 잠이나 자"하고 퉁명스럽게 대답하고 가 버렸다.

원래 감방에서 재소자끼리 싸움이 벌어져서 담당에게 신고하면 담당은 바로 보안과에 연락하여 조치를 취하는 것이 상식인데, 우리 야간담당은 인터폰으로 연락도 않고 태연하게 아무 일도 없는 듯 가만히 있기만 하여 더욱 의아심이 생겼지만, 내 코가 석자라 불안하기만 했다. 내가 있는 4방은 2병사와는 채10m도 떨어져 있지 않아서, 늦은 밤까지 비명과 쿵쿵 소리에 잠을 이룰 수 없었지만, 잡범끼리의 싸움이라 여기고 별다른 생각을 하지 못했다.

낮에는 깡패처럼 생긴 잡범 3~4명이 2병사와 우리 8사 복도를 어슬렁거리고 다니며, 내 방 시찰구를 열고 들여다보기도 하는 등, 죄수복 입은 사람의 행동이라고 보기에는 너무도 이상한 거동을 하는 것이 목격되었다. 나는 대전교도소에서 특별대우를 받는 '범털'(돈 많고 배경 좋은 죄수)깡패이거나 기관원이 일부러 죄수복 입고 특별사를 사찰하러 온 정보원인줄로만 믿었다. 그러나 3~4일이 지난 후 모든 사실이 드러나기 시작했다. 우리들 7사와 8사 비전향수용자들을 교회당으로 집합시켰다. 우리 특별사 수용자들을 교회당에 집결시킬 때는 항상 사동 복도에서 교회당 입구까지 맨땅 위에 짚으로 만든 매트를 깔아 고무신을 신지 않고 맨발로 걸어가게 했는데 이는 도망을 못하게 하는 수단이라 했다. 매트 5m 간격으로 교도관이 배치되어, 통방

(?)을 못하도록 감시하고 있었다. 또 몇 겹의 장벽 속에 갇혀 있는 특별사인데도 어떻게 도망을 감히 꿈꿀 수 있는지? 너무나 의례적인 구실같았다. 교회당에서도 1m 간격으로 띄엄띄엄 앉고, 사이사이에 교도관이 앉아서 우리가 '통방'을 못 하도록 감시하고 있을 정도로 경계가 삼엄했다.

하여튼 그날 교회당에 가보니 강단 왼쪽에는 중앙정보부 대전지부장이라는 사람이 앉아 있었다. 강단 오른쪽에는 교도소장이 앉아 있는 단상이었다. 이곳에 바로 김현구 선생, 안영기 선생 등 4인이 몸을 가누지 못해서 교도관의 부축을 받으며 단상 마이크를 잡고 죽어가는 목소리로 "나는 불가피하여 이렇게 전향하게 되었다."라고 간단하게 전향 성명 아닌 전향 성명을 발표하고 교무과 담당의 부축을 받으며 나갔다.

교도소장도 중앙정보부 대전지부장 앞에서 마이크를 잡고 "특별사를 없애라는 정부 방침이 하달되었으니, 여러분도 모두 전향하지 않으면 안 된다."라고 엄포를 놓는가 하면, 잇달아 등장한 김치연 교무과장은 단상에 오르더니 "여러분도 보다시피 이들 전향 성명 발표자들은 전향하지 않으면 안 되어 어쩔 수 없이 전향하게 되었다. 여러분도 모두 전향해야 하니 이왕 전향할 바에야 건강을 생각하여 현명하게 선택하라."하고 노골적으로 협박했다. 그래서 2병사에서 비명을 지르며 구타당한 사람들이 잡범이 아닌 바로 저 선생들이란 것을 비로소 알게 되었다.

이렇게 20세기 문명 세계에서 상상도 못 할 '야만적인 테러'가 교도소 특별사내에서 자행되기 시작했다는 것을 우리는 알게 되어 각자는 어떻게 이 고비를 넘겨야 할까를 고민하게 되었다. 이에 특별사에 수용된 선생들은 교도소에서 처음 겪어보는 야만적인 테러에 의한 전향 공작에 대해 어떻게 대처해야 할지 몰랐다. 따라서 각 방의 의견을 감방7)에서 종합해 본 결과 대부분의 나이 든 장기수들은 "적들이 이렇게 미친 듯이 테러에 의한 전향을 강요하는 조건에서, 우리가 단식투쟁으로 맞선다면 전체 대열이 전부 파괴될 우려가 많다. 그러므로 단식투쟁으로는 적들의 예봉을 꺾을 수 없으니, 개별적으로 각자 자기 사상을 고수하는 방법외에 다른 대처 방법은 없을 것 같다."라는 의견이 다수였다.

나는 젊어서 테러 대상이 될 가능성이 많은 열정적인 선생들은 "이리 죽으나, 저리 죽으나 죽는 것은 마찬가지인데, 이런 야수적 테러에도 대항해 투쟁하지 않으면 혁명가라 할 수 없다."라고 울분을 토했다. 그러나 소수의견이라고 무시당하였고 단식투쟁이 아닌 개별적으로 대처하는 것으로 다수의견이 결정되었다.

이리하여 많은 사상범이 특별사에서 '테러'에 의해 목숨을 잃기도 했고, 또 본의 아닌 전향 공작으로 특별사를 생지옥으로 만들었는데, 과연 이런 전향 공작이 올바른 결정이었는지는 역사만이 판단해 주리라 믿는다. 하여튼 이때 많은 선생이 테러에 못 이겨 전향하거나, 혹은 협박에 못 이겨 전향하게 되었다. 그렇지 않으면 최석기 선생처럼 바로 2병사 깡패들 방에 끌려가서 두들겨 맞아 숨을 거두기도 했다.

부산상고를 나온 안영기 선생은 깡패 테러에 견딜 수 없어 강제전

---

7) 특별사에 수용된 각 방의 의견을 '은밀한 통신'으로 총괄하여 대열공동체의 생존을 위한 중심 역할을 하는 방인데 임기는 3개월이다.

향을 하고, 우리 앞에서 전향 성명서 아닌 전향 성명을 발표하고 감옥을 나가기까지 했으나, 보안법으로 추가 형을 받게 되어 다시 특별사에서 생활하다가 2000년 북으로 송환되기도 했다. 이런 엄혹한 상황에서 7, 8사에 수용되었던 200여 명의 선생 중 일부는 대구, 전주, 광주교도소 특별사로 이감시키고, 일부는 테러로 전향시켜서 남은 사람은 겨우 80여 명밖에 없었다.

이같이 잔혹한 잡범에 의한 테러 전향 공작조차 최석기 선생처럼 생명만을 뺏었을 뿐, 정권의 기대만큼 전향 성과를 거두지 못하고 희생자만 양산하였다. 또 '남북조절위원회' 회담이 완전히 결렬되고 파탄되자, 중앙정보부는 조급한 깡패에 의한 테러 전향 필요성이 절박하지 않았는지, 2병사에서 깡패들을 철수시켰다. 대신 교도소 당국이 죽지 않을 만큼 폭력을 가하여, 괴로워 전향하지 않고서는 못 견디도록 특별사를 공포 분위기로 조성하기도 했다. 전담반 '교회사'들이 직접 폭압을 행사하는 방법으로 전향방법을 바꾼 것이다.

이렇게 하여 심지어 '8사 청소'였던 이돈웅에게까지 사방의 열쇠를 맡겨서 멋대로 방문을 열고 들어가 폭행하기도 하고, 바늘로 찔러 고통을 가하기도 하게 했다. 이돈웅은 깡패 축에도 못 끼지만 폭력 전과 9범으로 함경도에서 전쟁 시기 피난해 내려온 자인데, 약자에게는 강하고 강자에게는 아첨하는 비열한 인간이었다. 그는 바늘에 실을 꿰어 바늘 끝 1cm 정도만 남겨 놓고 실을 바늘에 감아 온몸을 바늘로 콱콱 찌르면서 전향을 강요하기도 했다.

내 옆방에 수용되어 있던 박윤서 선생도 이돈웅에게 끌려 나가 목욕탕 옆 상담실에서 바늘에 찔리고 폭행을 당한 후, 그날 밤 유리 조각으로 스스로 목을 찔러 자결하게 만들었다. 박윤서 선생은 일제 강점시대 해방운동을 하다가 일본 고등계 경찰에 체포되어 뜨거운 인두로 등을 지지는 고문까지 당하여 당시까지도 등에 인두로 지진 흉터가 남아있던 선생이었는데, 비열한 이돈웅에게까지 수모를 당하여 결국 희생되고 말았다.

이런 공포 분위기 속에서 생을 포기한 사람들이 많았다. 이용훈 선생, 황필구 선생도 희생되고, 결핵에 신음하던 유재인 선생, 노환의 최재필 선생 등 수많은 선생이 대전 감옥에서 희생되었다. 이용운 선생은 옥천 출신으로 보성전문을 나온 점잖은 선배 선생으로 존경했는데, 수건으로 목매어 자결하였다. 장기수치고는 드물게 영치금을 계속 넣어주던 가족들이 얼마나 큰 상처를 받았겠는가 하고 생각하니 안타까운 마음이 그지없다.

'교회사'들도 깡패처럼 무턱대고 난폭하게 폭력을 행사하여 사람을 죽이는 것이 아니라, 능숙하게 죽지 않을 만큼 폭행하여 고통을 주기도 하고, 가족을 동원하여 전향을 강요하게 만들기도 하였다. 나의 어머님께서 면회를 오셔서 전담반에서 특별면회를 시키면서 어머니로 하여금 전향을 강요하게 한 적이 한두 번이 아니었다.

한번은 어머니가 나에게 전향을 강요해도 성과가 없자, '교회사'는 어머니 앞에서 아들이 전향하지 않으면 죽어서야 교도소를 나갈 수 있다고 엄포를 놓았다. 그러자 어머니는 마룻바닥에 들썩 드러누우면서 "내 눈으로는 자식 시체는 못 보겠다. 자식 시체를 보느니 차라리 같이 여기서 죽자"라고 울부짖으며 몸부림쳐서 교무과장이 달려오고 부소장이 달려와 어머니를 진정시키려 했다.

그러나 어머니는 "전향하지 않으면 내 자식을 시체로 내보낸다고 하지 않았느냐?"며 항의했다. 그러자 '교회사'는 "지금 당장 시체로 내보낸다는 것이 아니고, 현재 무기징역이니 전향하지 않으면 죽을 때까지 못 나간다는 뜻"이라고 해명했다. 그래도 어머니는 "전향하지 않아서 시체로 내보낸 사람도 있었다고 하지 않았느냐?"며 막무가내였다.

당황한 교무과장은 "이대식은 절대로 시체로 안내 보낼 테니 안심하라"고 진정시켜 어머니는 다시 한번 다짐을 받고 일어나 가신 적이 있었다. 전향 공작 전담반 '교회사'들도 교회사(矯悔師)라는 직책이 구체적으로 어떤 일을 해야 하는지 알지도 못하고, 낯선 직업에 지원하여 교육받고 왔지만, 적성에 맞지 않는 교회사는 곧 전직하여 떠나갔다. 하지만 우리에게 아주 악랄하게 전향을 강요하여 원한을 산 이들도 꽤 있었다. 그들은 온갖 수단 방법을 동원하여 전향 실적만 올리려고 비인간적인 야비한 공작에만 매달렸기 때문이다. 내가 읽고 있는 책(이념이나 사상과는 전혀 무관한 책)도 모두 회수해 가 버려서 종일 벽만 바라보기도 했다. 옛 성현은 면벽 10년이면 도를 깨우친다고 했는데, 나는 10년 넘게 면벽해 보았어도 도(道)는커녕, 증오심만 키웠을 뿐이다.

내 담당 교회사는 여러 사람으로 교체되기는 했지만, 처음에는 왜 전향하지 않느냐고 묻는 것이 그들의 일정처럼 느껴졌다. 나는 "공산주의 사상이나 이론은 알 기회조차 없어, 공산주의에 대해서는 잘 몰라 공산주의자는 아니다. 다만 이승만이 미국의 사주 하에 단독정부를 세워서 민족을 양분하여 분단체제를 조성했고, 남녘 국민조차 좌, 우익으로 갈라놓고 양민을 학살한 독재자이기에 반대했다. 박정희는 엄연한 헌법을 유린하고 군사 쿠데타를 일으켜, 미국의 지원 아래에 국민의 반대를 무릅쓰고 '한일 협정'을 체결하여 민족적 존엄을 말살한 반민족적 파쇼정권이기에 반대한 민주주의 신봉자다. 구태여 내 사상을 분류하라면 민족주의적 민주주의자다. 이런 나에게 사상전향을 하라면 공산주의자로 전향하라는 말이냐?"라고 항변하여 전향 강요를 피해 갔다.

사실 나는 내 자신의 내면을 냉철히 들여다봐도 공산주의자까지는 못되고, 외세의 간섭에 울분을 느껴 항거하는 민족주의자라 자인하고 있다. 그러나 교정 당국은 7, 8사에 수용된 미전향자를 모조리 전향시켜 특별사를 아예 없애버리겠다고 혈안이 되어 야비한 폭압을 일삼고 있었다. 나 역시 그 제물이 되어 한없는 수모를 당해야 했다. 나는 1974년 4월 20일 5사 17방(당시는 7사, 8사를 5사, 6사로 호칭만 변경했음)에 수감 되어 있었다. 1974년 6월 22일 옆방에 최기영이라는 대학 후배가 반공법 및 긴급조치 위반으로 들어왔기에 '통방'을 하게 되었다. 나는 옆방의 감시 속에서 '통방'하여 안전했으나, 최기영은 이곳 실정을 몰라서 아무 보호도 받지 못하고 '통방'하여 5사 '청소' 놈이 전부 엿듣고 밀고해 버렸다.

통방 내용을 요약하면, 최기영이 나에게 "이곳 특별사에는 몇 명이 수용되어 있는가?"하고 물었다. 그래서 나는 "테러 전에는 200여 명 있었으나 지금은 약 80여 명밖에 없다"라고 대답했는데, 이것이 문제가 되어 나는 밤에 보안과에 끌려가게 되었다.

보안과 취조실에 끌려갔더니 배치부장과 백낙기 관구 부장이 대뜸 "전향할래? 아니면 국가기밀을 누설했으니 추가 형을 받을래?"했다.

그래서 나는 "전향은 못 하겠지만 무슨 국가기밀을 누설했다고 터무니없이 덮어씌우느냐?"고 항의했더니, 두 사람은 "특별사에 지금 미전향자가 80여명 밖에 남아 있지 않다고 말한 것이 국가기밀 누설죄에 해당한다."고 하면서 "내일 당장 검찰에 고발하여 추가 형을 받게 하겠다."고 했다. 그리고 나에게 수갑을 채우고 공중에 매달면서 "전향 안한 맛을 보여 주겠다"면서 가죽 혁대로 때리기 시작했다. 한참을 때리더니 또 전향 여부를 묻기에 나는 거부했다.

그들은 때리는데도 지쳤는지 소주를 마셔 가며 번갈아 때려 나는 정신을 잃고 말았다. 얼마나 시간이 흘렀는지는 모르나 눈을 떠 보니 바닥에 눕혀져 있었고, 의무과 교사가 와서 주사를 놓고 있었다. 내 몸을 보니 온몸이 퍼렇게 변해 있었고, 군데군데 피와 멍으로 범벅이 되어 있었다. 한참 후, 일어나라고 하여 일어 날려니 도저히 일어날 수 없었다. 얼마나 밤이 깊었는지는 모르나 백낙기는 나를 부축해 주면서 방으로 가자고 했다. 5사인 내 방으로 넣더니 바로 '통방'을 밀고 한 '청소' 놈을 깨워 내 방에 집어넣고서는 "위급하면 보안과에 보고하라" 하고서 방문을 잠그고 가 버렸다.

나는 온몸이 화끈거리고 쑤셔서 그대로 쓰러져 잤다. 비몽사몽간에 엉덩이가 이상해 잠을 깨어보니 바로 그 '청소' 놈이 계간(鷄姦)을 하고 있었다. 나는 분노가 치밀어 수갑을 찬 양손으로 있는 힘을 다하여 그놈의 대가리를 내리쳤더니, 그놈은 "치질이 있으면서 왜 이러냐?"며 천연덕스럽게 대꾸했다.

나는 너무나 치욕스러워 담당을 불러 사실을 말했더니, 야간담당은 보안과에 연락하여 방 열쇠를 가져와 '청소' 놈을 '청소' 방으로 옮겨

주었다. 원래 교도소 배방 규정에는 두 사람만이 혼거 수용을 못하게 되어 있는데, 백낙기 관구 교사는 내가 죽을까 두려워 만약의 사태에 대비하여 '청소' 놈을 내 방에 넣어 위급하면 보고하라고 했던 모양인데, '청소' 놈이 그 짓을 하여 백낙기를 난처하게 만들어 버렸다.

나는 아침에 본무 담당 김복술이 출근하자, 그 사이의 경위를 말하고 소장면담을 신청했다. 소장면담이 이루어질 때까지 단식을 하겠다고 선언하고, 그 날부터 단식에 돌입했다. 단식에 돌입하니 백낙기 관구 교사가 약을 갖고 와서 상처에 발라 주라고 다른 청소 놈에게 지시하기도 하면서, "술을 먹어 너무 심하게 때렸다"느니, "앞으로 잘 해 줄 테니 소장면담을 취소하고 복식하라"라느니 하면서 달랬다. 나는 그때까지 수차 단식투쟁을 해 봤지만, 관구 교사를 비롯한 보안과 간부가 이렇게 나긋나긋하게 달래는 단식투쟁은 처음 경험하였다.

바로 그들의 약점이 노출되어 공개될까 두려워 나를 회유하고 있다는 것을 나는 알고 있기에 더욱 강경하게 단식을 지속했다. 나는 단식하는 배고픔보다 검푸르게 변한 온몸의 통증을 견딜 수 없어 본무 담당에게 수갑을 풀어 달라고 요구하였다. 본무 담당 김복술은 '통방'으로 징벌 3개월을 받았기 때문에, 담당 마음대로 풀어 줄 수 없다고 대답하여, 그때서야 나는 최기영과의 '통방'으로 징벌만 받게 된 것을 알게 되었다. 최기영은 특별사에서 4사 미지정 일반수 사동으로 전방되었다.

내가 수갑을 풀어 달라고 요구한 것이 보안과에 보고되었다. 곧 백낙기 관구교사가 약을 가지고 나타났다. 그는 말하기를 "수갑을 풀어 줄 테니 소장면담을 취소하고 복식하라"고 권고했다. 이에 나는 죽을 때까지 시정해 놓겠다면 시정해 놓으라고 단호히 거부했더니 그는 이러지 말고 좋은 게 좋지 않으냐며 마음을 고쳐먹으라고 권유했다.

단식한 지 1주일이 경과 되자, 보안과장 면담이라며 호출하기에 면담했다. 보안과장은 여름 죄수복으로 드러난 내 검푸른 사지를 보면서 "직원들이 너무 심하게 했다. 앞으로는 이런 일이 절대 없을 테니 복식하라."하면서 직원에게 수갑을 풀어 주라고 지시했다. 이에 나는 "교도관의 이런 폭행도 문제지만, 교도관이 잡범으로 하여금 계간을 하도록 방조한 것은 도저히 용납할 수 없다. 특별사 정치범들에게 가한 온갖 만행들에 대해, 나는 가족 면회를 통해 변호사 면담을 하여 사회에 폭로하고 고발할 계획이다. 교도소 담 안이라 하여 어떻게 이런 불법이 자행될 수 있느냐?"라며 소장면담을 요구했다.

그러자 그는 소장님은 안 계셔 면담할 수 없고, 자기가 전부 해결할 것이니 자기와 대화하자고 했다. 그래서 나는 "교무과 전담반과 관련된 문제도 있는데 어떻게 보안과장이 해결할 수 있느냐?"고 반문하면서, "소장면담을 해 주지 않으면 죽을 때까지 단식을 강행하겠다." 하고 돌아왔다.

며칠 후, 아버지가 면회 오셨다는 것을 접견물이 들어온 것을 보고 알게 되었지만, 면회는 징벌 중이라 불허되어 그냥 되돌아가셨다. 나는 가족 면회가 불허된 것을 알고 보안과에 항의하였더니 "3650번 이대식은 교도소 내의 문제를 변호사를 통해 사회에 폭로고발 하겠다고 했는데 어떻게 면회를 시켜 줄 수 있나? 3650번은 현재 징벌 중이므로 적법하게 면회를 불허했다. 당국에 대항하면 앞으로도 면회를 불허할 테니 마음을 고쳐먹고 잘 지낼 수 있기를 바란다."라는 답변이 돌아와 나를 격분케 했다. 이리하여 나는 죽을 각오로 단식을 지속했더니 마침내 소장면담이 이루어졌다.

나는 교도소장에게 보안과장과 했던 말을 그대로 했더니, 소장은 "내 직원이 과도한 구타를 해 대신 사과한다. 3650번이 밤에 위급해질지 몰라 만약의 사태에 대비하느라 '청소'를 함께 입방시켜 지켜봐 달라고 한 것인데, 그놈이 그런 짓을 해서 소장이 대신 사과한다. 직원이 '계간'하라고 고의로 '청소' 놈을 혼방시킨 것은 아니니 오해를 풀어 달라. 앞으로 특별사에 대한 처우를 확실히 개선해 줄 테니 두고 보라. 2병사 잡범에 의한 폭행전향은 소장 의지로 한 것이 절대 아니고 불가피한 불상사였다. 내가 소장으로 있는 한, 두 번 다시 그런 불상사는 없다는 것을 보장한다. 나도 멀지 않아 명예퇴직 되는데 이와 같은 소내 불상사가 사회에 노출되어 물의를 일으키면 나는 불명예 퇴직 될 수밖에 없어서 내 인생은 망쳐진다. 이대식씨도 운명으로 받아들이고 외부에 발설하지 않는다면 획기적으로 처우를 개선해 주겠으니 두고 보라. 부디 교도소 치부를 외부에 발설하려는 생각을 거두어 달라. 당장 오늘부터 특별사 처우가 어떻게 개선되는가를 보고 개선되지 않으면 그때 폭로해라. 서로 좋은 게 좋지 않느냐 어떻게 할래?"하여 나는 여러모로 생각한 나머지 소장의 입장도 이해하고 받아들이는 것이 전체 특별사 선생들에게 도움이 되리라 믿어 타협해 버렸다.

그 당시는 박정희 유신정권이 최후의 발악을 하던 시절이라 교도소 담벽 안뿐만 아니라, 교도소 담 밖에서도 불법과 불의가 난무하던 시절이기 때문에, 변호사에게 특별사의 만행을 알려 줘 보았자 사회적 반향을 일으키지 못하고 은폐되거나 묵살되리라 예상했기 때문이었다.

이렇게 하여 나는 '계간'이라는 소장의 약점을 물고 늘어져 특별사 처우 개선 확약과 타협해 버렸다. 어떤 선생은 특별사에 대한 만행을 외부세계에 폭로하지 않고 타협해 버렸다고 비판하는 선생도 있으나 당시 내가 할 수 있는 한계라고 판단되어 타협해 버렸으므로 후세의 평가만 기다린다.

어쨌든 그 후 특별사는 외부 정치적 환경의 영향 탓인지는 몰라도 특별사에 있던 우리들의 처우가 조금씩 개선되어 갔으며, 잡범에 의한 테러도 없어졌다. 이렇게 된 근본적 원인은 서울구치소 최고형을 받은 사상범들을 7·4남북공동성명과 남북조절위원회 성립으로 정치범 석방 및 교환에 대비해 처단시킨 것과 마찬가지로, 이곳 특별사 사상범들을 물리력을 동원하여 강제 전향시킨 것도 남북조절위원회에 대비하여 사전 대응책의 하나로 행했다고 생각한다. 하지만 남북조절위원회가 파탄되어 정치적 흥정의 대상이 될 수 없기에 전향을 서두르지 않았다고 나는 믿고 있다.

이때쯤 나는 6사 19방으로 방을 옮겨서 김선명 선생, 김창원 선생 3인이 혼거하여 생활했다. 김창원 선생으로부터 다음과 같은 노래를 배워 힘과 의지력을 더욱 증강할 수 있게 되었고, 다른 방 선생들에게도 보급해 주기도 했다. 노래 제목은 잊었지만, 내용은 다음과 같다.

두 주먹을 틀어쥐고 싸우던 동지
철창 속에 갇힌 지 몇몇 해던가?

지나온 그 옛날을 회상하면은
거친 파도 험산 준령 넘어왔구나.

사랑하는 동지들아 잊지 말아라.
우리들이 만날 날도 멀지 않았다.
우리의 혁명이 승리하는 날
얼싸안고 춤도 추며 만나자꾸나.

이 노래 가사처럼 우리 특별사 선생들은 온갖 폭압과 폭력 속에서
도 그날을 위해 백절불굴의 정신력으로 극한상황을 견뎌 낼 수 있었
다. 이 노래를 가르쳐 준 김창원 선생은 1934년생으로, 고향 평택에
서 중학교를 졸업했다. 6·25 전쟁 후퇴 시기는 의용군으로 참전하여
달구지를 끌며 후퇴하고 있었는데 갑자기 미군이 트럭을 타고 들이닥
쳤다. 얼른 보따리에서 중학 교복과 모자를 쓰고 변장하여 피난민인
척하여 포로를 면하게 된 일화 등 흥미진진한 전쟁 이야기를 들려 준
선생이었다.

석탄성에서 근무하다가 남조선 해방사업에 동원되었으나, 이곳에
서는 혈육이 아무도 없고 미국에 사는 동생이 이따금 영치금을 넣어
줄 뿐이었다. 그는 1960년대 후반기에 남녘으로 내려와 체포되어 특
별사 대열 내에서는 비교적 최신의 북녘소식을 전해 주었는데, 63명
의 귀환자 일원으로 북녘에 가서 이미 고인이 되었다고 하니 인생의
덧없음을 절감케 한다.

나는 1973년 4월 19일부터 1984년 3월 20일까지의 대전 구 교도

소(대전시 중동1번지 소재) 특별사 삶이 내 인생에서 가장 큰 충격과 영향을 준 시기였다고 생각한다. 그때 함께 기거하던 동지가 무도하게 타살되는 것도 목격했고, 또 헌법에서 배운 대한민국은 정의로운 민주주의 국가라고 배웠는데, 이곳 특별사에서는 파쇼 폭압만이 자행되는 무법천지라는 것을 경험한 반면, 아침 점검 후부터 저녁점검 때까지는 완전히 개방하여 술도 담아 먹을 정도로 자유롭게 내부가 소통하여 선배 대열 선생들의 인생 편력과 경험담을 들으면서 나는 여생을 어떻게 정리하면 좋을까 하는 지혜와 교훈도 터득하면서 이곳이 특별사라는 사실조차 잊게 하기도 한 적이 있기 때문이다.

이렇게 대전교도소 구 교도소 특별사 생활은 지옥과 천당을 오가는 처우를 받으면서 나에게는 소중한 인생 수련 기간이기도 하여 나는 '대전대학'이라 부르고 싶다.

그리고 우리 특별사에서는 1980년 5월 광주항쟁이 있던 것도 모르고 있었는데, 5월 말경 군복으로 갈아입은 교도관들이 완전무장을 하고 5사와 6사 특별사 간의 공간에서 앉아 쏴, 서서 쏴 등의 사격 자세를 취하면서 훈련하는 것을 보고 기괴한 일이라고 치부하면서도 무심히 지나왔다. 그러나 나중에 알고 보니 광주항쟁 때 광주교도소가 민중들에게 탈환되지 않고 방어된 것을 참작하여 특별사가 있는 교도소에서 훈련한 것으로 알게 되었다 그 후부터 1984년 3월 20일 새 교도소로 이전하기 전까지는 우리에 대한 처우가 날로 개선되어 아침점검 후부터 저녁점검 때까지는 특별사 방문을 개방해 주어 자유롭게 소통하고 자유롭게 만나 대화할 수 있게 되었고, 탁구장도 마련해 주어 함께 탁구를 즐길 정도로 특별사는 극과 극을 오가며 선배 대열 선생들의 인생 경험 속에서 삶의 지혜를 발견할 수 있는 수련 장소가 되기도 했기에 나에게는 폭넓은 시야를 제공해 주기도 했다. 이렇게 극과 극을 오가는 극한 삶을 이어 왔던 곳이기에 나에게는 결코 잊혀지지 않는 고난과 수련의 행로였다.

1984년 3월 20일부터 시작된 새 교도소(대전시 대정동 1번지) 특별사 생활은 독거 방에서만 지냈다. 새 교도소가 워낙 컸기 때문이다. 그러한 이유로 나는 내 내면생활에만 치중했을 뿐, 다양한 삶을 살아온 인생 선배들의 삶 속에서는 교훈을 찾을 수 없었다.

구 교도소 특별사는 방 수량이 적어 거의 3인이 혼거하게 되었다. 1951년부터 옥살이를 한 김선명, 김우택 선생들과 혼거하는 동안, 나는 그분들의 인생역정에서 새로운 사실들을 많이 알았고, 엄혹한 상황 속에서 대처해 나가는 지혜를 터득했다. 북에서 내려온 김명수, 조창손, 장병락, 최수일 선생들은 북녘 생활상에 눈 뜨게 해 주었다. 고향이 남녘이어서 자기 고향을 해방시키려 내려온 김석형, 홍경선, 박주섭, 양정호, 김영달, 김익진 선생들의 인생역정을 들으면서도 많은 것을 느꼈다. 당시는 전담반에서 전향 공작을 위해 한 달에 한 번꼴로 방을 옮겨 다양한 행로를 걸어온 선생들과 같은 방에서 삶을 함께할 수 있었기 때문이다. 그뿐만 아니라 이때 전무후무할 테러에 의한 전향 공작과 삶과 죽음의 막다른 길목에서 맞닥뜨린 체험이 오늘의 나를 만들었기 때문이다. 나는 이 많은 선배 선생들의 인생역정 중에 박주섭의 경우만은 여기서 소개하고자 한다.

박주섭은 1930년생으로 충북 괴산 출신인데, 충주농고를 나와 6·25 전쟁 시기 의용군에 입대 후 제대하고, 남조선 출신이라는 특별

배려에 의해 김일성대학 역사학부를 졸업했다. 그 후 남조선 혁명사업에 동원되었다가, 1960년대 후반 체포되어 특별사 대열에 참가한 사람인데, 김일성대학 역사학부를 나왔기에 좀 잘난 체하고 경박한 면도 있는 사람이었다.

그는 전향 공작전담반의 테러에 의한 전향 공작 이후인 1977년경에 특별사 대열 선생들이 자기 신변 보존에만 급급하고 투쟁 정신을 잃어버렸다고 비판하고, 특별사 대열 내의 혁명 정신을 앙양하기 위해 핵심투쟁조직을 꾸려야 한다면서 <해바라기>란 비밀조직을 몇 사람끼리 비밀리에 만들었다. 그 해바라기 조직 성원은 주로 60년대에 북녘에서 내려와 체포된 젊은 사람들로 구성되었다. 아무리 비밀 결사체라 한들 대열 내에 소문이 퍼질 수밖에 없었고, 이로 인해 찬반 논쟁이 벌어졌다.

1950년대부터 장구한 옥살이를 한 늙은 투사들은 대열이 있는데도 그 위에 또 핵심조직을 꾸린다는 것은 분열을 조장하는 분파 행동이라고 비판하였다. 또 대열 성원은 누구나 동등하게 의사표시를 해야 되는데 누구는 핵심이고 누구는 핵심이 아니라고 차별하는 것은 용납 못 할 종파 행동이라비판했다. 그래서 <해바라기>는 사라져 버렸다.

이렇게 박주섭은 대열 내에서 자기만이 가장 충직하고도 강직한 공산주의자라고 하면서 개인의 영웅주의적 처신을 하여 경원시 당했다. 그는 대전의 모 치과의사(대전교도소 교화위원)와 자주 접촉하더니 그만 전향서를 쓰고 대열을 떠나가 현재까지 우리와 소식을 끊고 있다.

우리 대열의 선생들은 가장 견결(堅決)한 공산주의자라고 자처했던 박주섭이 하루아침에 전향하고 떠나 버리니 "차돌에 바람 들면 버스럭 돌만 못하다."라고 하면서 어이없어 했다. 한때는 우리 대열의 투쟁 작풍에 불만을 품고 강경 투쟁노선을 지향했던 <해바라기>를 만들어 대열의 분파를 조성했던 모험주의 강경론자가 이렇게 갑자기 대열을 떠나버리니, "극과 극은 통한다."라는 격언이 새삼스럽게 상기되었다. 박주섭은 그 후 석방되고 나서도 그 치과의사의 보호 아래 대전에 살고 있으면서도 우리와 인간적 관계를 완전히 단절하여 지금쯤 생사도 확인할 길이 없다.

2. 특별사에서의 처우

나는 우선 특별사 수용자들에 대한 처우 문제를 말하기 전에, 인간의 외부 환경에 대한 무한한 적응 능력에 대해 새삼 감탄하며, 인간은 만물의 영장이라 절감하지 않을 수 없게 된다. 인간 이외의 어떤 동물이라도 이렇게 밀폐된 좁은 공간에서는 연명할 수 없어 죽고 말았을 텐데, 인간만은 갑작스럽게 변화된 열악한 환경에서도 10년 아니, 최장 45년간 죽지 않고 살 수 있었다는 것은 인간에게는 다른 동물과는 달리 지능과 의지력이 있어서 '최악의 환경에서도 적응할 수 있는 능력이 있구나' 하는 것을 새삼 절감하게 되었다.

나는 옛날 책에서 <로빈슨 크루소> 이야기와 히틀러 치하 때의 유대인 이야기, <빠삐용> 이야기 등을 읽어 보았지만, 내가 이렇게 0.72평 공간에 밀폐되어 하늘도 쳐다보지 못하고 하등 동물처럼 살아서 견뎌야 할 줄은 상상도 못했다.

구 대전교도소 특별사 7(5)사는 방이 25개이고, 방 크기는 0.75평으로 8(6)사보다는 조금 방이 크지만, 이승만 정권 때 건축한 콘크리트 단층 건물이다. 겨울에는 벽에 성에가 낄 정도로 더 춥고, 여름에는 얇은 콘크리트 지붕이 달아올라 40도까지 실내 온도가 오르내릴 정도로 더웠다. 8사는 0.72평의 크기지만 일제 강점기에 지은 두터운 목조 건물이라 7사보다 살기 좋은 건물이었고 방은 40개나 되었다. 각 방에는 재래식 변기통이 있어 처음에는 냄새가 고약했지만 숙련되면 코가 느끼지 못할 정도로 냄새를 잊게 된다.

이러한 특별사의 생활에서 처우도 전향 문제와 직결되어 있어서 처우개선을 요구하면 "전향하면 개선해 주겠다."고 대답할 만큼 전향 문제와 연계시켜 놓았다. 이를테면, 인간이 견딜 수 있는 최저의 환경을 조성해 놓고, 여기를 빠져나가려면 사상전향을 하라고 강요하던 곳이 특별사였다. 이런 치졸한 전향방법조차 먹혀들지 않자 1973년 8월부터는 깡패 폭력전과자를 2병사에 넣어 테러에 의한 전향을 강요함으로써 폭력에 견디지 못하고 죽기도 하고, 병신이 되기도 하여, 전향을 기도해야 하는 선생들이 부지기수일 정도로 특별사는 생지옥으로 변모되었다.

이곳 생활 중에 가장 힘들었던 것 가운데 하나는 배고픔이었다. 배고픔을 당해 보지 않은 사람은 이 고통을 이해할 수 없다.

오늘의 젊은이들은 왠 뚱딴지같은 소리를 하냐면서 이해할 수 없겠지만 우리의 조상들은 춘궁기에는 초근목피로 연명했는데 이곳 특별사에는 초근목피도 구할수 없어 허기진 배를 물로 채우곤 하며 연명할 수밖에 없었다.

교도소 당국은 말로는 4등식을 공급했다지만, 실제로는 정량의 절반밖에 안 되었다. 대나무 젓가락으로 4번 입에 떠 넣으면 없어질 정도로 양이 적었다. 주식과 부식을 개선해 달라고 단식투쟁한 사례가 여러 단식투쟁 이유 중에 가장 많았다.

얼마나 배가 고팠으면 조창손 선생은 마루 밑의 쥐를 잡아 껍질만 벗겨 익히지도 않고 그대로 먹기도 했다. 쥐를 잡아먹는 방법은 다음과 같다. 8사 바닥은 두꺼운 나무판자로 깔아 놓은 마룻바닥으로 되어 있고 이 마룻바닥 밑에는 쥐가 우글거리고 있었다. 이 마룻바닥에는 옹이가 있고 옹이가 있는 곳은 구멍이 뚫려 있는 곳이 있는데, 이 옹이구멍으로 철사 낚싯줄을 내려뜨려 쥐를 잡아 올렸다.

철사 낚시를 만드는 방법은 또 이렇다. 변기통 위의 조그만 창틀은 철망으로 되어 있는데, 이 철망을 한 가닥 뜯어서 콘크리트바닥에 며칠간 갈아 만드는 것이다.

조창손 선생은 북녘에 있을 때는 씨름선수로서 몸이 듬직했다. 안내원으로 대남사업에 동원된 사람이었다. 그는 이곳에서 주는 밥으로는 견딜 수 없었다. 배고픔을 참지 못하여 물에 소금을 타서 소금물을 먹기도 했는데, 위장병이 생겨 더욱 고생해야만 했다.

특별사 처우 중에 특기할 또 하나는 운동 문제다. 7사에는 '독거(獨居) 운동장'이 두 개 있는데, '독거 운동장'은 사방 약 5m의 담으로 둘러싸인 곳이다. 이곳에서는 1개 방마다 하루 5분씩 운동하고 있었다. 8사에는 이런 운동장이 8개 있어서, 5개 방이 한 운동장에서 운동하게 되어 있었다. 운동 담당이 배치될 때만 5분씩 운동을 해야 했으니, 운동이라기보다는 하늘을 바라보며 바깥 공기를 숨 쉬러 나왔다 들어가는 정도에 불과했다. 이런 운동시간에도 절대 다른 방과 '통 방(?)' 하면 안 되므로, 사동 전체가 절간처럼 고요했다. 이런 참혹한 운동 조건이다 보니 운동시간을 연장해 달라고 단식투쟁하여 30분으로 연장되거나, 1시간, 두 시간으로 연장된 때도 있었다.

1981~1984년에 새로운 교도소로 이사 가기 전까지는 아침 점검 후부터 저녁 점검 전까지 완전히 개방하여 특별사 울타리 내에서는 자유롭게 활동한 적도 있었다. 특별사에 수용된 미전향자들에 대한 처우는 고무줄 처우였다. 정권의 성격과 방향에 따라 교도소 소장의 재량권이 늘어나기도 하고 줄어들기도 했기 때문에 행형법은 사실상 유명무실한 법에 불과했다. 따라서 나는 당국이 자의적으로 개선할 수도 있고 악화시킬 수도 있다는 것을 알았다.

이 기간에는 탁구대도 설치해 주어서 탁구도 마음대로 칠 수 있었고 토론도 할 수 있었다. 다른 방에 들어가서 비밀협의도 할 수 있을 정도로 개방해 주기도 했다. 이 기간에는 일반수들이 특별사 경내에 들어와 제초 및 청소하면서 우리를 목격하고 특별사는 특별대우를 받는 '감옥 아닌 감옥'이라 선망하기도 했다.

이처럼 소장의 재량에 따라 특별사 수용자들에 대한 처우 문제는 고무줄처럼 자의적으로 처리되었다. 그러나 1984년 3월 20일 대정동 신(新) 교도소로 이사 된 날부터는 독방에 철저히 감금당했다.

운동시간도 30분으로 줄여서 다시 단식투쟁을 일으켰다. 투쟁한 결과 운동시간은 2시간으로 늘렸지만, 구 교도소에서와 같은 처우는 받을 수 없었다. 알고 보니 대구, 광주, 전주교도소의 특별사 선생들을 모두 대전으로 집결시켜 특별사의 기율을 확실히 잡아 두려는 의

도였다.

그렇지 않아도 대정동 신 교도소는 건물구조가 보안이 편리한 구조여서, 재소자에게는 구(舊) 교도소보다 살기 힘든 곳이었으며, 특히 14사 상, 중, 하 징벌방이 그러했다. 나는 1984년 3월 20일 신 교도소 18사 하층 5방에 배치되어 들어가 보니, 우선 수세식 변기가 눈에 들어와 지긋지긋했던 '뻥기통'(일어의 변기통)냄새가 없었다. 방마다 수도가 연결되어 있었고, 방은 마룻바닥이 아니라 비닐을 깐 보통 방인데, 크기가 구 교도소 특별사보다 좀 크게 보였다.

그러나 방에서 담당의 동태를 감시하기 힘든 구조였고, 방문과 배식구 뒷창문이 모두 철제로 되어 있어서 겨울에는 더 추울 것 같았다.

지금 생각해 보더라도 나는 교도소 수형 생활하면 떠오르는 곳이 대전교도소 구교도소이다. 왜냐하면, 나는 이곳에서 극과 극의 처절한 인생역정을 겪었기 때문이다. 대전 중촌동 1번지 대전 구 교도소에서 나는 죽음을 앞둔 극한상황에 부닥치기도 했고, 사회에서는 상상도 못 할 호사한 감옥 생활을 맛보기도 했기 때문이다.

이러한 극과 극의 처우 조건도 "전향공작상"불가피한 조치라고 변명해 버리면 감히 누구도 이의를 제기하지 못할 정도로 전향공작은 최우선순위를 차지한다. 교정 당국이 이렇게 전향문제에 예민하므로 특별사에 갇힌 우리도 예민하게 반응하기 마련이다. 평소에는 적막강산이었던 특별사에 어느 방문 따는 소리가 철그덕 하고 들리면 누가 호출되어 나가는가? 나머지 사람들은 거울(?)로 확인하고, 왜 호출될까를 상상해 보고, 전체 대열과 통신을 하게 된다.

교무과 전향공작반의 호출인지 보안과의 호출인지 또는 가족 면회인지 거동으로 짐작하기도 하지만 어쨌든 특별사 사방 열기는 드문 일이기에 모두 호기심으로 지켜보고 있다. 그러다가 연출된 선생이 돌아오면 즉시 타전으로 누가 왜 자기를 호출했는가를 대열에 알려준다. 전향공작반 교회사와의 면담이라면 면담내용을 전부 대열에 알려주고, 보안과 호출이라면 무슨 위반사항으로 연출되었으며, 어떻게 대비하면 좋겠는지 대열과 협의한다. 그리고 가족 면회라면 가족들의 안부를 말해 주고 교회사가 면회 온 가족으로 하여금 어떻게 전향을 강요하는지 수법을 전체 대열에 알려준다.

그런데 북에서 공작원을 안내해 주는 임무만 수행하다가 불의의 사고로 체포된 남녘에는 전혀 연고가 없는 안내원 출신 선생들은 전향을 완강히 거부하면 교회사들도 아예 전향 공작을 포기하고 연출하여 면담할 의지조차 없어서 거의 문밖을 나갈 경우가 드물었다. 그러나 남녘에 이런저런 연고가 있는 선생들은 어떻게든 전향을 시켜 보려고 온갖 수단을 동원하여 전향 공작대상이 되어 연출이 잦게 된다.

따라서 나처럼 남녘에 부모 형제 가족이 있고, 투철한 공산주의사상을 갖지 못했으리라 추측되면 전향 공작 1호 대상이 되어 전향 공작전담반에 자주 연출되어 사상 동향도 살피면서 전향대책을 강구하게 되지만, 나 역시도 전담반에 연출되어 보고 듣고 느낀바를 소상히 대열 선생들에게 통신으로 알려 전담반의 전향 공작에 어떻게 대응하는 것이 좋겠는지 여러 선생의 지혜를 모아 대응책을 강구 하게 된다. 다시 말하면 전담반과 우리 대열 선생들 간의 머리싸움이 치열하게 전개되는데, 각 개인의 사정에 따라 승리할 때도 있지만 패배하여 동지를 잃게 되는 경우도 있다.

따라서 당국도 대열 내의 비밀통신을 엄격히 통제하고 있지만 대열 선생들은 발각되지 않고 비밀통신을 지속할 수 있는 대책도 수립해 놓아 한 번도 통신이 노출된 적이 없었다.

3. 단식투쟁

특별사의 생활에서는 단식투쟁이 필연적으로 수반된다. 아무 힘없는 재소자, 특히 특별사 재소자에게는 보통 인간으로서는 감내하기 힘든 가장 열악한 처우를 받고 있었기에 그들의 응당한 요구사항을 관철할 방법이 단식투쟁밖에 없었다. 또 극한상황에서 생을 포기하는 방법이 단식밖에 없었기 때문이었다.

그래서 나도 대전교도소 아니, '대전 대학(?)'에서 인생 수련을 하는 동안 수많은 단식투쟁을 했다. 나는 이러한 사실을 나의 "좌익재소자 사상 동향 카드"와 "요시찰인 카드(Ⅲ급 비밀)"를 지금 읽어 보면서 알 수 있게 되었다. 물론 이 좌익재소자 사상 동향 카드와 비밀 해제된 요시찰인 카드는 본인의 개인정보 공개 청구신청을 통하여 법원으로부터 허가받아 취득하게 되었다. 이 자료 등을 근거로 대전교도소 특별사의 참상을 기술하고 있는데, 단식투쟁은 개별적으로는 거의 하지 않았고, 집단으로(7사 8사 포함) 할 때가 많았다. 집단으로 단식투쟁할 때는 위급한 환자들을 제외하고 전체 대열이 참가할 때가 대부분이었다. 이렇게 전체 대열 선생들이 참가해야 교정 당국이 신속히 반응하기 때문이었다.

우리 대열이 단식투쟁을 조직하기 위해서는 우선 "감방"에서 제기된 문제를 해결하기 위해 단식투쟁을 할 것인지를 각 방에 의견을 물어 절대다수의 동의를 득할 때만 단식투쟁을 조직 결행하게 된다. 단식을 결행하기 전에 각 방은 사전 준비를 철저히 하라고 통지하고 소장 등 당국을 면회할 사람을 미리 정해 놓는다. 투쟁의 선두에 나설 사람도 젊고, 가족과 연계가 있는 사람으로 미리 선정해 두고, 모든 탄압에 대비해 놓고 단식에 돌입한다.

투쟁에 돌입하기 전에 철저히 사전 준비를 하고 투쟁에 돌입하며, 투쟁목적을 쟁취했을 경우와 실패했을 경우의 대책을 마련하고 조직적으로 투쟁한다. 따라서 나는 투쟁의 선두에 나설 조건에 적합하게 되어 선두에 나설 수밖에 없는 경우가 종종 있었다. 투쟁의 선두에 서면 당국의 탄압 대상 1번이 되어 희생될 때가 많았다.

감방에서 이렇게 투쟁조직을 할 수밖에 없는 이유는 당국의 과장급 이상의 면담에서 논리에 밀리지 않고, 당국을 설복시켜야 하기 때문이다. 또 탄압에 대처하기 위해서는 북에서 온 무연고 재소자는 죽여도 항의할 가족이 없어 함부로 다룰 수도 있지만, 연고가 있는 재소자는 함부로 다루지 못할 것 같기 때문이었다.

그리고 "감방"은 대열 사정을 잘 아는 방이 담당하며, 3개월마다 교체되기 때문에 어떤 조직보다 민주적으로 운영되었다. 특히 단식투쟁은 한 방이라도 반대하면 결행하지 못했다. 이런 대열이 되기 위해서는 각 방과 통신이 보장되어야 하는데, 우리는 특수한 방법으로 타전하여 통신이 보장되었다. 당국이 아무리 '통방'을 못하게 단속해도, 우리 대열은 안전하게 통신할 수 있는 수단이 있었다.

옆방에서 특수한 장비로 '사방(舍房)' 복도를 감시하여, 담당과 '청소' 놈의 동태를 감시하다가, 가까이 오면 위험신호를 보내주어 절대 통신 중에 발각이 되지 않았다.

이 감시 장비가 거창한 것이 아니고 손톱 크기의 유리 조각이라는 점만 말해 둔다. 나는 대전교도소에서 이런 단식투쟁을 수십 번 했지만, 뜻을 쟁취할 때도 있었고 실패할 때도 많았다. 쟁취할 때도 100%로 완전한 만족을 얻을 때는 드물었고 일부만 개선될 때가 많았다. 실패할 때는 징벌방(먹방)에 끌려가 대포 수정을 차고 개밥을 먹을 때도 있었고, 코를 쥐고 입이 열리면 호스를 입으로 집어넣어 소금물을 위 속에 부어 넣는 고통을 당하기도 하였다.

소금물을 집어넣으면 위가 쓰려 단식을 그만두고 복식을 하지 않을 수 없게 했다. 이렇게 잔인한 방법으로 복식을 하게 하여 특별사에서는 죽으려 해도 죽을 수 없게 만들었으며, 웬만한 각오가 아니면 단식투쟁의 앞장에 설 수 없게 했다. 특별사의 집체적 단식투쟁이 있을 때마다 교정 당국은 투쟁을 선도하는 젊은 사람들 몇 사람을 본보기로 징벌방에 데려가 강제급식을 시켜 복식을 하게 했다. 이렇게 되면 나이 많고 병고에 시달리는 선생들은 어쩔 수 없이 복식을 따를 도리밖에 없다는 것을 당국은 잘 알기 때문이다.

나는 이들 단식투쟁 중에 잊히지 않는 투쟁이 두 번 있었다. 첫 번째는 1975년경 처우 개선 투쟁을 할 때였다. 투쟁 내용은 주부식 정량 공급, 운동시간 연장 및 우천 시 운동과 공휴일 운동의 요구, 폭력에 의한 전향 반대였다. 그때 나는 4사 먹방에 끌려가서 방성구(防聲具)를 채우고 복식을 강요받았으나, 복식을 거부한다고 코를 양 손가락으로 쥐어 숨을 막으면 숨을 쉬기 위해 입이 저절로 벌어지게 되는데, 그때 고무호스로 소금물을 위와 폐 속에 집어넣는 잔혹한 고문을 당할 때이다. 두 번째는 1984년 새 교도소를 신축하여 대구, 광주, 전주 특별사에 있던 선생들을 옮기기 직전에 특별사 처우의 열악함 때문에 단식투쟁을 할 때였다.

첫 번째 단식투쟁 때(1975년)는 내가 전향을 거부했다는 구실로 '계간'을 당하게 만들었을 때다. 소장면담 후에 특별사 처우 개선을 약속받은 지 얼마 지나지 않은 때라서, 나는 소장이 재소자와의 약속을 지키지 않았다고 강력항의하며 소장면담을 요구하며 단식투쟁을 했었다. 관구 부장은 나를 4사 징벌방에 넣고 복식을 하면 특별사 처우를 개선해 주겠으니 복식 하라고 했다. 그러자 나는 "지난여름에도 소장이 특별사 재소자들의 처우를 개선해 주겠다고 약속하여 '계간' 방조를 한 교도소 당국을 사회에 고발하지 않았는데, 이번에는 가족 면회 때 폭로하여 변호사를 면회 오게 하겠다."고 했다. 그러면서 "소장도 약속을 지키지 않는데 하물며 관구부장 약속을 어떻게 믿겠냐?"며 복식을 거부했더니, 그는 담당들을 동원하여 강제급식을 시켰다.

강제급식을 당한 후 관구 부장이 죽을 가져다주면서 말하기를 "특별사 사람들 모두 복식을 하고 있으니, 처우 개선을 할 것이다. 어느 정도 기운을 차리면 특별사로 가자."라고 했다. 이에 나는 "어떻게 처우 개선해 주겠느냐?"고 물었더니 그는 "주부식을 개선하기 위하여 취사장에서 특별사 주부식은 특별히 관심을 가지고 배식하기로 했으며, 일요일을 제외하고 공휴일 운동을 시켜주기로 했고, 폭우가 쏟아지지 않는 한 운동 간수를 배치해 주기로 했으며 운동시간도 30분으로 연장해 주기로 했다."라고 했다. 그리고 도서 열독 허가도 일반사동과 같이 허가해 주겠다고 했고, 우리에게 가장 절박했던 폭력에 의한 전향은 절대 시키지 않겠다고 했다.

이렇게 특별사에 대한 처우가 완화된 시기에도 양회선 선생에게 일본에 있는 가족이 심장약과 『일본 정치사상사』(?)라는 책을 보내왔으나 차입을 불허시키고 말았다. 이에 양회선 선생은 소장이 또 약속을 안 지키고 입발림만 했다고 부글부글 끓고 있었는데, 소장은 그것도 모르고 특별사에 대한 처우를 자기가 개선해 주었다고 공치사를 듣고 싶었는지 특별사 순시를 오게 되었다.

소장은 각 방의 시찰구를 열어 보며 "이제는 특별사 처우가 많이 개선되었는데 생활하기 어떠하냐?"하면서, 양회선 선생의 방을 들여다보고 있을 때, 양회선 선생은 뺑끼통(변기통)에서 퍼 온 오물을 소장에게 뿌리면서 "처우 개선을 해 주겠다고 해놓고, 왜 거짓말만 하는가?"하고 소리 지르니 소장은 얼른 도망가 버렸다. 평소 같으면 재소자가 소장에게 오물을 뿌리면 당장 징벌방에 처넣고 고문을 했을 텐데, 소장은 약속을 제대로 못 지켜 또 특별사에서 단식투쟁을 할까 두려워 불문에 부쳤다. 이런 일이 있고 난 다음에 특별사 처우는 하나하나 개선되어 갔다.

특히 기억에 남는 두 번째 단식은 1984년 신 교도소로 이사 간 직후에 일어났는데, 특별사(18사 하, 중층) 처우가 구 교도소보다 훨씬 열악해진 상황이었다. 구 교도소에서는 아침점검 후부터 저녁점검 때까지는 개방해 놓고 살았는데, 신 교도소에 와 보니 건물구조 자체가 보안에 철저했고 3인 혼거를 시키지 않을 정도로 독거방이 많아 대열 선생 모두 독거 방에 갇혀 있어야 했다. 아무리 처우 개선을 해 달라 해도 꿈쩍도 않았다.

그 후 배웅찬 소장이 재부임 해 왔는데, 그는 대구 출신으로 특별사 사람들과는 화해될 수 없는 앙숙 관계였다. 그는 특별사가 처우 개선을 위한 단식투쟁을 하게 되자, 투쟁을 주도한 젊은 사람들을 모조리 14하 징벌방에 가두고 대포수정을 채워 기절시키기도 했으며, 소금물로 강제 급식시켜 오장육부를 병들게 했다. 그는 특별사 사람들을 보복응징의 대상으로만 여겼을 뿐, 인도주의적 처우나 교화의 대상으로는 상상도 안했다.

그리하여 서로가 증오심과 원한으로 가득 차서 강제급식 당하고도 고통을 감내하며 복식을 거부했다. 이렇게 강제급식을 연속해서 반복해야 하는 상황에서 교도관들도 지치고 맥이 빠져 배웅찬을 원망하기도 했다. 이런 극한적인 투쟁을 하다 보니 대구에서 서승, 최하종, 김동기 등의 선생들도 이감 와서 단식에 합세하게 되었다.

결국 대구, 광주, 전주 특별사 선생들이 전부 집결되었음을 알게 되었다. 운동시간도 두 시간으로 연장되었고, 층마다 각 방이 함께 운동할 수 있게 되었다. 그러나 이와 같은 투쟁과정에서 배웅찬 소장의 우리 특별사에 대한 증오감과 보복심은 그칠 줄 몰랐다. 결국 1985년 10월 24일 점잖은 이용훈 선생께서 더러운 세상을 포기하고 자결하게 만들었다. 잇달아 1985년 12월 5일 연세가 많으신 황필구 선생께서도 한 많은 세상을 하직하고 이용훈 선생을 뒤따라 가셨다.

4. 가족면회

가족 면회는 직계가족에 한해 1달에 한 번 허용되었는데, 대부분의 선생은 한 달에 한 번 면회 오는 가족이 없었다. 다만 양회선 선생 누님만이 1달에 1번씩 면회했고, 매주 교도소에 와서 접견물만 많이 넣고 가는 연고로 전체 대열 선생들과 나누어 먹을 수 있기도 했다. 그 누님은 "1주일에 한 번씩이라도 교도소 담을 쳐다보고 가야지, 그렇지 않으면 잠을 잘 수 없다"라고 할 정도였다. 그 누님은 양회선 개인의 누님만이 아니고 대열 전체의 누님이라 불릴 정도로 특별사에 정성을 쏟은 분이셨다.

원래 특별사에서는 접견 물, 구매물 등 모든 물품은 이웃 방과 나누어 먹지 못하도록 금지했는데, 담당과 '청소'에게 사례를 하면 담당이 못 본 척 묵인해 주어서 '청소'가 전체 방에 균등하게 나누어 주었다. 그러나 악질담당을 만나면 이것도 못하게 할 때도 있었고, 상황에 따라 달랐다.

그리고 특별사에는 남녘에 가족이 있는 사람, 가족면회를 오거나 영치금을 보내오는 사람, 혈혈단신인 사람, 병마에 시달리는 사람 등 형편에 따라 경제적 능력이 달라 "감방"에서는 매월 원조를 조직하여 배고픔과 병고에 대처하게 했다. 이 '원조물'을 날라주는 것이 바로 사방 '청소' 잡범밖에 할 수 없는 구조다.

이 '청소'에게 적당한 운반비(?)를 주어야 심부름을 해 주는데, 어떨 때는 담당 몰래 해야 할 때도 있고, 어떨 때는 담당에게 상납하여 묵인 받고 할 때도 있다. "감방"에서는 매월 대열에서 원조를 받아야 할 방, 자체 해결할 수 있는 방, 원조할 수 있는 방으로 구분하였다. 의약품과 식품 등을 골고루 나누어 먹을 수 있도록 경제원조 조직을 하는데, 나는 가족과 연계가 되기에 매월 원조하는 방으로 분류되어 소액으로나마 원조에 참가했다. 원조품을 날라 줄 사방 '청소'와 운반비(?)때문에 냉전을 할 때가 많았다. 특히 간악한 이돈웅 '청소' 놈과는 많은 냉전을 했고, 열전도 했다.

이놈은 테러 전향 시기에 운반비를 100% 요구하기도 했다. 가령 내가 5개 방에 빵 10개씩을 원조하려고 한다면, 이놈에게도 빵 50개를 주어야 운반해 주겠다고 했었다. 이런 놈이었기에 대열에서는 누구나 이놈을 혐오했지만 어쩔 방법이 없었다. 그런데 이놈의 버릇을 고치려고 나는 이렇게도 저렇게도 시도해 보았지만 결국 실패하고 말았다.

아버지가 접견 오셔서 꽤 많은 접견물을 넣고 가셨는데, 내 방에 먹을 것이 쌓여 있는 것을 보고 이놈이 내 방 앞에 와서 아양을 떨며 "왜 다른 방과 나누어 먹지 않느냐?"고 하기에, "나는 너의 운반비가 너무 비싸 지금부터는 나 혼자 먹기로 했다"라고 시치미를 떼고 말했다. 그러자 이놈은 "정말 그럴 수 있냐?"고 하기에, 나는 "두고 보라"고 했더니 그냥 가 버렸다.

나는 며칠이 지나도 그대로 있자 이놈은 다시 내 방 앞에 나타나 "가족 없는 다른 방들은 굶고 있는데, 어떻게 뻔뻔스럽게 혼자 다 먹고 있느냐? 나 같으면 불쌍한 무연고 노인들과 나누어 먹겠다."라고 하기에, 나는 "너 정말 그런 생각이냐?"고 물었다. 그랬더니 그는 "나도 함경도에서 피난 와서 온갖 설움을 다 맛보았는데, 왜 불쌍한 사람들 심경을 모르겠느냐?"고 하였다. 나는 "그렇다면 너는 왜 여기 갇혀 있는 선생들에게 온갖 못된 짓을 했으면서도, 운반비를 100%씩 받아 수탈하느냐?"고 물었다. 그러자 그는 "담당에게도 상납해야 되고 나도 먹어야 되니, 그렇게 받은 때도 있었으나 앞으로는 3650번에게는 화끈하게 안 받고도 심부름해 주겠으니 인간적으로 서로 돕고 잘 지내자."라고 하였다. 나는 이놈을 내편으로 끌어드리려고 "고맙다. 너 마음이 정말 그렇다면, 나도 힘자라는 한 너를 도와주겠다."하고 "접견물을 각 방에 나누어 주라" 했더니, 그는 잘 운반(?)해 주었다는 것이 우리 내부통신으로 확인되었다.

나는 이돈웅에게 고마워서 내 영치금 카드를 주면서, "너 필요한 것을 사서 쓰라"고 했더니, 그는 운동화를 구매했다면서 고마워했다. 이렇게 나는 그를 포섭했다고 믿고, 그 후에도 내 영치금 카드를 주면서 "필요한 것 사 쓰라"고하면서 심부름을 시켰는데, 나중에 확인해 보니 이놈은 원조받는 방 선생에게 이르기를 나에게는 심부름 값(운반비)을 못 받았으니 조금씩만 달라고 해서 주었다는 타전이 왔다. 결국, 이놈이 나를 속이고 운반비를 이중으로 수탈해 갔다는 것을 알고 나는 그를 추궁했다. 그러자 그는 "미안하다. 나도 가족 없는 불쌍한 사람이어서 바깥에 나가 살 준비를 했다. 나이 40을 바라보는데 장가도 못가고 폭력 전과만 쌓여 9범이 되어버렸다."라고 고백했다.

그리하여 나는 그에게 "앞으로는 운반비를 누구에게도 20% 이하로 받아야지, 그렇지 않으면 소장면회 때 가서 네가 담당과 결탁하여 운반비 폭리를 취했다고 폭로하겠다."라고 했더니, 그는 "제발 높은 사람 면담 때 말하지 말라"고 요청했다. 그래서 나는 "그렇게 하겠다."

라고 대답하여 운반비를 낮추게 되었다. 이 운반비 역시 우리 특별사에 대한 처우가 긴장될 때는 비싸지고, 완화될 때는 싸질 수밖에 없어서 이것도 전향 공작문제와 연계되어 있었다. 전향만 하면 모든 것이 해결된다는 것이다. 그리고 전향 공작전담반에서도 가족 면회를 전향을 위한 기회와 수단으로 이용했다.

전담반 교회사(矯悔士)들은 그들이 전향을 아무리 권고해도 듣지 않으므로 가족으로 하여금 전향을 권고하도록 설득 또는 강제한다. 교회사는 내 가족에게 나 때문에 내 "가족이 생계를 이어 가는데 분명 지장이 있지 않느냐? 동생들이 서울대 기계공학과를 졸업해도 취직을 좋은데 할 수 없고 또 미국대학원 박사과정에 입학허가를 받아 놓고서도 출국허가조차 받지 못하는 이유는 내가 전향을 거부하고 있기 때문이란 것을 알지 않느냐? 왜 집안 전체가 희생되려 하느냐?"고 협박 회유한다. 부모님들은 면회 때나 편지로 연좌제 때문에 정보기관에서 전향을 거부하는 나로 인하여 "왜 식구전체가 희생당하게 하려 하느냐"고 전화가 오곤 하는데, 가족을 위해 전향을 해 달라고 강요하곤 했다.

내 담당 교회사는 면회 때마다, 전담반 상담실에서 입회하며 특별 면회를 시켜 주면서 나를 압박하여 나는 가족 면회 자체가 너무나 괴로웠다. 오랜만에 만나는 부모님이기에 당연히 보고 싶고 안부를 나누는 사적 시간이었다면 반갑고 귀중한 시간이 안 될 수 없겠지만, 옆에 앉아 있는 교회사와 면회 입회 담당이 면회 온 가족을 회유하고 압박하여 어떻게든 전향시키려는 기회로 이용해 왔기 때문이다.

오히려 부모님이 면회 안 왔으면 더 마음이 편하니, 면회 오시지 마라고 간청했으나, 부모 입장에서는 그래도 아들 안위가 걱정되어 1년에 두세 번 교대로 면회 왔다. 면회 때마다 진심으로 전향을 권고하시는 부모님이 원망스러울 정도로 면회시간이 나에게는 괴로운 시간이었다. 차라리 북에서 온 사고무친의 선생들이 부러울 만큼 당시의 나에게는 부모님 면회시간이 견디기 힘든 시간이었다. 그뿐만 아니라 아버지, 어머니 편지가 올 때마다 나 때문에 동생이 미국 대학원에 입학허가를 받아 놓고 있지만, 여권이 발급되지 않아 못 가고 있으니 제발 전향해 달라고 애원할 때는 정말 죽고 싶은 생각밖에 없었다. 테러에 의해 선생들이 사망하기도 하고 강제 전향하기도 한 시기라서 내가 지금 전향하면 불의에 굴복하여 너무 비굴할 것 같았기 때문이기도 하고, 한편으로는 부모님의 간절한 소망을 뿌리쳐야 했던 고통 때문이었다.

이런 처지에 몰리자 나는 교회사의 만류에도 불구하고 어머니 앞에 다음과 같이 항변했다. "이곳 특별사에서는 폭력전과자를 이용한 테러에 의한 전향을 강요하여 많은 사람이 죽어 나갔으며, 나 역시 '계간'을 당하기도 했고, 폭행당하여 기절하기도 했는데, 부모님이 진정 이렇게 전향을 강요하면 나는 불의와 야합할 수는 없어 죽는 길밖에 없다"고 했다. 그러자 그때서야 어머니는 울면서 "그런 사정도 모르고 교회사가 시키는 대로 했다" 하시며 너 마음대로 결정하라고 전향 문제에 대해서 손을 떼었다.

그 후부터는 전담반에서 특별면회도 시키지 않아 일반면회실에서 5분 면회시간이 허용되었다. 어머니는 "아들이 죽지 않았는지 얼굴 한번 보려고 새벽에 집을 나섰는데, 어떻게 손 한번 만져 볼 수 없는

가? 왜 전에는 몇 시간 면회시켜 주다가 갑자기 이렇게 유리창에 가려 얼굴도 잘 못 보게 하는가? 내가 무슨 잘못을 했다고 이런 대우를 받아야 하나?"고 항의하면서 면회실을 떠나지 않아 다음부터는 특별면회를 해 주겠다는 약속을 받고 떠났다 했다.

그런 일이 있고 나서 또다시 전담반에서 특별면회를 했지만, 어머니는 전향을 강요하지 않고 빨리 석방될 수 있는 방법만 생각해 달라고 당부할 뿐이었고, 교회사에게 너무 시달리는지 주로 어머니만 면회 오고 동생들은 아예 발을 끊었다.

5. 사회참관

특별사에 수용되어 있는 사람들에게는 '사회참관'이란 것을 시켜주며 1년에 두세 번 바깥 구경을 시켜 준다는 것을 아는 사람은 드물 것이다. 교정 당국에서는 우리가 오랫동안 갇혀 있어서 세상 물정을 몰라 전향을 거부하고 있으니, 발전하는 대한민국의 모습을 보여 준다면 전향하리라 믿고, 사회를 구경시켜 전향 공작하는 제도이다. 주로 공장, 관광지 등 보여 주고 싶은 곳을 1회에 10명 내외를 사복 비슷한 것으로 갈아입히고 수갑도 차지 않고, 민간인처럼 변장시켜 데리고 나가는데 대신 '계호자'는 우리보다 더 많은 숫자로 계호한다.

그렇지만 우리 특별사 사람들은 오랜 옥고로 건강이 좋지 않고, 나이도 많아 감히 탈옥할 엄두도 내지 못한다. 물론 이 사회참관제도는 테러 때는 있을 수 없었고, 테러 후 특별사 장기수들의 토라진 마음을 달래주어 전향을 유도하기 위한 전술이었다. 사회참관 날은 점심을 사회식당에서 갈비탕 등으로 잘 먹을 수 있어서 우리는 영양보충의 기회로 생각한다. 사회참관은 주로 아침식사 후 교도소 버스로 나갔다가 오후 4시경 귀소하는 당일 코스였다. 점심은 예약된 유명식당 등지에서 해결하므로 세상 살아가는 모습을 잠깐 볼 수는 있다.

이런 참관은 집체적 참관이고 매년 4~5회 정도 실시했었다. 나는 나 혼자 서울 어머니 거주지에 1박 2일로 참관 나온 적도 있다. 그때는 교회사 1명, 계호자 2명과 나, 4인이 관용차를 타고 서울 잠실 시영아파트에 외손자와 살고 있던 어머니와 누나 등 가족과 함께 저녁 식사를 하고 대화하면서 전향 권유를 당하다가 밤 9시에 동부구치소에 가서 나 혼자 거기서 잠을 잤다. 아침에 기상하면 계호자들이 구치소에 데리러 와서 어머니 집으로 가 나는 아침 식사를 하면서 계획적으로 전 가족으로부터 전향을 설득당한 적도 있었다.

가족들은 "교도소 당국이 이렇게 나를 위해 먼 집에까지 와서 가족들과 만나도록 베풀어 주는 은덕을 생각해서라도 전향을 해야 된다"고 강요하기도 했다. 내가 정말 가족을 위하는 마음이 있다면 우리 가족의 생계를 위해서라도 전향을 해야 된다고 강요할 때, 이를 받아 주지 못하는 내 마음은 몹시도 아파 견디기 힘들었다.

당국의 전향 공작에 휘둘려 내 처지는 아랑곳 하지 않고, 당국의 입장에 동조하여 전향을 강요하는 가족이 야속하고 원망스럽지만 이렇게까지 계략을 부리는 당국이 더 가증스러웠다. 특별사 수용자들에 대한 이 사회참관제도는 주로 가족이 중류 정도의 생활 수준이 되는 수용자들에게만 적용시켰다고 믿어진다. 따라서 나도 동생이 미국에서 기계공학 박사학위를 취득하여 영남대 기계공학과 교수로 재직하였기에 가능하였다 믿어진다.

이렇게 대전교도소 전향 공작반은 어떻게든 나를 전향시키려고 집중공작하였다. 사회참관이라는 명목으로 서울 집에도 데리고 가서 가족들이 사는 모습을 보면서 대화하고 전향을 강력히 설득당하기도 하였고, 남산 등 서울 구경까지 시켜 줄 정도로 전향 공작을 위해서는 수단과 방법을 가리지 않는 곳이 특별사란 것을 밝혀 둔다.

일본 와세다대학원을 수료하고 귀국한 양회선 선생은 가족(누님)이 부유하여 호사한 생활을 맛보여 주려고 개별참관을 몇 차례나 조직하여 서울, 광주 등 누님들 사는 모습을 보여 주면서 누님들로 하여금 전향을 강력 설득하게 했지만 전향을 거부하고, 결국 재일교포 석방때 특별사를 떠나갔다. 양회선 선생 말이 나왔으니 여기서 그에 대한 이야기도 첨부하고자 한다.

그는 1936년생이다. 그의 집안도 8.15해방 후 미 군정시기 남한만의 단선단정노선에 반대투쟁하다가 큰형님 양회진은 생사의 고비를 겪은 후 6·25 전쟁전 일본으로 밀항하였고, 둘째 형님 양회련은 6·25 전쟁 당시 연희대 학생이었는데, 인민군을 따라 월북한 후로는 생사를 알지 못하고 있었다. 누님 두 분도 출가하였지만, 자형 두 분도 미 군정에 반대 투쟁 하다가 학살당하여 청상과부로 살아가야 했다.

이런 열악한 가정환경 속에서 양회선 선생은 1955년 목포고를 졸업하고 전남대 의대에 입학했으나 학비를 마련할 길이 없어 일본으로 밀항하여 큰형 양회진 댁에서 기거하면서 와세다대학에 입학하였다. 공부를 하면서 형제가 고물상을 경영하여 많은 돈을 벌었다고 했다.

이에 양회진, 회선 형제는 6·25 때 행방불명된 양회련 형의 소식을 알고 싶어 북한 적십자사에 인적사항을 알려주고 문의하였더니 뜻밖에도 평양에 살고 있다는 소식을 전해 주어 일본에 있는 양회선 형제는 둘째 형 양회련을 만나보기 위해 평양을 방문하게 되었다. 이들 형제 간의 상봉이 계기가 되어 이렇게 대전 특별사에서 무기징역형을 살고 있다고 했다. 양회선은 일본에서 와세다대학원 응용물리학과를 수료하고 나서 돈도 많이 벌었으니, 행방불명된 둘째 형 양회련도 찾았겠다 들뜬 기분으로 귀국하여 불행한 처지의 청상과부가 된 누님들을 위로해 드리고 노후를 편안히 모셔드리고 싶어 광주시 변두리 토지 약 5천 평을 사 드렸다고 했다. 그런데 이 토지 주변으로 광주역이 이전해 와서 갑자기 지가가 급등하여 벼락부자가 되어버렸다고 했다. 그래서 양회선 선생 누님 두 분은 양회선 선생 면회때마다 많은 접견물을 영치시켜 주어 우리 특별사 선생들 뿐만 아니라 담당 청소부(소지)까지 모두 나누어 먹을 정도로 푸짐한 접견물 잔치를 하게 만들어 주었다. 그래서 우리 특별사 선생들은 양회선 선생 누님 두 분을 양회선 선생 개인의 누님이 아니라 우리 전체 대열의 누님이라 칭송하면서 공덕을 치하했다.

사실 당시 누님들은 접견물 뿐만 아니라 영치금도 듬뿍 넣어 주어 양회선 선생은 사고무친의 병고에 시달리는 대열 선생을 경제적으로 도와주어 생명의 은인이 되기도 했다. 이렇게 누님들은 한 달에 한 번 허용되는 면회 때마다 많은 접견물을 차입시켜 줄 뿐 아니라 매주 한 번만이라도 교도소 담을 쳐다보고 가야만 잠을 이룰 수 있다고 하시면서, 오실 때마다 면회는 못 하고 접견물만 넣고 가시게 되니 특별사 선생들의 건강관리에 큰 기여를 하시게 되었음을 이 자리를 빌려 확인해 두고 싶다. 그러나 양회선 선생은 이렇게 대열 선생들의 건강유지에 커다란 기여를 하였음에도 대열 선생들 모두로부터 칭송만 받지는 못했다는 것도 밝혀 둔다.

양회선 선생은 성격이 좀 원만하지 못했다고 할까, 자기기준에 맞지 않으면 바로 비판하고 시정을 촉구하여 경제원조량에 비해 대열선생들로부터의 인기는 별로 크지 않았다고 솔직히 고백하고 싶다. 나는 여기서 어느 일방의 과오나 결함을 지적하려는 것이 아니라 오래 밀폐된 공간 속에서 숨 쉬며 견뎌 나가야 할 사람들의 개별적인 작풍의 차이에서 빚어진 오해와 불신의 탓이 아닐까 여겨지지만, 그렇다고 한들 우리 전체 대열선생들을 위한 순결한 누님들의 정성만은 올바로 평가될 수 있기만을 바랄뿐이다.

이렇게 양회선 선생은 전향 공작반 교회사들의 공작대상에 안성맞춤 대상이 되어 끈질긴 전향 공작을 시도 받았지만, 온갖 회유와 개별 참관공작에도 성과를 얻지 못했는데, 1988년 재일교포 석방때 출소하기 위해 전향서를 쓰고 가석방된 기구한 운명의 소유자였다.

양회선 선생의 사연들을 말하면서 연상되는 선생이 있어서 여기서 말해야겠다. 재일교포 김철우박사 형제의 경우 개별사회참관 공작으로 형제 모두 전향서를 쓰고 나가 전담반을 흐뭇하게 만들어 주기도 했다. 여기서 김철우박사 형제에 대한 말이 나왔으니 그와 관련된 사연들도 적어본다.

내가 대전교도소 특별사로 이감 온 후 약 1년 뒤인 1974년 김철우박사 형제가 대전교도소 특별사로 이감왔다. 김철우박사는 1926년 일본 시즈오까에서 출생하여 일본 동경대학에서 "고로에서의 규소환원의 속도론적 연구"로 야금학박사 학위를 취득했다. 일본 철강학회 최우수 논문상을 수상한 제철박사였는데, 포항제철 박태준회장의 강력한 요청과 설득으로 동경대 교수직을 사임하고, 1971년 포항제철 기술상무이사(건설본부장)로 취임하여 불모지였던 한국철강기술의 토대를 마련하였다.

포스코의 오늘을 있게 과학기술적으로 이끈 철(鐵) 박사였는데 재일동포 귀국사업 때 북송된 동생을 만나보기 위해 일본 김철우 형제 (호카이도대학 조교수였던 김철우 조교수 형제가 한자 이름으로는 다르지만 한글 이름은 동일)는 평양을 방문한 죄로 김철우 형제는 1973년 산업계에 침투한 간첩이라고 체포되어 10년형을 선고받고 대전교도소 특별사에 수용된 바 있다. 그는 포철 고로1호 설계와 건설을 주도한 포철의 신화를 창조한 공로자였는데, 1973년 포철 제1고로가 준공되자 용도 폐기되어 간첩죄로 체포되어 버렸다. 이렇게 이용만 당하고 간첩죄로 체포되었다는 것을 깨달은 김철우 박사는 격분을 참지 못해 독방에서 손목 정맥을 짤라 자살을 결행했으나 미수에 그치고 결국 전향 공작전담반의 회유로 전향서를 쓰고 말았다.

전향서를 쓴 후 그는 박태준 회장의 지원으로 사회참관이라는 명목으로 포철에도 가서 기술지원을 하였다. 결국 박정희가 10.26사건 직전 박태준의 권고를 받아들여 1979년 8월 15일 김철우 박사 형제는 특사로 가석방되었고, 동생 김철우 박사는 일본 대학에 복귀했다. 장형 김철우 박사는 포철에 복귀하였고, 그의 기술헌신으로 오늘날의 포스코가 세계적인 기술기업으로 명성을 이어 가게 된 것이다.

내가 지금 김철우 제철박사 형제의 사연들을 이야기하는 이유는 그의 제철기술을 자랑하기 위함이 아니라, 국가보안법은 대한민국을 지탱시키는 최고위 법률이므로 어떤 이유로든 이를 위반하면 가차 없이 인간의 존엄은 말살되고 탄압받아야 하는 무소불위의 법률이란 것을 알리기 위함이었다. 바로 일본에 살던 김철우 박사 형제도 평양에 이주한 혈육을 만나보기 위해 천륜에서 우러나온 지극히 당연한 형제간의 상봉이었지만, 국가보안법은 천륜도 용납하지 않는 비인간적인 야만의 시대로 전락시키고 있구나 하는 위기감을 느꼈기 때문이다.

김철우 박사 형제는 일본에서 태어나 일본에서만 살아왔기에 남한의 국가보안법의 마력을 전혀 알지 못했다. 따라서 전혀 죄의식 없이 평양에 영주 귀국(재일동포 조국 귀국사업의 일원)한 형제를 상봉하기 위해 이북에 갔다 왔다고 밝혔다. 그러자 한국 정부는 간첩죄를 뒤집어씌워 10년 형을 선고했다. 이렇게 야만적인 폭압을 가했지만 형 김철우박사는 박태준회장의 끈질긴 설득과 회유로 포철에 복귀하여 오늘의 포스코를 있게 한 제철박사였는데 우리의 역사는 어떻게 평가할지 모르겠다.

대전교도소 특별사에서 깡패에 의한 테러 전향 공작이 막 끝나갈 1975년 무렵 재일동포 정승연 선생, 고병택 선생이 특별사에 들어왔다. 두 선생의 고향은 제주도여서 정승연 선생은 일본 법정대학을 졸업하고 감귤 묘목을 처음으로 제주도에 이식시켜 지금의 제주도를 감귤농장으로 발전시킨 개척자였지만 보안사는 간첩으로 둔갑시켜 15년형을 받게 했다.

고병택 선생은 동경대학에서 경제학을 전공한 수재였는데, 제주도에 계신 부모님 병 문안차 귀국했다. 그러자 중앙정보부가 간첩으로 둔갑시켜서 10년형을 받고, 8사 특별사에 들어와 나랑 함께 생활한 적이 있다. 두 선생의 모습은 지금도 선명히 떠오르는데 악기(惡氣)라고는 전혀 없는 공자나 석가를 연상시킬 정도의 착하디 착한 인품이었다. 그러나 국가보안법은 선량한 사람만 골라서 잡아넣는 듯하여 그 말로가 보이는 것 같았다. 그 후 이철, 강종헌, 강종건, 김원중, 이동석 등 재일교포 청년 학생들이 특별사의 방을 차지하게 되니 암울했던 특별사에 활기를 불어넣어 주었고 새 생명을 얻은 듯 생기를 돌게 해주었다.

나는 지금도 대전교도소에 수감 되었던 국가보안법 피해자들의 면면을 회상하면 잊히지 않는 선생들이 있는데, 바로 김대수 박사와 최규식 선생이다. 물론 특별사에서 생사고락을 함께하다가 북녘으로 2000년 송환된 선생들의 일거수일투족 역시 생생히 떠오르지만, 그 선생들은 북녘에서 영웅 대접을 받으며 이미 자서전도 출간하였기에 여기서는 생략하고, 남녘에서 처절한 삶 속에서도 인간적 양심을 간직해 온 선생들에 대한 추억들만 더듬어 보고자 한다. 김대수 박사와 최규식 선생은 대전교도소 의무과 간병으로 복역하면서 특별사 환자들의 생명을 많이 구해주어 고난받던 동지들을 인술로 구해주었기 때문이다.

김대수 박사는 1918년 전북 무주 출신으로 경북대 의대 교수로 재직 중 6·25전쟁 때 행방불명되었던 동생을 우연히 만난 죄로 간첩죄가 적용되었다. 1968년 서울고법에서 무기형이 확정되어 대전교도소 특별사에서 형식적인 전향서(?)를 쓰고 특기를 살려 의무과 간병으로 복역하면서 특별사 환자들을 많이 살려내 주셨다. 그는 의학박사로 경북대 의대에서 촉망받던 교수로 재직하면서 대구교도소 의무과장을 겸임하기도 했는데, 운명의 장난인지 대전교도소에서는 국가보안법 죄수로 의무과 간병으로 복역했다. 대전교도소 의무과장은 1주일에 한 번 출근했기 때문에 김대수 박사가 사실상 의무과장 대역을 맡아 재소자들을 치료했다. 김대수 박사가 경북대 의대 교수 겸 대구교도소 의무과장 시절 북녘으로 송환된 김선명 선생, 김우택 선생, 우용각 선생 등은 김대수 의무과장으로부터 살뜰히 치료를 받아 보았다고 했는데, 대전교도소에서 같은 사상범으로 만나 치료를 받게 되어 아픈 조국의 현실을 실감하게 되었다면서 왜 김대수 의무과장이 대구교도소 특별사 선생들을 살뜰히 치료해 주었는가를 알 듯했다고 했다.

당시 김대수 의학박사는 연세대 총장, 경북대 총장을 역임했던 의학박사 고병간 총장도 그의 인품을 탐내어 맏사위로 만들 정도로 한국의학계 총아로 등장했지만, 국가보안법상 간첩죄로 체포됨으로써 김대수박사 개인은 파멸되고 한국의학계에는 큰 손실을 주었다 했다. 이렇게 국가보안법의 망령은 개인이나 사회에 커다란 타격을 주고 있지만 집권자는 아편처럼 이용한다.

김대수 의무과 간병은 의무교도관의 인솔하에 3천여 명 재소자를 의무과장 대신 치료해 줌으로써 대전교도소에서는 누구나 존경을 하게 되었다. 무지막지한 폭력배도 그 앞에서는 다소곳했다. 특히 그는 특별사 선생들에게는 성심껏 치료해 주었을 뿐 아니라 꺼져가는 생명도 구해주기도 했다. 고성화 선생이 의식불명 상태에서 의무과에 실려 갔으나, 김대수박사의 살뜰한 치료로 소생하여 97세까지 연명하기도 했고, 나는 치질이 발생하여 걷기조차 힘들었는데 김대수 박사가 열악한 조건 속에서도 3번이나 수술해 주어 이렇게 견디게 해 주셨다.

그는 1988년 가석방되어 대구에서 "자유"에 대한 책도 출간하셨는데 자유의 의미도 만끽하시지 못하시고 2006년에 한 많은 세상을 타계하셨다.

최규식 선생은 김대수 박사를 도와 대전교도소 의무과 간병으로 복역했다. 그는 전북대 농대에서 수의학을 전공, 수료하였는데, 소위 울릉도 간첩 사건에 연루되어 1974년경부터 김대수 박사와 함께 의무과 간병으로 출역(복역)했다. 당시에는 특별사 정치범들에게는 아파도 약을 처방받기 어려울 때인데 최규식 선생은 어떻게든 약을 처방해 주어 동병상련의 지혜를 발휘해 줌으로써 특별사 선생들에게는 잊힐 수 없는 선생들이었다.

그리고 대전교도소 명물인 서화반 이야기를 빼놓을 수 없다. 교무과(전향 공작전담반)가 관할하는 서화반은 종전에는 존재하지 않았다. 도서반으로 재소자 2명(통혁당 사건의 이재학, 박성준)만 두고 도서 열독 허가와 관련된 업무만 관장하고 있었다. 1973년에 전담반이 조직되고 테러에 의한 전향이 자행되자, 강제전향서를 쓴 선생들의 마음을 조금이나마 달래주기 위해 서화반을 만들었다. 이구영 선생, 이명직 선생, 신영복 선생, 박성준 선생, 류락진 선생, 석달윤 선생, 유병호 선생, 오병철 선생 등등 이곳을 거쳐 간 지식인 엘리트 선생들이 많이 있다. 이들 선생 중 내 머릿속에 애잔하게 남아 있는 이구영 선생, 이명직 선생, 신영복 선생, 박성준 선생, 류락진 선생, 오병철 선생의 잔영이 지워지지 않는다.

이구영 선생님은 테러에 의한 전향을 강요받기 전까지는 8사 내 바로 옆방에 계셔 타전으로 서로를 격려하며 통신을 일삼고 있어 서로를 잘 알고 있었다. 선생님은 1920년 제천 한수면 출신으로 대제학을 배출한 연안이씨 종손으로, 내 족친 이가원 연대 교수와 교분이 두터운 한학자였기 때문에 특히 나를 아껴주셨다. 그는 결국 테러 전향시기 강제전향서를 쓰고 강제로 특별사를 떠났지만, 인간양심의 순결성은 버리지 못하고 서화반에서 이명직, 신영복 선생 등에게 한학을 전수하며 서도를 익히셨고, 당대에 한학자로서는 최고 경지에 도달하신 선생이셨다. 그의 선친도 의병활동에 종사하셨고, 그도 일제시기 조선 해방운동에 참여하시다 옥고를 치루었다. 6·25전쟁 시기 인민군 따라 월북하여 1958년 남조선 해방을 위해 남파되셨다가 체포되어 특별사 생활을 오랫동안 하시다가 테러에 의한 강제전향 시기 특별사를 떠나가신 선생이셨는데, 가족이 잊지 않고 매번 영치금을 보내주는 몇 안 되는 장기수 중 한 분이셨다. 그는 인품에서 인(仁)이 배어 나오는 유학자(儒學者)이시면서도 실천적인 애국자이셨기 때문에 존경하고 따르는 후배들이 많았다.

이명직 선생은 1926년 경기도 양평 출신으로 경성 경제전문학교(지금의 서울상대 전신) 재학 중 미 군정청이 식민교육을 강화하기 위해 국대안(서울국립대학안)을 발표하여 총장이셨던 김태준 선생 등 애국적인 지식인들을 축출하기 위한 술책을 벌이자 이를 반대하여 투쟁하다가 퇴학 처분당하고 6·25전쟁 시기 인민군을 따라 월북하여 송도 정치경제대학을 졸업하였다. 그 후 1968년 남조선 해방운동을 위해 남파되었지만 체포되어 8사에서 함께 대열 생활을 해 오다 역시 테러에 의한 전향 공작 때 강제전향되어 서화반에서 이구영 선생으로부터 한학을 배우면서 서도의 진미를 익히신 선생이었다. 1988년 가석방된 후 서울 미아리 근처에서 쓸쓸히 여생을 보내고 계시던 선생의 모습을 찾아뵈었더니, 송환된 63명 선생들과는 달리 북에 있는 가족도 만날 수 없어 배신자가 되어버린 듯한 가책에서 헤어나지 못하고 있어 내 마음이 무거웠다. 이렇게 이 땅의 전향제도는 인성을 파괴할 뿐 아니라 인간양심을 유린하여 중세 종교재판과 같은 암흑시대로 되돌리고 있다는 것을 보여주어 내 마음을 괴롭혔다. 조국이 분단세력에 의해 분단된 이후 이명직 선생의 가족사에서 보는 것처럼 인륜도 져 버려야 되는 비극이 오늘날까지도 지속되는데도 대부분의 사람들은 분단을 기정사실로 치부하면서 무감각하게 지내고 있으니 이야말로 민족의 재앙을 자초하는 자승자박이란 것을 왜 깨닫지 못할까?

신영복 선생은 워낙 고명하신 분이라 나는 여기서 더 부연하지 않겠지만, 나는 여러모로 선생을 살펴본 결과 내가 아는 사람 중에서는 신영복 선생처럼 머리가 명석하고 재능이 뛰어난 사람은 아직 못 보았다는 사실만은 고백하고 싶다. 그는 천재라고 해야 할수 있을 정도로 다재다능하여 만사를 꿰뚫어 볼 수 있는 혜안을 가졌다고 감히 말할 수 있겠다. 그는 자신이 전공한 경제학뿐 아니라 동서양 역사, 고전, 한학, 예술까지 고루 섭렵했다. 나는 그의 재능이 부럽기만 했다.

그는 나이는 나보다 세 살이나 아래지만 머리에 든 역량은 나보다 훨씬 뛰어나 질투심을 일으킬 정도였다. 이처럼 재능이 출중한 사람도 국가보안법이라는 마수에 걸리게 되면 인생은 파멸되어 그 재능도 사회를 위해 공헌할 수 없게 되는 암울한 사회가 바로 대한민국이라는 현실을 목도 하게 되니 세상이 원망스러웠다. 그는 출소하여 당시 KBS 유부장과 결혼하여 목동 아파트에서 신혼의 보금자리를 보여 주었으나 못다한 한만 남긴 채 꿈꾸던 세계로 먼저 가 버렸다.

박성준 선생은 나이는 신영복 선생보다 많지만, 서울상대 선후배 간으로 민주화 운동에도 선후배로 참여했다. 박성준 선생 부모님도 미군정시절 조국분단을 초래하는 단선단정 반대 투쟁을 하시다 6·25 전쟁 시기 부모님 모두 고향을 떠나시게 되자 박성준 선생은 고아 아닌 고아로 어린 시절을 보내야 했으므로 대학도 늦게서야 입학하게 되었다. 통혁당 사건으로도 함께 연루되어 신영복 선생은 무기, 박성준 선생은 15년 형을 받고 서화반에서도 함께 생활했는데, 그는 서화반의 살림꾼 역할을 도맡아 했다고 할 정도로 봉사 정신이 남달랐다고 했다.

그는 통혁당 사건으로 체포되기 직전 이화여대 학생회장 출신의 한명숙(노무현 시절 국무총리)과 결혼했지만, 신혼의 단꿈도 이루지 못하고 감옥살이를 13년여 해야 했는데도 두 사람은 영혼과 영혼의 결합이었기에 만난을 극복하고 순애보적 사랑을 지속할 수 있었다니 그 인품에 고개가 숙여진다. 사랑 얘기가 나왔으니 나도 고백 해야겠는데, 내가 1990년 가석방 되고 나서 내 혼사 문제도 제기되어 한명숙 여사의 동생과도 깊은 얘기가 오고 갔다. 당시 그녀는 L.A.에 살고 있었는데 잠깐 만나보기도 하여 혼사가 성사될 지경까지 이르렀는데 어머님께서 신부될 당사자가 나이 50이 되어 손자를 안아 볼 수 없다고 한사코 반대하서 결국 이루어지지 못했다. 사실 나는 그때 마음에 들었는데 19년간 자식 옥바라지하면서 온갖 치욕과 수모를 겪으신 어머님의 손자에 대한 간절한 애원을 뿌리칠 수 없어 그 혼사는 없던 일로 치부돼 버렸다. 지금의 나는 POO과 결혼을 했지만 그만 악연이 되어 홀애비로 지내게 되니 그때를 뒤돌아보면 만감이 교차 되어 착잡하기만 하다. 부디 그녀도 지금쯤은 행복한 시간을 보낼 수 있기만 빌어 본다.

류락진 선생은 1928년 남원 출신으로 내가 아는 한 가장 견결한 공산주의자였고, 사회변혁을 꿈꾼 혁명가였다. 그의 일생은 오직 사회변혁을 위한 투쟁으로 일관한 일생이었기 때문이다.

그는 남로당에 입당하여 활동하다가 6·25 전쟁 시기 인민군이 남원을 해방시켰을 때 남원군당에서 사업하다가 인민군 후퇴로 인해 회문산에서 빨치산 활동을 하다가 체포되어 옥고를 치르고 나서 1971년 통혁당 재건사건으로 무기징역 선고 후 1988년에 나와 같이 20년으로 감형되었다. 1990년에는 나와 같이 전향서를 쓰고 가석방되셨으나, 1994년 구국전위사건으로 또 체포되었다가 1999년에 가석방될 정도로 그의 일생은 감옥과 결별할 수 없을 만큼 험난한 혁명가적 삶이 전부라고 해도 과언이 아니다. 그는 이런 소용돌이치는 삶의 과정에서도 대전교도소 서화반에서 성주표, 조병호 같은 대전서예대가들의 필법을 전수 받아 독창적인 필체를 개발해 내신 비범한 서예가이기도 하셨다.

오병철 선생은 1937년 합천에서 출생했는데 어린 시절 두뇌가 명석하여 영남지방의 최고 명문 경북고에 수석으로 입학할 정도로 천재소리를 들었다고 했다.

사실 나는 대전교도소 특별사에 수용되어 있으면서 전향공작 전담반 교회사(矯誨師)들이 나를 전향시키기 위해 기라성같은 전향선배(?)들과 교회사 입회하에 대담(전향권유)기회를 많이 만들어 주어 알게 된 선생들도 대부분 수재들이었다. 나는 수재들은 진보사상(맑스-레닌주의등)에 심취하는구나 하는 것을 확신하게 되었는데 오병철 선생도 수재이기에 끝까지 순결한 양심을 고수하고 있다는 것을 알게 되었다.

교회사들은 나에게 말하기를 "젊은 시절 진보사상에 빠져들지 않는 사람도 바보이고, 장년이 되어도 진보사상에서 헤어 나오지 못하는 사람도 바보"라며 특별사에서 빠져나오기를 권유했다. 내가 아는 선각자들은 감수성이 강한 청년기에 세계관, 처세관이 형성되면 장년이 되더라도 거의 변함없는 가치관을 그대로 확립한다라고 경험적으로도 알게 된 바다. 위의 국가보안법 피해 선생들도 각 개인의 사정으로 비록 형식적인 전향서를 썼을지라도 청년 시대에 간직한 세계관, 가치관을 그대로 간직해 온 것을 보아 왔기에 나는 공작반 교회사들의 술수에 넘어가지 않고 고난의 길을 마다하지 않았다.

그런데 나는 지금까지 교도소 특별사를 빠져나온 선생들의 이야기를 주로 했다. 그런데 교도소의 온갖 탄압과 회유 속에서도 끝까지 자기 사상을 고수하면서 특별사에 앉아 전향을 거부했으면서도, 북녘에 송환되는 것도 거부하고, 이 땅에서 고난을 함께하는 선생들도 있어서 간단히 소개하고자 한다. 북녘으로 송환된 리인모 선생 외 63명의 선생들은 책도 출간되었으므로 여기서는 생략하고, 출소때까지 전향서를 쓰지 않고 끝까지 자기 사상을 고수했으면서도 북녘 가는 것도 거부했던 선생들 이야기를 간단히 소개하고자 한다.

박봉현 선생, 허영철 선생, 안학섭 선생, 양희철 선생, 서승 선생 등이 바로 그 선생들인데 대전교도소 특별사에서 함께 대열 생활을 한 후 가석방될때까지 전향서를 쓰지 않고 끝까지 자기 사상을 고수했던 선생들이다. 대전교도소 특별사에서 유기 형기를 마쳤으나, 전향을 거부하여 출소하지 못하고 곧장 청주 감호소로 이송된 자로서 내가 아는 선생들도 있다. 바로 임방규 선생, 김영승 선생, 권낙기 선생, 서준식 선생, 강종건 선생 등이다. 이들 선생 중 재일동포 서승 선생, 강종건 선생은 정서적으로 우리와 비슷한 개인주의적 생활방식이 몸에 배어있다. 이들은 인권 옹호론자, 평화 옹호론자적인 성격이 강하지만 나머지 선생들은 개인주의적(자유주의적)인 풍모는 전혀 보이지 않고, 조직(집단)을 위해 개인은 헌신해야 되고 조직은 개인을 위해 존재해야 된다는 집단주의 사상이 몸에 배어있는 선생들이다. 다시 말하면 교도소 특별사에서 "대열 생활"이 몸에 배어있어 사회에 나와서도 개인보다는 조직(집단)을 우선시하는 집단주의 세계관을 확고히 지니고 계셨다.

　여기서 나는 교도소 특별사 선생들이 창시한 "대열"에 대해서도 먼저 말하고자 한다. 대열은 특별사에 갇힌 장기수들의 운명공동체인데 대열성원의 입장에서는 분명히 존재하는 결사체이지만 대열 외부에서 바라본다면 규약(정관)도 없고, 지도부도 없는, 실체가 없는 허구의 조직으로 보이는 철저히 위장된 지하조직체였다. 대열성원들에게는 엄연히 존재하는 비전향장기수들의 운명공동체지만 외부에서 볼 때는 지하조직체라는 증거를 도저히 찾을 수 없는 허상이었던 것이다. 특별사 대열 성원들은 과거 당 생활을 해 본 사람들이 대부분이므로, 당 규약을 불문율로 받아들이고 대열 생활을 당 생활에 준하는 지하공동체로 이심전심으로 합의한 지하단체였던 것이다. 따라서 지도부라 할 수 있는 "감방"도 있는데 감방은 대열 성원들의 실정을 잘 아는 3인 혼거방에서 맡되 임기는 3개월이었다. 임기가 만료되면 후임 "감방"을 추천하되 대열 성원들의 동의를 구해야 했다. 대열의 모든 결정은 성원들의 동의를 구해야 총의로 결정될 정도로 철저히 민주적으로 결정했으며 결정된 총의는 누구나 반드시 준수해야 했다. 교도소 특별사 "대열성원"들은 각 성원들의 의사가 하나의 총체적 의사로 합의 결정되면 누구나 이를 준수해야 된다. 전체 대열을 위하는 길이 바로 나의 이익으로 된다는 집단주의 정신으로 무장되어야 열악한 조건 속에서도 살아남을 수 있다는 진리를 경험으로 터득하게 되어 이를 자기의 세계관, 가치관으로 확립한 선생들이었다. 그렇다고 이들 선생은 많이 배워서 학식이 높아 공동체적 가치관을 터득한 것도 아니었다. 특별사에서 대열 생활을 했던 선생들은 물론 대학, 대학원을 졸업한 인테리 성원들도 있지만, 대부분은 국졸, 중졸 정도의 교육만 받은 밑바닥 민중 출신으로서 세상을 살아가는 지혜는 대졸자들보다 못지않았다. 당국의 탄압과 전향 공작에 대처하는 능력도 지식인 못지않았다. 대열의 올바른 결정을 도출해 내는 능력도 탁월했으므로 나는 지식이란 것은 전문분야를 탐구하는 데는 유용할 수 있지만, 통상적인 사회생활을 영위하는 지혜를 제공하는 것은 아니라는 결론을 노동계급 출신 대열 성원들로부터 배워 알게 되었다.

"감방"에서는 주로 공동체의 경제 원호조직을 하여 매월 경제 원호를 받아야 할 성원(방), 자체 해결할 수 있는 성원(방), 원호를 줄 수 있는 성원으로 구분하여 성원 모두가 연명해 나갈 수 있도록 골고루 조직 배려해 주며 이따금씩 교정 당국의 부당한 처우에 대처하여 조직적 투쟁을 자연 발생적으로 전개되는 것처럼 합리적으로 조직하여 당국에 약점을 노출시키지 않으면서도 투쟁을 조직지도하기도 했었다.

이 같은 조직 생활을 하기 위해서는 대열 성원 간의 의사 교신 즉 통신이 필수불가결한데 대열 내부에서는 "타전"으로 완전해결하여 자유롭게 소통할 수 있게 되었다. 대열 성원은 누구나 방 밖으로 연출되면 방에 돌아온 후 연출 연유를 소상히 대열에 타전으로 보고해야 되어 대열 전체는 누가 왜 연출되었는지 소상히 알게 되어 이와 같은 정보교환으로 특별사 생활에 참작하게 된다.

교정 당국도 특별사에는 대열(비밀조직체)이 있으리라 짐작은 하고 있지만, 명확한 증거를 찾을 수 없었다. 또 또닥 또닥 하는 타전 소리도 듣기도 했지만 왜 두드리는지 상대방이 누구인지 확실한 증거를 포착하기가 매우 어려워 알면서도 모르는 척 지나가기 일쑤였다. 그러나 포악한 악질 교도관에 걸리면 고문으로 증거를 조작하려고 기도하지만 각 대열 성원들의 진술이 일치하지 않고 합리적으로 시치미를 뗄 때 객관적이고도 명백한 증거는 확보할 수 없어 오히려 스스로가 바보만 되어 버려 모르는 척하기 일쑤였다. 그래서 나는 대열을 만들고 타전 기술을 개발한 선배 대열선생들의 지혜에 감탄할 때가 한 두 번이 아니었다. 더욱이 이런 지하조직(?)을 꾸려내고 통신을 개발한 선배 대열선생은 석사, 박사학위를 가진 인테리가 아니라 제대로 교육도 받지 못한 밑바닥 민중 출신의 지혜에서 창출되었다니 더더욱 감동이 되었다. 인간의 역사는 지식인의 두뇌에서 발전하는 것이 아니라, 민중(노동자)의 손에 의해 발전한다는 진리를 새삼 깨닫게 해 주었다.

나는 1973년 테러에 의한 전향공작 때 옆방 김우택 선생의 고지와 추천으로 대열에 인입되어 1988년 전향서를 어쨌든 쓸때까지 대열 생활을 했는데 그 기간에 나는 새로운 세계를 발견하게 되었으며 내 인생관과 세계관을 확립하게 되는 주요한 시기이기도 하였다.

위에서 말한 박봉현 선생은 1919년 순창에서 출생하시어, 연희전문을 졸업하시고 순창중학에서 교편생활을 하시다가 6·25전쟁 때 인민군과 함께 월북하셨다가 1954년 고향을 해방시키기 위해 남파되셨는데 체포되었다. 1960년부터 1991년 말까지 특별사에서 자기 사상을 고수하신 비전향 장기수였지만, 편안한 평양행을 마다하시고 이곳 가족과 함께 고향 순창을 좋은 세상으로 만들려던 애향가이셨는데 2017년 선생이 그리던 세상을 이루지 못하고 이 세상을 떠나셨다.

허영철 선생도 전북 부안에서 1920년 가난한 농가에서 출생하여 초등학교도 졸업 못한 채 국내 공사판에서 노가다 일을 하시다가 일본 북해도 탄광, 조선 아오지탄광 등지에서 광부로 일하셨다. 해방 후 미 군정 치하 때 단선단정 등 반대 투쟁을 하시다가 6·25전쟁으로 부안이 인민군에 의해 해방되자 부안인민위원장으로 선출되기도 하셨다. 9.28 인천상륙작전 후 서울 방어 전투에도 참가하시면서 북으로 후퇴하여 중앙당학교, 남파공작원을 양성하는 금강학원을 거쳐 1954년 남조선 해방을 위해 남파된 후, 1955년 체포되어 대전특별사에서 함께 생활했다. 특별사 생활을 하시는 고난의 시기에도 선생의 가족들은 잊지 않고 푼푼이 영치금을 보내주어 열악한 환경 속에서도 가족과의 끈이 끊어지지 않았다. 1991년 비전향으로 가석방되었지만 옥바라지를 해 준 가족과 또다시 이별할 수 없어 "63명 송환자" 선생들과는 달리 이곳 남녘에 남을 수밖에 없었다.

박봉현 선생, 허영철 선생의 사례에서 보다시피, 두 선생의 가족들은 당국의 온갖 박해와 회유 속에서도 자기신념을 고수하고 있는 선생들과 인연을 끊지 못해 서신을 주고받으면서, 소액의 영치금이나마 계속 보내주었다는 의리 때문에 편안한 평양행(송환)을 선택할 수 없어 지옥같은 이곳에 남을 수밖에 없었던 역사적 선택을 후세 사가들은 어떻게 평가할지 궁금하다.

그리고 안학섭 선생, 양희철 선생은 자기신념을 고수한 채 비전향 상태로 출소하였지만, 출소 후 곧 결혼하여 신혼녀를 여기에 두고 홀로 평양행(송환)을 차마 선택할 수 없어 이곳에 함께 남아 가시밭길을 걸어가고 있는 것 같은데, 과연 그들의 선택을 역사는 어떻게 평가할지도 궁금하다.

나는 다만 이들 선생의 인생관, 가치관에서 소박한 우리 밑바닥 민중의 정서를 발견할 수 있어 때묻지 않은 민중사를 보는 듯하여 마음이 착잡하기만 하다. 비전향좌익수(공산주의자)이기에 남북당국자가 북으로의 송환을 합의했다면 당연히 그 가족도 선택권을 주어야 인도적 합의이지, 비전향자에게만 송환을 허용하고 가족에게는 전혀 허용되지 않는다면, 또다시 인위적인 이산가족을 당국자가 만들어 내는 결과밖에 되지 않는다. 따라서 이곳에 남은 비전향 선생들은 자기의 신념의 고향으로 가기를 선택하지 못하고 자기를 위해 헌신한 가족을 고려하여 험난한 가시밭길도 감수하게 된 것이다. 우리의 민중사는 이렇게 권력자의 횡포에 짓밟히면서도 소박한 미풍양속을 면면히 지녀 왔던 것이다.

6. 내부통신

특별사에서는 전향공작을 위해 방과 방 사이의 의사소통을 엄금하고 있다. 대전 구 교도소에서는 특별사 방이 부족하여 어떨 때는 3인 1실로 혼거시킬 때도 있었지만 원칙상 1인 1실로 독거시켜 정신적으로 고립감을 야기시켜 공포심과 고독감에 못이겨 특별사를 나오도록 만들어야 되는데 이웃 방 선생들과 서로 위로하고 의지하게 되면 전향공작에 해악을 끼치게 되므로 이웃 방과 통방 하는 것을 철저히 감시하고 엄금하게 된다.

인간은 이웃과 소통하며 사는 것이 상례인데, 이곳 특별사에서는 이웃과 통방(?)을 하게 되면 당장 보안과에 끌려가서 조사를 받게 되며 통방 내용에 따라 추가 형을 받거나 징벌을 받게 된다. 옆방이 아무리 어려운 처지에 놓였다 한들 이웃 방에서 도와주면 절대 안 되고, 내가 아무리 어려워도 옆방에 도움을 요청해도 안 된다. 감방 생활이 어려우면 전향해서 나오도록 내 버려두어야 한다는 것이 원칙이다.

따라서 특별사에서 각 방은 철저히 격리되어야 하며, 운동이나 이발할 때에도 철저히 격리해야 한다. 집체적으로 교회당에 갈 때도 철저히 격리시켜 담당이 연행한다. 특별사 전체를 교회당에 보낼 때는 특별사 복도에서부터 교회당까지 약 200m 공간에 짚으로 엮은 매트를 깔아 신발을 신지 않고 걷게 한다. 약 5m 사이를 두고 담당을 배치하여 대화를 못 하도록 감시하며, 교회당에서는 담당이 끼어 앉아 대화의 여지를 남기지 않는다. 특별사에서 말을 해서는 안 되기 때문에 절간처럼 적막하다. 몇 년, 몇 십년간 말을 할 수 없어 실어증 환자가 되어 버릴 수 있다.

이렇게 잔혹하게 통방(?)을 엄금하기 때문에 특별사에 오래 수용되어 있는 비전향대열에서는 성원들끼리 의사소통을 위해 개발해 낸 비밀통신방법이 바로 '타전'이다. '타전'을 통하여 대열 성원들은 모든 정보를 바로 전달 공유할 수 있게 되었다. 본능적으로 인간은 혼자서는 살 수 없고 사회적 교류를 해야 함에도 이곳 특별사에서는 엄격히 통제하고 있는 것이다. 이 같은 처지에 놓인 장기수 사상범끼리 의사소통을 위해 개발해 낸 것이 특수통신(?) 즉 '타전'이었다.

말로 한다면 주위 사람들이 전부 들을 수 있기 때문에, 소통방법이 될 수 없고 통신자 끼리만 몰래 소통하고 소통 비밀을 유지할 수 있는 것은 타전(?)밖에 없었다. 나는 지금 그 시절을 회상해 보더라도 타전(?)은 상당히 과학적인 의사소통방법이란 것을 실감하게 되며, 노출의 위험이 거의 없이 운명공동체 생활을 유지할 수 있는 필수요건이라고 깨닫게 되었다. 그래서 이 타전방법을 개발해 준 선배선생들의 지혜에 감복하지 않을 수 없다. 필요는 발명의 어머니란 옛말이 있기는 하지만, 교도소 당국의 혹독한 소통 엄금책에 대항해 인간 본성이 개발해 낸 발명품이라 생각되니 한편으로는 뿌듯하기도 하고, 한편으로는 고소하고 통쾌하기도 했다.

타전방법은 뒷벽에 귀를 붙이고 단추로 모르스(?)부호를 두들긴다. 그러면 통신상대도 방 뒷벽에 귀를 붙여서 선명하게 들을 수 있다. 콘크리트벽이나 벽돌벽은 소리를 잘 전도해 주기 때문에 10m 또는 20m 간격내에서는 선명하게 들을 수 있다.

이때 옆방에서는 '거울(?)'로 특별사 복도를 감시하여 담당과 '청소'들의 동태를 일일이 감시한다. 그들이 가까이 접근하면 위험신호를 보내 타전을 중지시키기 때문에 발각될 우려가 전혀 없었다.

이렇게 소통하여 사상범들은 대열을 꾸리고 '감방'을 조직하여 제기된 모든 문제를 통일적으로, 조직적으로 투쟁하고 해결했다. 물론 단식투쟁을 할 때나 소장 보안과장 면담투쟁도 전체 대열의 의견을 종합해 민주적으로 결정했다. 독거 방 선생의 상황도 함께 살고 있는 것처럼 속속들이 전체 대열에 전달되었다.

예를 들어, 오늘 내가 전담반에 호출되면, 전담반에서 보고들은 바를 옆방에 타전하여 전체 대열이 연속 타전을 통해 공유하게 된다. 이렇게 특별사에서는 비록 '통방'을 엄금해도 우리는 타전으로 모든 정보를 공유하며 공동생활을 할 수 있었기에, 어려운 시대에서 공동대처로 살아남을 수 있었다. 다시 말하자면 통방(타전)이 가능했기에 대열은 존재할 수 있었고 대열이 존재하기에 타전은 필수적이었다.

그런데 1981년부터 특별사 생활이 완화되어 함께 운동하고 옆방과 말을 할 수 있게 되자 이런 타전의 필요성이 없어졌다. 대정동 신교도소로 이사한 후에도, 배응찬 소장이 아무리 발악하며 엄격히 통제하려고 했지만, 여러 방이 공동으로 운동할 수 있었기에 '타전'에 의한 의사소통방법은 특별사의 역사 속으로 사라져 갔다.

이러한 '통방' 사실들을 지금에서야 서술하게 되니, 앞서 언급한바 내 머릿속을 감싸는 것이 있다. 바로 1974년 6월 22일 5사 17방에서 있었던 후배 최기영과 언어로 '통방'하다 잡혔던 일이다. 보안과 지하실에 끌려가서 정신없이 두들겨 맞고 '계간'까지 당했던 사실이다. 그 이유는 "지금 특별사에는 테러로 인하여 80여 명 밖에 남아 있지 않다"라고 옆방과 '통방'했다 하여, 국가기밀을 누설했다는 것이다. 지금 돌이켜 보면 가슴 아픈 고통의 나날이었지만 덧없는 세월의 무상함을 절감케 한다.

7. 검방

재소자에게는 '검방(檢房)'을 할 수 있다는 행형법 규정이 있지만, 특별사에 대한 '검방'은 너무나 엄혹했다. 서대문구치소에서는 담뱃갑을 방에 숨겨 놓고, '삥끼통'에서 담배를 피울 수도 있고 '탁'이라는 라이터 대용품으로 담뱃불을 켤 수도 있었다. 간혹 본무 담당이 밤에 '백알'을 갖다 줘서 마시고 잠들기도 했지만, 이곳 대전교도소 특별사에서는 상상도 못할 일이었다.

이곳에서는 거의 매일아침 '검방'팀이 나타나 '검방'을 하곤 했다. 물론 우리들에 대한 전향 압박을 강화할 시기에는 '검방'도 더욱 철저했고 완화될 시기에는 '검방'도 대충대충 끝냈다. '검방'을 할 때는 방 사람을 복도에 나오게 하여 소지품을 검사한 후, 방 앞에 앉힌 다음 방에 들어가서 방안을 세밀히 뒤지고 교도소에서 허가하지 않은 물품은 모조리 압수해 간다. 사소한 위반 물품은 압수해 감으로 그치지만, 중대한 위반 물품은 철저히 조사하여 징벌 또는 추가형도 과하게 된다.

차입 허가를 받지 않은 책이나 약품 등은 물론이고 유리 조각, 돌조각, 쇠붙이, 끈 등을 철저히 검색하여 압수해 간다. 심지어 병약한 선생들은 여름에도 추워서 겨울옷이나 내의를 갖고 있으면 압수해 버린다. 특히 목매어 자살 못 하도록 끈이 될 수 있는 물건은 무조건 압수해 간다. 따라서 재소자에게는 허리끈이 없다. 허리끈 대신 하의 앞에 15cm 정도 되는 두 개의 끈을 달아 묶을 수 있도록 했다.

교도소 당국도 우리가 통신한다는 것을 막연히 알고 있어서, 통신에 이용될 수 있는 돌조각, 유리 조각, 쇳조각들을 찾아내려 애써 보지만 그리 쉽게 찾을 수 있는 곳에 감추지 않아 숨바꼭질이 계속된다. 우리는 단추와 유리 조각만 있으면 통신을 할 수 있으므로, 단추는 압수 대상품이 될 수 없고, 설사 유리 조각을 압수당한다 한들 조그마한 유리 조각은 구하기도 쉬워, '검방'만으로는 우리 통신을 막을 수 없었다.

그리고 '검방'이란 제도도 소기의 목적을 달성한 사례가 없고, 형식적인 탄압 구실의 역할밖에 하지 못했다. 박윤서 선생도 이돈웅의 치욕적인 폭행에 격분하여 목을 유리 조각으로 찔러 자결하였다. 이용훈 선생과 황필구 선생도 배응찬 소장의 보복적인 처우에 목매어 자결하는 것으로 응답하여 전향 정책을 파탄시켰다.

'검방'으로 유리 조각을 소지하지 않을 수 있었다면, 박윤서 선생의 자결도 예방할 수 있었을 것이고, 끈 소지를 완전히 막을 수 있었다면 목매어 자결할 수도 없었을 것이다. '검방'이란 것이 특별사를 괴롭히는 수단에 불과하다 보니, 그런 참사를 막는 데 아무런 역할도 하지 못했다. 대전시 중동 1번지 대전교도소 구 교도소에서의 특별사의 생활은 위에서 서술한 바와 같이, 천당과 지옥을 오간 듯 굴곡 많은 잊을 수 없는 인생행로였다.

1973년 6월 전향 공작 전담반이 설치된 후 1975년까지 수많은 정치범을 폭력적 수단으로 잔인하게 살육했는가 하면, 특별사의 사상범들이 이에 목숨을 걸고 저항하여 소기의 목적을 달성할 수 없게 되자, 당국은 회유책으로 사회참관 등 특별사에 대한 처우를 개선해 주기 시작했다.

주식, 부식도 개선되어 배고픔도 옛말이 될 정도로 콩밥과 부식이 남았다. 남는 밥으로 원기소를 섞어 막걸리를 담가 먹기도 했다. 그뿐만 아니라 아침 점검 후부터 저녁 점검 때까지는 사방(舍房)을 개방하여 특별사의 울타리 내에서는 자유로이 활동하게 해주었다. 탁구대도 설치해 줘서 특별사의 경내에 작업하러 온 일반수들은 이런 특별사의 모습을 보고 특별사는 특별우대를 받는 '감옥 아닌 감옥'이라 부러워하기도 했다.

물론 어떤 방에도 자유로이 드나들 수 있게 되었는데, 하루는 고성화 선생이 보이지 않아서, 최건석 선생이 고성화 선생의 방문을 열어보니 고성화 선생이 기절하여 방에 쓰러져 있었다. 이에 황급히 의무과에 연락하여 생명을 되찾았고, 2013년에 96세까지 향유 하다가 이 세상을 하직했다. 만일 그때 특별사의 사방을 개방하지 않았더라면, 그때 쓰러진 것을 발견 못 해서 돌아가셨을 것이다.

이렇게 애환과 더불어 추억을 남긴 중동 구 교도소를 나는 1984년 3월 20일에 대정동 신 교도소로 떠나야 하니 착잡한 심경을 가눌 수 없었다. 구 교도소는 일제 강점기 독립운동을 했던 애국지사들과 해방 후의 민족 통일 열사들이 정치적 탄압, 테러로 산화하신 원혼들이 있는 곳이다. 이곳을 남겨두고 대정동으로 떠나야 하니 착잡한 감정을 숨길 수 없었다.

대정동 특별사인 18사 상, 중, 하층은 수세식 변기가 달려 있고 방이 좀 클 뿐 건물구조가 보안이 너무 철저하여 수용자 처지에는 오히려 구 교도소가 더 좋게 느껴졌다. 더구나 대구 등지의 특별사에서 선생들이 이감을 와서 당국은 기율을 잡으려고 했기 때문에 더욱 엄혹했다. 따라서 단식투쟁이 여러 차례 벌어져 오히려 옛 교도소가 그리울 정도였다.

이렇게 특별사가 또다시 엄혹한 분위기로 변모하자 수차의 단식투쟁이 전개되었고, 더욱이 배응찬 소장이 다시 부임해 와서 견원지간이었던 특별사 정치범들과 판갈이 싸움이 전개된 것이다.

나는 이때 단식투쟁을 주도했다는 구실로 14하 징벌방에 끌려가서, 방성구(防聲具)를 차고 대포 수정을 해서 여러 번 기절하기도 했다. 강제급식 때만 급식 당하고 단식투쟁을 이어가니, 강제급식 담당들도 힘들어 배응찬을 원망하기도 했고, 강제급식을 전처럼 잔인하게 하지도 않았다. 이렇게 되자 배응찬도 힘의 한계를 느꼈는지 결국 웬만한 우천 시에도 2시간씩 층별 방 전체가 함께 운동하는 것으로 타협했다.

그러나 교도소 당국과는 냉전이 지속되었다. 이때 이용훈 선생과 황필구 선생은 더러운 세상에 더 연명하고 싶지 않아서 잇달아 자결해 버렸던 것이다. 이용훈 선생은 보성 전문 출신으로 충북 옥천에서 부인과 따님이 계속 면회와 옥 뒷바라지를 해주었지만 자결해 버림으로써 이 풍진세상이 원망스러울 뿐이었다.

나는 이런 암울한 수형생활을 지속하던 1988년 아버지가 면회 오셔서 다음과 같이 말씀하셨다. "노태우 대통령, 정해창 법무장관, 김동철 교정국장, 박철언 황태자 모두 경북고 제자들인데, 이런 기회를 절대 놓쳐서는 안 된다. 박철언 장관을 만나서 너 이야기를 하고 석방해 달라고 하면서 마지막 소원이라고 애원했더니, 그가 조사해 본 후 연락이 오기를 정해창 선배와 상의한 결과, 네가 전향만 하면 석방해 줄 조건이 되니, 전향만 시키면 다가오는 연말 특사로 석방해 주겠다고 말했다. 내가 지금 위암으로 오늘내일하지만 너를 여기에 두고 눈을 감을 수 없다. 제발 아비의 마지막 소원을 들어 다오."라고 간청하여 나는 몹시 괴로웠다.

나는 여태까지 죽음도 불사하고 전향을 거부하면서 불의의 정권과 맞서 왔는데, 임종을 앞둔 아버님의 간곡한 호소에 동요한다는 것은 너무 나약해 보여 자신을 다시 추스려 보기도 했고, 한편 전향서라는 것이 무엇이기에 아버님의 마지막 한도 풀어드리지 못하는 불효자식이 되어야 하는가 하는 회의도 들기도 해 갈피를 잡을 수 없었다. 더욱이 아버님은 전날 밤 황태자라는 별명까지 얻은 박철언 무임소장관과의 전화 통화 내역까지 말씀하시면서 전향서만 있으면 연말 가석방 대상자로 할 수 있다니 잘 생각해 보라고 하시면서 아버님은 나를 감옥에 두고는 눈을 감을 수 없으니 마지막 한을 풀어 달라고 애원하셨다.

나는 면회를 끝내고 착잡한 심경으로 방에 돌아와 아버님의 말씀도 생각해 보고, 또 나의 입장도 고민해 보았지만, 결론을 얻을 수 없어 김우택 선생과도 상의하기도 하고, 대열에 자문을 구하기도 해 보았으나 결론은 내 자신만이 결정할 문제이지 아무도 조언을 줄 수 있는 처지가 아니라고 회답했다. 나는 며칠을 고민한 끝에 전향서를 쓸 수밖에 없다고 생각했다. 왜냐하면, 나는 이전에도 맑스 레닌주의 이론을 학습할 기회가 없어 세계관으로까지 정립될 기회가 없었으므로 공산주의자에 이르지는 못했다. 다만 유물변증법 철학의 과학적 정당성만을 신봉하고 있으면서 제국주의가 해방 전후 우리 민족에 가한 횡포와 잔학성에 울분을 참지 못한 민족주의자였기 때문이다. 나는 내 자신을 냉철히 비춰보더라도 공산주의자에까지는 이르지 못하고 제국주의에 반감을 가진 민족주의자에 불과한데 지금 사상전향서를 쓴다면 공산주의자로 되라는 뜻인지 친 제국주의자로 되라는 뜻인지 알지못해 결국 나는 사상전향서에 의미를 두지 않고 석방되기 위한 절차에 불과하다는 형식적인 의미에 불과하다고 믿을 수밖에 없었다. 앞에서 열거한 남녘에 생활기반을 둔 선생들도 이처럼 전향서에 의미를 두지 않고 석방되기 위한 요식행위에 불과하다고 확신한 끝에 전향서를 쓰지 않았나 믿어지며 특히 류락진 선생은 평생을 혁명가로 사시면서 감옥을 드나들었지만, 전향서에는 개의치 않으셨다. 반면 특별사 대열에 계셨던 선생들은 자기사상 고수를 생명처럼 여기시고 온갖 탄압과 회유에도 타협하지 않고 끝까지 지조를 고수한 선생들도 있었다는 것을 밝혀 둔다. 이들 북녘으로 송환된 63명 선생들은 북녘에 연고가 있어 금의환향하셨지만 전향서를 쓰고서 남녘에 남은 대부분의 선생들은 오늘도 불신과 핍박을 받으면서 고난의 나날을 보내야 하니 인생무상을 절감케 된다.

이리하여 나는 임종을 앞둔 아버님의 간곡한 소망을 되씹으면서 과연 "전향서"라는 의미는 무엇일까를 곰곰이 생각해 보았다.

그리고 나는 과연 공산주의 사상을 자기의 세계관, 인생관으로 확립한 공산주의자였는가를 되씹어 보더라도 회의적인 생각만 들 뿐 나는 그런 사상적 경지에 도달할 수도 없었고, 도달한 적도 없는 평범한 민족주의자에 불과했다고 믿었다. 나는 과거에도 미일 제국주의자들의 한국지배에 반감을 갖고 자주독립을 지향했던 민족주의자였기에 외세를 등에 업은 지배계급을 반대하여 투쟁한 민족자결주의자였었다. 따라서 나는 과거와 마찬가지로 현재 미래에도 내 양심의 명령에 따라 정의롭게 살아가려는 의지는 확고하며 조국분단이 초래한 편갈이식 사상투쟁에는 초연하고 싶었다. 그래서 나는 어느 편에도 몸담고 싶지 않아 아버님의 간곡한 출소 조건인 전향서를 쓰고 내 삶의 터전이었던 이 땅에서 살면서 정의로운 사회를 추구해 나가기로 작정했다.

하여튼, 나는 아버님의 마지막 소원을 풀어드리기 위해 내 자신은 희생되어야 된다는 것이 마지막 효도의 길이라 여기고 전향서를 썼지만 허탈감에서는 헤어날 수 없었다. 나는 대전교도소 특별사에서 15년 동안 비전향자라는 이유로 계간 등 온갖 인간적 수모를 당하면서 살아왔는데, 이렇게 아버님 면회 후 허물어져 버리니 허탈감과 인간적 갈등에서 헤어나기 힘들었다.

그러나 연말 특사에는 내 이름이 없고, 다만 20년으로 감형되었다는 감형장을 받았을 뿐이었다. 아버님은 상심을 이기지 못하고 1989년 8월 29일 한 많은 세상을 버리고 내 이름만 부르면서 운명하셨다고 한다. 나는 이 비보를 듣고 모든 걸 잃어버린 기분이었다. 그토록 갈망하시던 아버지의 한도 못 풀어 드렸고, 정사를 마음껏 요리하며 황태자 별명까지 가지고 있던 박철언이 은사의 마지막 간청을 허언(虛言)으로 대답한 배신감 때문에 나는 허탈 상태로 떨어졌다. 이에 나는 정말 죽어 버리려고 물도 마시지 않는 단식을 결행했다.

내 인생 자체가 무너진 것 같은 허무감에 더 이상 살 가치를 찾을 수 없었기 때문이었다. 이에 당황한 전담반은 나를 달래고 위로하면서 물이라도 마시면서 단식하라고 권유하였으나, 나는 거부하면서 전향을 취소하겠다고 선언했다. 다급한 전담반은 법무부에 이런 사실을 보고했고, 충남대 의대 병원에 호송하여 링겔 주사로 처치하여 되살아나게 되었다.

이렇게 나는 인생의 쓴맛만 보다가, 그 이듬해인 1990년 2월 말 3·1절 특사로 세상에 다시 나오게 되었다. 하지만 대전교도소 특별사에서의 삶이 나에게는 인생 수련 기간이 되었고, 정규대학 과정에서 받은 교양과 철리(哲理)를 훨씬 뛰어넘는 참교육을 받을 수 있었기에 나는 대전교도소를 '대전대학'이라 부르고 싶다.

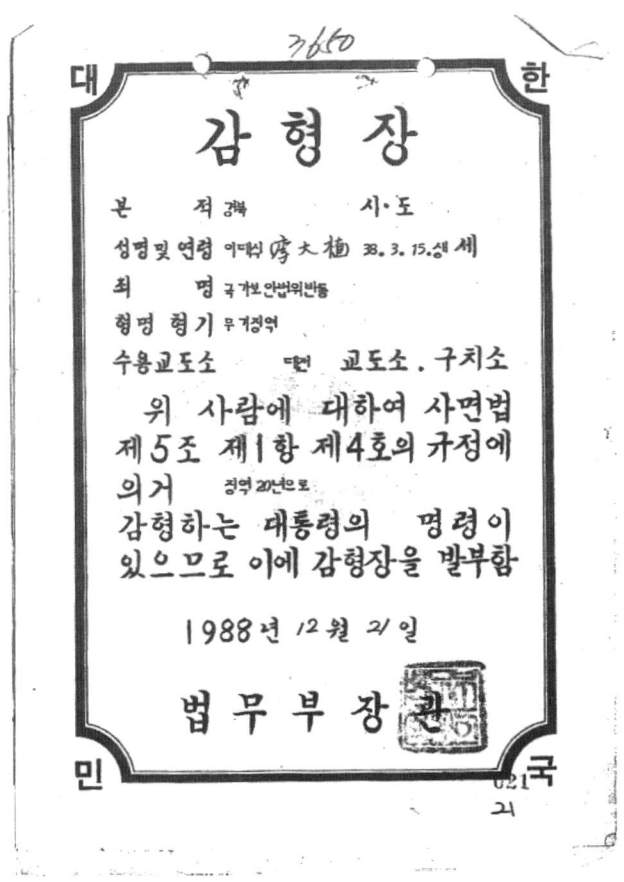

대한

감형장

본   적 경북   시·도

성명 및 연령 이대익 廖大植 38. 3. 15.생 세

죄   명 국가보안법위반등

형명 형기 무기징역

수용교도소   대전 교도소·구치소

위 사람에 대하여 사면법
제5조 제1항 제4호의 규정에
의거 징역 20년으로
감형하는 대통령의 명령이
있으므로 이에 감형장을 발부함

1988년 12월 21일

법무부장관

민   국

박정희 정권을 비롯한 군사 파쇼정권은 내가 상아탑에서 배운 민주
주의와 민주적 기본질서 따위는 완전히 형해화(形骸化)시켰다. 실제
로는 권력자의 자의에 의해 남녘 민중은 통치되고 지배받는다는 사실
을 이곳 특별사 생활을 통하여 깨달은 것이다. 삶과 죽음의 경계선을
넘나드는 극한상황 속에서, 삶의 의미를 깨닫게 해주었기에 '대전대

학'으로 부르고 싶은 것이다,

솔직히 고백하건대, 이곳 특별사 생활 전까지 나는 공산주의자도 아니었으며, 변증법적 유물론을 세계관으로 받아들일 정도로 배움의 기회조차 없었던 추상적인 민족주의자였다. 이곳 특별사 생활에서 받은 상상도 못 할 학대와 고초 속에서 한국적 민주주의의 본질을 맛보게 되어, 참다운 민족주의자로 성숙할 기회를 얻게 되기도 했다.

1960년대와 70년대를 거치면서, 미 제국주의는 번영의 정점에서 차츰 사양화되었다. 브레턴우즈체제가 무너져 달러 가치의 급락을 초래하게 되자, 한국 같은 후진국 시장에서 피복, 가발 등 노동 집약적 생산품을 헐값으로 수급받아야 했다. 이와 같은 시장구조 속에서 우리 민중들은 전태일 열사와 같은 희생자가 나올 수밖에 없었다. 반면에 해외 독점자본과 연결된 매판 자본가는 더욱 큰 잉여가치를 재생산하여 중화학공업에까지 투자하게 된다.

이를 매판자본 측에서 보면 "한강의 기적"이 되고, 노동력을 수탈당한 민중의 입장에서는 "노동 지옥"이 된다. 어느 편이 정확한 평가인지 역사만이 답해 줄 것이다. 이런 부정의하고 불공정한 모순투성이 시대에 정권을 반대하는 특별사 생활을 해야 했으니 "역적" 취급을 당해 인간 이하의 동물처럼 연명해야 했다. 이러한 간난신고의 과정에서 나의 내면세계는 황폐화되기도 했지만, 한편, 인고의 능력도 배가되어 불가에서 말하는 '해탈(解脫)의 경지'에 이르기도 했다.

더욱이 생사고락을 같이하는 대열 동지들 속에는 나와 전혀 다른 세계에서 활동했던 사람들이 많았다. 단독정부 수립과정에서 반대 투쟁했던 선배 동지들이 있는가 하면, 6·25전쟁 때 의용군으로 참전하여 북녘에 갔다가 후퇴 시기에 공작원으로 내려온 선배 선생들도 있었다.

순수한 북녘 출신으로 공작원 안내 임무를 맡은 사고무친의 안내원 선생들도 있는가 하면, 재일 거류민단 성원으로 고국 유학차 와서 체포된 양심적인 재일동포들도 있었다. 그들과의 대화 속에서 그들의 품성과 인생을 배우기도 하여 나에게는 대전교도소를 '대전대학'이란 명칭을 부여하기에 더욱 적합했다.

19년만의 출소와
추풍령 휴게소에서의 인수인계

　나는 3·1절 특사를 예상치도 못했다. 평소처럼 새벽에 누워서 공상만 하고 있었는데, 갑자기 방문이 열리더니 석방이라면서 소지품을 가지고 나오라 했다. 나는 얼떨결에 복도에 나와서 17년간 동고동락했던 선생들께 인사라도 할까 했는데, 기상전이니 그럴 수도 없어 교회사를 따라 방을 나섰다. 보안과 앞에 가니 이미 내 영치품들을 승용차에 싣고 있었다. 나는 놀라 "정문이 바로 앞인데 걸어나가겠다" 하니 교회사는 승용차로 모셔 드릴 테니 타라고 재촉했다.

　그래서 얼떨결에 승용차를 탔더니, 차는 정문을 지나 후문으로 가고 있었다. 나는 불길한 예감이 들어 "왜 정문으로 나가지 않고 후문으로 가느냐?"며 내리겠다고 했더니, 교회사는 "내 동생과 시내에서 만나기로 되어 있으니 안심하고 가자"고 했다. 후문에 당도하니 후문

경비는 아무 조사도 않고 그냥 통과시켜 주었다. 정문에서는 교도관과 함께 출입을 해도 세심한 조사를 했었는데, 이렇게 쉽게 후문을 통과하니 불안이 가시지 않았다.

석방시켜 준다해 놓고 혹시 처단해 버리려는 음모는 아닐까? 왜 교도소 정문으로 출소시키지 않고, 후문으로 내보내며 출문 수속도 왜 그렇게 간단히 해 버릴까? 불안과 공포에 떨고 있는 사이에 승용차는 대전 시내를 지나 고속도로를 질주하고 있었다. 나는 혹시 산속으로 혼자 끌고 가서 처단해 버리려고 하는 것이 아닌가 하는 공포심이 생겨, "차를 세우라"고 소리쳤지만, 교회사도 운전수도 아무 대꾸 없이 달리기만 했다. 그래서 나는 담당 교회사에게 "도대체 왜 이러느냐"고 항의했더니, "곧 동생과 만날 것이니 조금만 기다리라"고 했다.

이렇게 나는 불안에 휩싸여 안절부절하고 있었는데, 자동차는 어느덧 추풍령 휴게소라는 곳에 당도하였고, 동생 상천이가 기다리고 있었다. 그때서야 나는 안도의 숨을 쉬며, "왜 이런 식으로 석방시키느냐"고 물었더니, 담당 교회사는 "선생님은 오랫동안 교도소 생활을 했기 때문에 특별 배려하여 여기까지 모셔드리라 했다"한다.

나는 가소로왔다. 인간 이하의 처우를 해 놓고, 지금 와서 특별 배려라니 다른 꿍꿍이 속이 보였기 때문이다. 그리고 그들은 '신원 인수증'을 동생에게 내 밀며 서명을 요구하니 동생은 서명해 주었고 그들은 사라졌다.

동생과 단둘이 되고 나서야 나는 드디어 석방되었구나 하고 실감했으나 '신원 인수증'이라는 것이 마음에 걸렸다. 내가 물건도 아닌데 석방이면 석방이지 왜 '신원 인수증'이란 것을 써야 하는지, 동생에게 물

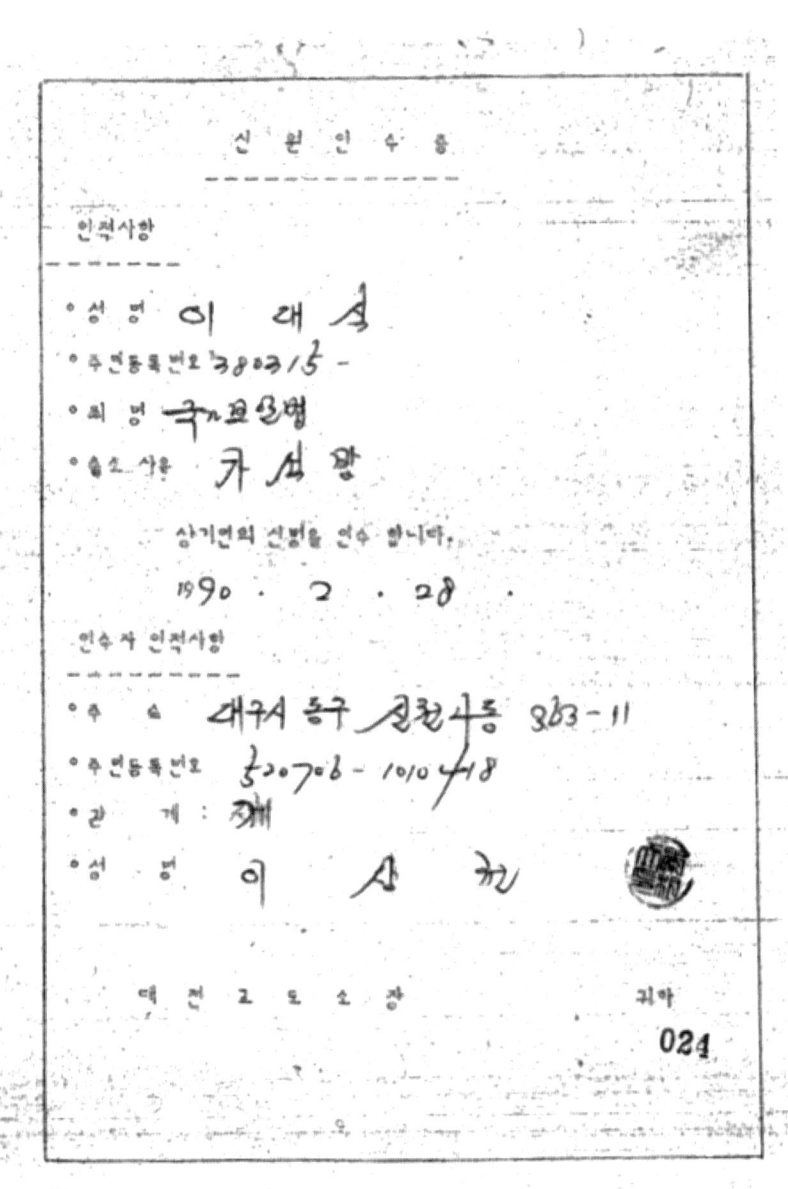

신 원 인 수 증

인적사항

• 성 명 이 대 ○
• 주민등록번호 380315 -
• 죄 명 국가보안법
• 소소 사유 가 석 방

상기인의 신병을 인수 합니다.

1990 . 2 . 28 .

인수자 인적사항

• 주 소 대구시 중구 신천4동 363 - 11
• 주민등록번호 520706 - 1010418
• 관 계 : 제
• 성 명 이 상 ○

대 전 교 도 소 장

귀하

024

〈신원 인수증 참고〉

어봤다. 동생은 대답하기를 "형님은 질병으로 가석방 상태기 때문에 당장 내일 동대구경찰서 보안과에 출두하여, 그들의 지시대로 해야 되기 때문이라" 했다.

하여튼 나는 19년 만에 계호(戒護)자 없이 동생과 단 둘이서 차를 타고와 보니 이제야 자유의 몸이 되었다는 것을 실감하게 되었다. 그 날 밤은 가족들과 못다 한 그간의 이야기를 나누었다. 이튿날 동대구 경찰서 보안과에 동생과 함께 갔더니, 이미 그들은 나를 맞을 준비를 해 놓고 "고생했다"고 하면서 앞으로 보안관찰법에 의하여 내가 준수해야 할 사항들을 하나하나 알려 주었다. "만약 준수사항을 위반하면 가석방은 취소되고 다시 교도소에 가야한다"고 협박했다.

내 서류를 보니 이미 대전교도소에서 전부 이첩되어 있었다. 앞으로 나는 교도소 아닌 '창살 없는 감옥'에서 살아야 된다는 것을 알고 보안관찰법의 족쇄를 실감하게 되었다. 더욱이 내 담당형사는 내가 그들 지시를 어긴다면 신원보증을 한 동생까지 책임을 져야 하는데 당시 동생은 영남대 공대학장이니 동생 신상까지 악영향을 주게 될 것이라 위협했다.

이렇게 되고 보니 나는 교도소 담 안에 있으나, 담 밖에 나와 있으나 마찬가지라는 사실을 더욱 실감 했다. 처음에는 담당 형사가 거의 매일 전화하여 "무엇을 했으며, 어떻게 지내고 있는가?"를 자세히 물어 대답해 주었지만, 너무 사생활을 꼬치꼬치 물어 나도 반발심이 생겨 "도대체 이렇게 사생활을 간섭하는 법이 어디 있느냐? 앞으로는 대답해 주지 않을 테니, 감옥에 다시 잡아넣으려면 넣어라."라고 하고 전화를 끊었다. 그랬더니 형사는 곧 나를 찾아 와 자기도 "상부의 지시에 따라 어쩔 수 없이 보고해야 되니 양해해 주기 바란다."고 하였다. 나는 "상부의 누가 교도소에서 금방 나온 사람을 이렇게 괴롭히라 했는가 말하라" 하니 답해 주지 않아서 나는 "이렇게 감시를 당하느니 차라리 감옥 갈 테니 알아서 해라"고 했다.

형사는 "그렇게 하신다면 신원보증을 한 동생 신변에 해가 올 것이니 참고하고 협조하기 바란다."라고 했다. 그래도 나는 "마음대로 하라" 해 버렸다. 그가 그 다음에 또 전화를 하기에 나는 수신을 거절해 버렸다. 그러고 나니 그는 동생에게 전화하여, "형님을 잘 설득하여 법을 지키도록 협조해 달라" 했다. 나는 동생 집에서 이렇게 하고는 도저히 살수 없어 어머님과 둘이서 서울에 방을 얻어 살기로 했다. 서울로 주민등록을 옮기자 바로 관할 형사가 찾아왔다. 나는 동생에게 피해를 안 주려고 동생 집을 떠나 어머님과 서울로 와 셋방살이를 했지만, 동생 신원보증은 따라다녔다. 그러나 직접 동거하지 않으니 홀가분하여 어머님과 세상 구경하러 돌아다녔다.

사업과 결혼

나는 어머니와 단 둘이서 서울에서 셋방살이를 하면서 마침내 제대로 세상구경을 하게 되어 친지도 만나보고 안부를 나누게 되었다. 고향 안동을 비롯한 전국 방방곡곡을 다녀보니 세상은 정말 많이 변해 있었다. 20여년 만에 만나는 친지들은 이미 사형을 당해 이 세상에 없을 줄 믿었던 사람이 살아서 돌아오니, 놀라서 경계하며 거리감을 두는 친지도 있는가하면, 죽었던 사람이 다시 소생하여 만나는 듯 감격해 어쩔 줄 모르는 친지도 있었다.

이렇게 세상인심은 둘로 갈라져 있어서 분단된 조국의 현실을 축약적으로 보여 주고 있는 듯했다. 1년의 세상 물정을 체험하고 난 다음, 나는 부산 회동동에서 신발공장을 시작하기로 했다. 일본 친구가 전액 투자하기로 하여 <대동무역>을 설립하여 공장을 운영했다. 그러나 이미 그때는 신발산업이 사양화되고 있어서 점점 경쟁력을 잃어가고 있음을 알게 되었다.

그때쯤 나는 신발 수출을 위해 여권발급이 가능한지도 확인했는데 문제 되지 않았다. KOTRA(대한 무역진흥공사)의 수출지원업체로 선정되었기에 KOTRA의 지원에 따라 해외시장 개척단의 일원으로 해외 신발전시회에 참가 신청을 하였다. 아무 문제없이 여권이 발급되어 해외 신발전시회(박람회)에 참가해 EU시장, 중동시장, 북아프리카 시장 등을 조사해 보았다. 하지만 대만, 홍콩, 싱가포르 등과 경쟁할 수 없다는 것을 해외시장에서 확인하고 나는 고민하지 않을 수 없었다.

특히 EU시장, 중동 시장, 북아프리카 시장을 둘러봐도 한국 신발 수출 업자가 이미 기반을 잡고 있었다. 모든 면에서 약자인 내가 시장을 새롭게 뚫고 들어가기란 불가능에 가깝다는 것을 깨닫고 타개책을 번민하게 되었다. 때마침 그때 <남북기본합의서>에 의하여 '대북사업'의 길이 처음으로 열리게 되어 무역업자들의 관심 1호로 등장하게 되었다.

대북사업이라면 누구나 새롭게 진출하기에 나도 경쟁력에서 낙오되지 않을 것 같아서 시도해 보고 싶은 욕구가 치솟아 올랐다. 안기부 부산지부에 근무하는 대학후배를 찾아가서 내가 처한 실정을 말했다. "대북사업을 할 수 있도록 도와 줄 수 있겠는가" 하고 물으니 "알아봐 주겠다"라고 했지만, 한참 후에 "도저히 통일부의 승인이 나올 가능성이 없다"고 대답했다.

그래서 나는 체념하고 신발 공장사업에만 전념하고 있었는데, 어머니는 "꼭 손자를 안아 보아야겠다."라고 하시며 결혼을 강권하셨다. 내 대에서 가계가 끊어지는 것을 어머니는 절대로 눈뜨고 볼 수 없다고 하시며 "마지막 에미의 소원을 들어 달라"고 애원하셨다. 당시 내 나이는 56세였다. 적합한 혼처를 구하기도 어렵거니와 결혼한들 손자를 낳을 수 있을지 의문이라 어머니를 설득해 보았으나, 어머니의 완강한 의지를 꺾을 수는 없었다.

어머니는 19년 동안 온갖 수모를 겪으면서 옥바라지를 하셨다. "처절했던 에미의 처지를 10분의 1만 생각해 줘도 에미 소원을 들어줘야 한다."고 말씀하시면서 결혼을 강권하셨다. 나는 내가 할 수 있는 마지막 효성을 드리기 위해 어머니의 간절한 호소에 따르기로 했다. 나와 어머니는 혼처를 사방으로 알아본 결과 LA에 살고 있던 한명숙(전총리)의 여동생(당시 50세)과 정혼 직전까지 이르렀다. 하지만 어머니는 "여성이 나이가 많아 자식을 낳을 수 없을 것 같다"며 반대하셔서 포기해야 했다.

또 부산에서 전교조 활동을 하다가 해직된 최X희 선생은 우리 집에 와서 어머니 밥상도 수차례 차려드린 마음씨 고운 여성이었는데, 나이가 46세나 되어 아이를 낳을 수 없다고 어머님이 반대하셔서 성혼되지 못했다. 마침내 대구에 사는 P○○과 혼사 말이 나와서 어머니는 "나이가 젊으니 아무 조건 없이 P○○과 결혼하라"고 강권하셨다.

당시 P○○은 37세, 나는 57세였다. P○○은 대구에서 나와 대전 교도소 특별사에서 함께 지내던 김종호 선생을 모시면서 조그만 장사를 하고 있었다. 김종호 선생과 부산의 친지들 권유로 혼사가 성사되어 부산대학 야외캠퍼스에서 1994년 11월 19일 결혼식을 하게 되었다. 결혼식 후에 나는 일본의 친구가 신혼여행을 꼭 일본으로 와 달라는 초청에 따라 일본으로 신혼여행을 갔다. 아다미 온천에서 인생 설계를 하고, 옛 친구들이 찾아와서 우리 두 사람의 결혼을 축하해 주었다.

그런데 P○○은 일본 신혼여행지에서도 나와 다툴 정도로 개성이 강하고 고집이 셌다. 복잡한 동경 우에노(上野)역에서 나는 P○○이 나를 따라올 줄 믿고 걸어갔는데 뒤돌아보니 보이지 않았다. 일본어를 조금도 할 줄 모르는 P○○이기에, 나는 놀라 찾아 헤맸으나 보이지 않아서 당황한 채 어쩔 줄 모르고 찾고 있었다. 자세히 주위를 살펴보니 대합실 기둥 뒤에 숨어 있으면서 나의 동태를 살펴보고 있었다.

나는 P○○에게 다가가서 "이 복잡한 곳에서 왜 바로 따라오지 않고 이게 무슨 짓이냐? 어떻게 이런 곳에서 숨바꼭질하려 하느냐?"고 짜증을 내었다. 그녀는 도리어 화를 내면서 "신혼여행을 왔으면서 왜 함께 손잡고 가지 않고 혼자 걸어가고 있느냐?"고 따지면서 "완전히 숨어 골탕을 먹이려다가 참았다."라고 하면서 정색을 하고 화를 내며 나를 길들이려 했고, 하루 종일 화를 풀지 않았다. 나는 "이렇게 복잡한데 어떻게 손잡고 갈수 있느냐"고 변명하며, "화를 풀어라" 했으나 듣지 않아 신혼여행의 달콤한 꿈이 망가져 버렸다. 그녀의 성격을 짐작케 하여 앞으로의 결혼생활이 평탄치 않으리라 예감하게 되었다.

나는 신혼여행에서 돌아와 어머니와 3식구가 살 방 두개를 전세로 얻어 신혼생활을 맛보게 되었다. 가족을 먹여 살리려고 더욱 열성적으로 신발공장에 매달렸지만, 채산이 맞지 않아 생산설비들을 중국에 처분했다. 안기부 부산지부에 있던 후배 문XX을 찾아가 내 실정을 말했다. "내 명의로 대북사업을 할 수 없다면 처 명의로는 할 수 있을 것 아니냐? 처를 회사 대표이사로 등기를 바꾸고 나는 감사로 바꿔놓고, 통일부에 승인 신청하면 감사는 신원조회 대상도 아니지 않느냐?"라고 하면서, 통일부의 승인이 나오면 나는 회사직원으로 사장을 돕는 형식으로 대북사업을 할 수 있게 도와 달라고 청했다. 그는 기발한 생각이라며 알아 봐 주겠다 했다. 한참 후에 그는 처(P○○) 이력서를 달라하여 주었더니, 통보하기를 "처를 대동무역(주)과 대동주류(주)의 대표이사로 바꿔놓고, 통일부에 신청하라"했다. 나는 대동무역(주), 대동주류(주) 대표이사를 P○○으로, 나는 감사로 등기를 변경하여 통일부에 승인 신청했더니 대북사업 승인이 나왔다

그 후배는 처의 신원조회 의뢰서가 자기에게 도달하여 특이사항이 없다고 회신하였기 때문에 승인이 나오게 될 것이라 했다. 그는 또 "앞으로 중국이나 일본에 가서 북한 사업과 관련하여 사업을 협의하게 될 경우 반드시 자기에게 그 내용을 알려 주어야 자기 입장이 난처해지지 않는다."고 했다. 그리하여 나는 "고맙다"고 하며 동의하여 간신히 대북사업을 할 수 있게 되었다. 그 후 문XX은 자기 기질에 맞지 않는다고 안기부에 사직서를 쓰고 나와서 개인 사업을 하고 있는데, 고마워서 지금까지 그와 교분을 유지하고 있다.

이렇게 우리 내외는 이를 악물고 열심히 대북사업을 하여 돈을 모아 왔으나, 1996년 7월 9일 어머니는 파란만장한 생을 마감하셨다. 어머니는 오직 나 하나만을 위해 사셨다 해도 과언이 아니었다. 나 때문에 온갖 풍파를 당하고, 수모를 겪으며 옥바라지를 도맡아 해 오셨는데, 운명하실 때까지 고생만 하셔서 나는 불효한 회한이 가슴을 짓

눌러 어찌 할 바를 몰랐다.

어머니는 시대를 잘못 만나서 남다른 한만 품고 간난신고를 견뎌 오시면서도 한 번도 나에 대한 불만을 표출하시지 않았다. 당신 가슴에만 묻어 왔기에, 저세상에 가시면 안온한 자리에서 이 불효자식을 지켜봐 달라고 고향 안동 선산에 모셔 놓고, 매년 참배하며 불효를 참회하고 있다.

더욱이 어머니는 손자 보기를 그토록 갈망하셨는데, 돌아가실 때까지 태기가 없어 송구한 마음 금할 수 없었다. 영면하신 10개월 후인 97년 5월 9일에 '이 하나'가 출생하여 나는 어머니가 주신 자식이라 믿고 애지중지 키우며 성장을 지켜보고 있다.

나는 공교롭게도 어머니가 서거하신 바로 10달 만에 얻은 '하나'를 잘 키워서 우리 사회가 요구하는 덕망 있는 인재가 되기를 바라면서, 내가 못 이룬 꿈을 실현해 보고자 했는데 지금은 그 꿈을 접어야 할 것 같다. 나는 이 자식만을 위해 이 세상을 사셨다고 해도 과언이 아닌 어머니를 여의고 허무감과 무상한 인생살이에 절망하기도 했지만, 이제는 P○○이라는 아내도 있는 가장이라서 가정을 일으켜 세워야 할 책임도 있어 밤낮을 가리지 않고 사업에 열중했다. 늘그막에 처음으로 가져본 가정이고, 자식도 생기리라 기대하여 이를 악물고 근검절약하며 무역업에 열중했다.

이제는 늙어서 언제 죽을지 모르는 나였기에, 내가 없더라도 내 가족에게 궁핍만을 남겨주고 죽었다는 말을 듣지 않기 위해, 한 푼도 아껴가며 돈을 모았다. 밥 사먹는 돈이 아까워 집에서 도시락을 싸 들고 외부활동을 할 때도 있었고, 어떤 때는 밥 사먹을 돈이 아까워 굶기도 했다. 또 다음과 같은 일화도 있었다. 아내 P○○은 나를 비난할 때 이를 가끔 써 먹는다. 1998년 봄에 '하나'가 채 돌도 안 되었지만, '일화'를 잉태했을 즈음이었다.

당시 나는 우리 네 식구의 가장이 곧 될 수 있기에, 어떻게든 돈을 모아 내가 죽은 후에라도 3식구가 살아 나갈 수 있게 하려고 밤낮없이 이 사업에 열중할 때였다. 그날도 나는 화물용 이스타나에 북녘 술과 <강서 약수> 등을 가득 싣고(당시 이스타나 화물 겸용 차에는 1톤 이상도 적재하고 다녔다.) 새벽에 부산을 출발하여 서울에 도착하여 북녘상품을 취급하는 재야단체 등, 소매업자들에게 공급해 주고 나서 저녁때쯤 부산을 향해 돌아오고 있었다. 밤 11시경 대구를 지나고 나서 나는 P○○에게 운전석에서 약 1시간 후 집에 도착한다고 전화로 알렸다.

사실 그 당시 내 나이가 60이 지나서 이런 일을 감당하기에는 건강상태가 허락하지 않았지만, 젊은 아내와 어린 자식들이 눈칫밥 먹지 않고 살게 하려고 고속도로 휴게소에서 저녁밥도 사 먹지 않고 집에서 먹을 정도로 절약하며 살아 왔기에, 그날도 한 시간 후 저녁밥 준비를 해 달라고 전화해 둔 것이었다. 그런데 밤 12시경 집에 도착하여 초인종을 아무리 눌러 보아도 인기척이 없었다.

5분이 지나고 10분이 지나도 아무런 대꾸가 없어 불길한 상상이 내 가슴을 휘감았다. 분명 1시간 전쯤에 저녁밥을 준비하겠다고 했는데 "혹시나 정보계통 악한들에게 납치당하지는 않았을까?" "아직 돌도 안 된 '하나'는 어떻게 되었을까?" "혹시 깜빡 잠이 들었다 한들 이렇게 초인종을 눌러대면 잠이 깨었을 텐데, 사람이 없는 것이 분명한데

혹시 P○○이 위급하여 병원에 실려 가지는 않았을까?" "왜 현관문이 잠긴 채 사람이 증발하고 없을까?" 갖가지 악몽 같은 상상을 하며 발작적으로 초인종을 누르고 있었는데 현관문이 스르르 열렸다.

내가 문 열어주는 P○○ 얼굴을 보니 잠에서 막 깬 얼굴이었다. 그때야 나는 안도감과 분노가 뒤섞여 자다가 일어난 P○○의 얼굴을 손바닥으로 때렸다. P○○은 말하기를 "피곤해서 깜빡 졸았는데, 어떻게 얼굴을 때릴 수 있느냐?"고 항변했다. 그 이후 곧 서로가 이 사건은 없었듯이 돈 모이는 재미로 살아왔는데, 부부싸움이 있을 때는 P○○이 이 사건을 들춰내며 항의하곤 한다.

또 나는 목숨을 잃을 뻔한 아찔한 순간도 떠올라 지금 그 당시의 상황을 그대로 토로한다. 나는 환갑이 가까운 나이에 젊은 P○○과 결혼하여 자식을 가졌다. 내가 죽은 후에도, 가난만 남겨주고 갔다는 말을 듣지 않기 위해 이미 환갑이 넘은 나이였지만, 나는 이스타나 화물차를 직접 운전하며 화물을 배송할 정도로 근검절약하며 돈을 모아왔다. 그러던 2월 중순 어느 날 금강산에서 북녘 술과 건강식품 주문이 왔다. 나는 새벽에 음성의 집을 출발하여 미시령을 넘어 고성으로 내리막길을 달리고 있었는데 갑자기 차가 미끄러져 핸들을 제어할 수 없었다.

이스타나 화물칸에는 약 1톤의 화물이 실려 있었다. 차는 무거웠고 오른쪽은 수백 미터 낭떠러지여서, 순간 죽음을 앞두고 얼떨결에 핸들을 왼쪽 반대 차선으로 꺾어 절벽에 부딪혀 차가 멎었다. 순간 나는 핸들을 잡은 채 정신없이 엎드려 있었는데, 반대 차선으로 올라오던 운전기사가 말하기를 "밤에 진눈깨비가 와서 도로가 얼어 미끄러운데 큰 사고가 날뻔했다."라고 하면서 "몸은 괜찮냐?"고 했다. 그때야 나는 정신이 들어 시동을 걸고 운전하려 했으나 무서워 가속기에 발이 가지 않았다. 그래서 기어 1단을 놓고 겨우 내려왔는데 내려와 보니 내 잔등에는 식은땀으로 흠뻑 젖어 있었다.

나는 이렇게 근검절약하며 돈을 모아서, 2001년에는 충북 음성에 890평 대지를 구입했다. 이곳에 창고와 주택 300평을 신축하여 부산의 셋방살이를 청산하고 음성으로 이주하였다. 회사도 차츰 기반이 닦여 김대중 정부 때는 대표이사도 본인으로 교체하고, 공개적으로 대북사업에 매진하였다. 사업영역도 넓어지고 반입한 수량도 많아졌다. 나 혼자서는 판매를 감당할 수 없어서 김영미를 전무로 채용했다.

김영미는 불우한 가정에 태어나 국민학교도 졸업하지 못한 채, 서울에서 식모살이 등으로 전전했다. 그 후 효성 물산에 미싱사로 들어가서 노동운동을 하다가 구로 동맹파업 연대 투쟁위원회 위원장까지 했던 입지전적 경력의 소유자였다. 머리도 명석하고, 달변(達辯)이었다. 상당히 활동적이고 마당발이어서 영업능력도 있었다. 나의 반입품을 재야단체에 판매하는 데에 도움이 되리라 믿어 전무로 초빙하였다. 나와 함께 판매 활동을 하게 되는데 P○○은 이를 질시하고 남녀관계로까지 오해하여 가정불화가 잦았지만, 회사를 위해 김영미 전무를 버릴 수는 없었다.

더욱이 내가 사업차 평양을 방문할 때, 김영미 전무는 여러 차례나 대동하였음에도 아내인 자기는 한 번도 평양 구경을 시키지 않았다고 불만이 많았다. 사실 나는 P○○을 평양에 관광시켜 주려고 노력했으나 97년생, 98년생 어린아이가 있어서 엄마와 떨어져 있을 수가 없었다. 그래서 북측 민경련에 부탁하여 아이들까지 초청장을 받았으나, 통일부에서 미성년 아이는 감수성이 강해 북한 체제에 감염될 우려가 있으므로 방북 승인을 허락하지 않았다. 어쩔 수 없어서 평양 구경을 못 시켜 주었는데 P○○는 내심 불만이 많았다. 이렇게 오해만 깊어지면서 결국 가정파탄이 나서 이혼이라는 비극을 맞보게 되었는데 이에 관해서 여기서는 언급을 피하겠다. 왜냐하면, 나는 내 가정의 치부를 누구에게도 말하고 싶지 않아서 내 가슴에만 묻어 두기로 했기 때문이다.

쑥탕(이금춘, 조상철)과의 관계

　나는 2002년 서울, 하월곡동에 김영미 명의로 '여성 고시텔'을 신축해준 적은 있으나, 그 바로 인근에 있는 쑥탕(이금춘, 조상철)은 알지 못했다. 나는 2006년 평양 '강서 약수 공장' 준공식 때, 북측에서 고려항공 여객기를 인천공항에 보내주면서, 백여 명의 남측 참관단을 내가 직접 선정해 들어오라고 했다. 나는 우리 사업에 도움 될 일부 인원만 직접 선정하고, 나머지 초청자들은 김 전무가 임의로 선정하라고 맡겼다. 그 가운데 초청된 한 사람이 이금춘이었다.

　그전까지 나는 이금춘을 알지 못했는데, 평양 '보통강 려관(旅館)' 김전무 방에 상의할 일이 있어서 갔더니, 이금춘이 동숙하여 처음 소개받고 인사를 나누었다. 퍽 친절하고 대북사업에 관심도 많아 나도 호감이 가서 알게 된 것이다.

이렇게 이금춘, 조상철을 알게 된 후 2007년 가을에 우리 가정은 불화의 늪에 빠져, P○○와의 상면 자체가 지옥으로 느껴졌던 시기였다. 이금춘, 조상철은 우리의 세 가족을 자기 집에 살면서 냉각기를 가지라 권유했다.

나는 그들 호의에 감사하며 목욕탕집에 살게 되었는데, "우리에게 이런 호의를 베푸는 이유가 무엇이냐?"고 물은 즉, 그들은 "무조건적인 사랑을 베풀어 주라는 하느님의 계시를 받아 하느님 시키는 대로 하는 것이니 조금도 부담 갖지 말고 편안히 계시라"고 대답하기에 나는 세상에 이런 사람도 있구나 하고 감복하여 나도 할 수 있는 한 은혜를 갚으리라고 마음먹었다.

그런데 나는 목욕탕 사람들, 특히 이금춘, 조상철과 관련한 기록을 남기려는 이 순간 나의 감정은 착잡하다. 이금춘은 우리 가정이 파탄되는 것만은 막아야 한다고 생각하여, 어린 '하나, 일화'가 마음의 상처를 받지 않는다고 믿어서, 2009년 나의 가정폭력혐의 재판 증언대에서 "폭력은 없었다."라고 증언하여 위증죄로 처벌을 받은 반면 내 재산을 두 사람이 몽땅 가져가 버렸기 때문에 애증의 쌍곡선이 교차하기 때문이다.

그 경위를 자세히 설명해 놓아야겠다. 이금춘, 김봉심(목욕탕 관리인), 김근희(이금춘의 양딸이며 목욕탕 종업원) 세 사람은 2008년 10월 22일 저녁에 서울에서 밥을 해서 싸 들고 음성의 집을 혼자 지키고 있는 내게 찾아왔다. 전날 매원초등학교에서 생긴 불상사로 인해 성북경찰서에 연행된 경위를 묻고 위로해 주면서 '하나, 일화'가 걱정하고 있으니, "서울로 함께 올라가자"라고 권유했다. 바로 이때 P○

○, S○○, Y○○, C○○이 들이닥쳤다.

나는 민가협에서 활동하고 있다는 이들 세 사람이 P○○와 어울려 다니며, 약자인 P○○를 보호한다는 미명 아래에 P○○와 합세하여 나를 가정파괴의 방향으로 추동하고 있었다. 나는 "왜 남의 가정 싸움에 개입하여 P○○ 편만 드느냐? 집 나간 P○○가 집에 돌아올 수 있게 내 버려두고 지금 당신들은 퇴거해 달라."고 요청했더니, 그들은 퇴거에 불응하며 "왜 P○○를 때렸냐?"며 판관처럼 행세했다. 이에 나는 격분하여 "이 집의 주인은 나다. 퇴거하지 않으면 정말 P○○를 찔러 죽여 버리겠다."하고 부엌에서 식칼을 가져와 내 무릎에 놓았으나 그들은 꿈적도 않고 P○○만 방으로 피해 들어가 문을 잠궈 버리고 112에 신고해 버렸다.

얼마 후 경찰이 들이닥쳐 사실관계를 물을 때, P○○은 내가 "칼로 찔러 죽이겠다."라고 하여 피해서 방으로 도망가 신고했다고 대답하였다. 나는 "세 여자가 퇴거하라 해도 퇴거치 않아 퇴거치 않으면 P○○를 찔러 죽이겠다고 협박용으로 칼을 부엌에서 가져왔지만, 이 여자들은 꿈적 않고 앉아 있으니, 이 여자들을 퇴거시켜 달라."고 했다. 경찰은 이 여자들을 퇴거시키고 칼은 증거품으로 가져갔다.

이런 일이 실제로 벌어졌는데, 이 사건과 관련한 2009년 재판 증인으로 출두한 Y○○는 증언석에서 "이대식이 식칼로 P○○를 찌르려고 했다."라고 과장 증언하여, 나는 가정폭력범이 되었다. 그러나 이금춘은 동 재판의 증언석에서 "이대식은 세 여자가 가정 싸움을 부추겨 퇴거를 요청했으나 불응하여, 퇴거하지 않으면 P○○를 이 식칼로 찔러 버리겠다고 했으나 폭력은 없었다."라고 증언했다. 그는 이 재판에서 만일 내가 가정폭력으로 형을 받는다면 가정파멸이 불가피할 것 같아서 어린 '하나, 일화'를 위해 가정을 유지시키려 이렇게 증언했다고 했다.

결국 Y○○의 증언이 받아들여졌다. 나는 P○○의 고소에 의해 가정폭력범이 되었고, 이금춘은 우리 가정파멸을 막으려다가 위증죄까지 덮어 씌워져 내 마음이 한없이 괴로웠다. 이리하여 나는 2010년 5·24 조치 전까지 5억 원이 넘는 돈을 조상철, 이금춘에게 우리 세 식구 생활비에 보태 쓰라고 주면서도 고마운 마음을 잊지 않았다.

어린 '하나', '일화'를 위해 우리 가정이 파괴되면 안 된다고 믿어 Y○○와 정반대의 증언을 하여, 위증죄로 형까지 감수하면서 보호해 주었기 때문이다. 당시 목욕탕 식구들은 전부 사회로부터 소외되어 모진 풍파를 겪은 사람들이었는데, 이금춘, 조상철은 이들을 구제하여 한식구가 되어 엄마, 삼촌, 언니가 되었다고 하니 나는 그들의 자비심에 머리를 숙이지 않을 수 없었다. 그런데 차차 함께 생활해 보니 그들의 다른 교활한 면도 내 눈에 보이기 시작했다.

아직 어린 내 아이들이 엄마와 떨어져서 엄마를 그리워하며, 나 몰래 엄마와 카톡 등으로 교신한 사실이 그들에게 발각되어, 혼나고 맞았다는 사실을 나는 나중에야 알게 되었다. 이에 나는 심한 상처를 받아 그들과 싸우고 아이들을 데리고 목욕탕집을 나가려 했다. 나에게는 금쪽같은 아이들인데 나 몰래 아이들을 때렸다는 것은 용납이 안 되었기 때문이었다.

더욱이 어린 것들이 엄마를 그리워하는 것은 인간의 본성인데, 천륜을 끊으려 아비 몰래 때렸다는 것은 내 자존심을 몹시 건드렸다. 이후부터 양순한 아이들은 그들 눈치만 보고, 그들에게 절대복종하게 되었다. 그들에게 아비는 아무 힘 없는 핫바지로 여기게 되어 버렸고, 있어도 되고 없어도 되는 무의미한 존재로 되어 버렸다. 애들이 이런 환경에 길들어져서 이금춘, 조상철에게 양처럼 무조건 순종하게 되자, 그들은 귀여워 옷과 간식 등 필요품을 챙겨 주었고, 애들은 더욱 그들의 환심과 사랑을 받으려고 경쟁하는 꼴이 되어버렸다.

나는 그때 애들을 미워하지 않고 사랑해 주는 것으로도 고마워 생활비를 아낌없이 주었다. 2010년 5·24조치 전까지 5억여 원이나 쏟아부으면서, 애들이 커서 철이 들면 결국 아비에게 돌아오리라 낙관하고 있었다. 그들은 내 아이들 외에 다른 식구들, 특히 그들에게 엄마, 삼촌이라고 호칭하며 그들의 손발처럼 일하는 김근희나 조동희에게는 조금만 잘못해도 사정없이 때리며 야단치는 모습을 목격했기에, 나는 우리 애들에게 그런 처우를 해주지 않는 것만으로도 고맙게 여기며 내가 할 수 있는 한 아낌없는 지원을 했다.

애들도 이런 공포 분위기 속에서 사랑을 베풀어 주니 이금춘에게는 엄마, 조상철에게는 삼촌이라 부르며 그들이 전부인 양, 아버지와는 점점 소원해졌다. 이러면서도 이금춘, 조상철은 하느님의 계시를 받은 특수 선민(選民)처럼 기도하며 근엄한 척하니 애들도 교회에 나가면서 최면에 빠져들게 되어버렸다.

이리하여 아버지와는 더욱더 소원해져 아버지와의 진솔한 대화조차 피하곤 하였다. 이런 조건 아래에서 2010년 5·24조치 이후 내가 생활비를 못 주게 되자 상황은 달라졌다. 그들은 더욱 나를 무시하게 되었고, 애들 마음도 앗아가서 아비를 무용지물로 만들었다. 또 그들은 고향 땅과 과수원 등 5천여 평을 그들에게 넘겨주고, 내가 생활 능력이 없는 기초생활 수급자가 되면 애들 진학에 유리하니 그렇게 하자고 했다.

나는 불쌍한 애들을 위한 길이라면 무엇이든 할 각오가 되어 있었기 때문에, 그들의 제의를 승낙하여 땅을 이금춘 명의로 일전 한 푼 안 받고 넘겨주었다. 나는 재산이 없어 기초생활 수급자가 되어 애들 학비를 면제받게 되었고, 그들에게 부담을 덜어 주었다. 이렇게 되니 애들은 더욱 아버지 말은 무시하고 그들 말만 추종하게 되었으며 공부는 하지 않고, 놀고 즐기는 데만 정신이 팔려 특히 수학과는 담을 쌓아 버렸다.

이리하여 나는 아이들이 공부에 집중하여 좋은 대학에 가라고 '하나'를 이대부고에 입학시켰으나, '하나'는 공부 경쟁에 견디지 못했다. '하나'는 이금춘, 조상철의 지원 아래에 나 몰래 창문여고로 2학년 때 전학을 가서 결국 세종대에 입학할 수밖에 없었다. '일화'는 상명여고에서 나 몰래 그들과 결탁하여 이름도 생소한 송곡 관광고로 전학을 가 버렸다. 나는 중국에서 돌아와 상명여고에 가서 일화를 찾았으나 전학을 가고 없다고 했다.

나는 너무나 충격을 받아 전학 간 송곡 관광고를 찾아가 '일화'를 만나 자초지종을 들으니, 목욕탕 부지에 관광호텔을 지어 '일화'를 호텔에서 일하게 해 주겠다면서, 이금춘이 이곳 송곡 관광고로 나 몰래 전학시켰다는 것을 알고, 나는 허탈감과 분노에 휩싸여 쓰러질뻔했다. 내가 '하나, 일화'를 낳을 때는 곱게, 곱게 키워 우리사회 발전에 기여할 수 있는 꼭 필요한 인재로 키우려 했는데, 내가 이렇게 가혹한 시

련기를 만나 중국에 있다 보니 내 자식이 이 지경으로 몰락해 버린 것을 생각하니 가슴이 찢어질 듯했다.

더욱이 2016년에는 왠지 이금춘이 급사하고, 조상철은 패망하여 '일화'는 송곡 관광고등학교 졸업을 앞두고, 효성그룹에서 운영하던 '세빛 둥둥섬' 식당 종업원으로 일하고 있었다. 나는 너무나 허탈하고 절망하여 '일화'에게 아빠 품으로 돌아오라고 애원했으나 '일화'는 선뜻 내켜 하지 않았다. 나는 '일화'를 식당 종업원으로 일하라고 낳지는 않았는데, 세상을 잘못 만나 우리 집안이 이런 참혹한 처지에 놓여버려, 울분을 참지 못한 나는 효성 조씨 집안에 미성년자인 '일화'를 친권자 동의 없이 채용한데 대하여 심히 항의했더니, 잘못했다고 학교로 돌려보냈다.

이런 풍파를 겪다보니 '일화'는 공부할 조건이 못되어, 안식교 재단인 삼육대학에 입학할 수밖에 없었다. 비록 학교교육이 인생의 전부는 아니지만, 인생의 기초교육 과정을 헛되게 날려 버리고 인성교육을 제대로 받지 못해서 앞으로의 인생행로에 큰 구멍으로 남게 될 수밖에 없다는 점에 이 애비는 밤잠을 못 이루고 있었다.

무한 경쟁 시대를 살아야 하는 애들이 장래를 걱정해주는 엄마 없는 불우한 처지에 놓이다 보니, 가정에서 공부 방법을 지도하거나 공부를 해야 살아남을 수 있다는 자극을 줄 엄마가 없었다. 그러자 애들은 놀고 즐기는 데만 정신이 팔리다 보니 이렇게 낙오되어 버렸다. 나는 대치동 엄마들처럼 자식 교육에만 몰입하여 명문대학에 입학시켜 출세시키려는 그런 자식 교육은 원하지도 않지만, 하나와 일화가 이 세계를 올바로 인식하고 분석하여 평가할 수 있는 의식 수준은 갖기를 바랐다. 그러나 애들의 지적 수준이 낮아지는 듯하는 안타까움으로 애비의 책임을 통감하고 있다.

나는 이렇게 생물학적 아버지이기는 하지만, 아버지 노릇도 할 수 없어 아버지와 자식 간에 높은 담이 생겨 버렸다. 이금춘과 조상철이 진정한 기독교인이었다면 이렇게 부모자식 간의 천륜을 끊게 만들지는 못했을 것이다.

그들은 박태선 같은 사이비 기독교 소왕국을 조성하기 위해서 어린 자식의 혼을 이렇게 빼앗아 가 버렸지만, 하나와 일화도 차차 성장해 가면서 지혜와 이성도 성숙해졌다. 이제는 어렸을 때의 최면상태를 각성하고 어엿한 지성적 인간으로 살아가려고 자각하고 있어서 나는 아이들을 애정으로 지켜보고 있다.

나의 분신인 하나와 일화가 이렇게 철없던 시절에 느끼고 보아 왔던 잘못된 세상을 정리하고, 인간 본성을 되찾아 가족의 의미를 재발견하여 넓은 세상을 값지게 살아가려는 의지를 보여주고 있어서, 나는 아버지로서의 역할과 지원을 다 하려고 작정하고 있다.

아이들이 이렇게 자주적인 인간으로 성숙하여 양심과 도덕을 소중히 여기면서 자기세계를 개척해 나간다면, 나의 마지막 열정을 다 바쳐 독려하며 지원을 아끼지 않을 것이다. 나에게는 지금 아이들이 마지막 희망이기에, 내가 못다 한 꿈을 우리 하나와 일화가 이루어 낼 수 있도록 기도할 것이며, 그들이 올바른 길로 나아가 보다 나은 세계 개조를 위해 공헌할 수 있는 인자(因子)가 될 수 있기를 바라마지 않는다.

나는 이렇게 이금춘과 조상철의 '소왕국 소굴'에 끌려들지 않았기 때문에 완전히 소외된 채 고립되었고, 이런 환경에 견디지 못하고 중국으로 탈출해 나의 처지를 한탄하고 달래면서 소일하고 있었다.

이제 이금춘과 조상철 관련 사실들을 서술하면서 생각나는 뼈 아픈 사건들도 누락시킬 수 없어 솔직히 말하려 한다. 즉 조상철은 나에게 와서 이웃 김영미 명의로 된 여성전용 고시텔을 내 명의로 틀림없이 바꿔 줄 수 있다고 변호사가 말하니 자기가 돕고 싶다며 협조해 달라고 요청했다.

당시 나는 5.24조치로 상당히 어려울 때였고 김영미 전무와도 P○○와의 문제 때문에 감정이 좋지 못할 시기여서 조상철의 제의에 내 경비가 들지 않는 조건이라면 승낙하겠다고 해 버렸더니 조상철은 민사소송을 제기했다.

원래 이 부동산은 김영미 소유의 대지 24평에 허름한 가옥이 있었는데, 내가 인근 하천부지 18평을 매입해 대지를 넓혀 세입자의 전세금을 환급해 주고 퇴거시켰다. 나는 42평 대지 위에 5층 여성 전용 고시텔을 증축했는데, 김영미 전무는 당시 내 명의로 변경하라는 것을 나는 김전무에게 급료도 만족스럽게 주지 못했기에 명의변경을 않고 그대로 김영미 명의로 증축했다. 증축비는 음성 내 부동산과 서울 이 부동산을 담보로 수출입은행의 대출로 충당했다.

그런데 나는 이 고시텔의 운영을 몇 달 해 보지도 못하고 김전무에게 넘겨주었는데, 조상철의 민사소송으로 패소를 당해 김영미 전무와의 인간적 관계만 악화시켜 버렸다. 그뿐만 아니라 나는 GPS사건으로 구속되자 수출입은행은 음성부동산을 경매에 회부하여 나는 알거지가 되고 말았다.

이렇게 나는 사람도 잃고 돈도 잃고 망신을 당하게 되었는데, 한 집에 살면서 거절할 수 없어서 이런 망신까지 감수했지만 조상철은 이렇게 나를 망신시키고도 음성부동산(대지 890평 건평300평)을 수출입은행 담보에서 해제시켜 주겠으니 자기명의로 변경해 주면 수출입은행을 상대로 소송하여 위 부동산을 찾아 주겠다는 달콤한 말에 또 속고 말았다. 내가 위 부동산을 조상철 명의로 만들어 주었더니 그는 소송에서 패했을 뿐 아니라 경매대금을 갚고도 남은 잔액까지 자신의 뱃속에 넣고 말았다.

이렇게 나는 주변 사람들을 믿어 이용만 당하는 바보 노릇을 했으니 남는 것은 허무뿐이었다.

GPS 간첩사건

2012년 4월 하순경 나는 중국에서 일시 귀국했다. 비록 우리는 아버지 같지 않고, 자식 같지 않은 관계지만 아버지는 그래도 부정(父情)이 살아 있어서 자식 걱정이 되어 한 달에 한 번꼴로 귀국하여 애들을 살펴보곤 했다. '하나' 생일도 다가와서 귀국하여 애들을 보듬어주고 싶었다. 나는 목욕탕집에서는 애들과 진솔한 대화를 나눌수 있는 기회조차 없어 나는 내 승용차를 직접 운전하여, 우리 세 식구가 사랑의 대화를 나누며 애들을 상명여중에 태워 보내려고 5월 6일 아침 7시경 현관문을 여는 순간, 건장한 청년들이 막아서며 시경에서 왔다며 체포영장과 압수수색영장을 제시하면서 "협조하라"고 하고 나를 다시 방으로 끌고 갔다.

너무나 뜻밖의 돌발사건이라 나는 정신을 차려보니, 십 수 명의 청년들이 집을 에워싸고 수색을 하더니 함께 나가자고 했다. 나는 "아무 죄가 없는데 못 가겠다"하니, 그들은 "죄가 없으면 돌려 보내드릴 테니 가자"고 하여 끌려간 곳이 옥인동 시경 보안수사대였다.

내 양심에는 아무 죄가 없었기에 당일에 석방시켜 줄줄 믿었으나, 그들은 석방시킬 기색은 전혀 보이지 않았다. 당시 언론에서 보도된 서해 쪽에서 발생한 항공기, 선박의 GPS 교란사건 등을 물으며 밤늦도록 심문했다. 다음날 오후에는 "나가자"고 하기에, 나는 석방시켜 줄 줄 알고 따라나섰더니, 중앙지법 구속영장 실질 심사장으로 끌고 갔다. 검사가 읽고 있는 구속해야 할 범죄사실들을 들어보니, 놀랍게도 나는 '거물 간첩'으로 둔갑 되어 있었다.

너무나 터무니없는 간첩 조작에 나는 날조라 부인하며, 어린 자식들을 위해서도 불구속으로 조사받게 해 달라고 판사에게 간청했으나, 헛된 메아리로 끝나고 구속영장이 발부되어 버렸다. 알고 보니 바로 대통령 선거를 앞두고 박근혜의 대통령 만들기를 위해 조작된 공안몰이 각본에 의해 희생되었다는 것을 직감하게 되었다.

사실 공안세력들은 이미 국정원과 연계되어 있던 사이먼 김(Simon Kim, 한국명 김반석)이라는 뉴질랜드 교포 대북사업가를 '민경련'을 통하여 나와 접근시킨 후 나를 염탐해 보았으나, 이렇다 할 혐의가 없게 되자 나의 대북사업을 단절시킬 목적으로 꾸며낸 소설이 바로 GPS 간첩 사건이며, 대통령 선거 국면에 실컷 이용해먹은 것이다.

공안당국은 수차 김반석에게 사례자금을 뿌리며 매수하여 나를 간첩으로 조작하려 했으나, 결국은 김반석의 진술 외에 아무런 증거가 없고 김반석의 진술조차 일관성이 없어서 간첩으로 엮어내는 데 실패하고 말았다. 그들은 내가 GPS 기술을 북에 넘겨주고, 북에서 서해지역을 오가는 선박과 항공기에 GPS 교란을 하여 우리 선박과 항공기의 운항을 방해했다면서 자백을 강요했다.

사이먼 김은 자백을 했는데, 나 혼자 부인해도 소용없다는 것을 알지 않느냐며 허위자백을 강요했다. 그들은 옛날 70년대와 80년대처럼 고문은 할 수 없어 거짓말탐지기까지 동원하며 자백하라고 협박했다. 그들 수사관은 거짓말탐지기를 내 몸과 연결하여 나타난 파장을 나에게 보여 주면서, "이 기계가 표시한 파장에는 분명 내가 거짓 진술하고 있다고 표시하고 있는데 왜 거짓말하느냐? 솔직히 자백하면 수사관 재량으로 형을 면하게 해 줄 수 있다"고 나를 유혹했다.

사실 나는 거짓말탐지기가 찍어내고 있는 파장을 보고 그 의미를 모르긴 해도, 내 양심상 도저히 거짓 진술은 할 수 없어서 터무니없는 날조극에 끝까지 굴복하지 않았다. 이렇게 GPS간첩 만들기는 실패할 수밖에 없게 되자, 그들은 내게서 압수한 메모장에 적힌 중국 전화번호의 사람들을 일일이 물으며 꼬투리(단서)를 잡으려 애썼으나, 아무런 약점을 찾을 수 없게 되자 당황한 빛이 역력했다.

그들이 GPS 간첩 만들기에 실패하자, 이번에는 NSI 4.0(고공 위치추적 레이더) 기술을 탐지해서 북에 넘기려 한 "간첩 최고위급 상선"을 체포했다고 언론조작을 해 가면서 부산을 떨었다. 그들은 어떻게 NSI 기술을 내가 북에 넘기려 했는지, 그 단서를 찾지 못하던 중에 마침, 내 메일을 뒤지다가 후배 손X현과 주고받은 메일에 NSI라는 말이 나왔기 때문이다.

그러나 그 이상 구체적인 단서는 없을 뿐 아니라, 나는 70이 넘은 노인이라서 메일조차 보낼 줄 모르는 컴맹(컴퓨터 맹인)이란 것을 알게 되어 간첩조작을 하려해도 엉성하게 조작할 수밖에 없었다. 그리고 보안수사대는 각 언론사에 "거물간첩을 잡았다"느니 하며, 선거 국면에서 공안몰이를 실컷 이용해 보았으나, 한겨레신문에서는 공안기관의 사건발표가 어딘지 어색하고 미심쩍다고 판단했다. 그래서 정환봉 기자는 나의 GPS간첩사건을 심층 취재하기로 하고, 연일 공안기관 발표의 모순성을 취재해서 폭로했다. 그러나 민가협에서는 모르는 척 외면으로 일관했고, 양심수 취급조차 하지 않았다.

또한, 아빠가 돌연 억울하게 잡혀 들어가게 되어 아직 어린 두 아이가 내 버려져 있었지만, 민가협은 아무 관심도 보이지 않고 방치했다. 그러나 P○○가 잡혀 들어가니 석방대책위까지 꾸렸다. 나는 그런 사실을 확인하고서 민간협이라는 단체를 다시 보게 되었다.

이렇게 사건이 공안기관의 의도와는 다르게 진전되자, 그들은 사이면 김을 증언대에 세우고 내가 간첩이란 것을 증언했지만, 너무나 허점투성이 증언이란 것이 드러났다. 2심에서는 민경련 부대표 김XX를 나의 상부 공작선이라 날조하려 했으나, 통일부 사무관 고화섭이 증언대에서 "김XX 부대표는 남녘 사업자들 누구나 만나는, 북한 주민접촉 승인을 위한 파트너라면서, 통일부 공무원들이 평양을 방문하여 실정을 료해(了解)해 보았을 때, 김 부대표는 절대 공작임무를 가진 부대표가 아니다."라고 증언하여 공안기관을 허탈하게 했다.

이리하여 1심에서부터 대법원까지 무죄로 확정되어 공안세력은 크게 망신만 당하고, 그들의 간첩 조작 사실이 만천하에 폭로되었다. 그래서 나는 약 7개월간 영어의 몸이 되었다가, 1심에서부터 무죄선고를 받고 2012년 12월 7일 풀려나게 되었는데, 서울구치소는 옛날 내가 살았던 대전교도소 특별사에 비하면 호텔처럼 느껴졌다.

주식과 부식이 좋아졌고, 신문과 책을 열독할 수도 있었고, 텔레비전이 설치되어 아침저녁 시청할 수도 있었을 뿐만 아니라, 거의 매일 아침 보안담당이 와서 "애로사항이 없는가?"라고 묻곤 하였기 때문이다. 이렇게 재소자 처우 개선이 이루어졌음에도, 옆방의 이명박 대통령 형 이상득이 불법정치자금 혐의로 구속되어 못 견뎌 하는 모습을 보고, 나는 우리 사회 상층부의 생활상을 보는 듯하여 쓴웃음을 자아내기도 했다.

나는 1심 심리에서 사이먼 김의 진술이 모두 신빙성이 없다는 사실이 입증되어 2012년 12월 7일 무죄선고를 받고 석방되었지만, 공안검사의 항소로 서울고법에 계류되어 버렸다. 이를 기화로 이금춘, 조상철은 2014년 9월말에 내가 애써 가꿔놓은 대동무역(주), 대동수산(주)을 온갖 공갈과 회유 등을 동원해서 탈취해 갔다. 이미 고향 땅 5천여 평을 사취해 간 것도 모자라서 내 회사까지 탈취해 버린 것이다. 나는 현재까지 그들을 고소하고 있지만, 조상철은 변호사를 동원하여 수사기관과 유착하고, 실정법조차 농락하고, 이미 사망한 이금춘에게 모든 책임을 전가하는 방식으로 법망을 피해가고 있다.

나는 드디어 2016년 3월 24일 대법원에서 GPS간첩사건에 대한 무죄확정판결을 받아 마음이 홀가분하게 되었고, 공안세력의 간첩조작 실상이 각종 언론에 폭로되었다. 나는 이 GPS사건이 무죄 확정됨에 용기를 얻어, 항상 나를 괴롭혀 오던 보안관찰법의 불법성에 대하여도 고민해 보기로 작정했다.

두 번의 간첩 누명…"칠성판에 묶여 고문"

[30년, '조작 간첩' 인생의 기록] 통일혁명당 재건—GPS 간첩 사건 피해자 이대식 씨 1
서어리 기자 | 기사입력 2016.10.27. 12:06:07 최종수정 2016.10.27. 12:06:21

조작 간첩의 삶은 참혹합니다. 고문을 받고, 고문을 피하기 위해 거짓 자백을 하고, 거짓 자백으로 범죄가 성립되고, 범죄자가 되어 결국 철창 안에 갇힙니다. 형기를 마치고 사회에 나오거나 설령 법정에서 누명을 벗는다 해도 사회적 낙인은 그대로 남습니다. 피해자들은 "인간성이 파괴되는 경험"이라고 입을 모읍니다.

한 번만으로도 끔찍한 경험을 두 번이나 겪어야 했던 사람이 있습니다. 1972년 통일혁명당 재건 사건, 2012년 GPS 간첩 사건의 피해자 이대식(79) 씨입니다. 과거 무기징역을 받고 20년간 복역한 그가 또다시 간첩 혐의를 받은 것은 단순한 우연이 아니었습니다. 간첩죄 전력이 또 다른 조작 간첩 사건의 빌미가 되었습니다. 분단 체제의 모순에 일생을 송두리째 빼앗긴 이대식 씨의 이야기를 전합니다.

▲이대식 씨. ⓒ프레시안(최형락)

"시대를 잘못 타고난 게 죄라면 그게 내 죄일 겁니다."

이승만 정권 시절에 대학을 다녔습니다. 위정자의 잘못을 눈감는 것은 지식인의 도리가 아니라 믿었습니다. 소위 말하는 운동판에 뛰어들었습니다. 1959년 정부에서 대학생들에게 재일동포 북송 반대 데모를 시키자, 뜻 맞는 대학생들과 함께 관제 데모의 실상을 폭로했습니다. 이듬해에는 4.19혁명이 일어났습니다. 두말할 것 없이 시위 대열에 나섰습니다.

이대식 씨는 사립 명문대에서 행정학을 전공한 재원이었습니다. 그러나 졸업 후 직장 생활은 변변치 않았습니다. 운동 전력 때문에 행정고시에 응해도 합격할 수 없다는 걸 알고서 고시 공부는 일찍이 포기했습니다. 무역회사에 다니다가 서울 제기동에서 부모님이 운영하던 여관을 맡기로 했습니다.

1972년 2월 16일 아침 5시 30분경, 여관 종업원이 자고 있는 그를 깨웠습니다. 손님이 왔다고 했습니다. 객실 쪽으로 갔더니 험상궂게 생긴 남자 두 명이 있었습니다. 그들은 대식 씨를 보자마자 넙죽 절을 했습니다. 자신보다 나이도 많아 보이는 사람들이 무작정 절을 하니 엉겁결에 맞절을 했습니다. 그리고 고개를 든 순간, 눈앞에 총구가 보였습니다.

"아무 말 말고 따라와라."

겁에 질려 가족에게도 알리지 못한 채 그들을 따라갔습니다. 밖으로 나가니 지프차가 있었습니다. 그 차를 타고 도착한 곳은 충무로 근처의 적산 가옥이었습니다. 가옥 안으로 안내한 그들은 대뜸 물었습니다.

"유위하를 알고 있지?"
"모릅니다."
"그래? 그럼 알게 해줘야겠네."

▲1972년 4월 11일 <매일경제>. 빨간 박스 안의 기사가 이대식 씨가 연루된 간첩 사건 보도.

몽둥이로 두들겨 패기 시작했습니다. 정신없이 맞다 보니 엉덩이 쪽이 끈적거리는 게 느껴졌습니다. 만져 보니 온통 피범벅이었습니다. 그걸 본 남자들은 약을 가져와 발라주었습니다.

"죄는 밉지만 사람은 미워하지 않는다. 이것이 이곳에 들어오는 신고식이다."

그들은 다시 한 번 물었습니다.

"이래도 유위하를 모르는가?"

정말 처음 듣는 이름이었습니다. 모른다고 했습니다. 어떤 사람인지 알려달라고 했습니다.

"북에서 내려온 간첩 있잖느냐."
"정말 모릅니다."
"네가 아직 북망산천을 가보지 않아 정신이 안 드는 모양인데 구경시켜줘야겠다."

그들은 나무 널빤지를 가져오더니 거기 위에 누우라고 했습니다.

"지금 네가 누운 널빤지가 칠성판이다. 사람이 죽으면 이 위에 올려놓고 염을 하는데, 보통 사람은 삼베나 명주끈으로 염을 하지만, 너는 영광스럽게도 가죽끈으로 염을 해주겠다."

발목부터 어깨까지 네 군데를 가죽끈으로 꽁꽁 묶었습니다.

"네가 여기서 죽으면 그대로 관에 넣어 묻으면 되고, 만일 살아 돌아오면 염라대왕이 아직 안 불렀으니 우리에게 협조해야 한다."

그들은 대식 씨 얼굴에 수건을 덮어씌웠습니다. 경찰서 문전도 가보지 않은 그였습니다. 난생 처

ⓒ프레시안(최형락)

음 당하는 고문에 몸이 부들부들 떨렸습니다. 그들은 수건 위로 물을 들이부었습니다. 숨 막히는 고통에 발버둥 쳤습니다. 그들은 간헐적으로 물을 부었습니다. 결국 까무러쳤습니다.
정신이 돌아와 눈을 떠보니 얼굴을 덮던 수건도 사라지고 몸을 묶고 있던 가죽끈도 사라졌습니다.

"아직 염라대왕이 들어오지 말라고 했나 보네. 이제 우리에게 협조하지 않으면 너는 또다시 북망산천에 가야 한다. 어떻게 할래?"
"무조건 시키는 대로 하겠습니다."

울며불며 빌었습니다. 죽음의 코앞에까지 다녀왔습니다. 당장 죽지 않으려면 다른 선택지가 없었습니다.

그들은 대식 씨에게 자술서를 쓰라고 했습니다. 협조를 하고 싶어도, 뭘 어떻게 써야 하는지를 몰라 물어봤습니다.

"유위하를 1972년 1월 10일경 부산 권양섭이네 집에서 만났고 유위하가 간첩이란 사실을 알고 그와 지하당을 건설하기로 했다고 써라."

"김일성 장군께 메시지를 보내라 해서 써보냈고, 남북적십자 회담과 비상사태 선포에 대한 여론조사를 한 후 보고해 간첩했으며, 김일성 장군 회갑선물로 우리나라 지도에 만수무강이란 글자를 넣은 자수를 만들어 보냈다고 써라."

대식 씨는 그들이 불러주는 대로 그대로 받아썼습니다.

백발의 노인이 된 그는 당시를 회상하면 기가 찬다고 했습니다.

ⓒ프레시안(최형락)

"권양섭 씨가 나에게 급하게 좀 만나자고 해서 그 집에 갔습니다. 거기 어떤 아주머니 한 분이 계셨습니다. 경상도 말씨였고 경북 봉화 사는 권양섭 씨 친척이라고 했습니다. 그 분이 간첩일 줄은…."

거짓 진술 받아쓰기는 이게 끝이 아니었습니다. 일본에 다녀온 이유를 물으면서 "조총련(재일본조선인총연합회) 이용욱, 이용극 형제와 만나 거기서 간첩 지령을 받지 않았느냐"고 물었습니다.

대식 씨는 일전에 그의 아버지가 소장하고 있던 중국 원시대 4대 화가 중 하나였던 왕몽의 산수화를 판매하기 위해 일본으로 건너가 고향 친척인 이용욱, 이용극 형제를 만난 적이 있었습니다. 그러나 그들을 만난 것은 그저 골동품을 팔기 위해서였습니다.

"나는 네 머릿속을 들락날락하는 귀신이다. 왜 나를 속이려 하느냐? 솔직히 시인하면 용서해준다. 자수 간첩들은 전부 석방하는데, 조그만 것이라도 부인하면 자수 간첩으로 보지 않는다. 조총련과 관계된 사실을 전부 자백하면 곧 석방해줄 테니 솔직히 대답해라."
"수사관님은 누구신데 저를 석방시킬 권한이 있습니까?"
"나는 치안국 특수부서에 있는 사람인데 청와대에 직보할 수 있는 사람이니, 너 하나쯤은 죽일 수도 있고 살릴 수도 있다."
"저도 협조하고 싶지만 제 양심을 걸고 고백하는데, 그 사람들이 조총련계인 줄은 몰랐습니다. 그 사람들이 퇴근하면 만나서 동경 화랑가를 함께 다녔을 뿐 정치적인 대화는 일절 없었습니다."

그들은 다시 칠성판을 가져왔습니다. 저번처럼 얼굴 위에 수건을 덮진 않았습니다. 이번에는 발가락 사이에 무슨 물건을 끼우더니, 옛날 수동식 전화기를 돌렸습니다. 몸이 붕 뜬 것처럼 마비되었습니다. 다시 "원하시는 대로 진술하겠다"고 빌었습니다. 이왕 죽을 바에야 차라리 편안히 죽는 게 낫겠다 싶었습니다.

"일본에서 간첩 교육을 받았습니다."
"진작 자백할 것이지, 피차 힘들게 왜 '작업'을 받고서야 그러느냐."

그들은 "이제서야 네가 참된 국민이 되고 있다"며 판사 앞에서도 일관되게 진술할 것을 종용했습니다.

"양심? 인격? 자존심? 그때 그런 건 하나도 중요치 않았습니다. 어차피 죽을 거면 적어도 덜 고통스럽게 죽고 싶다는 생각밖에 없었습니다. 처음에는 좀 살려고 생에 대한 애착을 가지다가도 나중엔 생을 포기하게 되더라고요. 한 마디로 치욕스러운 인간 붕괴 체험을 했습니다. 그때의 악몽이 지금까지도 생생하게 떠오릅니다. 아마 땅속에 묻힐 때까지 결코 잊지 못할 겁니다." (다음에 계속)

보안관찰법소송 승소

나는 1990년 2월 28일 가석방된 후, 26년간이나 보안관찰법대상이 되어 공안세력의 감시를 받아 왔다. 보안관찰법은 법무부가 피관찰자의 관찰결과를 매2년마다 심사하여 해제 여부를 결정하도록 규정되어 있다. 나는 13회(26년) 동안 계속 연장되어서 나의 일거수일투족을 합법적으로 감시당했다.

물론 민주사회라면 용납될 수 없는 악법이지만, 이 땅에서는 엄연히 실정법으로 살아 있어서 인간으로서의 기본권을 속박하고 제한받아 치욕과 울분을 달랠 길 없었는데, 2016년 GPS사건이 대법원에서 무죄로 확정되자 민변(민주사회를 위한 변호사 모임) 이명춘 변호사 등이 "이참에 보안관찰 취소소송을 제기하자"고 권했다. 물론 그들은 내가 돈 없는 기초생활수급대상자라는 것을 알기에 무료로 변호를 해 주겠다고 제안했다.

　나는 보안관찰법상 피관찰자로서 26년간 창살 없는 감옥살이를 하지 않을 수 없었다. 또 나는 그런 조건에서 대북사업을 했기 때문에 매사에 조심조심하면서 약점을 잡히지 않으려고 노력했다. 매 순간이 살얼음판 걷는 심정이었다. 재야단체 활동과도 거리를 두면서 살았다. 그러다 보니 오해와 불신을 당할 때도 있었다. 이처럼 보안관찰법은 나의 삶을 매 순간 옭아맸기 때문에 감히 취소소송을 제기할 엄두를 내지 못했었다. 그런데 이명춘 변호사가 "문재인 정부는 적폐청산을 표방하고, GPS간첩사건이 대법원에서 무죄로 확정된 이 기회에 소송을 하자"고 권유했다. 나는 그 말에 용기를 얻어서 2018년 4월경에 법무부 장관을 상대로 보안관찰 취소소송을 제기했다(서울고법 2018누 31230).

　이리하여 서울고검 법무부 대리검사는 내가 대북사업을 하면서 북한 주민과 접촉을 할 개연성이 많다고 주장했고, 경찰 보안관찰 담당관도 "관찰 해제하는 것은 시기상조라는 보고가 있으므로, 보안관찰을 취소하면 안 된다"고 주장했다. 하지만 서울고법에서는 26년간 보안 관찰한 결과 한 번도 보안관찰법 위반 사실이 없는 것으로 미루어, 법 위반 우려는 없다고 간주하고 승소판결을 해 주었다.

　그러나 서울고법에서는 승소하였지만 검사가 상고했다. 하지만, 2018년 9월 23일 대법원에서도 승소 확정(대법2018두45299)되었다. 나는 3년 묵은 체증이 내려가듯 시원했다. 항상 나를 감시하고 미행하고 있으리라는 불안감에서 해방되었고, 매번 담당경찰에 신고하던 신고의무에서 해방되었으니, 마치 새로운 세상을 만난 듯 홀가분

한 기분이었다. 하지만 뒤로 알아보니 공안기관은 어쩔 수 없어 해제
는 했으나, 비공식적으로는 똑같이 감시하고 내사를 하고 있다고 한
다. 하여튼 이명춘 변호사에게는 고마운 정을 잊을 수 없다.

　나는 26년간이나 경찰의 감시를 받으면서 살았다. 이사 때마다 대
구, 경기, 부산, 서울, 음성경찰서 보안과 담당 직원의 공개적인 감시
를 받았다. 지금 회고해 보면 음성경찰서 담당 00경장을 제외하고는
모두 음흉하고 치사하게 감시했다. 하지만 음성경찰서 00경장은 나의
생활을 감시해 보고서 말하기를 "법과 상부의 지시에 의해 관찰해 본
결과, 사장님은 법 없이도 살 사람인데, 관찰해 보고하라니 잘못된 세
상인 것 같다."라며 관찰해제를 상신 했지만 묵살 되었다며 안타까워
했다. 나는 이 자리를 빌려 그 경찰에게 감사의 인사를 전하고 싶다.

대북사업 관련 단상

앞에서도 말했다시피 나는 신발산업이 사양화되어 도저히 신발공장 운영을 지속할 수 없어서 공장 설비를 중국에 처분하고 간신히 대북 무역에 종사하게 되었다. 다시 말하자면, 나는 대북사업을 하겠다는 의도를 갖고 처음부터 대북사업에 참여한 것이 아니라, 운영하던 신발공장이 경쟁력을 잃어 타개 방법을 모색하던 중, 때마침 노태우 정부의 북방정책 일환으로 남북기본합의서가 체결되고 남북경제거래가 합법화된 시기였기 때문에, 모든 기업이 대북사업에 관심을 가질 때, 나도 해 보고 싶은 욕구가 발동하여 우연히 대북사업에 참여하게 된 것이다. 내 명의로는 할 수 없어서 갓 결혼한 처의 명의로 사업을 하려니 온갖 어려움이 산적했지만, 하나하나 해결하고 마침내 1994년부터 대북 무역을 하게 되었다.

처음에는 주류수입 면허가 없어서 인기 많은 평양 소주 등은 반입할 수 없었다. 그 대신 못 하고, 청천강 등지에서 수집한 수석을 반입하였다. 당시 수석과 분재는 상당히 유행하던 시절이었는데, 남한강 오석(烏石, 흑요암)은 모양 좋은 것이 상당히 비싼 때였다. 더구나 남한강은 댐 건설로 수몰지구가 많아 품귀 상태였는데, 내가 북에서 남한강 수석과 똑같은 석질의 오석을 반입했으니 곧바로 비싸게 처분되었다. 청천강 오석은 남한강 오석처럼 석질이 같고 모양 좋은 수석이 많아 인기가 높았기 때문이다.

그런데 북에서는 당시 수석이라는 개념도 몰랐다. 어떤 돌이 수석으로서의 가치가 있는지 몰라 막돌 오석도 섞여 들어오고 있었다. 이렇다 보니 나의 북측 '대방'(파트너)은 내가 원하는 형태의 수석을 선별하느라 무척 고생도 많이 했다고 듣게 되어 북측의 무역 일꾼들의 열정과 정성에 감복했다. 나는 북측의 이 무역회사 이름도 오래되어 잊어버렸고, 사장 이름도 잊어버렸으나 소개해 준 사람은 일본의 최철교 선생이었다. 나는 그의 장례식에 참가하여 고인의 명복을 빌었다.

최철교 선생은 일본에서 '빠찡꼬' 업을 하면서 돈도 꽤 벌었는데, 일본 반동들의 민족적 차별 속에서 겨우 버티다가 마침내 암으로 별세하여 한 많은 생을 마감하신 분이었다. 최철교 선생이 당시 중국 북경에 주재해 있던 북측 무역대방에게 나를 소개하면서, 비록 돈은 별로 없지만 신용 있고 성실하다는 것을 자기가 보증한다고 했다. 북측 무역대방은 내가 무역업자로 크게 발전하리라 믿었을 것이고, 나 역시 좋은 무역대방을 만났다고 판단해서 성심성의껏 신용을 지키려고 했다.

마침내 내가 믿을 수 있는 대방과 상호 신뢰를 쌓으면서 수석 등을 거래했다. 돈도 모이기 시작했다. 나는 6·25전쟁 이후 처음 만나본 북측 동포가 어떤 사람으로 변해 있는가를 몸소 체험하게 되었다. 전쟁 시기 인민군 부상병을 간병하면서, 그와 많은 정담을 나누어 친형처럼 느껴 아직도 잊지 못하고 있는데, 반세기가 거의 지난 지금 북의 동포 무역 일꾼을 처음 만나게 되니 감회가 남달랐다.

비록 서로의 과거사는 말할 수 없는 처지였지만, 중국이라는 이국 땅에서 같은 우리말을 쓰며 무역 거래 관련 대화를 해 보니, 동포로서의 정감이 배어 나와 마치 이웃집 사람과 상담하는 것처럼 착각되었다. 외세가 만든 민족 분단이 새삼 가증스러울 뿐이었다. 나는 반동적인 이승만, 박정희 정권하에서 청년 시절을 보내면서, 이북의 공산주의자들은 머리에 뿔 달릴 정도의 야수 같은 인간들이라고 교육을 받아 왔는데, 막상 무역 일꾼을 만나보니 혈육의 정을 느낄 만큼 나와 다름없는 이웃집 청년 같았다. 대전 감옥에서 함께 살았던 북에서 내려온 공작원들처럼 인간미와 민족적 정서를 느낄 수 있어서 무역 거래를 하기 위한 만남 자체가 오히려 이상하게 여겨졌다.

나는 그 시절의 무역 거래 정황은 거의 잊어버려 대방의 이름조차 떠오르지 않지만, 잊혀지지 않는 기적 같은 놀라운 사실도 있어 지금 기술하고자 한다. 나는 1994년 7월 8일 물품대금을 송금했으나 물품이 오지 않아 독촉하기 위해 천진(天津)행 대한항공을 탑승했다. 그 당시 중국에서 북경공항은 우리 여객기에 개방하지 않아서 부득불 천진 공항에서 내려 전용 버스를 타고 북경에 가야 할 시절이었기 때문이다.

그날도 나는 천진 공항에 도착하여 공항버스를 타고 북경으로 고속도로를 달려오는데, 갑자기 천둥 번개가 치더니 억수같이 소나기가 쏟아졌다. 나는 넓디넓은 평야 지대에는 이렇게 '기후변화가 급변 하는구나' 여기면서도 심상치 않은 기분만은 지울 수 없었다. 북경에 도착하여 빗속에서 택시를 타고 북경 조양구의 약속 장소에 갔더니, 북측 무역회사 대방이 침통한 표정으로 나를 기다리고 있었다. 나는 무역 거래에 장애가 조성된 줄 알고 불길한 예감이 스쳐 지나갔는데, 그가 말하기를 "오늘 김일성 주석님이 서거하셨다"라며 울먹였다.

그러나 나는 무역대방의 그 말을 믿을 수 없었다. 김일성 주석과 김영삼 대통령은 7월 25일 평양에서 수뇌회담을 하기로 합의된 것으로 알고 있었다. 김일성 주석의 건강 상태를 예견하고 그런 합의를 했을 텐데, 역사적인 회담을 바로 앞두고 서거하였다는 것은 도저히 믿어지지 않았기 때문이다. 그러나 나는 숨을 돌려 중국 언론 보도를 보니 과연 불행한 사실이었다. 비록 서거한 주석에 대한 평가는 입장에 따라 다를 수는 있지만, 우리 민족 근현대사의 새로운 한 페이지로 후대가 평가할 것이다.

나는 이렇게 우연히 주석이 서거한 날 북경에 가게 되어 무역 상담은 할 수 없었다. 혼자 호텔 방에 앉은 내 머리는 김일성과 관련된 여러 가지 상념으로 가득했다. 내가 어린 시절에 본 6·25전쟁에서 김일성 장군의 인민군은 초반전에 국군을 거의 궤멸시키고, 세계최강이라 일컫던 미군조차 제압하고 물밀듯 진격하여 내려왔다. 미군은 혼자만으로 인민군을 당해 낼 수 없어, 15개 우방국(?) 군대까지 동원해서야 겨우 낙동강 경계선에서 전선을 교착시켰다는 이야기를 들었다. 이 전쟁을 계기로 강대한 미국의 신화는 무너졌고, 이후부터 국력은 사양화되어 월남전, 중동전, 아프가니스탄 침략전에서도 패배를 맛보아야 했다.

그뿐만 아니라 푸에블로호 사건, EC-121기 사건, 판문점 미루나무 사건 등에서 본 바와 같이, 대국 미국에도 당당했던 것은 민족의 지도자적 역량이 있었기 때문이라고 생각했다. 나는 한 번도 김일성 주석을 만난 적도 없지만 갑작스러운 서거에 왠지 눈물이 흘러내렸다. 1997년경부터인가 북녘의 내 무역 대방은 앞으로는 자기 회사와는 무역 거래를 할 수 없게 된다고 통지해 왔다.

나는 깜짝 놀라 이유를 물었더니, 그가 말하기를 자기 회사는 조그마한 회사여서 대남무역을 할 수 없고, '민족경제 협력련합회'(민경련)에 속한 큰 회사들만 대남 무역사업을 할 수 있으니, 민경련과 거래를 하라며 아쉬워도 거래를 청산하자고 했다. 이렇게 되자 비록 성명은 잊었지만 성실하게 거래해 왔던 그 선생과는 단절되어 지금은 이름조차 기억할 수 없을 정도로 까마득한 옛이야기처럼 되어버렸다. 그 선생의 거래를 위한 열정과 따스한 인간미는 아직도 뇌리에서 사라지지 않는다.

이런 연유로 나는 종전의 거래선과는 정리를 하고, 민경련 단동 대표부 사무실로 찾아갔다. 당시 민경련은 북경사무실도 있었지만, 단동 대표부를 택한 이유는 단동은 여행경비가 적게 들 뿐 아니라 북경처럼 복잡하지 않고, 우리 정보기관의 거래방해를 덜 받으리라 믿었기 때문이다. 당시 내 명의로는 북한 주민 접촉 승인도 불허되어 편법으로 아내 P○○ 명의로 거래해야 했기 때문에 일거수일투족에 몹시 신경 쓰며 무역 거래를 해야 할 때였었다.

나는 단동 대표부 전화번호도 몰라서 사전 예고도 없이 불쑥 찾아 들어갔다. 우선 사무실 집기들이 너무 화려하여 첫인상에 압도당하였다. 전부 이태리 제품 고급 가구로 꾸민 사무실이어서, 나는 움츠려져 우두커니 서 있었더니, 대표로 보이는 자그마한 사람이 앉으라고 소파를 권했다. 바로 이분이 전성근 대표였다.

전 대표는 내 이야기를 다 듣고 나서 먼저 대금을 송금해 주면<강서 약수>, 술 등을 공급해 주겠다고 했다. 이렇게 나는 민경련과 거래하게 되었는데, 전성근 대표의 첫인상은 화끈하면서도 결단력이 강해 보였다. 원칙주의자로서 빈틈이 없어 보였다. 강직하여 유혹에 적당히 타협하거나 우유부단한 면은 찾을 수 없고 소신대로 단호하게 일을 처리 할 수 있는 대표인 것 같아 나는 좋은 대방을 만났다고 믿게 되었다.

나중에 나는 다른 대북 업자들을 만나, 전성근 대표의 사업작풍을 들어 봐도 나와 같은 평가를 하면서도, 전혀 융통성이 없어 만나기 무섭다고 했다. 사실 전 대표는 불순한 의도를 가진 대북 업자에게는 호통을 치며, 사무실에 들어오지도 말라고 해서 남녘 대북 업자들 일부는 만나기조차 꺼렸다. 이런 대표이다 보니 북측 정부에서는 대남 경협 사업의 적격자로 믿어, 암 투병 중인 전 대표를 개성사무소 소장으로 보냈으나 결국 대장암으로 운명을 달리 했다. 그는 남북 화해 협력을 위한 창구를 담당한 충직한 무역 일군이었는데, 일찍 요절하여 가슴 아프며 이 자리를 빌려 그 시절을 회상하면서 고인의 명복을 빈다.

전성근 대표 다음으로 단동 대표로 온 분은 오광식 대표였다. 오광식 대표는 전성근 대표와는 달리 다정다감한 분이었다. 다정다감하다고 하여 그는 아무에게나 정을 주는 것이 아니라 예리한 눈으로 시비곡직을 가려 순수성이 인정되면 정을 주고 도와주는 대표였다. 따라서 우리 남녘 업자들에게는 면도칼이란 별명을 들을 정도로 예리한 판단력을 가져 그 앞에서는 함부로 거짓말을 할 수 없었으며 남녘 업자들을 손안에 쥐고 흔들었다.

그는 나를 성심성의로 도와주었다. 내가 <강서약수공장> 설비에 300만 불을 투자할 당시에 자금 부족으로 어려움이 있었다. 이 사실을 알고 그는 경평인터내셔날 고용무 사장에게 부탁하여, 이태리 설비(병 탄산가스 주입기)를 수입해 주도록 압력(?)을 행사해 주어서 <강서약수공장>이 완공되도록 도와주었기 때문에 나는 그 은혜를 잊을 수 없다. 오광식 대표는 이렇게 국가사회를 위한 일이라면 물불을 가리지 않고 도와주는 다정한 대표였는데, 지금쯤은 뭘 하고 있는지 나는 죽기 전에 기회가 되면 꼭 한번 만나보고 싶다. 그의 충정과 능력이 사회를 위해 발휘할 기회가 주어지기를 간절히 바랄 뿐이다.

나는 오광식 대표 시절부터 <강서약수공장> 펫트병 라인 생산설비를 건설하느라 평양에 이따금 가게 되었다. 통일부에서 <강서약수공장> 설비투자 승인을 해 주었기 때문에, 나는 회사대표로서 당연히 설비건설 공정을 살펴봐야 해서 방북 허가를 받을 수 있었다. 이미 나는 김대중 정부 때 회사대표로 선임되고 "북한 주민 접촉 승인"을 받아 아무 문제 없이 성실히 대북사업을 해 왔으므로 방북 허가는 쉽게 발급받을 수 있게 되었다. 장기 '방북증'을 발급받아 수시로 평양과 개성, 금강산을 방문할 수 있었다. 이리하여 나는 평양 근교에 사과나무 묘목 2만주와 밤나무 묘목 3천주도 심을 수 있었는데, 남포에 뱀장어 양식장을 건설 도중 5·24조치로 모든 일이 차단되어 버렸다.

평양방문

　나는 통일부로부터 <강서약수공장> 설비투자를 위한 방북 승인을 처음 받은 날, 설레는 가슴을 감당치 못해 그날 밤 뜬눈으로 지새웠다. 지난날의 온갖 상념이 내 머리에서 사라지지 않고 자꾸만 되살아나 처절했던 내 인생 역정이 내 머리를 온통 가득 채웠기 때문이었다. 나는 민족 분단의 가장 큰 피해자였고 희생자였기에, 이 금단의 벽을 허물어 넘지 못하고 중국으로 삥 둘러 내 나라 내 동포가 사는 곳, 소년단 시절부터 꿈꾸고 동경하던 그곳을 이제 내일이면 가 보게 되니 어찌 착잡하고 가슴이 두근거리지 않겠는가!

　하여튼 나는 격정을 억누르고 중국의 심양에서 처음으로 평양행 고려항공 비행기에 김영미 전무와 함께 탑승하니, 여승무원이 반갑게 맞이하면서 바로 출입구 옆 맨 앞자리 제일 좋은 좌석에 앉으라고 권했다. 아마 당시에도 나는 나이 많은 노인이라 여겨 제일 좋은 좌석으로 안내했으리라 믿는다.

이 여객기는 약 80명 정도 탑승할 수 있는 조그마한 여객기였는데, 탑승권에 지정된 좌석 없이 여승무원이 안내하는 좌석에 앉게 되어 있는 것 같았다. 이 비행기는 여객 탑승 후 곧 이륙하여 약 20분 후에 여승무원이 안내 방송하기를 "이 비행기는 현재 조·중 국경인 압록강 부근을 비행하고 있다."라고 방송하였다. 창문으로 아래를 내려다보니 과연 낯익은 단동 시내가 보이고 압록강 철교가 훤하게 내려다보였다. 강 건너 신의주 시가지도 훤하게 보였다. 내 조국 내 땅에 오는 데 이렇게 와야 하다니! 군사분계선으로 갈라져 금단의 장벽처럼 느껴졌던 이북 땅을 이렇게 쉽게(?) 내려다보며 들어갈 수 있다니! 착잡한 심경을 가눌 수 없었다.

우리 민족은 외세에 의해 남북으로 갈라져 장구한 기간 가장 먼 나라처럼, 아니 원수처럼 살아야 했던 이유는 무엇인가? 압록강 위를 날고 있는 비행기 안에서, 나는 우리 후손에게 부끄럽지 않은 오늘의 세대가 되고자 다짐하고 또 다짐하는 사이에 비행기는 어느덧 "순안공항에 착륙을 준비하라."라고 하는 안내방송이 흘러나와 깜짝 놀라서 상상의 세계에서 깨어났다.

평양 순안공항! 말로만 들어왔고 꿈속에서도 그립던 평양 순안공항에 도착하여 처음으로 이북 땅을 밟아보는 순간의 감정은 지금은 말로 표현하기 어렵다. 나는 들뜬 기분을 숨기지 않은 채 입국 수속을 위해 다가가니 낯익은 '민경련' 선생들이 마중 나와 도와 주었다. 입국 수속을 간단하게 마치고 평양 시내를 달려 '보통강 려관'에서 여장을 풀었다.

나는 평양 순안공항에 첫발을 디디고 난 후 평양 시내로 달려오면서 강력한 첫인상을 받았다. 이북은 우리 민족 전통문화를 그대로 간직한 곳이라는 사실을 한눈에 파악할 수 있었기 때문이다. 여기서는 선전 문구나 광고판이나 간판 등에서 외국어로 된 것은 하나도 없고 모두 순수한 우리 말뿐이었다. 비행기에서 착륙할 때 본 공항 건물의 PYONGYANG이라는 커다란 글자 이외에는 한자나 알파벳으로 된 글자는 찾을 수 없어 6·25전쟁 전의 남한 사회를 연상케 했다.

6·25 이전의 남한 사회는 수천 년간 한자문화권(漢字文化圈)으로 살아왔다. 따라서 한자(漢字)는 동양 3국(한국, 중국, 일본)에서 마치 자기네 글처럼 사용해서 일상생활과 분리될 수 없었다. 그런데 북한에서는 그런 한자조차 찾을 수 없었다.

우리 남한에서도 6·25전쟁으로 인하여 미국의 문물이 범람하기 전에는 우리 문화, 우리 말, 우리 글이 우리 사회를 주도하며 문화의 주체성, 순결성을 유지해 왔으나, 전쟁 이후부터는 미국식 생활양식, 미국식 사고방식이 우리 사회의 정신적, 물질적 영역을 지배하여 우리 고유문화는 비천한 것으로 비하되고 미국식 물질문화는 우월한 것으로 선망하는 사대주의 풍조를 배태시켰다.

이리하여 지금의 우리 사회는 세계화의 추세에 동참한다는 명분으로 거리의 간판을 외국어로 표기해야 고상한 것처럼 보이고, 회사 간판을 외국어로 바꿔야 세련되고 우아하다고 느낄 정도로 우리 민족의식은 마비되어 버렸다. 따라서 외국어, 특히 영어를 써야 유식한 것처럼 보이고 유식한 척 보이기 위해 자기도 잘 이해 못하는 영어를 우리

말과 섞어 쓰는 '검은 머리를 한 미국인'이 특히 젊은 층에 많이 보여 한심하기 짝이 없다.

심지어 인터넷에는 다음과 같은 기사가 올라와 있을 정도로 우리의 전통문화는 병들고 말았다. 예컨대, "팬데믹이 길어지면서 코로나 블루를 호소하는 사람들이 언택트 문화와 웰니스에 관심을 가지고 있다."고 하는 식이다. 도대체 이 말을 이해하는 한국인이 몇 사람이나 될까? 영어도 아니고 우리말도 아닌 잡탕말이 인터넷에 올라올 정도로 우리는 문화적 식민지 토양에 살고 있는데 이에 통분하지 않을 수 있겠는가?

이에 반해 내가 지금 목격하고 있는 이곳 평양 땅에는 외국어의 흔적도 찾을 수 없고, 옛날 우리 민족 정서가 그대로 남아있어 마치 옛 고향에 찾아온 듯 포근함을 느꼈다. 그리고 연장자, 노인을 공경하는 우리 민족의 미풍양속을 이곳 젊은이들로부터 체감할 수 있어 옛 고향 같은 정서도 더욱 느끼게 했다. 물론 민족의식, 민족 문화에 대한 입장은 각자의 가치관, 세계관에 따라 차이가 있을 수 있겠지만, 나는 처음으로 우리 민족의 반쪽 땅인 이곳에 와서 보니 분단이 낳은 선입견인 불안과 두려움이 어느덧 사라지고 옛고향에 온듯한 안온함이 내 마음을 차지했다.

그런데 '보통강 려관'에서 방 두 개 투숙신고를 하며 보니, '민경련' 안내자가 우리를 호텔에 숙박시키지 않고, 여관에 숙박시킨다는 것을 알고 불쾌하여 "나는 호텔에서 숙박하겠으니 호텔을 안내해 달라"고 했더니 안내원은 "호텔은 없다"고 대답했다. 그래서 나는 안내원이 우리를 무시하여 싸구려 여관에 안내하는 줄 알고 기분이 상했지만, 초행이라 어쩔 수 없이 안내된 방으로 들어가니 놀랍게도 방은 4성급 호텔처럼 크고 설비들도 깔끔했다.

그때서야 나는 안내원이 "호텔은 없다"라고 말한 뜻을 알아차리게 되었다. 이곳에서는 '호텔'이라는 영어는 안 쓰고 우리말 '려관'이라고 쓰고 있는 것을 깨닫게 된 것이다. 그러고 보니 우리 말 우리 문화를 보존 발전시키려는 이북사회가 더욱 정겨웠다. 이 보통강 호텔 아니 '보통강 려관'에서 여장을 풀고 나서, 이튿날 <강서약수공장> 증축현장으로 달려갔다. 여기서 잠깐 부연설명을 해야겠는데, 이북에는 '호텔'이란 영어 말이 없다. 평양에는 5성급 호텔도 '호텔'이라 쓰지 않고 '려관'이라 번역해 쓸 정도로 우리말의 순결성을 간직해 왔다. '민경련' 관계자의 안내에 따라 <강서약수공장>에 도달하니 마침 건물 신축을 위해 기초공사 터를 파는 중이었다.

2월 초순경이라 땅이 깊게 얼어 곡괭이로는 언 땅을 팔수 없어 징을 박아 망치로 쳐 내며 언 땅을 갈라내는 작업을 하고 있었는데, 힘차게 망치질하는 노동자들의 이마에는 땀방울이 맺혀 있었다. 모두 얼마나 세게 내려치는지 언 땅덩어리가 큰 조각으로 갈라져 나왔다. 나는 너무나 힘들게 망치질하는 노동자들이 안쓰러워 "얼음이 녹은 후에 기초공사를 할 것이지, 왜 언 땅을 파느라 고생하느냐"고 물은 즉, 그들은 "하루빨리 공사를 완료하여 북과 남의 인민들이 좋은 물을 마시게 해야 된다"라고 대답하여 나는 큰 충격을 받았다.

그 이유는 첫째, 남녘 사람들은 반공이 몸에 배어 거의 타성적으로 북녘 사람들이라면 혐오하고 있는데, 이곳에서는 거의 의식이 없으리라 믿어지는 노동자들조차 북과 남의 인민들에게 공히 좋은 물을 마시게 해야겠다고 할 정도로, 남녘 사람들에게 적의가 없고 동포애가 몸에 배어있다는 것을 보았기 때문이었다.

이곳 노동자들도 내가 남녘에서 온 사람이란 것을 알고 있음에도, 스스럼없이 대해 주고 거리감을 느끼지 않게 해주어 50여 년 만에 만난 북녘 사람들이 동포라는 사실이 실감 나게 해 주었고, 선입감으로 지녔던 불안과 공포심도 스르르 사라져 버렸다.

둘째, 이북 노동자들은 이남 노동자들과는 달리 건성으로 하는 척하지 않고 땀을 뻘뻘 흘려가며 힘차게 망치질하는 모습을 보여 주었기 때문이다. 나는 학교에서 배우기를 사회주의 사회, 특히 이북에서는 노동자들이 실컷 일해 봐야 모든 것이 국가에게 귀속되고, 노동자 개인에게는 아무런 보상이 없어서, 노동자들은 일 할 의욕을 잃고 그저 일하는 척 시간만 때우려 한다고 배웠다. 그렇기에 능률이 오르지 않고 주인의식이 없어서 경제발전이 있을 수 없다고 배웠는데, 내가 직접 현장을 확인해 본 결과는 사뭇 달랐기 때문이다.

그리고 "서울에서 내가 온다는 소식을 미리 알고, 나에게 보여 주려고 일부러 땀 흘리며 일하고 있는 것이 아니냐?"라고 공장 지배인에게 솔직히 물었더니, 대답하기를 "이 건설노동자들은 <강서약수공장> 노동자들이 아니고, 전문 건설노동자들인데 며칠 전부터 와서 일하기 때문에 자기도 건설 사업에 대해서는 모른다."고 대답하여 나의 오해는 풀렸다. 내가 학교에서 배운 사회주의 사회 노동자의 처지와 입장은 실제와는 다른 날조된 반공 이데올로기에 불과하다는 것을 깨닫게 되었다. 백문이 불여일견(百聞而不如一見)이란 고사를 되새기게 했다.

내가 지금 평양 방문기를 쓰면서 빼놓을 수 없는 곳이 있는데, 바로 <국제친선전람관>이었다. 이 <국제친선전람관>은 향산(묘향산) 유서 깊은 보현사 건너편에 건설되어 있는데, '김일성 수령님과 김정일 위원장'이 외국 수반이나 지도급 인사들로부터 받은 선물이나 기념품을 보관하고 전시하는 건물이었다.

이들 건물의 출입문만 하더라도 수십 톤이나 되는 화강석의 장엄한 문이었지만, 내 한 손가락으로도 여닫을 수 있을 정도의 첨단공법으로 건축된 건물이었다. 이 2개 동의 건물에 보관되어있는 진귀한 소장품들은 한마디로 자본 세계의 대영박물관이나, 루브르박물관 소장품처럼 진귀한 것들이었다.

나는 돈이 지배하는 사회에 살다 보니, 내가 접하는 모든 진기한 것을 돈으로 환산해 보는 습성이 있는데, 이 <국제친선전람관>에 보관되어있는 물품을 돈으로 환산해 본다면, 아마 수 천억 내지 수 십 조원이나 될 것 같았다. 두 영도자는 이 값진 선물들을 왜 사유화 해 자기 후손들에게 상속하지 않고, 모두 사회에 기증하여 모든 사람들이 관람케 하는가를 마음속으로 상상해 보았다.

미국이나 한국의 대통령들도 분명 정도의 차이는 있겠지만 선물을 받았으리라 믿는데, 이렇게 사회적으로 공유화 하지 않고 은근슬쩍 착복하여 소리소문없이 개인 자산으로 둔갑시키지 않았다면 이런 전람관이 하나쯤은 있을법한 일이다. 나는 미국이나 남녘에는 이런 전람관이 있다는 소식을 못 들었다. 이것이 바로 사회주의와 자본주의의 차이, 돈에 대한 두 진영의 가치 차이, 양 진영 지도자의 인간적 차이가 아닐까 상상해 본다.

그런데 나는 여기를 관람하면서 외국 사람들이 '김일성수령, 김정일 지도자'에게 보낸 선물들에는 감탄만 했을 뿐인데, 특히 충격을 받은 곳은 우리 남녘의 박정희, 전두환, 노태우 대통령을 비롯한 사회적 지도자들이 김일성, 김정일 지도자에게 보낸 선물을 보관한 <남조선관>이었다.

　이 <남조선관>에는 남녘의 '내노라' 하는 지도급 인사들이 김일성 김정일 지도자에게 값비싼 진귀한 선물들을 보낸 실물들을 전시해 놓았다. 이들 남녘 정치지도자들은 북녘 공산주의 지도자들이 폭정을 하는 악당들이라고 우리 국민에게 귀가 닳도록 선전해 놓고, 뒤꽁무니로는 이렇게 좋은 선물들을 우리 국민 몰래 바쳐왔다는 것을 내 눈으로 확인한 순간, 배신감과 혐오감은 말로 표현하기 어려웠다.

　나 같은 힘없는 무지렁이들은 북녘에 단돈 백 원만 선물해도 보안법으로 처벌해 온 것이 관례여서, 나는 이곳을 관람하면서 보안법에 대해 더욱 절실히 고민해 보았다. 나는 보안법 전과자이고 피해자이기에 더욱 절실히 고민했다. 보안법상으로는 북한을 이롭게 하거나, 편의를 제공하거나, 금품을 제공하거나, 찬양 고무하면 죄가 구성되기 때문에 이곳 <남조선관>에서 본 대통령을 비롯한 지도자들은 분명 보안법의 처벌 대상이지만 "위법성 조각 사유"에 해당되어 문제조차 되지 않은데 비해, 나 같은 서민이 이런 선물을 했다면 당장 언론에 대서특필되고 체포되어 온갖 수모를 겪어야 했을 것이다.

　이렇게 보안법은 집권자의 의지에 따라 죄가 될 수도 있고 안 될 수도 있게 된다. 우리 보안법은 누구에게나 공평하게 적용되는 법이 아니라, 힘 있는 사람에게는 적용되지 않고, 힘없는 무지렁이들에게

만 적용되는 불평등한 법이란 것을 이 <남조선관>을 참관하고서 확인하게 되었다. 법은 만인에 공평하게 적용되는 것이 민주사회인데, 이곳에서 본 우리 남녘의 대통령을 비롯한 힘 센 사람들에게는 보안법이 적용되지 않고, 오직 힘없는 민중들에게만 적용되는 보안법이라는 사실을 나는 이곳에서 목격하고서 참을 수 없는 분노와 치욕을 느낀 것이다.

도대체 이 '국가보안법'이라는 도깨비가 이렇게 이현령비현령(耳懸鈴鼻懸鈴)법이고 내로남불 법임에도, 21세기 우리사회를 지배하고 있다는 사실에 치욕을 느끼지 않을 국민이 이곳을 와 본 사람이라면 몇 사람이나 있겠는가! 이 <국제친선전람관>의 <남조선관>에 전시된 실물과 보안법의 모순 관계를 해결하지 않고서는, 화합이니 대동단결이니 하는 말은 구두선에 불과하고, 정치지도자들 말을 그대로 믿을 사람은 아무도 없게 될 것이다.

나는 보안법 때문에 대북무역거래를 하면서 꼭 사례를 해야 할 파트너(대방)에게도 말로만 고맙다고 하고, 금전적으로는 일전 한 푼 사례를 못해 마음속으로 부담을 느껴 왔는데, 이곳 <국제친선전람관>을 와 보고 우리 대통령을 비롯한 위정자들은 겉과 속이 다르다는 것을 느꼈다. 우리 국민에게는 북한을 지옥처럼 왜곡 선전해 놓고 나서, 속으로는 북한 지도자들에게 이렇게 좋은 선물을 국민 몰래 보낸 것은 우리 국민을 우롱한 것이 아니란 말인가!

진정으로 법은 우리 국민 모두에게 평등하게 적용된다는 원칙을 선전하려면, 이 <남조선관>에 전시되어있는 이름의 남녘 정치지도자들도 보안법으로 처벌하든지, 아니면 이렇게 내로남불의 보안법을 폐기하고 역사 속에 묻어 버리든지 해야 우리 국민의 울분을 조금이나마 삭일 수 있게 될 것이다. 이렇게 우리 정치지도자들에 대한 불신감이 생기게 되니 정부가 주장하는 "북핵 폐기" 문제에 대해서도 과연 정부 주장이 옳은가 의심이 들 수밖에 없다.

정부는 북핵이 한반도 평화의 기본 장애라 선전하고 있는데, 겉과 속이 다른 국민을 속이는 허위선전은 아닐까 하는 의심이 생길 수밖에 없다. "북핵"이 없을 때에는 왜 한반도 평화를 이룩하지 못 했을까? 왜, 국제연합 안보리 상임 이사국들의 핵 보유는 선(善)이고, 북핵만은 악일까? 왜, 미국은 정전협정문에 규정한 대로 평화체제 평화협정 체결을 반대해 왔는가?

인도와 파키스탄은 상호 핵 보유를 하고 있음에도, 왜? 세계는 묵인하고 있으며, 또 핵 보유 이전에는 늘 전쟁을 했는데, 핵 보유 이후에는 왜 전쟁을 한 번도 하지 않고 있을까 하는 사실을 유추해 보면, 북 핵이 한반도 평화의 기본 장애물이란 선전은 허구처럼 느껴진다는 것을 이곳 <국제친선전람관>의 <남조선관>을 관람한 우리 국민은 누구나 갖게 될 의문이 아닐까?

탄핵으로 쫓겨난 박근혜 전 대통령은 "우리는 북핵을 머리에 이고 살수는 없다"고 교언영색 한바 있는데, 너무나 천박한 정치적 속임수라고 이곳을 본 나는 단언한다. 어느 누가 나에게 핵을 준다면, 나는 기꺼이 핵을 머리에 이고 어깨에 짊어지고 뽐내며 살아가겠다. 미국, 중국 등 핵보유국들은 핵을 머리에 이고 있어도, 어느 누구도 감히 전쟁을 걸지 못하는 것처럼, 나도 핵을 이고 있다면 감히 누구도 범접 못하도록 확실히 보호받을 수 있기 때문이다. 또 핵보유국들은 자기나라에 핵을 사용하려고 핵을 개발하지 않은 것처럼, 북한도 같은 민족에게 핵을 사용하여 북한도 피해입는 민족 공멸의 어리석음을 범하려 하지 않을 것이기 때문이다.

이처럼 핵무기는 자기나라, 자기 민족이 전쟁에 휘말리지 않도록 보호하기 위해 개발하였고, 북한도 미국과의 전쟁위기를 피하기 위해 핵을 개발했다는 것을 역사는 증명하고 있다. 다시 말하면 북핵이 없었다면 가장 첨예한 대립지역이었던 한반도가 이라크, 리비아, 시리아, 아프간처럼 전쟁의 참화를 겪지 않을 수 없었을 테지만, 북핵 보유로 인하여 첨예한 대립의 고비 때마다 서로가 참고 절제했던 것은 핵전쟁의 위기만은 피하여 보자는 서로의 의지 때문이라는 것을 우리는 냉철하게 인정해야 되지 않을까?

북핵 보유로 인하여 미국은 한반도에서 이전만큼의 국제 헌병 역할과 영향력을 갖지 못하게 되었다. 전쟁이라는 수단으로는 북한만을 파멸시킬 수 없기에 북핵을 결코 용납할 수 없겠지만, 북핵이 전쟁을 유발시킨다거나, 남한을 정복하기 위한 무기라거나, 영구분단을 초래할 수 있다고 하는 것은 사실을 오도하는 일방적인 편견이 아닐까?

모든 핵무기는 이 지구촌에서 당연히 폐기되어야 되지만, 모든 핵무기가 폐기되기 전까지는 분쟁 당사자 간의 상호 핵무기 보유가 전쟁의 공포를 억제하고, 평화를 유지케 하는 긍정적 역할도 해 왔다는 것을 인류역사는 증명하고 있다.

미국은 러시아(소련)의 핵무기 보유로 인하여 미소충돌의 고비 때마다 절제하였다. 3차 세계대전의 위기를 극복하고 냉전만을 이어온 것은 핵전쟁의 참화만은 모면해야겠다는 위기의식의 발로 때문이었다. 이는 세상 사람들이 모두 알고 있다. 또 인도와 파키스탄은 쌍방 핵 보유 이전까지는 자주 분쟁에 휘말렸지만, 쌍방 핵 보유 이후부터는 열전이 한 번도 발생하지 않았다는 사실은 핵전쟁의 공포(상호공멸)때문이었다는 사실을 우리는 알고 있다. 중동의 조그마한 이스라엘이 광대한 아랍세계에 둘러싸여 전쟁으로 멸망하지 않은 것도 이스라엘의 핵 보유 때문이라는 것을 우리는 알고 있으면서도, 오직 북핵만은 보안법 망령에 사로잡혀 용납 못할 공포의 대상이라고 착각하고 있다.

이처럼 우리의 사고력이 마비되어 버린 것은 '북한은 적이고 타도 대상'인데, 우리가 갖지 못한 '핵무기는 가져서는 안 된다'는 적대의식이 보편화 된 환경 속에서 살아왔기 때문이다. 내가 볼 때, 국가보안법은 시비곡직(是非曲直)을 분간하지 못할 정도로 한국 국민의 정신세계를 황폐화시켜 버렸다. 우리는 미국의 핵우산 밑에서 휴전(정전) 중이라는 사실조차 거의 망각한 채, 미국에 종속되어 우리가 처한 위기도 자각하지 못한 채 살아간다. 그러나 북한 인민은 EC-121기사건, 푸에블로호 사건에서 보는 바와 같이 핵 보유 이전까지는 늘 미국의 영역침범과 핵위협의 공갈 속에서 전쟁공포를 감지하며 살아야만 했다. 이런 상태가 과연 공정하고 올바른 생각인지 북핵 반대론자에게 되묻고 싶다.

이렇게 공정하고도 객관적인 시각에서 바라본다면, 북핵은 우리 한반도의 전쟁을 예방한 '신이 준 선물'이라고 해야겠는데, 박근혜와 같은 비뚤어진 대결의식에서 바라본다면, 북핵은 우리 남녘을 공포로 몰아넣는 악마와 같은 존재로 되어 버릴 것이다. 어느 시각과 입장이 공정하고 객관적 진실인지는 이미 지나온 역사가 입증하고 있다고 믿는다. 물론 미국 입장에서 바라본 북 핵은 도저히 용납될 수 없는 장애물일 것이다. 미국은 전지전능한 힘을 지구촌 곳곳에서 휘둘러 왔으나 이제는 북핵 때문에 우리 한반도에서만은 북을 무시하고 자기 뜻대로 전횡할 수는 없게 되었기 때문이다.

따라서 우리는 핵을 우리 머리 위에 이고 살 수 없는 것이 아니라, 북핵 때문에 한반도에서는 누구도 전쟁을 일으키지 못한다는 현실적이고도 객관적인 상황판단을 하여야 할 것이다. 국가보안법은 "이북에 대해선 보지도 말고, 듣지도 말며, 말하자 마라"는 식으로 진실을 호도한다. 그러나 그런 국가보안법은 오늘날과 같은 세계화 시대에는 융합될 수 없는 시대착오적인 법이다. 따라서 국가보안법은 우리 머리 위에 이고 살 수 없는 악법이란 것을 깨달아야 하지 않을까?

북한사람들에 대한 인상

나는 북한이라는 곳에서 살았던 사람들을 접할 기회가 다른 남녘사람들보다 더 많았다고 생각한다. 대전교도소 특별사에서도 북녘에서 온 사람들과 기거를 함께 해 보기도 했고, 생사를 함께 해 보기도 했다. 또 남북경협을 하면서 제3국에서 만나 허물없는 대화도 나누기도 해 보았고, 북녘땅을 방문하여 그들의 실생활 모습을 목격하고 대화를 나누어 보기도 했다. 그렇기에 남녘의 웬만한 사람보다는 북녘 사람들을 더 잘 알 수 있고, 더 공정하게 바라볼 수 있게 되었다고 확신한다.

그런데 결론은 우리와 똑같은 이웃사촌이고 같은 정서, 같은 피를 나눈 동포라는 것을 접해 볼수록 민족의 동질감을 느끼게 되었다는 사실뿐이었다. 다만 남녘 사람들과 다른 점은 단순하고 순박하다는 것뿐이었다. 바로 6·25전쟁 이전의 남녀 사람들과 똑같았다는 것을 느꼈을 뿐이다. 우리 남녀 사람들도 6·25전쟁 이전까지는 마을 공동체에서 상부상조하면서 상호 유대감을 가지고 공동선을 추구하며 공중도덕과 체통을 앞세우며 살았는데, 전쟁 이후에는 서양(미국)문물이 물밀 듯이 들어와 우리의 전통적인 마을공동체가 붕괴되고, 내가 남을 경쟁에서 딛고 일어서야 살 수 있는 각박한 경쟁 사회로 변모된 것이다. 수단 방법을 가리지 않고 경쟁에서 이겨야 되므로 온갖 술수, 책략이 난무하여 인간 본연의 순박성과 공중도덕을 잃게 되었지만, 북녘 사람들은 아직도 옛 우리 민족의 정서를 간직하고 있었다.

그래서 나는 우리의 옛 미풍양속을 이북에서 발견하기도 했고 사람들이 순진하다는 것을 느낄 수 있었다. 이는 장점이기도 하지만, 속임수에 잘 넘어가는 바보처럼 보이기도 해서 단점으로 볼 수도 있겠다 싶었다. 그리고 북녘 사람들은 사회 전체가 마치 하나의 대가정의 가족처럼 움직여서 남이 하는 일에는 간섭을 하지 않으면서도, 잘못된 것은 바로잡아주는 상부상조의 미풍이 살아 있음을 발견했다.

예를 들면, 나는 '민경련' 사람들과 <강서약수공장>을 가기 위해 넓은 청년 도로를 지나서 좁은 청산리 도로를 달리고 있었는데, 앞에서 삼륜차 바퀴가 도랑에 빠져 허우적거리고 있는 것을 본 우리 운전기사는 차를 세우더니, 뭐라 대화를 한 후에 "우리 차에 탄 사람 모두 내려 차를 들어 올려 주자"고 제안하였다. 모두 도랑에 빠진 차를 들어 올려 가도록 했는데, 나는 아는 사람이냐고 물었더니 모르는 협동농장 차라고 대답했다.

나는 여기서는 "누구나 그렇게 하느냐?"고 물었더니, 그는 "그렇게 해 주지 않으면 차를 빼는데 많은 시간과 인력이 필요했을 텐데 도와주는 것이 좋지 않은가?"라며 대수롭지 않게 여기고 화제를 돌렸다. 이를 보고 나는 이곳 사람들의 생활 태도를 보는 듯한 옛 내 고향을 연상했다. 내 고향 주하리는 혈연으로 맺어진 진성이씨 집성촌이었으므로 동네사람들이 서로가 내 집안일처럼 여기고 상부상조하는 것을 당연시했는데, 여기 와서 나는 50여 년 전의 내 고향을 발견하게 되었다. 그뿐만 아니라 '보통강 려관' 근처 도로에서 소년단 복장을 한 어린 학생이 길바닥에 떨어진 휴지를 주어 주머니에 넣는 것을 보고, 나는 옆에 다가가 "그 휴지를 왜 주었냐?"고 물었더니, 그 학생은 "휴지를 주어야 거리가 깨끗해지지 않느냐?"고 대답하여 나는 이곳 사람들은 남녀노소 없이 자기가 속한 사회를 자기 가정처럼 여기고 살아간다는 것을 알게 되었다.

이곳 사람들은 자기가 속한 사회가 먹여주고, 입혀 주고, 살 집을 주면서 우리 전통가정의 가장 역할을 다 해 주므로, "어버이"란 호칭을 하며 어버이 수령님, 어버이 장군님 등으로 호칭하는구나 하는 것을 알게 되었다. 나는 이곳에 오기 전까지는 '김일성 수령님, 김정일 장군님'을 "어버이…"으로 호칭하는 것을 우상숭배하는 것으로 알았다. 그러나 막상 이곳에 와서 이곳 사람들의 살아가는 모습을 보고 나서야 "어버이"로 호칭하는 이유를 알게 되었다.

자기가 속한 사회가 의식주뿐만 아니라, 친부모처럼 교육시켜 주고, 병이 나면 고쳐주는 등, 애정을 가지고 보살펴 주는 친부모의 역할을 해 주므로 사회 자체가 큰 가정으로 변모되었다. 지도자는 가장처럼 사회 성원들을 보듬어 주기 때문에, "어버이"로 호칭 된다는 것을 알게 되었다. 이처럼 자기가 속한 사회가 하나의 대가정처럼 집안 식구로 살아가는데 필요한 모든 재화와 서비스를 제공해 주므로, 사회의 영도자인 '수령'은 "어버이"로 간주 되어 존경하고 감복하게 된다는 것을 알게 되었다.

그렇다고 이곳 사람들은 사회로부터 풍족하게 공급받는 것도 물론 아니지만, 누구나 공평하게 공급받게 되므로 아무도 불평을 털어 놓지 않고 모두들 근검 절약하면서 어려운 시대를 극복하고 있었다. 나는 북녘사회를 체험하면서 깨달은 바가 있는데, '인간은 못 사는 데 불만이 있는 것이 아니라, 불평등하게 사는 데 불만을 갖는다(不患寡 而患不均)'라는 것을 실감하게 되었다.

모두가 같은 수준으로 산다면 비교우위의 기준이 없어서 현실을 당연시하고 받아들이겠지만, 지위의 고하에 따라 불평등한 차별적인 대우를 받고 살아야 한다면 누구나 불만을 터뜨려 그 체제는 지속될 수 없을 것이다.

지금 북녘 사람들은 풍족하게 살지 못하지만 아무도 사회에 불만을 갖지 않는다. 나는 그 까닭이 누구나 다 같이 풍족하게 살지 못하기 때문이라는 사실을 깨닫게 되었다

지위가 높은 사람은 잘 먹고 잘사는 반면 일반 서민 노동자는 못 먹고 못 산다면 불만이 폭발되겠지만, 사회구성원들 모두 한 가족처럼 공평하게 어려운 삶을 살아야 한다면, 이 대가족들은 고난을 극복하기 위해 더욱 똘똘 뭉쳐 대처해 나간다는 것을 나는 여기서 배웠다.

내가 체험한 한 가지 사례를 들어보면 많은 것을 느끼리라 믿는다. 내가 순안공항에 도착하자 낯익은 '민경련' 간부가 나를 안내하고 모

든 편의를 제공하는데, 그는 잠잘 때는 같은 '보통강 려관' 안내원 침실에서 자고 아침 식사는 별도의 안내원 식당에서 해결한다. 따라서 내가 아침 식사를 나와 함께하자고 권유해도 규정에 어긋난다며 사절했다. 그래서 나는 며칠 후 호기심이 발동하여 안내원 식당을 찾아 불쑥 들어갔더니, 그는 강냉이죽에 김치만 놓고 아침을 먹고 있으면서, "왜, 여기까지 왔냐?"며 못 볼 것을 보여 준 것처럼 쑥스러워했다.

'민경련'(민족경제 협력 련합회) 지도원쯤 되면 사회의 중견 간부급이라 알고 있는데, 혼자 먹는 아침 죽은 너무나 초라하고 조촐했다. 나에게는 아침밥을 진수성찬으로 차려 주면서, 나를 안내하는 민경련 지도원에게는 너무나 초라한 강냉이 죽을 먹게 해 나는 충격을 받았다. 그래서 나는 "왜, 나와 함께 진수성찬의 아침밥을 먹기를 거절하고 이렇게 초라한 강냉이 죽을 먹고 있느냐?"고 항의했더니, 그는 "이제 막 고난의 행군을 끝마치려 하고 있고, 전체 인민이 이렇게 어렵게 극복하고 있는데, 나 혼자 안내를 핑계로 좋은 아침밥을 먹을 수 없다. 우리는 어려울 땐 어려움을 함께 나누면서 타개하고, 좋을 땐 함께 즐기는 대가족처럼 살아가는 것이지, 기회만 틈타 자기 혼자만 안락을 취하는 개인주의를 가장 경계한다. 좋은 아침밥을 대접하려는 리선생의 호의에는 무척 감사하지만, 정중히 거절함을 리(이)해 해 달라."고 하였다.

나는 그를 다시 평가하게 되었다. 그는 조그마한 사리(私利)에는 꿈쩍도 않고, 사회 전체와 운명을 같이 하려는 집단주의 정신이 몸에 밴 사람 같았다. 사회 전체의 이익이 바로 자기 개인의 이익이 될 수 있는 것이지, 자기 개인의 이익만을 취하려 한다면 오히려 전체사회에는 해악을 가져올 수 있다고 역설했다. 전체는 하나를 위하고, 하나는 전체를 위하여 일하는 사회라야만 공정하고 정의로운 사회라 할 수 있다고 했다.

그리고 그는 "6·25전쟁 이후부터 미국의 부당한 제재에 의해 우리의 남는 자원을 수출할 수 없고, 모자라는 물품을 수입할 수 없어 이렇게 어렵다. 근래는 중국과 러시아조차 미국의 부당한 제재에 동참하여 이렇게 어렵지만, 우리가 가는 길이 정의롭고 올바른 길이기에 전체 인민이 허리띠를 졸라매며 자체 힘으로 극복하려 한다. 오직 인민만 믿고, 인민에 의지하여, 인민의 힘으로 미국의 제재를 타개해 나갈 테니 두고 보라."고 힘주어 말했다.

나는 이같이 '민경련' 안내원을 만나 대화하면서 그의 인품에 오히려 감복했다. 나이는 40대로 젊어서 내 앞에서는 담배도 못 피우고 돌아서서 담배를 피우는 것을 보고, 내가 억지로 "담배는 식품이니 내 앞에서 피워도 아무 상관없다"고 강요하다시피 하여 피우게 한 예절 바른 안내원이었는데, 그의 정신세계는 오히려 나보다도 원숙해 보였다. 그리고 그는 진심으로 나를 위하여 성심성의껏 봉사했으며, 혹시나 불편한 점이 있는지 세심히 살피면서 안내하느라 밤에도 집에 못 갔다. 내가 투숙한 '보통강 려관' 안내원 실에서 고생하면서도 아무런 반대급부도 바라지 않고 나를 도와줘서 그의 순수한 인간미에 내 마음이 사로잡혔다.

이렇게 북녘 사람들은 나를 감동시킬 만큼, 자기가 사는 사회에 대한 애정이 몸에 배어있었다. 나는 같은 민족인 우리 남녘사회에서는 사라져 버린 공동체(집단)주의 정신을 이곳에서 발견하게 되었다. 우리 남녘사회는 개인주의가 지배하는 반면, 북녘사회는 공동체(집단)주의가 지배하는 사회라는 것을 알게 되었다.

우리 남녘사회도 6·25전쟁으로 인하여 구미문물이 쏟아지기 이전까지는 전통적인 농경사회의 지배질서였던 마을 공동체(두레) 정신, 공중도덕률, 예의 등이 면면히 이어져 왔다. 하지만 전쟁으로 전통 농경사회가 붕괴 되고, 도시 변두리로 인구가 집결되자 먹고살기 위한 생존경쟁이 치열하여 이웃은 이겨야 할 경쟁상대로만 보이는 개인주의가 만연될 수밖에 없었다.

이같이 개인주의는 이윤을 추구하는 자본주의의 필연적인 속성이지만, 자본주의가 지속적으로 발전하려면 상품의 생산과 소비에 참여한 대중이 원활하게 자기 기능을 할 수 있어야 되고, 이런 기능을 합리적으로 수행하기 위해서는 생산자가 생산한 만큼 소비자도 소비해야 되는 공동체 가치관도 확립되어야 자본주의가 선순환 할 수 있다. 그런데 자본주의는 본질상 그렇지 못하여 주기적으로 위기에 봉착하게 된다.

그러나 개인주의, 자유주의, 자유민주주의라는 자본주의의 기본속성은 공동체(집단)주의의 가치체계와 양립할 수 없는 모순 관계에 있게 된다. 이 모순 관계가 크게 폭발한 것이 바로 1930년대의 대공황이었다. 나는 이렇게 북녘을 돌아다녀 보았지만, 가는 곳마다 내 고향 이웃동네에 온 듯 친숙감만 있을 뿐, 이질감이나 적대감을 느끼지 못했다.

이는 바로 언어가 같고, 정서가 같고, 생활습관이 같은 동포이기 때문일 것이다. 내가 북녘을 다녀 본 소감은 지금 당장 남과 북의 동네 사람들이 합쳐져도 하등의 이질감 없이 서로 도우며 잘 살 것 같은데, 왜 우리는 휴전선에서 갈라져 서로 총을 겨누며 살아야 되는지 어처구니가 없다는 것을 느꼈다. 나는 남과 북의 대부분 민중들이 이렇게 갈라져 살아야 하는 이유를 찾지 못했다.

혹자는 사상과 이념이 달라 6·25 전쟁까지 치루며 살아와서 좀처럼 융화될 수 없다고 한다. 하지만 내가 본 북녘 사람들의 사상과 이념은 우리 민족끼리 단합하여 어느 외세에도 의존하지 않고, 자주적으로 독립적으로 우리 민족의 이익을 위해 잘살아보자는 민족 우선주의를 표방한 것뿐이라 생각한다. 왜, 우리는 이를 반대하고 거부해야 되는지 납득이 되지 않는다. 오히려 이와 같은 자주 의식과 독립정신을 본받아 우리도 우리끼리 서로 도우며 화목하게 사는 것이 오늘의 난국을 타개할 수 있는 현명한 방법이 아닐까?

북녘 민중도 우리와 똑같은 민족 정서와 생활습관을 유지하며 살고 있는데, 왜? 적으로 규정하고 적대시하는지, 왜? 그들의 자주 독립정신을 폄하하고 색안경을 끼고 보는지, 나는 이곳을 체험하고 나니 납득할 수 없게 되었다. 내가 처음 북녘을 방문했을 때만 하더라도, 중국과도 갈등하고 투쟁하는 모습을 보이며 민족적 이익을 일관되게 고수했는데, 같은 민족의 일원으로서 자랑스럽게 여겨야 정상이 아닐까?

북에 대해 색안경을 끼고 보는 사람들은 미국만 믿고, 미국에 의존하여 살기를 원한다. 과연 '숭미(崇美) 사상'이 우리 민족을 위한 올바른 길인가를 새삼 생각하게 된다. 우리는 역사적 사실을 통하여 교훈을 찾았으면 좋겠다. 보수 반공사상 소유자라 할 수 있는 김영삼 前 대통령조차 "어느 동맹국도 민족보다 나을 수 없습니다."라고 실토를 했다. 오늘날의 우리 위정자들이 인간의 본성을 부인하고 동포를 적으로 규정하면서, 미국과 일본을 구원자처럼 믿고 따르는 그 이유를 납득할 수 없다. 더구나 분단된 혈육의 상대편을 죽이기 위해 미, 일의 외세와 합세하여 상대편을 압도하고 말살하려고 획책하는 것은 자멸 행위와 같다는 것을 왜 모르는지 안타깝기 그지없다.

형제간의 분쟁과 알력을 해결하기 위해 외부 힘을 불러들여 외세와 합세하여 상대방을 압살하려 한다면, 우선 우리의 도덕과 대의가 용납할 수 없을 뿐 아니라, 합세한 외세는 더욱 큰 지분을 챙길 것이란 것을 왜 깨닫지 못 하는지? 실제로 일본 군국주의의 후예들은 지금도 독도는 자기들 땅이라고 우기는데, 한미일 공조로 우리의 북녘 혈육을 압살한다면 그때는 얼마나 큰 이득을 요구할지를 당국은 왜 모르는지, 대통령 윤석열은 왜 일본을 옹호하고 대변하면서까지 일본에는 한없이 너그러운 것인지 납득이 안 된다.

우리의 근, 현대사를 뒤돌아보더라도, 순한 양의 탈을 쓴 제국주의자들이 우리나라를 어떻게 침탈하고 식민지화 했는가를 배웠으면서도, 우리의 상층 지도자들은 자신의 부귀영달을 위해 우리 민족 전체의 이익은 내팽개쳐 버리고, 외세에 의존하면서 동포를 적으로 규정하며 민족 분단을 고착화 하려는데 대해 안타까움을 금할 수 없다. 혹자는 말하기를 이북은 공산주의 사회이기 때문에 사유재산을 인정치 않고, 개인의 자유가 없고, 억압받고 살고 있으니, 따라서 타도되어야 할 적이라 했다.

그런데 내가 체험한 북한 사회는 공산주의 사회인지, 사회주의 사회인지는 모르나 모든 가정이나 개인이 생활에 필요한 의식주, 즉 식량과 입을 옷, 살 집을 사회가 골고루 공급해 주어 내 마음대로 사용할 수 있으므로 구태여 내가 돈 주고 사야 할 사유재산일 필요성이 없었다. 이곳에서는 돈의 가치가 우리 남녘 사회만큼 소중하지 않다는 것을 알게 되었을 뿐 아니라, 우리가 말하는 사유재산과 국유재산의 분류 자체가 의미 없어 보였다.

이렇게 이곳에서는 내 사유재산이 없어도, 즉 돈이 없어도 사회성원의 한 사람으로 참여하는 이상 기본적인 생활 욕구를 충족해 주므로 구태여 사유재산을 소유할 필요성이 없으며, 국유재산 또는 사회적 재부를 사회성원은 누구나 골고루 이용할 수 있으므로 개인의 소유권(사유재산)의 필요성을 느끼지 않는다고 했다. 우리는 내 것(사적 소유)이라야 욕구를 충족할 수 있지만, 이곳에서는 사회적 소유를 사회 성원들이 적절히 이용할 수 있다는 사회적 통념이 일반화되어 있다. 사유재산에 대한 욕구 자체가 우리와는 비교가 안 될 만큼 식어 있다는 것을 알게 된 것이다.

이와 같은 사회 통념적 차이만으로 적을 규정한다면, 우리 주위에는 적이 너무나 많을 수밖에 없게 된다. 나와 다른 생각을 가진 사람은 모두 적으로 규정되어 살벌한 경쟁 사회로 변모되고 말 것이다. 그리고 나는 이곳 농장원의 노동자, 사무원 등을 만나서 "이북은 독재국가이기 때문에 개인의 자유가 없고, 상명하복의 권위주의 사회가 아니냐?"고 논쟁을 걸었더니, 안내원은 웃으면서 "남녘 사람들은 북에 대해서는 너무 모르고 오해하고 있으니, 남북 사회의 기본법인 헌법부터 비교 검토해 보자"라고 제안했다.

그는 이렇게 말했다. "<조선민주주의인민공화국> 헌법 전문에서 보는 바와 같이, '사람 중심의 세계관을 갖고, 인민 대중의 자주성을 실현하기 위한 혁명사상인 주체사상을 지도적 지침으로 한다.'고 못박고 <67조>에 '공민은 언론, 출판, 집회, 시위와 결사의 자유를 가진다. 공민은 신앙의 자유를 가진다.' <75조>에 '공민은 주거 려행 (旅行)의 자유를 가진다.'라고 규정되어 있다. '남한을 비롯한 세계 어느 나라도 헌법은 준수하고 있는 것과 마찬가지로, 북녘도 헌법에 규정한 대로 철저히 공민의 기본적 자유뿐만 아니라, 자주성을 갖춘 인간으로서 살아갈 수 있는 권리를 보장해 주고 있다'고 했다. 남녘 헌법에서도 비슷한 규정이 있는 것으로 알고 있는데, 남북 헌법 모두 공민(국민)의 기본 자유는 보장하고 있는데, 왜 북녘은 자유가 없다고 선입견을 갖고 있느냐?"고 항의했다. 그러면서 그는 "남녘은 1948년 정부가 수립되자 곧바로 제정한 제1호 법률이 국가보안법인데, 이 보안법으로 언론자유를 탄압하고 얼마나 많은 양민을 학살했는데도 모르는 척하면서, 언론자유를 무조건 보장하는 북녘사회를 자유가 없다고 편견을 갖고 있을 수 있느냐?"고 되물었다.

남과 북의 헌법에서 보다시피, 남북 어느 사회도 인간의 기본적 자유는 보장하고 있지만, 헌법에서의 기본적 차이는 북녘은 '생산수단을 국가와 협동단체가 소유하며, 국가 소유는 전체 인민의 소유'라 규정하고 있는 반면, 남녘 헌법에서는'모든 국민은 재산권이 보장된다.'라고 규정하여 사적 소유가 보장된다. 남녘은 사유재산제도가 확립되어 돈(자본, 재산)만 있으면 "하늘의 별도 따 올수 있는 자유"가 보장되지만, 돈이 없는 일반 대중은 헌법에서 보장된 기본적 자유와 권리를 행사할 형편이 못 되어 "그림의 떡"으로 될 수밖에 없다. 반면에 북녘 헌법에서는 "개인 소유는 공민들의 개인적이며 소비적인 목적을 위한 소유이다."라고 규정하여, 개인적 용도와 소비적 용도만 인정함으로써 "돈의 가치"가 우리 남녘과는 전혀 다르다.

우리 남녘에서는 돈의 가치가 대단하여 인간 생활 자체를 지배하므로, 돈 없이는 하루도 견딜 수 없으며, 돈만 있으면 못 할 것이 거의 없을 정도로 돈의 위력이 대단하다. 사람들은 돈 벌기 위하여 직업을 택하고, 돈을 많이 벌 수 있는 직업이 인기가 좋지만, 북녘에서는 공동체(대가정)가 개인의 기본적 생활조건을 보장해 주며, 노동의 질과 량에 따라 임금을 책정해 주고 있어 공동체가 요구하는 적재적소(適材適所)에서 공동체를 위해 봉사하는 것을 큰 보람으로 느끼며 산다고 한다.

나는 이렇게 이곳 농장원의 노동자, 사무원 등을 만나 기탄없이 대화하며 물어봐도 아무도 개인의 자유를 속박하는 것에 대해 인정하지 않고 오히려 내 인식의 오해를 조롱했다. 그들 북녘 사람들은 "계급 차이가 없어 빈부가 없고, 정치적 이해관계가 공통하여 똑같은 요구, 똑같은 구호, 똑같은 문제제기를 할 수밖에 없는데, 외부세계 특히 남녘 사람들은 생각하기로 '북녘은 정치적 자유가 없거나 또는 언론자유가 없어 반대의견을 봉쇄당하고 있다'고 오해하여 안타깝다"고 했다.

예를 들어, 한가정의 형제끼리는 외부세계에 대하여 이해관계가 일치하여 같은 목소리를 내는 것인데, 개인의 자유가 없어서 똑같은 목소리를 내느냐고 비유했다. 그리고 "주거이전 여행의 자유가 없지 않느냐?"고 질문한 데 대해서는 "완전한 오해"라고 단언했다. 예컨대,

"직장을 무단결근하고 여행을 가거나 직장을 무단 이탈 하면 규제하는 것이지, 직장에 해를 끼치지 않고 여행하거나 주거를 이전하면 아무도 방해하지 않는데 주거이전의 자유가 없다고 하는 것은 완전날조"라 했다.

다만 "북녘에서는 아무도 무위도식하며 사는 사람은 없어서, 남녘처럼 돈만 있으면 서울에서 살든지, 농촌에서 살든지, 기후가 좋은 외국에서 무위도식하면서 살든지 자유지만, 북에서는 사회적 생산에 참가하지 않고 자기 멋대로 살 수 있는 개인주의 사회는 아니라" 했다. 그리고 종교의 자유가 없다고 한 데 대해서는, "묘향산 보현사에 가서 스님과 대화를 했으면서도, 왜 그런 말을 하느냐"고 비판했다. 그리고 평양에도 교회가 있어서 해외 동포 기독교 신자들이 평양에 와서 예배도 한다면서 "종교의 자유가 없다면 과연 이런 일이 있을 수 있느냐?"라며 반문했다. 북녘에서는 '신앙의 자유와 동시에, 반대할 자유도 보장되는 곳'이 바로 북녘사회라고 했다.

우리 남녘은 오직 신앙의 자유만 보장하고 종교를 숭상하여, 만일 종교를 비과학적이라 비판하면 온갖 비난 세례를 당하지만, "북녘은 신앙의 자유와 동시에 신앙의 허구성을 비판할 자유도 동시에 공평하게 보장된다."라고 하여 나의 공감을 불러일으켰다. 이상과 같은 대화에서 나는 북녘사회도 살만한 사회이기에 사람들이 살고 있구나 하는 것을 느꼈다. 사회주의라는 제도도 장점이 있기에 지구촌 인구의 약 절반이 지향하고 추구하고 있구나 하는 것도 알게 되었다.

우리 남녘사회처럼 돈만 있으면 하늘의 별도 따올 수 있는 무한의 자유가 보장되는 사회는 아니지만, 사회 전체에 해악이 되지 않는 조건에서 개인의 자유도 최대한 보장된다는 것을 알게 되었다.

나는 공산주의(마르크스 레닌주의)의 근간인 '변증법적 유물론'에 대해서는 공부할 기회가 없어 잘 모르지만, 이북 여행을 통하여 그곳 민중의 삶을 관찰해보니 우리 민중의 삶과 다른 점이 거의 없었다는 것도 알게 되었다. 다른 점이라고는 이윤추구를 위한 개인의 영리사업(소규모 장마당 활동은 인정)은 용인치 않는다. 따라서 영리활동을 위한 개인의 자유는 있을 수 없으며, 개인의 자유도 공동체의 권익을 해치지 않는 범위 내에서 누린다는 것을 알게 되었다.

북녘사회는 공동체(집단)를 위해 개인이 복무해야 되는 공동체 우선주의를 표방하는 한편, 공동체(집단)는 개인(하나)을 위해 봉사하는 사회이지만, 우리 남녘은 비교적 남이야 어떻게 되든(공동체에는 관심 두지 않고) 개인의 자유에만 가치를 더욱 부여하는 개인주의가 우선되는 사회라는 것을 알게 되었다. 그래서 북녘 사람들은 전체를 위해 개인이 희생하는 것을 미덕으로 여겨서, "하나는 전체를 위해, 전체는 하나를 위해"라는 구호에 공명하지만, 남녘 사람들은 자유로운 이윤추구로 자산을 축적한 사람을 선망하게 된다.

이리하여 남녘은 자산을 축적한 대자본가, 떡고물만 얻어먹은 소자산가, 인텔리, 광범한 노동자 등으로 분화되어 필연적으로 각 계급 계층의 이익을 대변하는 정당이 출현할 수밖에 없게 된다. 각 당은 서로의 이해가 상충하니 피가 터지게 싸울 수밖에 없어서, 이조시대의 사색 당쟁을 연상케 할 정도로 권력욕에 집착할 뿐 민생문제는 뒷전으로 물러설 수밖에 없다.

반면에 북녘은 개인의 영리추구를 인정하지 않으므로, 개인 기업을 중심으로 자본가 계급이 생성될 수 없다. 이를 대변하는 노동당이 절대적 지위를 갖게 되고, 기타 종교단체를 대변하는 사회민주당, 천도교에 기초한 '청우당'이 존재하지만 같은 노동자계급에 근거하다 보니 노동당의 우당으로 협력하며 생존한다 했다.

이처럼 북녘의 정당들은 근로하는 대중의 이익을 공통적으로 대변하다보니, 노동당을 기본으로 여타 정당들은 우당으로 협력하는 역할밖에 없어서 우리 정당처럼 첨예한 모순 갈등이 없이 능률적으로 정치문제를 처리한다고 했다. 따라서 개인의 이윤추구를 용인치 않고, 사회적 부의 사유화를 금지함으로써 창출된 부를 사회화하여, 사회구성원이 골고루 누릴 수 있다면 개인(자본)주의 사회보다 더 정의롭고 공정한 사회라 할 수 있겠는데, 사유재산제도를 옹호하는 자는 우월한 지위에 속한 자신의 사욕 때문에 사회정의는 눈감는 것이 아닐까 생각해 보게 된다.

오늘날 우리 남녘사회의 모든 부정부패, 비리, 범죄, 갈등의 근원은 사적 소유제도와 관련되어 있다는 것이 명백히 드러났으면서도, 우리는 사적 소유문제는 신성불가침시 하고 지엽적인 각종 범죄 자체만을 다스리려 하고 있다. 이런 범죄는 근절시킬 수 없어 사적 소유제도가 존속하는 한 범죄 자체도 동반한다는 것을 알게 되었다. 사유재산 제도의 폐해에 대하여 근본적인 손질을 해야 사회의 온갖 비리와 범죄를 예방하여 정의로운 사회를 구현할 수 있다는 것을 확신하게 되었다.

나는 북녘을 방문하면서 북녘 사람들도 나와 똑같은 동포이고 피를 나눈 공통의 민족 정서임을 발견했지만 다른 점도 발견하게 되었다. 우리는 자본주의 사회에서 살다 보니, 자본(돈)을 가치의 중심에 두는 사회이고, 북녘은 사회주의 사회이다 보니. 사회(공동체)를 중시한다는 사회라는 것을 알게 되었다. 자본주의는 돈이 지배하는 사회이다. 누구나 돈을 추구하여 돈을 벌기 위해 수단과 방법을 가리지 않으며, 돈이 인간 생활의 중심적 위치를 차지하여 돈 없이는 생활 자체가 불가능하여 모든 것이 돈으로 귀결된다. 심지어 종교단체조차 돈있는 단체는 흥하고 돈 없는 단체는 소멸하게 된다.

이렇게 자본(돈)이 인간 생활에서 결정적 기능을 하다 보니 돈만있으면 호화롭게도 살 수 있고 만능의 역할을 하게 되므로 돈의 다과(多寡)에 따라 귀한 삶을 살수도 있고, 천한 인생으로 전락할 수도 있다. 이에 반해 북녘의 사회주의 사회에서는 돈의 기능과 역할은 우리남녘사회에서는 상상할 수 없을 정도로 무의미했다. 즉 돈으로 해결할 수 있는 것이 거의 없었으며, 오직 사회(공동체)만이 개인의 삶을보장해 줄 수 있었다. 개인의 능력에 따라 적재적소에서 사회를 위해일할 수 있게 해 주었다.

따라서 북녘에서는 사회(공동체)가 주식과 부식 등 의식주의 생활필수품을 공급해 주므로, 월급으로는 각 가정의 특수한 수요에만사용되어 돈이 거의 쓸모가 없게 되었다고 했다. 따라서 급료의 액수도 우리처럼 많지 않고, 또 최고 급료와 최하 급료의 차이도 크지않아서 거의 평준화되어 간다고 했다.

이렇게 우리 남녘에는 돈(자본)이 중심인 사회이고, 북녘은 사회(인간)가 중심인 사회에 살다 보니 같은 민족일지라도 남북의 사고방식과 세계관은 서로 달랐다. 우리 남녘은 돈을 많이 받을 수 있는 직장과 직종은 인기가 있어 경쟁이 심하지만, 북녘에서는 일의 량과 질에 따라 급료가 일정하므로 각자의 능력에 따라 전체사회를 위해 적재적소에 배정하게 되는데, 월급만을 따진다면 갱 속에서 광물을 캐는 갱부, 바다에 나가 고기 잡는 어로공, 용광로에서 일하는 용해공의 월급은 당 간부나 장관급 월급보다 많다. 우리에게 인기 있는 의사의 월급조차 일반 노동자의 월급과 차이 없다 하니 우리의 상식과는 크게 다르다는 것을 알 수 있다.

더구나 어디서나 인기 없는 외딴 섬의 교사, 산간벽지의 10명도 안 되는 학생을 가르치는 교사, 힘든 농촌 일을 하는 농장원 등의 어려운 직종에 평양의 당 간부 자녀들이 지원하여 간다고 하니 우리의 상식과 기준으로는 설명이 되지 않았다. 그뿐만 아니라 농번기에는 당 간부들과 도시근로자들이 농촌 일손을 도우려 나서 새카맣게 피부가 탈 정도로 일을 하고 온다고 하니 우리 상식으로 이해가 되는가!

바로 북녘사회는 하나의 대가정으로 여기기 때문에, 각 구성원들이 대 가정의 톱니바퀴가 잘 돌아갈 수 있도록 상부상조하면서, 서로가 부족한 면을 메워주는 우리민족 전통의 미풍양속을 오늘날에도 실현하는 듯 했다. 나는 북녘사회를 들여다보면 볼수록 이곳은 공동체(집단)를 중시하는 집단주의 정신이 사회 곳곳에 스며있다는 것을 알게 되었다.

우리는 자본주의 사회에서 살다 보니 자본을 추구할 수밖에 없고, 개인주의가 몸에 배어 개인의 자유를 누리는데 가치의 중심을 둔다. 돈 벌 자유와 돈 쓸 자유를 향유 하여, 돈만 있으면 호화생활을 해도 아무도 간섭할 수 없기에 사회적 불평등을 초래할 수밖에 없다.

사실이 이러함에도 대통령 윤석열은 "자유, 자유, 자유 … ,"하면서 자유민주주의를 열창하고 있는데, 대통령을 비롯한 힘 있고 돈 있는 사람들이 누리는 자유로 인하여 힘없고 돈 없는 대다수 민중의 자유는 짓눌려져 누릴 수 없는 구두선에 불과하다는 것을 왜 모르는지? 전국민 모두가 진정으로 골고루 자유를 누리기 위해서는 정의, 공정, 평등사상이 동반되어야 구두선이 아닌 참된 자유를 맛보게 될 것이다

나는 북녘을 여행하면서 많은 것을 배우고 느꼈는데, 그중 가장 인상에 남는 것은 가는 곳마다 그들은 대가정의 가족처럼 뭉쳐져 있고, 서로 아끼고 도우면서 한 몸처럼 통일단결 되어 있다는 것이었다. 가는 곳마다 사람들은 같은 주제에는 똑같은 대답을 할 정도로 한 몸처럼 생각하고 행동했는데, 이는 누가 시켜서 이렇게 되었다고 생각되지 않았다.

외적인 큰 충격 속에서 생활화되지 않고서는 이렇게 한 몸처럼 될 수는 없었으리라 여겨졌다. 장기간의 미국제재로 고통받지 않고, 또 고난의 행군을 하지 않아도 되었다면, 아마 지금 같은 내부결속은 안 되었으리라 믿는다. 북녘은 6·25 전쟁 후부터 미국의 제재를 받아 왔으나, 1980년대 말 동구권이 무너져 사회주의 시장이 붕괴 되기 전까지는 그래도 물물교환으로 견뎌 왔다. 동구권 시장이 무너져 필요한 물자를 거래할 시장이 사라짐으로 미국의 제재가 효과를 발휘하였다. 무역의 길이 막히고 설상가상으로 흉년이 들어, 당과 정부의 기능이 마비되어 많은 아사자가 발생했다고 했다.

굶어 죽은 사람은 하층 노동자가 아니라 대부분 중간 간부급이라 했다. 중간 간부들은 말단 젊은 노동자들에게 강냉이 한 개 감자 한 톨이라도 넘겨주고, 자기는 굶어 공장 기계를 잡고 쓰러져 갔다니

그 희생정신과 동지애는 듣는 사람으로 하여금 가슴을 아리게 했다. 이렇게 간부들이 후대를 위하여 자기는 희생했다니, 살아남은 사람들이 어찌 선배동지의 뜻을 져버릴 수 있으며, 한마음 한뜻으로 내부단결을 하지 않을 수 있겠는가!

전체사회가 한 가족처럼 이해관계가 일치되는 사회가 아니고서는 이루어질 수 없는 일이 아닌가! 북녘 사람들은 이런 쓰라린 체험을 했기에 그들을 굶게 만든 미국에 대한 증오심, 복수심은 하늘을 찔렀다. 미국을 비롯한 반북세력은 이런 민심도 알아차리지 못하고, 대북제재만 강화하면 북은 곧 망할 것이라 속단하고 제재를 더욱 강화했지만, 북녘 사람들은 이를 악물고 고난의 행군을 감행하여 미국을 비롯한 국제 제재를 극복할 수 있었을 뿐 아니라, 핵무기를 개발하여 원한을 풀려 하고 있다.

따라서 북녘 사람들은 굶어 죽을 정도의 제재를 받아 봤기에, 이제는 어떤 제재가 가해지더라도 극복할 수 있다는 자신감을 갖게 되었다며 복수의 칼날을 갈고 있다. 우리는 비록 외세에 의해 동강 난 조국에서 살고 있지만, 북녘에 살고 있는 동포도 우리 민족, 우리 가족이기에 서로의 처지를 이해하고 화합하려는 통 큰 모습을 보여 주어야 평화적 통일을 앞당기는 길이 되지 않을까!

혹이나 이 글을 읽는 독자 중에는 내가 북녘에 대한 편견을 가지고 일방적으로 비호 두둔한다고 생각하는 독자가 있을지 모른다. 그러한 오해를 풀기 위해 솔직히 말하겠는데, 나는 80세를 넘어 90세를 바라보며 사는 동안, 좋아하는 대상을 무조건 찬양하지 않고 객관적으로 공정하게 바라보려는 성격이기에 냉담하다는 비판을 많이 들어서 주위에 친구가 없다는 말을 듣는 사람이다. 이런 소극적 사람이기에 내가 북녘을 무조건 찬양할 이유도 없고, 또 무조건 비방할 이유도 없다.

그래서 나는 지금 북녘을 보고 느낀 대로 솔직히 기술할 뿐 과장하거나 폄하할 이유가 없다는 것을 밝혀 둔다. 더구나 나는 1972년 북녘에서 온 공작원을 약 1시간가량 만난 죄로 내 인생이 이렇게 참담하게 되어 버려 별로 좋은 감정이 없어 무조건 칭찬할 수만은 없다. 따라서 나는 북녘을 돌아다니며 보고 듣고 느낀 점을 솔직히 표현할 뿐 다른 의도는 없다는 것을 밝혀둔다.

이와 관련하여 연상되는 다른 실례도 말해야겠다. 나는 2006년 북녘의 송이버섯을 독점 판매하는 계약을 했다. 100만 불을 보증금으로 걸고, 송이를 운송할 냉동 탑차(1톤) 10대를 주고, 개선총회사 총사장 손경철과 계약한 바가 있었다. 송이버섯의 신선도에 문제가 있어 사업에 실패하고, 송이버섯 사업총화를 위해 개성 남북경제협력 협의사무소에서 만나 사업총화를 하기로 했다.

남북경제협력 협의사무소 건물은 2층이 남측 사무소, 3층이 상담실, 4층이 북측 사무실이다. 3층에서 개선총회사 총사장 손경철과 나, 전무 김영미가 사업총화를 하고 있었는데, 손경철 개선총회사 총사장은 송이버섯 사업 실패의 책임이 송이버섯 신선도에 문제가 있어 실패한 것이 아니라 우리(대동무역 주식회사)의 영업능력에 문제가 있어서 실패했다고 실패 책임을 완전히 나에게 덮어씌웠다.

이리하여 우리는 고성을 지르며 싸웠는데 나는 말싸움 도중 "북한에서는 이런 식으로 사실관계를 은폐하고 상대에게 책임을 전가시키느냐?"라고 소리쳤더니 그는 "북한"이라 했다고, 북측 CIQ에 나가지 못하게 억류시키겠다고 위협하기에, 나는 "마음대로 해라"고 하고 2층 남측 사무소로 내려와 버렸다. 2층에 내려오니 남측 황부기 소장이 "고성이 2층까지 들려 안절부절했다."라면서 싸우게 된 사유를 말하라 하였다. 이에 사실대로 알려 주었더니 황 소장님은 "그래도 여기는 북측 땅이니 그렇게 언쟁하지 말아야지 못 내려가면 어떻게 되냐?"면서 불안해하기에, "나는 부당한 처사에 굽힐 수 없으니 걱정하지 마라."하고 기다리고 있었는데, 과연 출경 예정 시간이 지나도 북측 사무실에서는 아무 소식이 없었다.

그래서 나는 이곳 개성에서 묵을 각오를 하고 손경철 총사장의 오만에 기죽지 않고 그의 사업작풍을 고쳐주려 했다. 물론 손경철 총사장은 자기네 리익(利益)만을 최대한으로 보장하기 위해 생 송이 신선도 문제는 증거가 없다고 우기면서 모든 책임을 내 탓으로 돌리려는 술책으로 강경하게 임했지만, 나 역시 그의 기세에 꺾이지 않고 객관적 진실을 규명하려 했다.

그런데 약 삼 사십 분 후 북측 직원이 내려와 손경철 총사장이 만나자고 하니 만나보시라 하여 3층 상담실에 올라갔다. 손경철은 "사장선생께서 너무 과하게 화를 내어 사과드리니, 화를 푸시고 총화(總和)를 합시다."라고 하면서, "내년에 송이버섯 거래 시 손해를 배상해 주겠다."라고 하여 화해하고 그날 마지막 출경 시간에 남쪽으로 내려오게 되었다는 사실도 솔직히 고백한다. 나는 북녘 사람들이 잘못했다고 판단되면 비판하며 반대하였지 무조건 추종하거나 묵인하지 않았다는 것을 밝혀 둔다.

나는 같은 핏줄, 같은 민족 정서를 느낀 북녘사회를 경험하면서 마지막으로 얻은 결론은 인류 역사는 '평준화'를 향한 발전의 역사라고 더욱 확신한 것이었다. 인류 역사는 엄격한 노예제 사회에서부터 자본주의, 사회주의 사회에 이르기까지 부단한 인간해방 투쟁의 역사였다. 따라서 사람끼리의 지위와 처지도 차츰차츰 좁혀져 '평준화'를 꾸준히 실현했다. 자본주의 사회만 하더라도 초기자본주의의 자유방임 사회에서 수정자본주의 또는 복지자본주의사회로 발전할 만큼 사람 간의 지위와 처지도 평준화되고 있다. 따라서 인류의 역사는 궁극적으로 계급없는 사회주의로 발전하고 있다는 사실을 나의 긴 인생 여정을 통해서 깨닫고 있다.

그뿐만 아니라 내 어릴 때 고향에서는 종(노예)이 있었지만, 지금은 모두 평등한 농민으로 평준화되어 가고 있다. 문맹자도 과거에는 거의 50%나 되어 학식 있는 사람에게 무조건 복종하였으나, 지금은 대부분이 고등교육을 받아 교육 수준이 높게 평준화됨에 따라 수탈하는 사람도 수탈당하는 사람도 더 이상 이런 모순된 체제를 지탱할 수 없게 되고 있다. 이제는 서구 문명에 대한 열등의식도 사라졌고, 우리도 할 수 있다는 자신감과 민족적 각성을 일으켜 민족의식을 되찾게 되었다.

정보통신과 교통의 발달로 지구촌 구석구석의 소식도 이웃 일처럼 듣고 알 수 있어 미개발국, 개발도상국, 선진국 간의 격차도 차츰 좁혀져 가고 있다. 선진국의 발전 속도에 비해 후진국이라는 피압박 국가들의 발전 속도는 배가되어 지구촌이 평준화로 나아갈 만큼 세상은 달라져 가고 있다.

20세기 중반까지 제국주의 열강들의 침탈로 분할되어 신음하던 중국이 이제는 G-2 국가로 성장했고, 거의 200년 동안 영국의 식민지였던 인도가 영국의 경제력을 능가하는 시대를 맞이할 만큼 식민지, 반식민지, 민족과 국가들이 각성하여 제국주의 선진국을 따라잡을 정도로 세상은 급격히 변모되면서 평준화의 길을 가고 있다.

작은 나라 북조선은 6·25전쟁 때 세계최강의 미국을 비롯한 16개국 군대가 연합하여 참전해도 지지 않을 정도로 세계사를 다시 쓰게 했으며, 월남전 때 월남 인민은 미국을 패퇴시킴으로써 미국의 강대국 신화를 최종적으로 부수어버렸다.

이렇게 지구촌 식민지 예속 국가들의 민중들이 각성하여 제국주의 열강들과 대등하게 맞서고 있는 오늘날에도, 우리 민족의 일부 사대주의 지도자들은 아직도 옛날의 달콤했던 지배와 사대의 환상에서 벗어나지 못하고 있다. 옛 열강의 힘에 의지하여 자신의 지배욕을 실현해 보려고 망상하는 시대착오적인 부류도 있다. 이들은 우리 민족의 내부 갈등을 조성하면서 평화적 단합을 저해하고 있다.

나는 북녘을 여행하면서 북녘 동포들은 자주 의식이 투철하다는 것을 가슴 깊이 새기게 되었다. 그들은 아무리 어렵고 힘들어도 비굴하게 외부에 손 내밀며 아쉬운 소리를 하지 않고 스스로의 힘과 지혜로 똘똘 뭉쳐 타개해 나가려는 강한 의지력을 보여 주었다. 그들은 세계최강이라는 미국과 정전협정으로 대치해 언제 전쟁이 터질지 모르는 위기에 처해 있으면서도, 전혀 기죽지 않고 당당하게 미국을 비판하면서, 혈맹관계이자 순치의 관계에 있다고 일컫는 중국에 손 내밀며 도와 달라고 애걸하지도 않는다. 나는 그들에게서 민족적 자존심과 긍지를 발견하고서 큰 충격을 받았다.

농번기에는 평양 근로자들은 물론, 심지어 부장(우리의 장관)들조차 농촌 일손을 돕기 위해 온몸이 농부처럼 새카맣게 탈 정도로 일을 한다. 나는 평양에서 그들과 악수를 할 때 손마디가 농부처럼 굳어진 모습을 확인하고서 큰 충격을 받았다. 그들은 급여를 더 받기 위해서, 또는 출세를 위해서 그런 봉사활동을 하는 것이 아니었다. 오직 자기가 속한 대가정이 균형적으로 발전하여 원활하게 작동되기를 바라는 마음에서 봉사활동에 참여했다. 그들에게 사회는 곧 커다란 가정이었고, 그 구성원들은 모두 가족이 되었다. 그들은 곳곳에서 대가정을 위해 봉사하고 있었다. 생존경쟁에 찌든 나에게 그런 모습은 별천지처럼 느껴졌다.

사람은 사회적 집단을 이루고 사회적 관계를 맺으며 활동하는 '사회적 존재'라는 속성이 가장 적절히 잘 적용되는 사회가 북녘사회가 아닐까? 반면에, 우리 남녘사회는 사회적 관계를 맺고 활동하는 사회적 존재인 인간일지라도, 사회적(공동체적) 가치개념과 개인(자유)주의적 가치개념의 충돌과 모순으로 온갖 사회적 부조리와 병폐가 야기되어 사회적 발전을 저해하고 있는 게 아닌가 하는 생각이 들었다.

우리 민족은 일제로부터 해방되자 3·8선으로 갈라져 한국전쟁을 치렀다. 이후 정전 체제에서 70년 세월을 살면서 북녘 동포들은 공산 치하에서 신음하고 있다고 배웠다. 그러나 막상 내가 북녘땅을 처음 밟아보고, 그곳 민중들과도 기탄없는 대화를 해보니, 북한은 내가 배운 이미지와 전혀 다른 모습을 하고 있었다.

내가 듣고 배운 북녘 동포들의 신음 소리는 찾을 수 없었다. 그런데도 북녘을 그토록 오해한 것은 우리 사회 지도층의 북녘에 대한 적개

심에서 기인한 반공 교육 때문이라고 느꼈다. 물론 우리 남녘사회는 돈만 있다면 개인의 자유와 행복을 마음껏 누릴 수 있는 천국이라 할 수 있겠지만, 여러 요인으로 생존경쟁에서 패한 대다수 민중은 돈을 가질 수 없어서 필연적으로 무산계급으로 전락할 수밖에 없는 경쟁 사회다. 개인주의와 자유주의가 사회의 지배가치로 자리를 잡았기 때문에 돈 없는 대중들은 자기의 무능을 탓하며 한 많은 삶을 살 수밖에 없다.

우리 사회는 자본주의가 지배한다. 따라서 돈 있는 사람은 힘이 있고, 힘 있는 사람은 돈이 따라붙게 되니 그들에게는 천국(파라다이스)처럼 여겨지겠지만, 가진 것 없는 일반 대중의 처지로서는 경쟁에서 낙오될 수밖에 없다. 한숨과 설움으로 지새우면서 언젠가는 돈을 벌 수 있다는 막연한 환상과 허욕에서 벗어날 수 없게 하는 체제가 바로 오늘의 우리 남녘 체제다. 이를 깨달은 민중은 반체제, 반정부, 불온 분자로 치부된다. 그렇지 않으면 이런 삶 자체를 비관하여 스스로 목숨을 끊는다. 현재 한국은 자살률 세계 1위라는 오명을 안고 있다.

개인주의적 자유경쟁 체제는 자본주의 태동 시기 토지에 얽매인 농노를 해방시켜 봉건제를 붕괴시키는 데 결정적 역할을 한 가치 규범이었다. 그러나 오늘날과 같이 자본주의가 발전하여 제국주의 단계로 접어든 시기에는 이미 사회적 불평등과 불공정이 만연하여 사회적 모순을 치유하는데 아무런 소용도 없는 시대착오적 가치 규범일 뿐이다. 그럼에도 우리 사회의 주도층은 아직도 금과옥조처럼 자유 경쟁 체제를 붙잡고 있다.

나는 북녘의 공장노동자 협동농장의 농장원, 일반 사무원, 판매원,

은퇴한 노인 등을 만나보았는데, 모두 하나같이 그들의 사회제도의 우월성과 '김일성 수령님과 김정일 지도자'의 위대성을 설명하면서 나를 설복하려 했다. 처음에 나는 외부의 무언의 압력을 받고 내키지 않으면서도 마지못해 남쪽에서 온 나에게 앵무새처럼 자랑하는 줄 알았다. 그러나 우연히 만난 사람들조차 열정적으로 나를 설복하려는 모습을 보고서 나는 북녘 사람들 모두가 진심에서 그들 사회제도의 우월성과 수령님의 위대성을 느끼고 있다는 것을 알게 되었다.

심지어 어떤 노동자는 김정일 장군 이야기를 할 때면 감격하여 눈물을 흘리면서 칭송하는 것을 보고, 나는 연극이 아니고 진심에서 우러나온 칭송이라고 알게 되었다. 우리는 어느 대통령을 평할 때도 어떤 사람은 긍정적으로 평가하고, 어떤 사람은 나쁜 대통령이라고 욕을 하는데, 북녘 사람들은 누구나 그들 지도자를 흠모하는 이런 현상이 왜 일어날까? 하고 생각하게 되었다.

어떻게 북녘 동포 모두가 그들 지도자를 마음속에서부터 찬양하고 흠모할 수 있을까? 탄압이 두려워 마지못해 건성으로 연극 하는 것은 아닐까? 말단 노동자에 이르기까지 철저히 주입식교육을 시켜 북녘 동포들이 최면을 당해 이런 일이 벌어지지는 않았을까? 비 오는 날이면 우산 장수에게는 좋겠지만, 소금 장수에게는 애태우는 날이듯 북녘 동포 중에서도 이해관계가 상반되는 사람들이 있을 텐데 어떻게 모두가 만족하는 지도자가 나타날 수 있겠는가?

우리의 역대 대통령들은 보수 정권에서 출현하면 내외 자본가들에게 유익한 정책을 베풀어 그들의 지지는 받았지만, 노동자, 농민 등 무자산 계급에는 착취와 압박만 있어서 나쁜 대통령이라고 욕을 먹었다. 진보로 자칭하는 중산층을 대변하는 대통령들은 보수와 진보 양측으로부터 협공을 받아 설 자리가 좁아졌는데, 북녘 지도자들은 어떻게 전체 인민들로부터 존경과 칭송만 받을 수 있을까? 이에 대한 해답은 내 안내원과의 토론 속에서 찾을 수 있었다.

첫째로, 북녘의 지도자는 '멸사봉공(滅私奉公)'할 수밖에 없는 사회구조 속에 처해 있다는 것이다. 북녘사회는 사적 소유는 용인되지 않고 사회적 소유만 용인되는 사회이므로, 지도자 개인을 위해 할 수 있는 영역은 아무것도 없어 사회 전체를 위해 일하는데 보람을 찾을 수밖에 없다는 것이었다. 바로 묘향산 <국제친선전람관>에서 보듯 수령이나 지도자에게 준 값비싼 개인 선물조차 개별적으로 처분하지 않고, 몽땅 사회에 환원시켜 전체 인민들이 감상케 하는 이유가 바로 여기에 있다고 했다.

이런 사회구조 속에서 지도자의 자질과 역량을 갖춘 사람이라면 인민을 위해 봉사할 수밖에 없어 탁월한 영도력으로 인민들의 흠모와 칭송을 받게 된다고 했다. 나는 이 말을 듣고 자본주의의 사적 소유제도 자체가 사리사욕과 부정부패의 근원이란 것을 더욱 절감하게 되었다.

둘째로, 북녘사회는 계급이 타파되어 전체 인민이 노동 계급화되고 있기에 상호 대립 모순되는 계층이 없이 커다란 가정으로 변모되고 있기 때문이라 했다. 따라서 북녘사회는 이해관계가 상충 되는 계급 계층이 없어 지도자와 민중은 같은 처지, 같은 입장이기에 혼연일체가 되어 운명공동체이기 때문에 모자라는 부문은 더욱 보충하고 여유 있는 부문은 더욱 많이 인민들에게 분배되어 특정 부문의 지원이 곧 인민 전체를 위한 사업이 된다고 믿기에 이해관계의 상충이 있을 수 없다고 했다.

북녘땅을 여행해 보고 북녘의 현상들을 살펴보고, 북녘 민중과도 대화해 보았지만, 북녘 사람들을 적으로 규정할 어떤 이유도 찾지 못하였다. 그들도 나와 똑같은 민족적 감정과 정서를 가진 동포였고, 옛내 고향 생활습관을 그곳에서 발견하였으며, 그들도 남녘에서 온 나를 적대시하거나 나쁜 감정을 갖고 대하지 않고 솔직하고 격의 없이 대해 주었다. 내가 경험한 이런 순박한 북녘 동포들을 윤석열 정부는 적으로 규정하고 전쟁 준비를 하겠다고 했는데, 이 엄청난 모순을 어떻게 설명해야 할지 모르겠다.

내가 만나본 착하디 착한 북녘 동포들을 윤석열 정부가 적으로 규정한 이유가 도대체 뭘까? 사상과 이념 때문에? 사상과 이념 때문에 동포를 적으로 규정하고 전쟁 준비를 한다면, 윤석열 정부는 천추에 씻지 못할 민족적 범죄를 저지르게 된다고 본다. 사상과 이념은 사람마다 다를 수 있으며, 남녘 사람 중에서도 각각 다를 수 있는데 북녘 동포가 윤석열과 다른 사상과 이념을 가졌다고 전쟁 준비를 한다면 이에 호응할 국민이 얼마나 될까?

윤석열 대통령은 자유민주주의를 그렇게도 열창하면서도, 왜 자기와 다름을 포용해야 하는 자유민주주의 원리를 헌신짝처럼 내던져 버릴까? 법을 잘 아는 검사 출신이면서도 말이다. 만일 지금 한반도에서 전쟁이 일어난다면 수백만, 수천만이 희생될 수 있는데, 이런 희생을 각오하고 동포를 적으로 규정하며 한미동맹을 기반으로 동족 살육의 전쟁 준비를 한다면, 윤석열 대통령은 과연 우리 민족 우리 혈육이 맞는지 의심이 간다.

옛적부터 우리는 친인척이 미워 깡패를 동원하여 그 친인척을 살육했다면 문중에서 파문시킨 관습이 있었다. 우봉 이씨 이완용 총리대신은 조선이 일제에 의지해야 개명할 수 있다면서 조선을 일본에 바쳤다. 그러자 우봉이씨 문중에서는 이완용을 "매국노"로 간주해서 족보에서 제거해 버렸다. 우리는 이런 사례에서 교훈을 찾아야 하지 않을까? 그리고 신라는 혼자 힘으로 삼국을 통일할 힘이 없어서 당나라를 끌어들여 나당연합군으로 백제와 고구려를 멸하고, 그 대신 청천강 이북의 광대한 고구려 고토를 당나라에 바쳤는데, 후세 사가들이 신라의 이러한 삼국통일을 민족적 교훈으로 삼아야 할 것이다.

윤석열 정권의 대북관에 따라 북한을 독자 제재하겠다고 발표하니, 북한의 김여정 부부장은 2022년 11월 24일 담화문에서 "그래도 문재인이 앉아서 해 먹을 때에는 적어도 서울이 우리의 과녁은 아니었다."라고 발표했다. 우리 남녘은 전쟁 상대가 아니어서 서울에 핵 피해를 주지 않으려 했다는 것이다. 그러나 "우리 국가를 주적으로 규제하고 전쟁 준비에 대해서까지 공공연히 줴치는 남조선 괴뢰들이 의심할 바 없는 우리의 명백한 적으로 다가선 현 상황은 전술핵무기 다량 생산의 중요성과 필요성을 부각시켜 주고, 나라의 핵탄두 보유량을 기하급수적으로 늘일 것을 요구하고 있다."라고 발표하여 윤석열 정부가 들어선 후 핵전쟁도 불사할 듯 남북 관계를 전쟁 일보 직전으로 끌고 가 버렸다.

우리가 북한을 "주적"으로 규정해 버리니, 북한도 우리를 "명백한 적"으로 간주할 뿐만 아니라, 그동안 미국 견제용이라고 강조해 오던 핵무기에 대해서도, 남측을 겨냥한 "전술핵" 증강을 중요하게 제기하여 강경 대치 국면을 조성하게 되었는데, 누가 이 책임을 민족 앞에 져야겠는지는 오직 역사만이 대답해 줄 것이다.

나는 <강서약수공장>에 투자하면서 북녘에서 듣고 보고 느낀 바를 솔직히 서술하고 있는 이 순간에도 착잡한 마음을 숨길 수 없다. 내가 살고 있는 이곳 남녘의 국민 대부분은 내가 본 북녘의 현실을 부정, 부인하고 북한은 김일성 일당의 공산주의자들의 압제를 받는 지옥이라고 단정하고 있기 때문이다. 과연 어느 것이 진실이고 사실일까?

혹시 내 눈과 귀와 감각이 어떤 외부의 힘 또는 최면을 당해 북녘의 현실을 있는 그대로 보지 못하고 왜곡해 보지는 않았을까? 나는 내 살을 꼬집어보면서 내 정신이 과연 정상적인가를 시험해 보고 있지만 내가 본 북녘의 현실이 틀림없다고 이 순간에도 확신하고 있다. 그렇다면 왜 이와 같은 관점의 간극이 생기게 되었으며 어느 관점이 진실에 부합할까? 하고 내 나름대로 고민해 본다.

예부터 대중이 생각하고 판단한 바는 사실에 가깝다고 나는 배워왔지만, 권력자는 대중의 마음(정신)까지 사로잡아 마음대로 요리해왔다는 것을 나는 긴 인생 역정을 통하여 체험해 보았다. 일제강점시대는 천황폐하(덴노헤이까)만이 조선 사람을 잘 살게 해줄 수 있으므로, 아침 조회 때는 황국신민의 맹서(皇國臣民의 誓)를 제창하며 영미귀축(英美鬼畜)을 몰아내야 한다고 배워, 그것이 사실인 줄 알고 있었다. 8·15후 미 군정 때는 미국은 자유롭고 풍요로운 나라이기에 세계 최강국이 되었으므로 우리는 미국을 따라 배워 남조선만의 단선(單選) 단정(單政)을 지지해야 미국처럼 잘살 수 있다고 배워 그것이

사실인 줄 알게 되었다. 이승만 자유당 시대에는 이북의 공산 오랑캐는 백성들을 노략질해 가면서도 자유가 없어 노예처럼 살고 있으니 북진통일 하는 길밖에 없다고 배워 그것이 사실인 줄 믿게 했다. 박정희 시대에는 반공을 국시로 삼아 멸공 통일하는 길만이 도탄에 빠진 북한국민을 구원하는 길이라 선전하여 그것이 사실인 줄 믿게 되었다.

이렇게 순박한 국민은 북한을 체험하지 못한 채 어린 시절부터 70여 년을 반공 반북 교육만 보고 듣고 배웠다. 그래서 우리 국민 잠재의식에 '북한 = 지옥'이란 선입견이 남게 된 것은 아닐까? 그렇지 않고서야 어찌 북한을 체험해 보지도 못했으면서 체험한 사람의 말을 부정할 수 있겠는가? 이렇게 우리 국민은 반공 반북이 생활화되어 선입견으로 고정되어 버렸다.

더욱이 우리 국민은 힘 있고, 지식 있는 지도자들이 이렇게 주장하고 국가 공식 매체들이 하나같이 동조하므로 국민은 진실이라 믿을 수밖에 없었다. 집단적 최면에 걸린 것이 아닌가 싶다.

순박한 국민이 접하는 북한 관련 정보는 오직 정부 기관이 알려주는 거짓 정보뿐이다. 따라서 민족애는 사라지고, 남북대결의식과 적대 감정만 조장되었다. 해방 이전까지 한 핏줄 한겨레였던 북한 동포가 이제는 이웃 나라보다 못한 '원쑤'처럼 느껴지는 편견과 선입견을 갖게 된 것이다.

물론 전향한 탈북자들이 자기 처신을 합리화하기 위하여 반공선전을 구실로 과장된 언술을 동원해서 북한 사회의 부정적 측면을 부각시킴으로써 적대의식을 조장한 바도 있겠지만, 지금과 같은 남북 적대의식을 버리지 않는다면 평화적 통일은 꿈도 꿀 수 없게 될 뿐 아니라, 언젠가는 통일될 수밖에 없는 우리 민족이 치러야 할 대가는 너무나 막대하리라 확신한다.

8ㆍ15 이전까지만 하더라도 한 나라 동족이었던 우리 민족이 언젠가는 하나로 재결합할 수밖에 없다. 그러나 적대감이 이토록 깊이 뿌리박힌 상태에선 바로 그 적대감 때문에 또다시 막대한 희생을 치를 가능성이 높다. 1948년 미국과 이승만의 남한만의 단독정부 수립으로 인하여 우리민족이 치러야 했던 6·25 전쟁과 정전 이후 오늘날까지 겪은 분단의 비극 때문에 수천만의 희생을 자아냈는데, 이 뼈아픈 역사적 사실에서 우리는 교훈을 찾아야 하지 않을까?

끝으로 나는 내가 본 북한만이 진정한 북한의 모습이라 고집하지는 않겠다. 나와 다른 경험을 한 사람들의 북한도 있을 수 있으리라 믿는다. 그러나 서로의 경험을 존중하고 이해하는 속에서 불신과 증오를 버리고 총체적인 북한의 모습을 재발견해야 한다. 오직 그래야만 우리 민족은 상호신뢰하고 유대감이 싹터서 여태까지의 비정상이 불식되고 정상이 회복되어 민족의 가치가 재조명되는 민족대단결의 환희를 맛보게 될 것이기 때문이다.

하나됨을 위한 북녘사람들의 열정

나는 사실 1994년 처음 대북사업을 시작할 때만 하더라도 돈 벌기 위한 목적으로 대북사업을 시작했다. '대전대학(?)'을 나온 지 얼마 되지 않아 돈이 없어 자식 옥바라지를 위해 모든 것을 다 바치신 어머님께 변변한 밥 한 그릇도 챙겨 드릴 수 없었다. 결혼하여 가정을 이루었지만 셋방살이로 근근이 입에 풀칠할 정도였으니 어떻게든 돈을 벌어 식솔을 먹여 살려야 했기 때문이다. 그래서 나는 밥을 굶어가며 악착같이 무역 일을 했다.

아마도 이곳 돈 없는 대부분의 남녘 사람들은 이렇게 살아가고 있을텐데, 북녘 무역 일꾼들을 접해 보니 그들은 우리 남녘 사람들과 생활관이 달랐다. 그들은 돈 자체에 대한 관심이 별로 없었고 오직 자기가 하는 일(사업)의 성취를 위해서만 집중하는 듯했다. 나는 앞서 잠시 언급했듯이 처음 수석(壽石)거래를 해 보았는데, 이와 관련된 체험을 좀 더 구체적으로 여기서 말해야겠다. 당시 나는 남한강에서 채취된 오석(烏石) 견본을 들고 가 북녘 무역 파트너(대방)에게 보여주면서 수석에 대해 설명해 주고, "이 같은 돌(수석)이 북녘 강에도 있으면 무역 거래를 하고 싶다"고 제안했더니, 그(성명불상)는 "이런 견본과 같은 돌은 청천강 등지에 숱하게 나온다."면서 "다음 기회에 만나면 모양 좋은 것 골라 견본으로 주겠으니 수석으로서의 가치가 있는 돌인지 판단해 보라"했다.

이런 돌이라면 무역거래를 하자고 쾌히 승낙하여 나는 수석 무역을 하면서 돈을 많이 번 적이 있는데, 당시 북녘사람들은 수석에 대한 의미조차 모르고 가격조차 형성되지 않아 그저 까만 단단한 돌덩이(오석) 크기에 따라 3불~5불씩 산정하여 20피트 1 컨테이너를 반입했다. 나는 모양이 좋지 못한 막돌은 버리고 오석 수석은 50불~100불 이상으로 팔아 돈을 많이 모았다. 당시 남한강 수석 산지가 댐 건설로 수몰되어 남한강 오석이 품귀 상태에 있었기에, 남한강 오석과 똑같은 석질의 청천강 오석이 큰 인기를 끌 시기였기 때문이다. 이리하여 나는 북녘 무역 대방에게 막돌 오석은 잘 분별하여 선적하지 말고, 대신 수석으로 가치 있는 오석은 단가를 더 올려 주겠다고 제안했더니 그는 돌 선별을 보다 잘 해 주겠다고 다짐하면서도 단가를 더 높이기를 사양했다.

그는 말하기를 "리 사장 선생은 연세도 많으면서도 무역현장에서 열심히 활동하시는 것을 보고 오히려 저가 많은 것을 배웠다"면서 "공화국에서는 아직 수석에 대한 품목 규정이 없어 단가를 더 높이면 새로운 품목 규정을 추가해야 하므로 더 복잡하다. 이 수석이 닳아 없어지는 것은 아니니, 남에 있으나 북에 있으나 다 우리 민족 수중에 있으므로 구태여 가격을 더 올릴 필요는 없다고 믿는다."라면서 태연히 말하여 내 가슴을 찔렀다. 나였다면 수입자가 높은 단가로 처분했으니 가격을 더 올려야겠다고 했을 것인데, 그는 이 수석들이 북에 있으나 남에 있으나 우리 민족 수중에 있다며 가격을 더 올리려 하지 않고 자기들 무역품목 규정대로 kg당 몇 불로 책정하여 가격을 확정하는 것을 보고 나는 그의 대범한 동포애를 짐작할 수 있어 이해관계에 찌든 나의 고정관념에 신선한 충격을 안겨 주었다.

그뿐만 아니라 그는 모양(형태) 좋은 오석만을 선별하기 위하여 무감각한 농촌협동농장 사람들과 밤낮으로 함께 지내며 고생했다는 체험담을 늘어놓으면서도, 사적인 대가를 일체 사양하는 것을 봤다. 나는 그의 순결한 인간미와 고상한 품성을 느끼면서 크게 감동했다.

상거래에서 공급자와 구매자의 관계는 상호 대립 관계에 있다는 것이 나의 상식이었다. 그러나 이 북녘 대방은 거래 자체의 발전을 위해 가능한 한 구매자인 나를 살뜰히 살펴주고 도와주려는 속마음을 보여주면서 나로 하여금 진정한 민족애를 느끼게 했다. 이해관계가 대립되는 무역파트너(대방)가 아니라 이웃사촌으로 여길 정도로 나를 감화시켰다. 이렇게 그는 생산자(수출자)의 이득만 취하려 하지 않고 수석거래 자체의 확대발전을 위해, 구매자의 처지도 배려해 주는 통큰 무역 일꾼이란 인상을 나에게 심어주었다.

나는 처음으로 북녘 무역 일꾼을 만나기 전에는 오만하게 자기주장(이익)만 관철하려 하고, 대화가 어려운 고집불통의 완고한 강성 경제일꾼인 줄 상상하고서 나름 단단히 대비하고서 갔었다. 그러나 막상 만나서 대화를 해보니 이런 선입견은 완전히 사라지고 수입자의 처지도 배려할 줄 아는 포용력 있는 원숙한 인격체를 만난듯하여 긴장감이 저절로 녹아내렸다.

특히 중국 땅에서 같은 우리말(조선말)을 쓰면서 거래를 위한 서로의 의사 교환을 하게 되니, 외국과의 무역 거래가 아닌 내국거래처럼 착각할 정도로 그는 나의 마음을 사로잡아 북녘 사람들에 대한 그릇된 편견, 고정관념을 일시에 허물어지게 했다. 그 후 나는 북녘 '민경련' 무역 일꾼과도 면담하고 거래해 보았지만, 그들도 각자의 개성은 달라 표현방식은 각각 다르지만 순결한 남녘 무역업자에 대한 관심과 배려를 느낄 수 있어 피는 물보다 진하다는 진리를 몸소 체험하게 되었다

이렇게 내가 중국에서 만난 북녘 무역 종사자들은 하나같이 남녘에서 온 나를 동포애로 맞이하면서, 허심탄회하게 무역 거래에 임해주어 나 역시 마음을 터놓고 거래를 할 수 있어 곧바로 신뢰 관계를 형성할 수 있었다. 나는 처음에 중국에 진출해 있는 북녘 무역 성원들은 상층 간부의 자녀이거나 특수층의 특별임무를 수행하는 사람만이 중국에 주재하는 줄 믿었는데, 함께 술도 마시면서 기탄없는 대화를 할 수 있는 기회를 가져보니 이런 선입견은 반공교육만 받은 나의 편견 때문이란 것을 깨닫게 되었다.

물론 그들은 대학교육을 모두 수료했지만, 상층 간부의 자녀도 아니었고 특별임무를 띤 사람도 아닌 순박하고 평범한 일반 민중 출신이었다는 것도 알게 되었다. 다만 북녘사회가 우리와는 달리 개인주

의 사회가 아니라 공동체(집단)주의 사회다 보니, 이웃을 배려하고 이웃과 더불어 힘을 합쳐 서로 도우며 살아야 하는 공동체 정신이 저절로 몸에 배게 되었다는 것을 감지하게 되었다.

나는 평양 등 북녘의 여러 지방을 방문하며 노동자 농민 학생 등 사회의 기층민들과도 대화해 보았으나, 누구든지 남녘에서 온 나를 충심으로 반갑게 맞이해 주었다. 내가 남녘사회를 버리고 북녘에 귀순하지 않았다는 것을 알면서도, 그리고 북녘 사회체제를 찬양하지 않았음에도 그들은 그들 사회를 남녘 사람이 관심 있게 들여다보고 있다는 사실만으로, 혈육의 일원으로 따스하게 맞이해 주었다. 이렇게 극진히 동포애를 발휘해 주어서 아직까지도 그 감동이 나의 뇌리에 자리 잡고 있다.

북녘사회는 우리의 개인주의(자유민주주의) 체제와는 달리 공동체(집단)주의 체제가 사회 구석구석에 자리 잡고 있어서 이웃과 상부상조해야 내(개인)가 잘 살 수 있고, 내(개인)가 잘 살기 위하여 이웃과 협력해야 하는 사회다. 따라서 그들의 "하나는 전체를 위하여, 전체는 하나를 위하여"라는 구호가 내 가슴을 적시었다.

바로 이 구호에 따라 북녘사회는 하나의 공동체로 순화될 수 있었으며, 하나의 대가정을 이루어 일심단결의 원천을 제공할 수 있었다고 나는 깨닫게 되었다. 사실 북녘은 6·25전쟁 이후부터 지금까지 미국의 봉쇄 압살정책으로 몹시 고난을 당해 왔지만, 이를 극복할 수 있는 힘의 원천이 어디에 있었는가를 나는 북녘을 방문한 후에 비로소 알게 되었다.

사실 우리 남녘사회 같았으면 미국의 이런 봉쇄 압살정책에 견디지 못할 텐데, 같은 민족인 북녘만은 견디기 힘든 고난이 앞을 가로막아도 이를 극복하고 힘을 축적할 수 있었던 근원은 바로 이 공동체(집단) 정신이었다. 전체가 하나로 똘똘 뭉쳐진 일심단결의 힘, 사회 전체가 대가정의 가족처럼 공동운명체로 발전한 힘, 자기들 문제는 오직 스스로의 힘으로 해결하겠다는 굳건한 자주정신의 힘 때문이었다는 것을 깨닫게 되었다.

더욱이 1945년 8월 15일 이후 남녘에 진주한 미군정과 이를 승계한 대한민국은 자유민주주의 체제로만 통일을 지향하고 있다. 따라서 북녘 동포들은 남녘이 자기들이 선호하는 인민민주주의 체제를 붕괴시키려 하고 있다는 강박관념 때문에 그 체제를 사수하기 위하여 똘똘 뭉치게 되지 않았나 생각하게 되었다. 그들은 미국이 조국분단의 원흉이라 단정하고 불구대천의 원수라고 여기고 있었으며, 이런 "미국의 책동에 영합하는 국내의 친미 친일 반동세력의 적극적 결탁과, 이에 부화뇌동하는 얼빠진 족속들이 지배구조의 상층부를 차지하여 여론을 오도하고 있고, 민족적 양심도 져버리고 동족인 북녘을 타도하기 위해 미일 세력과 손잡는 패륜도 서슴지 않는다."고 분개하고 있었다. 이런 남녘 정부의 패륜적 우민화 정책에 최면 된 일부 젊은이들은 분단된 장벽 너머 이북을 먼 나라처럼 인식하고 통일을 원하지 않는다고 생각할 정도로 사고력이 마비되어 버렸다고 통탄했다.

이에 반해 내가 처음 밟아 본 북녘땅 북녘 사람들은 어른, 아이 할 것 없이 노동자, 농민, 정치적 간부 모두 남녘에서 온 나를 거리낌 없이 혈육으로 맞아 주었다. 왜 그들은 철천지원수 미제의 예속국가(?) 대한민국에서 온 나를 진정으로 동포애로 맞이해 주었을까? 나는 내 경력을 말하지 않고 단순히 <강서약수공장> 증축사업을 위해 왔다고만 말하고, 북녘의 정치체제에 대해서는 일언반구도 말하지 않았는데, 왜 그들은 헤어졌던 혈육을 다시 만난 듯 진심으로 반겨주고 허물없이 환대해 주는가를 생각해 보았다.

나는 처음에는 정치적 쇼(작난)를 하는 줄 착각했는데, 여러 곳의 각계각층의 인민들을 우연히 만나 대화해 봐도 같은 정감을 느껴 연극이 아니었다는 것을 깨닫게 되었다. 그렇다면 왜 그들은 남녘에서 온 나를 그토록 반겨주고 거리낌 없는 대화로 이웃 4촌처럼 대해 주었을까? 나는 여러 번의 북녘 사람들과 접촉 결과 그들의 사회제도 정치체제 때문이라는 것을 깨닫게 되었다.

우리 남녘사회는 돈만 있으면 혼자 살아도 모든 것을 해결할 수 있지만, 북녘사회는 남녀상하를 막론하고 혼자(개인)서는 살 수 없고 이웃과 더불어 서로 의지하고 서로 아끼고 사랑하는 운명공동체로 살아야만 한다. 오직 그래야만 미국이라는 강대한 적과의 싸움에서도 패하지 않고 견뎌낼 수 있다는 역사적 교훈을 배웠다. 따라서 개인으로서가 아니라 공동체, 집단, 민족이라는 집체적 관념이 항시 몸에 배어있다는 사실을 나는 감지할 수 있었다..

북녘 동포들은 미제(?)에 예속된 대한민국의 민중들이 일제 강점기 대다수 조선 민족처럼 압박과 수탈을 당하고 있다고 믿어 동병상련의 입장에서 남녘에서 온 나를 환대한다는 것을 나는 비로소 알게 되었다. 따라서 그들은 미제의 식민지 체제(?)에 복무 협조하는 일부 상층 국민들을 제외하고는 모두 우리 민족의 일원으로 간주하고 혈육의 정을 담아 진정으로 환대한다는 것을 알게 되었다. 그들은 동병상련의 입장에서 피압박 남녁 동족이 하루빨리 구출되어야 한다는 일념을 가지고 있으며, 통일에 대한 열망도 우리 남녁 사람들과는 비교가 안 될 만큼 강렬했다.

그들은 말하기를 자기들은 "미제와 총부리를 맞대며 적대관계로 대치하고 있어 직접 수탈은 당하고 있지 않지만, 남녁 민중들은 말로는 자유 민주주의제도에 살고 있다고 허풍을 치지만, 실제로는 보안법 등 악법으로 민주적 권리를 박탈당하고 있으면서도 미군 주둔비, 미군사무기 구입비 등 세금으로 수탈을 당하고 있고, 압박과 착취를 당연한 것처럼 여기며 살아야 하는 남녁 혈육들이 애처롭다"라고 했다.

여기서 나는 조국 통일 3대 헌장 기념탑을 관광한 내용을 털어놓지 않을 수 없다. 이 조국 통일 3대 헌장 기념탑은 서울-개성-평양으로

가는 도로 끝자락쯤에 1998년 8·15 범민족대회 행사의 일환으로 착공식을 거행했다는데, 조형미가 넘치는 석조 기념탑이었다.

그리고 이 기념탑에는 범민족대회의 남, 북, 해외의 3자 연대를 상징하는 의미에서 남녘과 해외 동포들의 기부금을 받아 석재벽돌에 기부한 개인 및 단체의 이름이 새겨져 있었는데, 내가 알고 있는 남녘 사람과 재야단체의 이름도 새겨져 있어 감명 깊게 벽돌들을 응시해 보았다.

이 기념탑에는 1972년 7.4 남북공동성명에서 합의 발표한 자주, 평화, 민족대단결을 의미하는 조국 통일 3대 원칙, 1993년 발표한 조국 통일을 위한 민족대단결 10대 강령, '고려민주련방공화국' 창립방안이 새겨져 있다. 이 3가지 통일 문헌을 조국 통일 3대 헌장으로 기념하기 위하여 설립한 탑이 바로 이 조국통일 3대헌장 기념탑이었다.

나는 여기서도 북녘 사람들이 남녘 사람들과 비교가 안 될 만큼 통일에 대한 열망이 강렬하다는 것을 새삼 느꼈다. 이 조국통일 3대헌장 기념탑 밑에 서 있는 내내 시대가 만든 분단과 통일문제에 대한 상념이 나를 휘감았다. 또 지난 세월 나의 망가진 인생행로가 주마등처럼 스쳐 지나가면서 나를 회한에 잠기게 했다. 나는 오직 평화적 조국 통일을 희구하면서 젊은 시절을 보낸 것이 죄가 되어 온갖 고문과 치욕을 당하고도 옥살이까지 해야 했으며, 지금도 눈치 보며 소외된 삶을 이어가야 되는데, 이곳에서는 기념탑까지 세워 평화적 통일을 희구하고 있으니 어딘가 잘못된 세상을 보는 듯했다.

여기 돌에 새겨진 7·4 공동성명 첫째 조항에 "통일은 외세에 의존하거나 외세의 간섭을 받음이 없이 자주적으로 해결하여야 한다."라고 명기되어 있는데, 남측은 왜 국제사회의 지지와 협력을 토대로 하는 "열린 자주"로 해석하고 자주의 의미를 희석시키려 할까? 분명 "통일은 외세에 의존하거나 외세의 간섭 없이 자주적으로" 한다고 명시해 놓고 "국제사회의 지지와 협력을 토대로 하는 자주"라면 상호 모순되는 말장난이 아닐까? 지식인들의 언어의 유희에 농락당하는 것 같아 냉소를 금할 수 없었다.

그리고 돌에 새겨진 민족 대단결 10대 강령에서 자주, 평화, 중립적 통일국가를 창립한다고 했는데, 이는 내가 4·19 때 학생 시절에 주장했던 내용과 동일한 것이었다. 이곳에서 같은 내용을 다시 보게 되니 내 가슴에 깊은 감동으로 와 닿았다.

다음으로 "사상과 이념 제도의 차이를 초월하여 우선 하나의 민족으로서 민족적 대단결을 하여야 한다."고 했다. 민족 대단결 10대 강령에서는 "민주주의를 기본으로, 주의 주장이 다르다고 배척하지 말고 단결 한다."고 명기되어 있어 북녘 사람들이 남녘에서 온 나를 동포애로 혈육처럼 맞이해 주는 이유와 진정성을 깨닫게 되었다. 70여 년간 분단되어 남북 양 사회는 마치 다른 나라처럼 이질적으로 변모되어 가고 있고, 사람들의 생활양식도 현격한 차이를 보이는 조건에서 평화적 통일을 이룩하려면 사상과 이념과 제도의 차이를 초월하여 서로의 생각(사상 이념)을 존중하고 포용하면서 하나로 대단결하는 길밖에 없다고 믿는데, 왜 우리 남녘 집권자들은 받아들이지 못하는지 납득이 되지 않는다.

만일 자유민주주의 체제하의 흡수 통일만 고집한다면 전쟁의 길밖에 없거나 영구분단의 길밖에 없다는 것을 왜 모르는지? 생각의 차이를 초월하고 평화적으로 하나가 된 후, 남북 8천만 민족이 자유 민주주의 체제를 선호하거나 다른 체제(인민민주주의 등)를 선호하면 그 때 전체 민족의 의사를 존중하여 결정하면 될 일이지, 미리 전제조건을 달면 독선이 아닌지 묻고 싶다.

자유민주주의가 그렇게 인류 최상의 제도라면 왜 통일된 민족 앞에서 북녘의 제도와 자유경쟁 하는 것을 두려워하는지 납득할 수 없다.

그뿐만 아니라, 나는 이 조국통일 3대헌장 기념탑에 새겨진 내용을 아무리 살펴봐도 반대할 이유를 찾지 못했다는 것을 솔직히 고백한다. 나와 그들, 각계각층의 남녘 사람들과 그들 간에는 분명히 사상, 이념, 생각의 차이가 있을 수 있음에도, 그들은 같은 동족(혈육)으로서 대단결을 하자고 따스한 손길을 내미는데, 이를 거절하는 사람이라면 동족이 아니거나 냉혈한이라고 나는 단정하고 싶었다.

우리 남녘사회는 미국식 자유 민주 질서에 어긋난다고 생각되는 사람들에게는 보안법 등으로 온갖 규제와 핍박을 당하여야 했지만, 북녘에서는 그들과 다른 사상, 이념, 사고방식을 가졌더라도 하나의 민족으로서 대단결 하겠다니 이것이 바로 진정한 민주주의 아닐까? 나는 남녘에서 성장하고 생활하여 북녘은 자유가 없는 생지옥이라는 선입감만 갖고 있었는데, 막상 와서 보니 사람들이 활기차게 자유롭게 토론하는 것을 체험했다.

또 이곳 조국통일 3대헌장 기념탑에 와서 확인해 보니 사상과 이념의 다름을 초월하여 포용하는 것을 알고 북녘에 대한 편견이 사라지게 되었다. 그래서 '이곳도 사람이 살 수 있는 동네로구나' 하는 것을 알게 되었다. 이 조국통일 3대헌장 기념탑에 새겨진 글들을 보면서, 나는 '북녘 사람들은 평화적 조국 통일을 무척이나 갈망해 왔구나.' 하는 것을 절실히 깨닫게 되었다. 또 남녘에서 온 나를 혈육의 정으로 포근히 감싸주는 이유를 깨닫게 되어, 나 역시 가슴에 품었던 선입감, 편견, 적대감은 눈 녹듯 사라지고 혈육의 정이 그 자리를 대신했다.

북녘 사람들은 이렇게 평화통일 기념탑까지 건립하면서 통일을 애타게 희구하고 있는데, 왜 남녘에는 통일을 위한 기념물이 없으며 기껏 월남민을 위한 휴전선 부근의 통일전망대, 망향대, 망향비등만 존재할까? 그리고 왜, 수많은 남녘 사람들은 북녘 사람들과는 달리 통일에 대한 열의가 거의 식어었고, 심지어 통일에는 관심도 없이 '이대로 분단된 채로 살았으면 좋겠다.'라고까지 생각하는 사람이 많은가?

나는 북녘에 와서 그들의 평화적 통일 열망을 체감하면서, 남녘 민중을 혈육의 정으로 동족애를 발휘하는 것을 보고, 옛날 '대전대학(?)' 특별사에서 함께 기거하던 남파간첩(?)들이 불현듯 연상되어 그들의 정체에 대해 사실대로 여기서 밝히고 싶다.

우리 남녘사회에서는 국가보안법 위반으로 형이 확정된 사람에게는 흔히 "빨갱이", "간첩" 등으로 비하해 호칭하지만, 여기서는 이런 광범한 의미의 "빨갱이", "간첩"에 대해서는 논외로 하고 순전히 북에서 온 "남파간첩"에 대해서 그들의 정체를 솔직히 밝히려 한다. 나는 1970년대 초반부터 1988년까지 대전교도소 특별사라는 곳에서 이들 남파 간첩들과 함께 살아 보았기에, 이들의 정체에 대해서 누구보다 더 잘 알고 있어 내 인생을 정리하는 <자서전>에서 우리 사회 보통 사람들이 오해하고 있는 남파간첩(?)들에 대한 정체를 확실히 밝히려 한다.

나는 그들과 함께 살아 보기 전까지는 남파간첩이라는 사람들은 '007영화'에서 보는 무시무시한 첩보원들이거나, 북한에서 고도의 무술훈련을 받고 와서 남한의 국가기밀(군사기밀)을 염탐하는 스파이(정보원)들이거나 우리 남한 사회를 폭력으로 교란하는 폭도들인 줄 알고 있었는데, 막상 특별사에서 그들과 함께 살아 보니 상상과는 전혀 딴판인 양순한 인간미를 가진 평범한 사람들이란 것을 알고 큰 충격을 받았다. 그뿐만 아니라 북에서 온 정치공작원(간첩?)들은 무도하고 자기주장만 고집하는 편협한 사람들이 아니라, 나보다 더 폭넓은 시각을 가진 다방면에 조예가 깊은 지식인들이란 것을 알고, 한정된 정보 지식만 갖고 오만했던 나 자신이 부끄러웠다.

우리가 흔히 남파간첩이라 일컫는 사람들은 정치공작원과 안내원으로 대별 된다. 공작원은 남한 사람들과 이런저런 연고로 인연이 있는 사람들이기 때문에 남한 출신이 대부분이며 안내원은 정치공작원을 남한 내의 안전지대까지 안내해 주는 임무만 수행하는 사람을 말한다. 이들은 육상 안내원과 해상 안내원으로 구성되어 있으며, 육상 안내원은 삼엄한 휴전선 지역을 공작원이 안전하게 통과할 수 있도록 자기만의 비밀통로를 개발해 놓고, 은밀히 공작원을 안전지대까지 안내해 주는 역할을 했다.

남측에서 휴전선 전 지역에 철조망을 부설한 후부터는 육상 안내를 해 줄 수 없는 조건에 놓였다고 했다. 해상 안내원은 공작선(간첩선)으로 공작원을 승선시켜 남한 내의 안전 해안까지 안내해 주는 역할을 하다 보니 선장, 무전수, 기관장, 계호 안내원 등으로 구성된다고 했다. 따라서 정치공작원은 남한에서 출생하여 사회 생활하다가 미군정과 이승만의 남한만의 단선 '단정로선'에 반대 투쟁하다가 탄압을 피해 38선을 넘은 인테리들, 6·25 전쟁 시기 인민군에 부역하였거나 의용군으로 참전하였다가 후퇴 시기 이북으로 월북한 사람들이 북녘에서 고등교육을 필하고, 사회의 중견간부로 사업하다가 남한에 파견되어 연고지에서 조국의 평화통일을 설득하려던 사람들이었지, 남한의 국가기밀을 염탐하거나 남한 사회를 폭력으로 전복시키려던 사람들이 결코 아니었다는 것을 대전 특별사에서 남파간첩들과 함께 생활해 본 결과 얻은 진실이었다.

이들 북에서 남파된 정치공작원(간첩)들은 남한 내 혈연, 학연 등으로 맺어진 믿을만한 연고자들에게 조국의 평화통일노선의 정당성을 설득시켜 포섭하는 것을 기본목적으로 남파된 것이지, 남한 정부를 전복시키거나 첩보활동을 위해 남파된 정치공작원(남한에서는 간첩이라 칭함)은 나와 함께 생활했던 대전교도소 특별사에는 아무도 없었다. 따라서 이들 정치공작원(간첩)들의 사업대상은 주로 남한 내 피지배 계층의 연고자들이었지만 간혹 상층 통일전선 전략의 일환으로 남한 내 상층 연고자들을 대상으로 남파된 정치공작원도 있었는데, 바로 황태성 간첩 사건과 최하종 간첩 사건이었다.

나는 이때 비로소 북녘에서 파견된 정치공작원들은 우리의 상상과는 달리 순진하고 양순한 품성을 가진 지식인들로서 혁명의 동력인 노동자, 농민, 지식인 중 신뢰할 수 있는 특정 연고자들에게 평화적 통일의 불가피성, 정당성을 설득시키려 남파된 것이지 남녘 정부를 전복하러 온 것이 아니란 것을 알게 되었다. 따라서 이들 정치공작원들은 품성이 순박하고 고매했으며, 지적 수준이 높아 우리 남녘 사람들의 반공, 반북 선전에 찌든 편협한 생각(사상, 세계관)을 이해하고 포용하면서도 자기의 생각(전쟁 아닌 평화적 통일, 하나의 국가, 하나의 민족, 두 체제와 두 정부 중립화 통일방안)의 불가피성, 정당성, 합리성, 공정성 등을 설득하고 있었다.

그리고 이들 정치 공작원들의 절대다수는 혁명의 동력인 노동자 농민, 지식인들을 각성시키고 설득시키려 남파되었지만, 간혹 혁명의 대상인 친미 반동 집권층과도 상층 통일전선 차원에서 전쟁의 방법이 아닌 평화적 통일의 불가피성과 남북 양 체제와 정부를 상호 존중하는 토대 위에서 중립적인 연방제 국가를 건설하자고 설득하려 남파된 공작원도 있었다는 예를 황태성 밀사 사건(황태성 간첩 사건?)과 최하종 선생 사건에서 찾아볼 수 있었다.

나는 이 엄혹한 특별사의 한 방에서 침식과 생사를 같이하는 이 남파 정치공작원들의 현실적이고도 합리적인 이 연방제 통일방안을 아무리 생각해 봐도 달리 반박할 논리를 찾을 수 없었다. 미 군정 이후, 미국의 남한만의 단선 단정 정책으로 수립된 분단체제가 70여 년간 존속된 조건 속에서 우리 민족이 전쟁으로 희생당하지 않고 옛 통일 국가로 회복될 수 있는 길은 남북의 현 제도와 정부를 인정하는 토대 위에서 하나의 '중립적인 연방 국가'를 수립하는 길밖에 다른 길은 없다는 것을 나는 지금도 확신하고 있다.

사상과 이념을 초월하여 냉철히 판단해 보더라도, 남북 양 정부가 70여 년간 현실적으로 존속된 조건에서, 전쟁으로 우리 민족이 희생당하지 않고 통일할 수 있는 방안은 오직 남북 양 정부를 존중하는 토대위에서 중립적인 연방국가를 건설하는 방법이외 다른 효율적인 방안이 있다면 나는 얼른 받아들이겠다.

비록 적(북한)이 공정하고 합리적인 연방제 통일방안을 제안했다고 해도 받아들일 수 없다면 너무나 옹졸하고 비겁한 처사이며, 전체 우리 민족에게는 불행일 수밖에 없다. 먼 훗날 우리의 후세 사가들이 오늘의 우리 시대를 어떻게 서술하고 평가할지 생각해 보면 나는 너무나 부끄러워 오늘의 한국인이고 싶지 않을 정도로 치욕스럽다.

위에서 본 바와 같이 우리가 흔히 말하는 남파간첩이라고 매도하는 사람들은 정치공작원과 안내원으로 구성되어 있는데, 안내원은 오직 공작원을 남한 내 안전지대까지 안내해 주는 임무만 담당하였을 뿐 간첩(첩보원)행위는 전혀 하지 않았다. 그리고 정치공작원은 남한 내의 연고인에게 서로의 사상 이념을 존중하고 포용한 채 전쟁의 방법 아닌 평화적 방법으로 분단된 조국이 통일되어야 한다는 것을 설득하고 이해시키기 위해 남파하였을 뿐, 간첩행위를 하거나 남한을 전복시키기 위해 남파된 것은 전혀 아니란 사실을 특별사에서 함께 생활하면서 비로소 알게 되었다.

그러나 나는 그들의 언행만으로는 수십 년간 내 머릿속에 박힌 북한=악마라는 고정관념이 완전히 사라지지는 않았는데, 평양에 와서 "조국통일 3대헌장 기념탑"을 관광해 보니 놀랍게도 통일원칙 강령 방안 등이 돌에 새겨져 있었다. 우리가 이미 알고 있는 남북 정상이 합의한 '자주, 평화, 민족 대단결'의 통일 3대 원칙은 여기서 논외로 하고, 조국통일 10대 강령에 "공산주의자건 민족주의자건 무산자건 유산자건 무신론자건 유신론자건 사상과 이념과 제도의 차이를 인정하고 존중하여, 하나의 민족으로 단결하자"고 호소했고, "분열과 대결을 조장하는 일체의 정치적 논쟁을 중단하고 단결하자"고 했으며, "민주주의를 귀중히 여기고 주의 주장이 다르다고 배척하지 말며, 통일의 길에서 함께 손잡고 나아가자"고 새겨져 있어, 대전교도소 특별사에서 만나 함께 생활했던 '남파간첩(정치공작원)'들의 주장이 나를 포섭하기 위한 허위 과장 선전이 아니었다는 것을 증명해 주고 있었다.

나는 대전교도소 특별사에서 우리 사회가 남파 간첩이라고 매도했던 정치공작원과 안내원들과 함께 살아 본 경험이 있는 사람으로서, 이곳 조국통일 3대헌장 기념탑을 관광하고 나서 느낀 소감은 '북녘 사람들은 이 억울한 분단 체제하에서 고통받는 우리 민족의 통일 염원을 이룩하기 위해서는 어떤 희생도 감수할 각오가 되어 있구나.'라고 하는 것을 감지하게 되었다.

분단 이후 수많은 소중한 인적 자원의 희생을 각오하고서라도 평화적 통일을 위해서라면 남파간첩(?)(정치공작원)이라도 파견하여 혁명의 동력인 기본 계급으로 하여금 미국과 그 추종세력(주구)들의 전쟁 정책을 파탄시키고, 우리 민족끼리 협력하여 자주적인 평화통일을 촉구할 수 있도록 민중들을 각성시키고 추동해 오기도 했고, 간혹 타도 대상인 미국의 앞잡이 상층 집권 세력과도 통일전선 전략차원에서 통일공작(논의)을 시도하기도 했다는 것이 드러났다. 그 대표적인 비밀 공작사건이 황태성 선생 밀사사건과 최하종 선생 사건이다. 이 두 사건에서 보시다시피 북녘 사람들은 조국의 평화통일을 위한 사업이라면, 어떤 희생도 감내할 수 있을 만큼 민족 최대의 숙원사업으로 규정하고 열정을 불태워 남녘 사람들과는 비교가 안 될 만큼 평화적 통일에 대한 집념과 열정이 강했다는 것을 알 수 있다.

그리고 북녘 사람들은 조국의 평화적 통일을 위한 사업이라면 간첩이라는 누명까지 쓰면서 비밀 지하공작원을 파견하여, 기본 계급의 의식을 각성시켜 남과 북의 민중이 힘을 합하여 평화적 통일을 시도하기도 했지만, 공개적이고 합법적인 상층 통일전선 사업도 병행하여 남녘 집권세력의 민족의식을 고취시켜 평화적 통일을 앞당기려고도 했다. 그 실례로 1972년 7·4 남북공동성명 사건(평화적 통일을 위한 3대 기본원칙 합의), 1991년 노태우 정권과의 <남북 기본 합의서>, 2000년 남북정상회담에 의한 <6·15 남북공동선언>, 2007년 노무현 대통령과의 <남북관계 발전과 평화 번영을 위한 선언>, 2018년 4·27 문재인 정권과의 제1차 남북정상회담에서 <평화와 번영, 통일을 위한 판문점 선언>, 2018년 5·26 제2차 남북정상회담에서부터 6·12 북미정상회담의 성공과 4·27 판문점선언 조속한 이행, 문재인의 '한반도 운전자론'에 입각한 북미정상회담 중재, 2018년 9월 18~20 제3차 남북정상회담에서 <9·19 평양공동선언>발표 등이다.

이상에서 보는 바와 같이 총 5차에 걸친 남북정상회담(북남수뇌상봉)은 진보적이라 칭할 수 있는 민주당 정부에서만 이루어졌는데, 그중 3차례 정상 회담은 '586 학생 운동권'이 정부의 핵심요직을 차지하고 있던 문재인 정부 때 이루어졌으므로, 온 국민과 북측은 평화적 통일의 기반이 구축되리라 기대하고 확신했었다. 특히 문재인 대통령은 분단 이후 최초로 15만 평양시민 앞에서 통일의 문이 활짝 열릴 듯이 고무적인 연설을 할 기회를 얻어 7,000만 우리 민족에게 열광적인 환호와 성원을 받았다.

이렇게 대통령 문재인은 남북 해외의 7천만 우리 민족에게 평화적 통일에 대한 부푼 기대와 꿈을 심어주었다. 그러나 서울에 귀환한 문재인에게 기다리고 있는 것은 '한미워킹그룹(한·미간 대북협의체)'이었다. 미국은 급진전 되는 한반도(조선반도)통일 논의를 목도하고 한반도에서의 교두보 확보에 불안감을 느껴, 한미워킹그룹을 통하여 사사건건 반대와 중지를 요청하여 <9·19 평양 공동선언>은 형해(形骸)화 되었다.

더욱이 2019년 2월 29일 하노이 북미정상회담이 미국의 배신으로 결렬되자, 남북 관계는 원상회복이 된 것이 아니라 배신감 때문에 이전보다 더 악화 되어 버렸다. 대통령 문재인은 제2차 남북정상회담(2018.5.26.)에서 '한반도 운전자론'에 입각, 북미정상회담 성공을 위해 중재하겠다고 약속해 놓았지만, 미국의 변심으로 회담이 결렬되자, 북측은 배신감에 못 이겨 개성의 '남북공동연락사무소'를 폭파해 버렸다.

문재인 정부에는 소위 '586 민주화 운동권'이 권력의 핵심요직에 많이 포치되어 있었다고 했는데, 왜 그들은 실현할 수도 없는 남북합의를 남발하여 7천만 동포들을 농락하면서 정치적 쇼를 했을까? 문재인 정부도 이렇게 북녘 사람들과 7천만 동포들의 평화통일에 대한 열망들을 실현시켜 줄 듯 속여 놓고, 결국은 약속을 헌신짝처럼 내 던져 버리고 미국의 대한반도 정책에 굴종해 버린다면 어떤 후과가 초래될 것인지 예상하고 이런 정치적 술수를 감행했을까?

이로 인해 남북 정부 간의 공개적인 통일전선 전략은 파탄되고 남북 관계는 최악상태로 전락 될 텐데, 과연 이를 각오하고 그처럼 무모

한 술책을 감행했을까? 한국에 대한 미국의 막강한 힘을 인지하고 있었을 텐데, 왜 이에 대한 대비책 없이 자주적 평화통일의 길로 나아가려는 척했을까? 왜, 미국의 워킹그룹 하급 외교관의 제지에 대통령조차 한마디 반발도 못하고 굴종하고 말았을까?

의문은 꼬리를 물고 있지만, 문재인 정권의 서툰 아마추어적 대북정책에 비유되는 것이 김대중 정부의 6·15 선언이다. 김대중 정부는 당시 극보수 정권인 부시 미국 정부를 상대로 6·15 선언을 반대하지 못하도록 외교작업을 완료한 후, 6·15 공동선언을 발표하여 미국은 냉가슴을 앓았겠지만, 대놓고 반대할 수 없어서 평화통일의 기본원칙으로 역사적 의미를 갖게 되었다. 남북문제에서 이처럼 미국의 남한에 대한 결정적 힘을 인지한 북녘 사람들은 한국 정부를 미국의 식민지 괴뢰 정부라고 비난하는 구실을 한국 정부가 스스로 만들어 주어 우리 국민은 치욕을 감내할 수밖에 없지만, 이런 예속 관계를 타개하기 위해 우리 위정자들은 하루속히 한미관계를 대등한 국가 관계로 정상화하여 우리 국민의 자존심을 세워줄 수 있기 바란다. 물론 우리 정치 군사외교 경제 사회 문화 등 각 분야에 뻗쳐있는 미국의 힘을 걷어내기는 힘들겠지만, 대통령부터 솔선하여 자주독립 노선으로 해방을 쟁취할 의지만 보여 준다면, 아무리 강대한 미국인들 전 국민의 단결 앞에 무릎을 꿇을 수밖에 없을 것이다.

앞에서 말한 공개적이고 합법적인 상층 통일전선 사업뿐만 아니라, 비공개적인 비합법적 통일전선 사업의 일환으로 행한 비밀공작 사업도 행할 만큼, 북녘 사람들은 우리 민족의 평화통일 열망이 남녘과는 비교가 안 될 만큼 강렬했다. 내가 알고 있는 그 대표적 실례가 앞서 언급한 황태성 선생 밀사사건(황태성 간첩사건)과 최하종 선생 사건이었는데, 나는 황태성 선생 사건은 남과 북의 입장이 달라 사실을 확인할 길이 없어 확인된 사실들만 서술하겠고, 최하종 선생 사건은 '대전대학(?)' 특별사에서 최하종 선생으로부터 직접 들은 바를 가감 없이 서술하겠다.

황태성 선생은 1906년 경북 상주의 중농 집안에서 태어나 경기중학시절부터 반일감정이 강해 동맹휴학 등, 반일해방투쟁에 앞장서면서 마르크스 레닌주의를 세계관으로 받아들였다. 해방 후 남로당 경북지부 조직부장 때인 1946년 10월 대구 민중봉기를 주도하여 박상희(박정희의 중형이고 김종필의 장인)와 함께 투쟁하다가 죽마고우 박상희는 경찰 총에 사망했다. 황태성 밀사는 월북하여 밀사로 파견 당시 무역성 부상이었다 한다. 황태성 선생은 남로당에서 투쟁 당시 박상희 집안과는 막역한 관계여서 박상희의 처 조귀분 여사와의 중매도 해 줄 수 있을 만큼 친숙한 관계였고, 박상희의 동생 박정희는 친형 상희보다 황태성을 더 따랐고 더 존경했다 한다.

박정희가 관동군 중위 경력 때문에 위기에 몰렸을 때, 남로당 입당을 위한 신원보증을 해주어 남로당 당원이 되어 위기를 면해 박정희에게는 황태성 선생이 은인으로 더욱 존경하게 되었다 했다. 이런 인간관계에 있던 박정희가 1961년 5월 군사 쿠테타에 의해 국가재건최고회의 의장에 취임했다는 보도를 접한 황태성 부상은 평화적 통일을 위한 절호의 협상 기회라 생각하고, 당시 김일성 수상에게 박정희와의 인간관계를 말하고 평화통일을 설득하여 미소 양 진영에 속하지 않는 중립적 연방제 통일방안을 박정희에게 설득시킬 절호의 기회이니 자기를 밀사로 파견시켜 달라고 간청했다 한다.

그러나 김일성 수상은 "박정희가 해방 초기까지는 인간적 의리를 지켰지만, 국방군 내 남로당 비밀조직을 폭로하고 전향한 후 백선엽 정보국장 밑에서 변절하여 미국의 충견이 되었고, 5·16 군사 쿠데타도 미국 CIA의 비호를 받아 쿠데타에 성공한 변절자이지 옛날 박정희가 아니니, 황 부상의 희생만 초래할 밀사 파견을 불허하겠다."라고 했다. 그러나 황 부상은 "박정희가 비록 변절했다 할지라도 과거의 정의로 보아 자기 형 박상희보다 자기를 더 존경하고 따랐기 때문에, 자기를 처형시킬 정도로 후안무치한 인간은 아니라"고 역설하면서 조국의 평화적 통일을 위해 재차 남파를 간청했지만, 김일성 수상께서는 또 불허했다 한다. 이에 황태성 밀사는 아무리 옛날을 회상해 보더라도 박정희가 그의 선의를 거부는 할망정 처형시키지는 못하리라 믿었으며, 설사 희생된다 하더라도 평화적 통일을 위한 절호의 기회를 시도도 해보지 않고 방관하는 것은 비겁한 역사의 죄인이 될 수밖에 없어서 자기 한 몸 민족 제단에 바치겠다고 재삼 간청했다. 그러자 김일성 수상은 "꼭 가야겠다면 정치국 상임 회의를 소집, 회의 결과에 따르라" 했다. 회의 결과 황 부상의 간청대로 밀사로 승인되어 1961년 8월 말경, 평화통일을 위한 협상 밀사로 파견되었다고 특별사 남파간첩(?)이 나에게 증언해 주었다.

이리하여 서울에 도착한 황태성 통일 밀사는 친척인 김민하 교수 조카딸 황유정을 통하여 죽마고우 박상희의 처(황태성의 중매로 결혼)이며 김종필 중앙정보부장의 장모인 조귀분 여사와 연락이 닿았다. 김종필 중앙정보부장은 황태성 밀사를 반도호텔(지금의 롯데호텔) 특실에 모셔와 몇 차례 평화통일 논의를 했다고 한다.

여기서 김종필의 경력도 간단히 소개코자 한다. 김종필도 어린 시절 반일감정이 강해 대전사범학교 강습과를 졸업하면서 일본인 교감과 다투기도 했고, 1946년 경성사범학교(현 서울사대)재학 중에 '국대안' 파동과정에서 퇴학 처분을 받고 고향으로 돌아가 좌익 활동을 하다가 경찰의 추적을 피해 군에 입대하여 육사 8기로 졸업, 육군본부 정보국 북한 반장으로 재직 시에 비슷한 인생 편력을 한 박정희와 인연을 맺게 되었다 한다(물론 그의 형제들도 남로당에 협력했다함).

이런 모든 정보를 알고 내려온 황태성 밀사는 남과 북의 현 체제와 정부를 그대로 인정, 존중하고 미소 양 진영에 속하지 않는 중립적인 연방 국가를 수립하여 남과 북을 재통일하자고 제안하고, 박정희와 김종필을 적극 설득하여 상당히 의견 접근이 있었다 하는데, 이 사실이 미국 CIA에 탐지되어 박정희는 어쩔 수 없이 황태성 밀사를 군법회의에 회부 했고, 김종필 중앙정보부장은 그 책임을 지고 중앙정보부장직을 사임하고 '자의 반 타의 반'으로 외유를 떠나지 않을 수 없었다고 동 정치공작원은 증언해 주었다.

그리고 박정희는 황태성 밀사의 사형 집행을 결재받으러 온 김형욱 중앙정보부장에게 "참 아까운 사람인데 꼭 사형을 시켜야 하나?"라고 해서 김형욱 중앙정보부장은 "미국과 야당(윤보선)의 공격 빌미를 없애기 위해 사형을 시켜야 합니다(김형욱 회고록)."라고 대답했다고 했다.

이처럼 북녘 사람들은 조국의 평화적 통일을 위한 사업이라면 어떠한 희생도 감수할 만큼 조국의 통일 사업에 온갖 열정을 다 바쳤다는 것을 알게 되었다. 그리고 우리 국민에게는 무소불위의 권세를 휘두른 박정희 국가재건최고회의 의장조차도 미국 앞에서는 초라하고 왜소한 1개 장군의 모습으로 변해 "참 아까운 사람인데 꼭 사형을 시켜야 하나"라고 넋두리를 했다니, 국민의 한 사람으로서 치욕스럽기 그지없다. 또 나는 새도 떨어트릴 수 있는 무소불위의 권력자 중앙정보부장 김종필은 '자의 반 타의 반'으로 중앙정보부장직에서 쫓겨나 외유를 해야 했다니 속국이 아니고서야 어찌 가능한 일인가!

최하종 선생 사건도 황태성 밀사 사건과 유사하다는 것을 나는 최하종 선생으로부터 직접 들어 알게 되었는데, 들은 바를 이 자리에서 그대로 공개하고자 한다. 최하종 선생은 대구 특별사에서 수감생활을 하다가 1984년경 대구, 광주, 전주교도소의 특별사 선생들을 대전 특별사로 집결시키는 과정에서 만나게 되어 함께 생활하고, 함께 투쟁하는 과정에서 서로를 알게 되었다.

최하종 선생은 1927년 함북 김책시에서 출생하여 신경(현재의 장춘시) 제1중학을 졸업하고, 하얼빈 공대 재학 중에 해방을 맞아 1946년 서울로 귀국한다. 삼촌 최주종 가족과 상봉한 후 약 1년 동안 함께 지내다 고향인 북녘으로 귀환하여 김책공대를 졸업하고, 국가계획위원회 지도원으로 사업하다 1962년 남파했다. 그도 우리가 선입견으로 알고 있는 '007영화' 주역처럼 무시무시한 첩보원으로 남파된 것이 아니라, 5년 연상인 삼촌 최주종 장군이 5·16 군사 쿠데타 주역으로 참가해서 국가재건최고회의 최고위원으로 활동하고 있다는 소식을 듣고 그와 동강 난 조국의 평화적 통일을 논의코자 남파되었다 했다.

여기서 최하종 선생의 삼촌 최주종 장군은 어떤 경력의 소유자인가를 살펴볼 필요가 있다. 그는 1922년 함북 김책시에서 출생, 만주국 신경(지금의 장춘시) 군관학교 3기로 졸업(박정희는 2기 졸업)하고 일본 육사 58기 졸업(박정희는 57기 졸업)하여 박정희와 친숙한 관계였다. 만주군 중위로 해방을 맞이하였으며, 미군 군정에서 육군 장교가 되어 5·16 군사 정변에 혁명 주체로 참가하여 국가재건최고회의 최고위원직도 경험하였다. 8사단장 재직 시에 최하종 조카 소식을 듣고 직접 보안사에 신고해서 체포케 했다.

　이렇게 최하종 선생보다 5년 연상이어서 허물없던 삼촌 최주종 장군은 박정희 장군과 만주군 시절부터 친밀하여 5·16 군사 쿠데타의 주역으로 참가하여 국가재건최고회의 최고위원으로 권력을 휘두르게 되었다. 최하종 선생은 첨예하게 대치되어 있던 남북 관계를 평화적으로 해결할 수 있는 유일한 길은 5·16 군사 정변의 주역이었던 삼촌 최주종과 협의 토론하여 남북의 현 체제를 그대로 인정하고 존중하는 토대 위에서 중립적인 연방제 통일국가를 건설하는 방법밖에 없다고 생각했다.

　그리하여 삼촌 최주종과 논의해서 설득하려고 서울에 왔는데 마침 삼촌 최주종 장군은 8사단장으로 부임하여 서울에는 없어 매형 태용범의 집에서 은거하면서 삼촌과 만날 날을 기대하고 있었다. 그러나 삼촌 최주종은 이런 소식을 전해 듣고 바로 보안대에 신고해서 체포하고 투옥해 버렸다. 조카 최하종은 그런 사연으로 '대전대학(?)' 특별사에 와서 나를 만나게 되었다.

　나는 최하종 선생으로부터 이런 사연을 들으면서 많은 생각을 하게 되었다. 즉, 외세에 의한 잔혹한 분단으로 혈육까지도 원수로 변해 버린 이 참담한 현실을 어떻게 설명하여야 할까? 스스로가 살아남기 위해 친혈육 조카까지 감옥에 넣어야 하는 당사자들의 심경은 어떠했을까? 최하종 선생은 36년간 '비전향 장기수'로 옥고를 치른 후 1998년 출소했다. 후원자들에 의지해 살면서도 삼촌 가족들과는 절연하고 2000년 고향으로 송환되었는데, 양측 혈육의 심경은 어떠했을까? 왜 우리 민족은 이런 비극을 당하고도 각성하지 못하고 분단체제를 타파하지 못하고 있을까?

재심신청

앞에서도 서술한 바와 같이 나는 1972년 2월 16일(음력 정월 초이 튿날) 새벽 5시 반경 건장한 장년 두 사람이 서울 제기동 경동시장 근 처에서 유림 여관을 경영하고 있던 나를 찾아와 처음 뵙는다면서 다 짜고짜로 큰절을 넙죽 하기에 나도 엉겁결에 맞절을 하고 나서 고개 를 드니 내 이마에는 권총이 겨누어져 있었다. 소스라쳐 놀랐더니 "아 무 소리 하지 말고 조용히 따라오라"는 명령에 잠옷 바람으로 따라나 서니 밖에는 지프차가 대기하고 있었다. 그 이후의 체포와 구금 과정, 몽둥이로 두들겨 맞는 과정, 가죽끈에 묶여서 '칠성판'이라는 나무판 자 위에서 수건을 덮어쓰고 물고문을 당하면서 죽기 직전까지 갔던 과정, 갖은 고문과 협박과 회유를 당했던 과정 등에 관해서는 이미 앞 에서 상세히 밝혔기 때문에 여기서는 재심신청 건에 관해서만 언급하고자 한다.

　수사당국에서 나를 고문하고 협박한 까닭은 공작원 유위하(柳渭夏)를 만난 경위를 밝히고, 그것을 통해서 나에게 간첩혐의를 뒤집어 씌우려고 했기 때문이다. 나를 수사하던 수사관은 고문을 계속하면서 "이래도 유위하를 몰라?"라고 소리쳤다. 나는 "유위하라는 이름은 오늘 처음 알게 되었지만 잠깐 만난 것 같다."라고 대답했다. 그러자 수사관은 "아직 너는 염라대왕 주변을 맴돌고 있는데, 아예 염라대왕에게 붙던지 우리에게 붙던지 택일해야 될 때가 곧 오게 될 것이다. 60년대부터 권영(령)섭과 함께 유위하 지하조직에 포섭되었으면서도 유위하를 잘 모른다고? 유위하를 잘 안다고 할 때가 곧 올 것이다."라고 협박했다.

　그 후에도 그들은 '칠성판'에는 태우지 않았지만, 무릎에 방망이 끼우고 꿇어 앉혀 짓누르기 등 고문을 하면서 고인이 된 권영섭 선생과 함께 유위하 지하 조직의 성원이라고 자백하라고 강요했다. 견디다 못해 나는 "일본에서 지하당 교육을 받고 지하당 조직 성원이 되었으므로, 지하당 조직 원칙상 복선 조직은 절대 불가하므로 권영섭 선생에게 이런 사실을 고백했더니 권영섭 선생은 오늘부터 우리 두 사람은 완전결별하자고 하면서 헤어졌다."라고 둘러댔다.

　마침 그때쯤 유위하와 권양섭의 진술에서 내가 이미 유위하 공작원의 지하조직원일 수 없다는 것을 뒷받침하는 진술이 나왔다. 그것은 원심판결문(1972.7.15. 박충순 부장판사 선고)의 권양섭 피고인에 대한 판결문 105쪽~106쪽에서 판시한 바와 같다. "1971년 11월 초순경 유위하로부터 권영섭과 친한 자 중에 포섭대상자를 물색하라는 지시를 받고, 이대식을 접선하여 '권영섭은 혁명 사업을 하다가 죽었다'라고 이대식의 의중을 타진했더니, 공명하여 포섭 대상이 가능하다고 판단하고 유위하에게 보고"라고 판시하여, 포섭하려 했었다고 판시했다. 반면, 권낙기에 대한 같은 판결문 116쪽~117쪽에는 "1970년 9월 5일 권낙기는 유위하와 접선, 권영섭은 사망하고 동인으로부터 인계받은 난수표 등 공작 문건과 무전기의 보관 경위, 동인의 조직 하부선인 이학돌, 이대식의 근황, A-3 지령 수신 사실과 안전 신호표시의 사실 등 활동 상황을 보고함으로써…"라고 판시하여, 나는 이미 유위하, 권영섭 지하조직 하부선이라고 명시되었다. 이미 유위하 지하당 조직원이 된 나를 1971년 11월 초순경 유위하와 권양섭이 나를 포섭대상자로 점찍은 것은 있을 수 없는 일인데도 그처럼 모순된 판결문을 조작해 낸 것이다.

반면 나에 대한 같은 판결문 159~160쪽에 의하면 유위하, 권영섭의 조직 하부선이라는 언급은 전혀 없고 "1967월 5월 25일부 이경운이 소지하고 있던 중국…산수화를 일본에 매각하기 위하여 도일…동향인인 이용욱, 이용극을 접선, 판매 의뢰하면서…공산주의 이론 등에 대해 교양 받고…결정적 시기에 대비 혁명역량을 축적하라는 지령을 받고 귀국하여 반국가단체의 지령을 받아 잠입하고…"라고 판시하여 나를 조총련 간첩이라 규정해 놓고, 동 판결문 168~169쪽에는 "1971.11. 일자 미상경 권양섭과 성수동 주차장에서 만나…병사한 권영섭은 혁명가라는 등 말을 하면서 북괴를 위하여 같이 활동하기로 모의하고…"라고 판시했다.

박충순 부장판사는 이렇게 세 사람에 대한 사실관계를 각각 다르게 판시함으로써 어떤 판결문이 진짜인지 모를 정도로 모호하게 만들어 버렸다. 사법부의 판결문이 세상 사람들의 웃음거리가 되어버린 것이다.

도대체 같은 판사(박충순 부장판사)가 같은 사건의 같은 판결문에서 어찌 이렇게 상호 모순되고 불합리한 판결문을 조작해 낼 수 있을까? 다른 학생들은 사회 부조리를 퇴치시키기 위해 학생운동에 헌신하고 있을 때, 소위 머리 좋은 영리한(이기주의자) 학생들은 자기 공부에만 몰두하여 사법시험에 합격하고 엘리트 판사가 된 사람들이 어떻게 이렇게까지 사실 오인을 할 수 있을까? 법관은 법률과 양심에 따라 판결해야 되는데 공안기관, 정권의 시녀가 되어 그들의 눈치에 따라 판결권을 행사하여 힘없는 민중의 가슴에 상처를 안긴 것은 아닐까?

비록 공안기관이 이런 모순된 터무니없는 수사결과를 보고했더라도 공소권을 가진 검찰(정경식 검사)은 합리적으로 수정했어야 검찰의 권위가 살아날 텐데, 공안기관 작성 그대로 공소사실로 만들어 기소했고, 똑똑하다는 판사들(박충순 부장판사)도 그대로 판결문에 등재 하여 박충순 판사는 스스로 정권(공안기관)의 시녀임을 입증했다. 당시 사법부는 이렇게 정권의 부속물로 전락하였고, 그 보상으로 그는 퇴직 후에 김종필 당에서 국회의원도 누렸다.

이뿐 아니다. 정경식 검사는 북에서 온 공작원 유위하 선생을 서울중앙지법 사건번호 '1972고합847로' 별도로 기소하여 1심에서 사형을 선고케 했다. 그 원심판결문 중에 나와 관련된 부분을 보면 그 판결문 61쪽~62쪽에 기술한 것이 전부인데 그 내용은 "… 같은 해(1971년) 12월 초순 19:00경에 동 권양섭에게 비상사태선언과 남북

적십자회담에 대한 국민의 여론을 조사하고, 김일성에게 주는 맹세문 1통을 작성 제출하라고 지시하여, 같은 달 22일 21:00경 동 권양섭을 통하여 공소외 이대식이가 작성한 노동자, 농민층, 청년층, 자본가 층 별로 된 위의 여론조사서 1통과 역시 동 이대식이가 작성한 동 맹세문 1매 및 김일성의 회갑 선물인 전기 한국지도 액자 1개를 제공받고 … 중앙과 선이 떨어진 인텔리 1명과 알게 되었는데, 그 조직과 정식 조직 관계를 맺도록 중앙의 지시 바람… "이라는 부분뿐이었다.

이 원심판결문 내용으로 보아 유위하 공작원은 끝까지 자기 지시에 의해 권양섭 선생이 나에게 위 행위를 하게 했다고 이곳 사람들을 비호했다는 것을 알게 되었다. 또 중앙과 선이 떨어진 인텔리 1명과 알게 되었는데, 그 조직과 정식 조직관계를 맺도록 중앙의 지시를 바란다고 함으로서 그 당시에 나는 유위하 지하조직원이 아니었다는 것이 확인되었다. 그럼에도 정경식 검사는 원심에서 나에게 사형을 선고케 한 것으로 보아, 당시 박정희 유신정권이 얼마나 위기에 처해 있기에 사법부조차 정권의 시녀로 만들어 불법 부당하게 판결케 했는가를 알게 되었다.

나는 서울고등법원으로부터 내 사건과 관련된 정보공개청구 신청을 하여 1972년 사건의 수사기록(1권1. 1권 2~6. 2권 1~2. 3권. 4권. 5권 1~2. 6권. 7권.… 18권) 총 25권 전부 허가를 얻어 열람 복사하였고, 유위하 공작원의 수사보고서(당시는 3급 비밀), 유위하 선생의 판결문(서울중앙지법 사건번호 1972고합847, 1973. 3. 6. 사형판결). 서울고법 사건번호1973노539(1973.6.7. 기각), 대법원 사건번호 1973도1796(1973.9.29. 기각판결)과 기타자료를 취득하여 열람하고 나서 비로소 내가 왜 불법 체포되었는지 알게 되었다. 유위하 선생은 어떻게 체포되었고, 얼마나 고문을 당했는지 짐작할 수 있었다. 또 그는 1월 28일 체포되고 나서 2월 13일 자기가 쓰던 무전기를 노출 시킬 때까지 온갖 고문에도 비밀을 고수했다는 것을 알게 되었다. 또 공작반이 북의 공작선을 내려오게 하려고 역공작을 얼마나 집요하게 진행했는지 알게 되었고, 그때마다 유위하 선생은 공작반을 농락하며 혁명적 지조를 고수했다는 것을 알게 되었다.

이렇게 공작반은 유위하 선생에게 누차 농락만 당하자 무전통신에 의한 역공작을 포기하고, 곧바로 재판에 회부 하여 사형시키고 말았다. 이리하여 재판기록에서 보다시피 유례없이 1심에서 대법원까지 1년도 안 되게 속결 처분하여 사형을 확정시켜, 1974년 12월 27일 사형을 집행함으로써 세상을 떠들썩하게 했던 유위하 여자 간첩 사건은 역사에서 잊히게 되었다.

나는 방대한 수사기록과 판결문, 기타자료를 열람해 본 결과 정상적인 인간이 진술한 자료로는 도저히 상상할 수 없는 진술과 증거, 상호 불합리하고 모순된 진술, 현실 세계에서는 있을 법 하지 않는 망상적 진술 등으로 미루어 고문에 의해 사건이 조작되었다는 것을 확신하고 재심을 청구해야겠다고 결심했다. 내가 알고 있는 사건연루자인 권낙기 선생에게 재심 청구하자고 제안했더니, 그는 지금 또다시 악몽 속으로 빠져들고 싶지 않다고 거부했고, 이동주, 박정무(유위하 선생의 7촌 조카) 등에게도 동조를 권했으나 모두 완전히 잊고 있었는데 새삼 악몽 속으로 빠져들고 싶지 않다고 거부했다. 다만 오중주는 직계가족 없이 쓸쓸히 이 세상을 하직하여, 조카가 재심신청을 하고

자 했으나 재심청구자격이 없어 2016년 나 혼자만 재심청구를 하게 되었다.

　여기서 첨부해 두고 싶은 것이 있다. 나는 불법체포 감금된 이후 치안국 공작반과 검취(검사취조) 때에는 누가 잡혀 왔는지 알지 못했으나, 처음으로 재판정에 출두해 보니 놀랍게도 내 약혼녀가 잡혀 왔고, 김병인도 잡혀 왔고, 내 누님의 동서 오증주도 잡혀 왔고, 누님의 4촌 시매(媤妹) 권정수도, 그 아들 박정무도 잡혀 와서 피고석에 있었다.

　물론 권양섭 선생의 가족은 미성년자인 권재기까지 피고석에 있었고, 권희섭(나의 외사촌 형수)과 그 아들 이동주도 있었다. 이동주는 나의 외종질인데 동국대를 졸업하고 주택공사 사원으로 있었는데, 치안국 정보과 공작반(3계)의 공갈협박으로 바로 2월 15일 몰래 수사관과 함께 와서 '유림여관' 내 거처를 알려주고 돌아갔다는 것을 그의 자필 진술서로 알게 되었다.

　만일 이동주가 "치안국 정보요원이 이유는 알 수 없으나 아재(아저씨)거처를 알려 달라고 협박하여 아재 몰래 그들과 동행해 유림여관을 가르쳐 주었는데 무슨 일이 있느냐"고 옛정을 생각해 나에게 귀띔이라도 해 주었더라면, 나는 체포에 대비했을 텐데 나는 전혀 눈치채지 못해서 무방비상태로 체포되어 버렸다.

　이렇게 포승줄에 묶여 재판정 피고석에 앉아보니 나와 연루시켜 잡아 온 두 사람(약혼녀와 김병인), 나의 외사촌 형수이며 권양섭 선생 동생인 권희섭 모자(母子), 내 누님의 동서(同壻) 오증주, 누님의 사촌 시매 권정수 모자(母子), 권양섭 가족 4인 등, 내가 알고 있던 사람만 11명이나 잡혀 와서 피고석에 앉아 있는데, 이 피고들 30여 명

중 장본인인 유위하 공작원은 보이지 않았다.

그래서 나는 유위하가 잡혀서 변절하여 이 많은 사람을 엮어 넣었다고 직감하고 배신감과 증오감을 감출 수 없었다. 그리고 이 공작원은 나와 똑같은 경상도 사투리를 쓰고, 또 누님의 인척들이 잡혀 온 것으로 보아 나를 알고 있는 공작원일지도 모른다고 상상해 보았으나 치밀어 오는 배신감을 억누를 수는 없었다.

그러나 이제야 방대한 사건 수사기록과 유위하 공작원의 수사보고서(당시 3급 비밀) 판결문 등을 입수 정독해 본 결과, 유위하 선생은 변절하여 조직을 팔아넘긴 것이 아니고, 공작원으로서의 책무를 다하고 떳떳하게 희생되었다는 것을 확인하게 되어 인간적인 존경심을 품게 되었다. 우리 시대의 아픔을 홀로 떠안고 한을 간직한 채 승화하였다는 것을 알고 안타까움과 애절함, 통분을 금할 길 없다. 어쨌든 나는 원심판결에서 권양섭 선생과 함께 사형을 선고받아 도저히 납득할 수 없는 판결이라 생각되었다.

내 지하조직이라는 조직에는 내 상부선도 없고, 하부조직도 없는 실체가 없는 날조된 허구조직이라는 것을 판결문 곳곳에 판시해 놓고서도, 정작 내 판결문에는 조총련 이용욱, 이용극 형제의 지령을 받고 잠입했다고 했으면서도, 체포된 유위하 공작원과 지하당 사업을 했다고 불합리한 판결문을 써냈기 때문이다.

친척인 조총련 이용욱, 이용극 형제의 지령을 받고 잠입했다는 부분은 재심에서 무죄를 선고했고, 유위하 선생의 판결문에서도 "중앙과 선이 떨어진 인텔리 1명과 알게 되었는데, 그 조직과 정식 조직 관계를 맺도록 중앙의 지시를 바람"이라고 판시하여, 당시에는 유위하 공작원의 조직도 아니었다고 판시함으로써 나의 상부선이 없다는 것을 판사 스스로 입증한 것이다. 또 내 하부선이라는 약혼녀와 김병인은 원심에서 모두 무죄를 선고받아 하부선이 없다는 것이 입증되었으면서도 사형을 선고했기 때문이다.

불행 중 다행인 것은 법정투쟁에서 진실이 밝혀져 내 지하조직의 하부선이라고 고문으로 날조한 약혼녀와 김병인은 아무런 증거도 없어 유일하게 원심에서 무죄 선고받아 조그마한 위안이 되기도 했다. 이리하여 나는 원심재판부에서 인정한 11개 항목의 공소사실 중, 간첩죄 등 8개 항목은 재심재판부에서 무죄를 선고받았다. 유위하 공작원이 무인포스트에 매장해 두었던 내 필적의 '김일성 수령님께 드리는 맹세문'과 '남파 공작원으로부터 15만 원을 받은 것', 그리고 '김일성 수령님께 드리는 자수로 된 회갑 선물' 등이 증거로 제시되어 3개 공소사실은 재심재판부에서도 유죄로 인정되었다. 나는 재심 판결에서 최종적으로 3년형을 확정받았다. 그러나 이미 19년의 징역을 살았기 때문에 새로 수감 될 필요는 없었다.

유위하 공작원에 대한 평가를 우리 사건 관계자들이 자의로 추정하고 오해하여, 나는 여기서 여러 가지 자료를 근거로 충직한 공작원이었다고 단정하고 싶다. 물론 이 자료들은 수사기관이 작성한 자료들이고 유위하 공작원이 구속된 상태에서 한 진술이기 때문에, 공정성이 문제 될 수 있으나 참작하시고 평가해 주기 바란다.

유위하 선생에 대하여

자료에 의하면, 선생은 본적지 안동군 풍천면 하회동에서 음력으로 1914년 11월 6일 출생했지만, 당시 출생신고는 1917년 2월 18일생으로 신고하였다. 풍남공립보통학교 3년 중퇴하고 박인서와 결혼하여 장남 박찬수를 낳고, 해방 후 미 군정청과 이승만의 단선 단정 반대 투쟁 중에 포고령 등 위반으로 1년간 안동형무소에서 복역하였다. 1948년 11월경 출옥, 상경하여 여맹원으로 활동 중에, 6·25전쟁이 발발하여 인민군을 따라 피난 가는 길에 압록강 건너 중국 땅까지 갔다. 다시 건너와서 1951년 1월경부터 운흥 임산사업소 여맹원으로 활동 중에, 1958년 대남사업에 소환되었다. 대남사업의 활동 중에 1972년 1월 28일 11시경 나무꾼에게 발견되어 빈사 상태에서 체포되었다. 이하 치안국 공작반의 "검거 간첩 심문서(3급 비밀)"에 기술된 내용을 그대로 인용해 보면 다음과 같다.

1. 체포 경위

검거 간첩 유위하는 1972년 1월 16일 거제도에서 복귀하기로 결정하고 동일 23시 안내원과 접선하기로 약정하여, 현지에 가던 중 배가 내려오지 못한다는 연락을 받고, 그다음 날 접선할 목적으로 은신하기 위해 산에 오르던 중 야음에 실족, 몇 차례 굴러떨어져 정신을 차려보니 소지하고 있던 보자기를 분실하여 찾아 헤매던 중에 날이 밝아 산에 은신 중 동네 아이들이 동 보자기를 습득, 신고하여 수색이 벌어져 17일, 18일, 19일까지 수색이 계속되어 접선을 포기하고 400고지 계곡 가시덤불에 들어가서 죽기를 결심하고 빈사 상태에 있던 중 동월 28일 11시경 나무꾼에게 발견 검거되었다.

(間諜 柳渭夏의사진)

- 133 -

정치공작원 유위하 선생이 1972년 1월 28일 체포되어 2월 13일 자기가 사용하던 무전기 매몰 장소를 자백할 때까지 15일 동안 야수적인 고문을 받고 난 후 정보기관이 찍은 사진을 첨부하니 유위하 선생을 아는 사람이라면 산 송장처럼 변한 사진 참조해 보시라.

2. 피 심문인의 평가

공산주의 교양을 철저히 받은 기본출신으로, 이해성이 전혀 없고 진술 번복만 있을 뿐 아니라 능동적인 면은 전혀 보이지 않고, 피동적인 상태에서 진실성이 없을 뿐 아니라 전향할 의사가 없는 것으로 느껴짐

3. 첩보의 평가

자진 진술 협조하는 태도는 엿볼 수 없고, 피동적일 뿐 아니라 현품을 제시해야 겨우 말하는 정도로 첩보 신빙성 희박.

4. 형사 정책적 고려

본 공작원은 무전 간첩으로 이미 노출되었고, 비협조적이며 수동적인 요소가 많아 입건 조치함이 가하다고 사료됨.

위에서 본 바와 같이 치안국 공작반의 수사 결론뿐 아니라, 유위하 선생은 우리 원심 재판정에서 증인으로 채택, 출석하여 증언한 내용을 아래와 같이 살펴보아도 그의 사상적 입장을 이해 할 수 있으리라 믿는다.

그녀는 그와 관련되어 재판받고 있던 30여 명의 피고들 때문에, 1972년 7월 7일 증인으로 소환되어 말끔한 한복을 차려입고, 재판장 옆에 앉게 되었다. 나는 1972년 1월 12일 권양섭 집에서 잠깐 만난 후 처음으로 깨끗한 한복을 차려입고 증인석에 앉은 그를 보니 치밀어 오르는 분노와 배신감 때문에 배신한 변절자라고 소리를 지를 뻔했는데, 그 순간 재판장은 증언선서를 하라고 명령하니, 유위하 공작원은 선서를 거부하면서 "선서 없이 증언하겠다."라고 대답하여 나는 의아하게 생각되었다.

수사기록에서 제시된 그의 증언은 다음과 같다.

재판장

〈문〉 증인의 주소는?

〈답〉 조선민주주 … 라고 대답하니 재판장은 얼른 제지하고 이곳 주소를 말하라 하니

〈답〉 미군501정보대에 갇혀 있다.

검사

〈문〉 증인이 치안국에서 진술한 내용은 사실인가?

〈답〉 사실대로 진술한 것도 있고 약간 틀린 것도 있다.

〈문〉 검찰에서 진술한 것 중 약간 틀린 부분은 어떤 것인가?

〈답〉 오증주는 본인이 간첩인 줄 전연 몰랐고, 이대식은 당에 입당한 사실 없고, 박찬규와 같이 서대문시장 가는 길 모른다는 것은 사실과 다르다.

〈문〉 증인은 피고인 이대식에게 어떤 조직을 통하여 활동했으며 임무는 무엇

이라고 물어본 사실 있느냐?

〈답〉 이대식은 1967년도에 일본 가서 조총련 공작원으로부터 교육받고 왔다 하였고, 공작 임무는 결정적 시기에 대비하여 혁명역량을 축적하는 것이라고 하여 본인은 복선은 안 된다고 하고 헤어졌는데(이하 자료에서 삭제) 이대식이 왜 여기 잡혀 왔는지 모르겠다.

〈문〉 증인은 피고 이대식에게 지하당 조직 방법에 대한 교육을 시켰나?

〈답〉 지하당 조직 방법은 ①번이 ②번 ③번을 포섭할 경우 ①번과 ②번 ③번은 연결이 있지만 ②번과 ③번은 연결이 없다는 교양을 했다.

〈문〉 증인은 동 이대식에게 북괴 노동당에 가입되었다고 했는데 어떤가?

〈답〉 선포한 사실은 없습니다.

〈문〉 증인은 검찰에서는 선포하였다고 진술하였는데 어떤가?

〈답〉 그렇게 진술한 기억 없습니다.

〈문〉 증인은 동 이대식에게 호출부호 및 난수표 등을 권양섭을 통하여 준 사실 있나?

〈답〉 권양섭을 통하여 난수표 1조 호출부호 등을 이대식에게 전하였다.

〈문〉 증인은 동 이대식에게 공작금 15만 원을 준 사실 있나?

〈답〉 그런 사실 있다.

검사는 이렇게 나에 대한 심문 외에는 증인의 아들 박찬수에 대한 간단한 질문만 하고 나서 또 물었다.

〈문〉 오증주에게 이북이 좋다는 등 교양을 하여, 피고인 오증주가 증인이 간첩인 줄 알고 있을까?

〈답〉 본인의 정체를 알리지 않아 모르는 것으로 알고 있다. 재판장이 증인 유
위하에게 물었다.

〈문〉 증인은 어디서 출생했으며, 언제 결혼했으며, 언제 월북했는가? 또 월북
당시 아들 박찬수는 몇 살이었나? 그리고 증인은 몇 번이나 남파되었나?

이렇게 묻고 마지막으로 피고 박찬수(증인의 아들)의 변호인 강신
옥은 마지막 신문에서 묻는다.

〈문〉 증인의 현재 심경은?
〈답〉 몹시 괴롭습니다. (이하 증언은 기록에서 삭제)지금 재판받고 있는 사람
들은 모두 나 때문에 잡혀 온 사람들이니 이 사람들 모두를 석방시켜 준
다면, 나는 전향하여 협조하겠으니 석방시켜 주겠습니까?

라고 하니 옆에 지키고 있던 치안국 수사관이 얼른 데리고 나가 버렸
다. 나는 유위하 공작원을 1972년 1월 12일 아침 권양섭 집에서 잠깐
만나고, 1972년 7월 7일 우리 재판정 증인석에 앉은 모습을 딱 두 번
보았는데, 증인석에 앉은 그의 모습은 마치 다른 사람처럼 몹시 야위
어 해골바가지처럼 느껴졌다.
나 같은 피라미도 치안국 공작반 수사관이 말하는 북망산천을 두
번이나 갔다 왔는데, 유위하 공작원은 얼마나 고문받았기에 저런 모
습으로 증인석에 앉게 되었는가를 상상해 보니 공작반 수사관들은 인
간이 아닌 것처럼 느껴졌다. 유위하 선생을 알고 있는 친, 인척 사람

들을 위해 공작반이 찍은 선생의 사진을 옮겨 실었으니 평소에 보고 알고 있던 모습과 체포된 후의 지금 모습이 얼마나 다른지, 얼마나 고문을 당했으면 눈만 빠끔하고 산송장처럼 변해 버렸는가를 짐작할 수 있을 것이다.

유위하 공작원 선생을 만났다는 죄로 여기서 재판받고 있는 사람들은 누구나 생각하기를 그 공작원은 완전히 위장되어 이곳 사람처럼 활동했기에 귀환도 쉽게 이루어져 평양에 안착했으리라 믿고 있었다. 그런데 이렇게 붙잡혀 증언하는 모습을 직접 보고 어리둥절했을 것이다. 나 역시 권양섭 선생으로부터 안착 신호를 받았다는 말을 듣고 마음 푸근히 지내고 있었는데, 이런 악몽 같은 현실을 목도하고 혼란스럽기 그지없었다.

그 공작원은 귀환 도중 변절하여 자수하고 이 애꿎은 사람들을 재판받게 만들었다고 생각되다가도, 그의 증언하는 모습과 내용을 보면 변절하지 않았다고 생각되기도 해서 어리둥절하기만 했다. 그러나 나는 지금 수사 기록 등 모든 자료를 정독한 후의 결론은 유위하 선생은 충직한 공작원이었고, 자기가 태어난 고향 사람들을 각성시켜 보다 나은 삶을 살 수 있게 인도한 애향가, 애국자라 확신하게 되어 인간적인 존경심과 애통함을 자아냈다. 물론 그도 평범한 인간이기에 과오도 있고, 부족한 점도 있는 결함 많은 생을 마쳤지만, 내 마음속에 존경심을 심어 줄 정도로 빼어난 공작원이었다. 수사기관의 온갖 고문과 회유에도 혁명적 지조를 고수하고 승화한 충직한 전사였다고 확신하게 되었다.

그녀는 1972년 1월 16일 접선이 안 되어, 17일 접선할 계획으로

400고지로 은신하려다 실족하여 중요한 보자기를 분실하여, 접선을 포기하고 죽기로 작정하고 28일까지 지탱했으나 우연히 나무꾼에게 발견 체포되었다는 사실은 이미 밝힌 바 있다.

1월 28일부터 2월 13일까지 온갖 야수적 고문에도 견결히 입을 닫았다. 그는 안착 신호를 수수했기에, 이곳 지하조직원은 안착 신호가 없으면 사고가 발생했다고 직감하고 대비했으리라 예상하고, 2월 12일 무전기 매몰 장소만 발설하지는 않았을까? 이 같은 예측을 하는 이유는, 나도 두 번이나 '북망산천'을 가 보면서 견딜 수 없는 고통을 맛보았는데 유위하 선생은 약 15일간 훨씬 더 잔혹한 고문을 당하면서도 발설하지 않고, 이곳 사람들을 보호하고 증거를 없애도록 대비할 수 있게 시간을 벌어 준 것은 아닐까 상상해 본다. 그리고 자기가 사용하던 무전기 매몰 장소는 발설하여 2월 13일 수사기관이 파서 찾아갔지만, 바로 옆에 매몰한 난수표 암호문 크리스탈 등은 발설하지 않아, 그대로 남아있는 것을 보더라도 그녀는 이곳 조직원은 끝까지 은폐하려 하지 않았나 하고 짐작되기 때문이다. 그뿐 아니라 그녀는 거제도 무인포스트, 난수표 등도 발설하지 않았는데, 만약에 이곳 지하조직원이 안착 신호가 없어 사고를 직감하고 모든 증거자료를 소멸하고 체포에 대비하였더라면 어떤 결과를 초래하게 되었을까도 가상해 보기도 한다.

이렇게 그녀는 이곳 사람들이 충분히 대비할 수 있도록 시간을 벌어 주었을 뿐 아니라, 1972년 7월 7일 증인석에서도 이미 사람들의 진술에서 노출된 사실 이외에 우리에게 불리한 증언은 없었다. 우리를 아껴주려는 자세가 느껴져 지하공작원으로서의 책무는 다했다 확신한다. 물론 그녀를 비롯한 우리 사건 관계자 모두는 자기 과오의 경중의 차이는 있을지언정, 이렇게 체포되어 주위 사람들에게 누를 끼쳤기 때문에 과오를 솔직히 인정하고 자기비판을 해야 한다고 믿는다. 나 역시 이렇게 체포되어 온갖 수모와 치욕을 당해서 나를 알고 있는 모든 사람에게 누를 끼쳐 고개 숙여 사죄를 드린다. 나는 이유 여하를 막론하고 체포됨으로써 나를 알고 있는 주위 사람들에게 피해를 주었으므로, 과오를 솔직히 인정하고 자기비판을 하면서 죄인으로 연명하고 속죄하면서 살고 있다. 따라서 '비전향장기수'로 뽐내며 살아가지도 못하고, 잡초처럼 짓밟히며 속죄하면서 숨어 연명하며 진실이 공개될 그 날을 기대하면서 견디고 있다.

나는 옛날 대전교도소 특별사에서 테러 전향 공작 직후 김선명, 조창손 선생과 함께 세 사람이 한 방에서 약 3개월 동안 함께 산 적이 있었는데, 그때 김선명 선생의 말씀이 뇌리에서 떠나지 않는다. 즉 "적에게 포로가 되거나 체포되었다면, 고의 과실을 떠나 누구나 당 앞에 과오를 범했다. 당면과업을 수행하지 못하고 부담만 주었기 때문이다. 따라서 자기비판을 해야 한다."라고 한 말씀을 당시에는 잘 이해하지 못했으나, 사회에 나와 살아 보니 절실히 내 마음속에 새겨지고 있다.

이렇게 유위하 공작원 선생이 귀환 중 거제도 접선 장소에서 불의의 사고로 체포됨으로써, 그와 우연히 조우했던 관계인까지도 체포 구속되어 대법원 확정판결을 받자마자 관계 당국은 유위하 공작원을 1973년 3월 6일 서울형사지법 사건번호 72고합847로 사형을 선고했다. 1973년 6월 7일 서울고등법원에서는 사건번호 73노539로 항소

를 기각하여 사형을 유지했고, 1973년 9월 29일 대법원에서도 사건
번호 73도 1796으로 사건을 기각하여 사형을 확정했다.

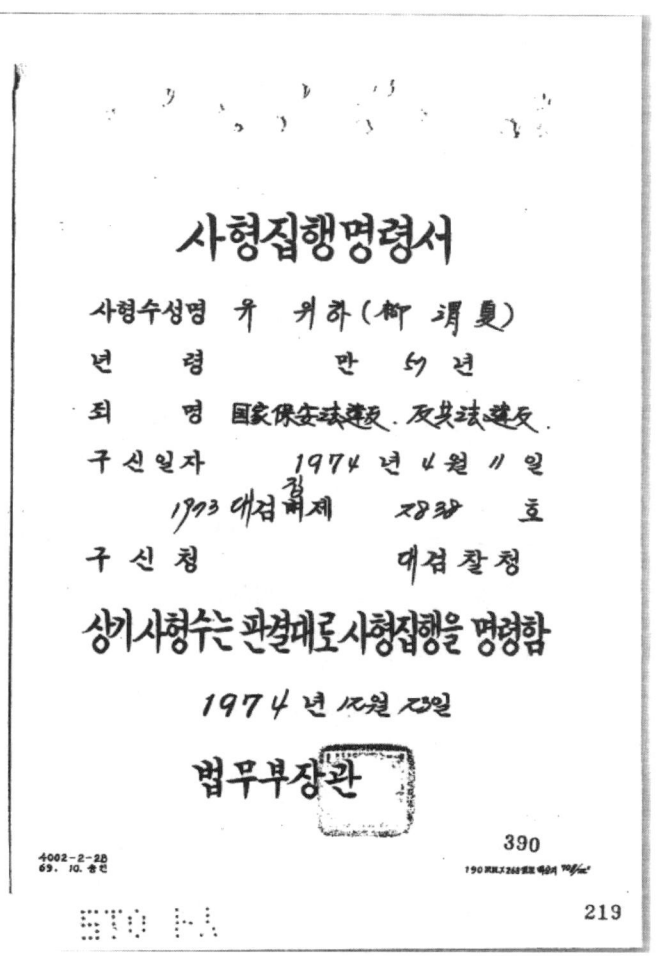

여기서 보다시피 1심 선고일 1973년 3월 6일부터 대법원 최종선고
일 1973년 9월 29일까지 6개월 만에 평화통일을 위해 남파된 공작원

유위하를 사형 선고하고 말았으니, 박정희 정권은 유위하 공작원 선생의 조국의 평화적 통일을 얼마나 두려워했는지 알수 있게 되었다.

이미 누차 서술한 바와 같이 일제 해방 후 미 군정청과 이승만 일당의 남한만의 단선단정(단독선거 단독정부) 책략에 의해 우리 민족은 남과 북으로 두 동강 나 민족의 불행이 지금까지 이어지고 있다.

해방 후 좌우익의 갈등과 투쟁, 6·25전쟁, 휴전 후 남북 간의 첨예한 대립으로 인한 제반 희생, 언제 터질지 모르는 전쟁공포로 인한 정신적 물질적 피해 등등, 남한만의 단독정부 수립으로 인한 분단비극이 통일될 때까지 우리가 겪어야 할 숙명임에도 오늘날도 우리는 각성하지 못하고 분단체제를 기정사실로 치부해 버리고 무감각하게 살고 있으니 과연 우리는 얼이 있는 민족인지 후세 사가들은 답해 주리라 믿는다.

유위하 공작원 선생도 바로 분단비극의 제물이 되어 1974년 12월 27일 우리 곁을 떠나 통일 세상으로 승화해 가셨다.

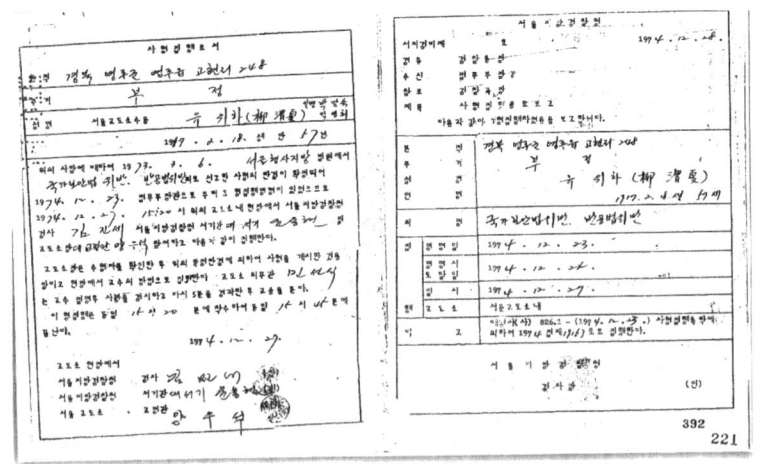

한국판 매카시즘의 늪에서
『그래도 세상은 변한다』를 어떻게 읽을 것인가?

— 이현휘(정치학 박사, 한려상공센터 국제정세 분과장)

> 당대에 통용되는 추상의 체계를 돌파하지 못하는 문명은
> 매우 제한된 기간의 진보만을 이룩한 이후
> 장기간에 걸쳐 점진적으로 시들어질 운명에 처하게 된다.
> - 알프레드 노스 화이트헤드

1972년 2월 16일 새벽 5시 반경, 이대식은 험상궂게 생긴 중년의 두 남자에게 체포되어 치안본부 대공분실로 끌려갔다. 곧바로 고문이 시작되었다.

수사관이 물었다. "유위하를 알고 있지?" 나는 모른다고 답변했다. 그러자 그들은 "그렇다면 알게 해 주겠다"라고 하면서 군용 야전침대 몽둥이로 이대식의 엉덩이를 두들겨 패기 시작했다. 얼마나 맞았는지 정신을 잃어버렸다. 나중에 깨어보니 내 팬티는 피와 똥으로 뒤범벅이 되어 있었다. 그들은 헌 팬티로 갈아

입힌 다음 다시 물었다. "이래도 유위하를 모르는가?"하고 다그쳐서, "나는 정말 처음 들어보는 이름이니 어떤 사람인지 좀 설명해 주라"고 답변했다. 그러자 그들은 끈 달린 얇은 널판을 가지고 와서 그 위에 "누우라"하였다. 누웠더니 판자에 달린 끈으로 내 몸을 묶고 나서 "칠성판을 아느냐?"고 물었다. "나는 듣기는 들어봤는데 잘 모른다"고 답변했다. 그러자 그들은 "네가 누운 판대기가 바로 칠성판이다. 사람이 죽으면 칠성판에 올려놓고 염을 하는데, 보통 삼베로 염을 한다. 너는 영광스럽게도 가죽 끈으로 염을 한다"면서 내 몸 몇 군데를 널판자에 달린 끈으로 묶었다. 그리고서 "너는 이제 칠성판에 올라탔으니, 이대로 죽으면 관에 넣어 묻어 버리면 된다. 염라대왕을 만나러 갈 것인데 염라대왕 시키는 대로 해야 할 것이다. 염라대왕이 유위하를 알게 해 줄 것이다. 마지막 유언을 남기려면 해라"라면서 얼굴에 수건을 덮었다. 나는 이렇게 죽이는 줄 믿고 순간 죽음의 공포에 휩싸여 부모님께 먼저 떠나는 불효를 빌었다. 수사관이 나의 얼굴을 덮은 수건 위로 주전자의 물을 부었다. 물이 코와 입으로 쏟아져 숨이 막혔다. 입이 벌어진 상태로 물이 입과 코로 들어가서 폐를 적시니 형용할 수 없는 고통에 몸부림치다가 정신을 잃고 말았다.

얼마나 시간이 흘렀는지 정신이 들어 눈을 떠 보니 그들은 "어! 염라대왕이 아직 너를 안 불러들였네. 염라대왕이 너를 보냈으니 너는 우리와 협조를 해야 해. 그렇지 않으면 또 염라대왕에게 가서 영영 돌아오지 못하게 돼! 어떻게 할래?"라고 했다. 나는 협조 할 테니까 제발 염라대왕에게 보내지 말라고 애걸했다. 그러자 그들은 "이제야 정신이 드는구나"라고 하면서 "유위하를 알지?"라고 물었다. 나는 "지금은 누군지 생각이 안 나지만 어떤 사람인지 대강 알려주면 생각날 것이다"라고 대답했다. 그들은 "1월 12일 부산 권양섭 집에 가서 만나지 않았느냐?"라고 물었다. 나는 그때서야 권낙기 친척이라는 아주머니가 유위하라는 사실을 알고서 "안다"라고 대답했다.

나의 유위하 관련 사건은 1972년 1월 12일 약 1시간가량 대화하고 10시 고속버스로 상경한 것밖에 없었고, 그들의 요구대로 다 해주었기 때문에, 일이 모두 마무리된 줄 믿었다. 자포자기 상태에서 죽음만을 대비하던 중에 그들은 갑자기 "너 일본에는 왜 갔는가? 조총련의 이용욱, 이용극 형제와 만나 간첩 지령을 받은 사실을 솔직히 고백해야 해"라고 다그쳤다. 나는 "내 양심을 걸고 고백하지만, 나는 일본에 골동품 팔러 갔다. 이용욱, 이용극을 만난 것은 사실이지만, 그들을 만나기 전까지는 조총련계라는 사실을 몰랐다. '조선대학' 교수라서 퇴근 후에 만나 화랑가를 함께 다니며 골동품 판매에만 정신을 집중했다. 이북이라든지 정치 이야기는 할 여건이 안 되어 정말 하지 않았다"라고 대답했다. 그랬더니 그들은 "너는 아직 염라대왕 주위를 방황하면서도 살길을 찾지 못하고 왔다 갔다 한다. 아예 염라대왕에 붙던지 아니면 환생하여 나와 협조하던지 둘 중 한 가지를 선택해야 해"라고 하면서 다시 칠성판을 가지고 왔다. 나는 또 칠성판에 눕혀서 결박당했다. 전처럼 얼굴에 수건을 씌우지 않아 무슨 고문인가 몰라 공포에 질려 식은땀만 흘리고 있었다. 그들은 발가락사이에 무슨 물건을 끼우고 나서 옛날 수동식 전화기를 돌렸다. 전화기를 돌릴 적마다 내 몸은 충격으로 허공에 붕 뜬 것처럼 느껴지기도 하고 온몸이 마비되어 가는 듯했다. 특히 고환 부분에 견딜 수 없는 충격이 왔다. 그들은 내 얼굴 모습을 살피면서 즐기듯 간헐적으로 전화기를 돌렸다. 그들은 이 전기고문이 물고문처럼 혼수상태에 이르지 않는 것을 알자 전화기 돌리는 것을 중단하고 일본에서 일어났던 일을 전부 소상히 말하라고 했다. 나는 하늘에 맹세하건대 일본에서는 이북 이야기나 정치적 대화는 할 기회조차 없었지만, 원하는 대로 진술할 터이니 제발 더 이상 칠성판에는 태우지 말라고 애원했다. 나는 잡혀온 후 줄곧 무릎에 각목 끼우고, 짓밟기 등 다반사로 고문을 당해서 차라리 빨리 고문 없이 죽여줄 것을 바라고 있었다. 그러나 그들은 "너는 인간 재생창에서 더 단련되어야 참된 국민으로 환생될 수 있다"면서 또다시 칠성판에 태우고, 내 얼굴에 수건을 덮어 씌웠다. 이번에는 전과 달리 일반 물을 주전자에서 붓는 것이 아니라, 고춧가루 섞은 물을 부어대니 기침이 나고 속이 쓰려 토하기도 하며 견딜 수 없는 고통이 엄습했다. 기절되지도 않아 오히려 고통은 더했다.

나는 이래 죽으나 저래 죽으나 죽는 것은 마찬가진데, 더 이상 고문 없이 죽고 싶어서 일본에서 간첩교육을 받았다고 허위로 자백했다. 그들은 진작 자백할 것이지 왜 "작업"을 받고나서야 자백하여 피차 힘들게 했느냐며 이제야 참된 국민이 되고 있다고 했다. 앞으로 판사 앞에서도 일관된 진술을 해야지, 만일 번복하면 또 여기 와서 재생훈련을 받게 되니 알아서 현명한 판단을 내리기 바란다고 했다. 그 이후부터 나는 자포자기 상태에서 수사관이 시키는 대로 진술서를 가공해 냈고, 그들의 요구에 충족되는 진술서들을 만들어 냈다.

인간의 양심, 인격, 자존심 등과 같은 낱말들은 나에게 사치스런 말장난처럼 들렸다. 더 이상의 극한적인 고통 없이 생을 마감하는 방법만이 내 생각의 전부를 차지했다. 나는 내 인생행로에서 이와 같이 치욕스런 인간 붕괴 체험을 처음으로 당하였기 때문에, 아직도 그 때의 악몽이 생생하게 떠오르고 있다. 이는 아마 무덤 속에서도 잊혀지지 않을 것 같다.

이대식은 1972년 7월 15일 1심에서 사형선고를 받았고, 1972년 겨울 2심에서 무기징역으로 감형되었으며, 1990년 3·1절 특사로 가석방되었다. 19년만의 출소였다.

이대식은 2012년 5월 6일 아침 7시경 시경 수사관에 체포되어 옥인동 보안수사대로 끌려갔다.

내 양심에는 아무 죄가 없었기에 당일에 석방시켜 줄 줄 믿었으나, 그들을 석방시킬 기색은 전혀 보이지 않았다. 당시 언론에서 보도된 서해 쪽에서 발생한 항공기, 선박의 GPS 교란사건 등을 물으며 밤늦도록 심문했다. 다음날 오후 "나가자"하기에 나는 석방시켜 줄 줄 알고 따라 나섰더니, 중앙지법 구속영장 실질 심사장으로 끌고 갔다. 검사가 읽고 있는 구속해야 할 범죄 사실들을 들어보니, 놀랍게도 나는 '거물간첩'으로 둔갑되어 있었다.

너무나 터무니없는 간첩조작에 나는 날조라 부인하며, 어린 자식들을 위해서라도 불구속으로 조사받게 해 달라고 판사에게 간청했으나, 헛된 메아리로 끝나고 구속영장이 발부되어 버렸다. 나는 대통령 선거를 앞두고 박근혜의 대통령 만들기를 위해 조작된 공안몰이 각본에 의해 희생되었다는 것을 직감하게 되었다.

사실 공안세력들은 이미 국정원과 연계되어 있던 사이먼 김(Simon Kim, 한국명 김반석)이라는 뉴질랜드 교포 대북사업가를 '민경련'을 통하여 나와 접근시킨 후 나를 염탐해 보았으나, 이렇다 할 혐의가 없게 되자 나의 대북사업을 단절시킬 목적으로 꾸며낸 소설이 GPS 간첩사건이며, 대통령 선거 국면에서 실컷 이용해 먹은 것이다.

공안당국은 수차 사이먼 김에게 사례자금을 뿌리며 매수하여 나를 간첩으로 조작하려 했으나, 결국 사이먼 김의 진술 외에 아무런 증거가 없고 그의 진술조차 일관성이 없어서 간첩으로 엮어 내는데 실패하고 말았다. 그들은 내가 GPS 기술을 북에 넘겨주고, 북에서 서해지역을 오가는 선박과 항공기에 GPS 교란을 하여 우리 선박과 항공기의 운항을 방해했다면서 자백을 강요했다. 사이먼 김은 자백을 했는데, 나 혼자 부인해도 소용없다는 것을 알지 않느냐며 허위자백을 강요했다. 그들은 70년대와 80년대처럼 고문은 할 수 없어 거짓말탐지기까지 동원하며 자백하라고 협박했다. 그들은 거짓말탐지기를 내 몸과 연결하여 나타난 파장을 나에게 보여주면서, "이 기계가 표시한 파장에는 분명 네가 거짓진술하고 있다고 표시하고 있는데 왜 거짓말하느냐? 솔직히 자백하면 수사관 재량으로 형을 면해줄 수 있다"고 나를 유혹했다.

사실 나는 거짓말탐지기가 찍어내는 파장을 보고도 그 의미를 몰랐다. 그러나 내 양심상 도저히 거짓진술은 할 수 없어서 터무니없는 날조극에 끝까지 굴복하지 않았다. 결국 GPS 간첩 만들기는 실패할 수밖에 없게 되었다. 그러자 그들은 내게서 압수한 메모장에 적힌 중국 전화번호의 사람들에게 일일이 물으며 꼬투리(단서)를 잡으려 애썼다. 그러나 아무런 약점을 찾을 수 없게 되자 당황하는 빛이 역력했다.

그들은 GPS 간첩 만들기에 실패하자, 이번에는 NSI 4.0(고공 위치추적 레이더) 기술을 탐지해서 북에 넘기려 한 "간첩 최고위급 상선"을 체포했다고 언론조작을 해가면서 부산을 떨었다. 그들은 내가 NSI 기술을 북에 넘기려고 한 단서를 찾고자 했는데, 마침 내 메일을 뒤지다가 후배 손X현과 주고받은 메일에서 NSI라는 용어가 있다는 것을 발견했기 때문이다. 그러나 그 이상의 구체적인 단서는 없었을 뿐만 아니라, 나는 70이 넘은 노인이라서 메일조차 보낼 줄 모르는 컴맹(컴퓨터 맹인)이란 것을 알게 되어 간첩조작을 하려해도 엉성하게 조작할 수밖에 없었다. 그리고 보안수사대는 각 언론사에 "거물간첩을 잡았다"느니 하면서 선거 국면에서 공안몰이를 실컷 이용했다. 그러나 『한겨레신문』에서는 공안기관의 사건발표가 어딘지 어색하고 미심쩍다고 판단했다. 그래서 정환봉 기자가 나의 GPS 간첩사건을 심층취재하기로 하고서 연일 공안기관

발표의 모순성을 취재해서 폭로했다.

이렇게 사건이 공안기관의 의도와는 다르게 진전되자 그들은 사이면 김을 증언대에 세워서 내가 간첩이라는 것을 증언하게 했다. 그러나 곧 너무나 허점 투성이 증언이란 것이 드러났다. 2심에서는 민경련 부대표 김XX를 나의 상부 공작선이라고 날조하려 했다. 그러나 통일부 사무관 고화섭이 증언대에서 "김 XX 부대표는 남녘 사업자들 누구나 만나면서 북한 주민접촉을 승인해 주는 파 트너다. 통일부 공무원들이 평양을 방문하여 실정을 료해(了解)해 보았을 때, 김부대표는 절대로 공작임무를 가진 사람이 아니다"라고 증언함으로써 공안기 관을 허탈하게 했다. 나는 1심부터 대법원까지 무죄로 확정되어 공안세력은 크 게 망신만 당하고, 그들의 간첩조작 사실이 만천하에 폭로되었다.

나는 약 7개월간 영어의 몸이 되었다가 2012년 12월 7일 무죄선고를 받고 석방되었다. 그러나 공안검사의 항소로 서울 고법에 계류되어 버렸다. 이를 기 화로 이금춘과 조상철은 2014년 9월말에 내가 애써 가꿔놓은 대동무역(주)과 대동수산(주)을 온갖 공갈과 회유 등을 동원해서 탈취해 갔다. 이미 고향땅 5천 여 평을 사취해 간 것도 모자라서 내 회사까지 탈취해 버린 것이다. 나는 현재 까지 그들을 고소하고 있지만, 조상철은 변호사를 동원하여 수사기관과 유착 하고, 실정법조차 농락하고, 이미 사망한 이금춘에게 모든 책임을 전가하는 방 식으로 법망을 피해가고 있다.

이대식은 2016년 3월 23일 대법원에서 GPS 간첩사건에 대한 무죄 확정판결을 받았다.

이대식은 2016년 재심 청구를 했다. 원심 판결문을 검토한 결과 수 많은 모순이 존재한다는 사실을 확인할 수 있었다. 그런데도 불구하고 이대식은 사형선고까지 받았지 않았는가?

　　나는 서울고등법원으로부터 내 사건과 관련된 정보공개청구 신청을 하여
1972년 사건의 수사기록 총25권 전부 허가를 얻어 열람 복사하였고, 유위
하 선생의 판결문과 기타자료를 취득해서 열람했다. 나는 그러고 나서야 내
가 왜 불법으로 체포되었는지를 알게 되었다. 나는 방대한 수사기록과 판결
문, 기타 자료를 열람해 본 결과 정상적인 인간이 진술한 자료로는 도저히
상상할 수 없는 진술과 증거, 상호 불합리하고 모순된 진술, 현실세계에서
는 있을법하지 않는 망상적 진술 등으로 미루어 보아 고문에 의해 사건이
조작되었다는 것을 확신하고 재심을 청구해야겠다고 결심했다.

재심재판부는 원심재판부에서 인정한 11개 항목의 공소사실 중 8개
항목은 무죄로 선고하고, 3개 항목은 유죄로 인정했다. 이대식은 재심
판결에서 최종적으로 3년형이 확정되었다.

　　재심 판결은 이대식의 삶을 평생 무자비하게 유린한 폭력으로부터
이대식을 완전히 해방시켜 준 것일까? 결코 그렇지 않다. 한국판 매카
시즘은 또다시 『그래도 세상은 변한다』를 무자비하게 유린할 것이기
때문이다. '빨갱이,' '종북주의자,' '국가전복세력' 등과 같은 온갖 악담
을 동원해서 격렬하게 매도할 것이다. 『그래도 세상은 변한다』에서
해방 전후사를 서술한 부분, 특히 당시 이승만과 미국이 수행한 정치
적 역할을 비판한 부분, 10년 넘게 대북 사업을 수행하면서 북한을 새
롭게 성찰한 부분, 특히 북한이라는 '악마'의 이미지를 자각적으로 탈
각하는 과정을 서술한 부분 등을 읽으면서 견딜 수 없는 전율을 느낄

것이다. 그래서 『그래도 세상은 변한다』를 당장 폐기처분해야 한다고 강변할 것이다.

묻지 않을 수 없다. 도대체 그들은 무슨 권리로 이대식의 삶을 그토록 처절하게 유린할 수 있었는가? 도대체 누가 그들에게 이대식의 삶 전체를 그토록 잔혹하게 파괴할 수 있는 자격을 부여했는가? 도대체 어떻게 이대식의 사형선고를 강제한 망상적 간첩조작이 태연하게 정당화될 수 있었는가? 도대체 한국사회에 깊이깊이 뿌리 내린 무자비한 폭력성은 어디에서 어떻게 연유한 것인가?

1. 간첩조작사건과 민간인 대량학살의 반복패턴

이대식의 삶 전체를 잔혹하게 유린한 간첩조작사건은 이대식에게 한정된 단일사건이 아니라는 사실에 주목할 필요가 있다. 한국 현대사에서는 이대식 간첩조작사건과 유사한 사건이 무수히 반복되었기 때문이다. 『뉴스타파』에서 2016년에 제작한 다큐멘터리 "자백"[1]은 맨 끝 부분에서 한국 현대사에서 반복된 간첩조작사건의 목록을 다음과 같이 소개한다.

1958 진보당 사건, 조봉암 사형 집행 – 2011 무죄
1959 심문규 이중 간첩 사건, 사형 집행 – 2012 무죄

---

1) "자백," https://www.youtube.com/watch?v=uttPG3Qf95o&t=24s

1961 민족일보 사건, 조용수 사형 집행 – 2008 무죄

1961 법무부 검찰국장 위청룡, 중앙정보부 조사 중 사망 – 2013 국가배상 판결

1965 지하당 조직 사건, 오진영 등 6명 – 2013 무죄

1968 납북 어부 간첩 사건, 백남욱 외 5명 징역 1년 ~ 5년 선고 – 2008 무죄

1968 남조선 해방전략당 사건, 권재혁 사형 집행 – 2014년 무죄

1969 이수근 이중 간첩 사건, 사형 집행 – 2008 무죄

1969 유럽 거점 간첩단 사건, 박노수 김규남 사형 집행 – 2015 무죄

1971 재일동포 구말모 간첩 사건, 징역 15년 선고 – 2012 무죄

1972 납북 어부 박월림 간첩 사건, 징역 4년 선고 – 2012 무죄

1973 납북 어부 최만춘 외 8명 간첩 사건, 징역 1년 ~ 10년 선고 – 2012 무죄

1973 포철이사 김철우 간첩 사건, 징역 10년 선고 – 2013년 무죄

1973 서울대 최종길 교수, 중앙정보부 조사 중 사망 – 2006년 국가배상 판결

1974 재일동포 고병택 간첩사건, 징역 10년 선고 – 2013년 무죄

1974 김용준 간첩 사건, 징역 10년 선고 – 2009 무죄

1974 문인 간첩단 사건, 이호철 등 징역 1년 선고 – 2011 무죄

1974 유럽 거점 간첩단 사건, 김장현 등 징역 4년 선고 – 2012 무죄

1974 울릉도 간첩단 사건, 무기징역 선고 등 – 2014 무죄

1974 민청학련 사건, 여정남 도예종 서도원 하재완 이수병 김용원 우홍선 송상진 사형집행 – 2009 무죄

1974 김도원 차은영 광양 부부간첩 사건, 징역 2년 선고 – 2016 무죄

1974 재일동포 유학생 김승효 간첩 사건, 징역 7년 선고 – 재심 중

1975 재일동포 김우철 이철 형제 간첩 사건, 징역 10년 선고 – 2010 무죄

1975 재일동포 유학생 김동휘 간첩 사건, 징역 4년 선고 – 2011 무죄

1975 재일동포 유학생 김원중 간첩 사건, 징역 7년 선고 - 2012 무죄

1975 재일동포 유학생 이동석 간첩 사건, 징역 5년 선고 - 2015 무죄

1975 재일동포 유학생 김종태 간첩 사건, 징역 7년 선고 - 2013 무죄

1975 재일동포 유학생 조득훈 간첩 사건, 징역 10년 선고 - 2014 무죄

1975 재일동포 유학생 강종헌 간첩 사건, 사형선고 - 2015 무죄

1975 재일동포 유학생 이철 간첩 사건, 사형선고 - 2015 무죄

1975 재일동포 유학생 강종건 간첩 사건, 징역 5년 선고 - 2015 무죄

1975 재일동포 유학생 허경조 간첩 사건, 무죄 - 2012 국가배상판결

1976 납북 어부 김이남 간첩 사건, 징역 20년 선고 - 2014 무죄

1976 재일동포 유학생 최연숙 간첩 사건, 징역 5년 선고 - 2016 무죄

1976 납북 어부 정규용 간첩 사건, 징역 15년 선고 - 2014 무죄

1976 제주 어부 간첩 사건, 징역 10년 선고 - 2014 무죄

1977 재일동포 유학생 류영수 간첩 사건, 무기징역 선고 - 2012 무죄

1977 재일동포 유학생 류성삼 간첩 사건, 징역 3년 6월 선고 - 2013 무죄

1977 재일동포 유학생 김정사 간첩 사건, 징역 10년 선고 - 2013 무죄

1977 재일동포 강우규 간첩 사건, 사형 선고, - 2014 무죄

1977 납북 어부 안씨 부부 간첩 사건, 징역 15년 선고 등 - 2015 무죄

1978 태영호 사건, 징역 10년 선고 등 - 2008 무죄

1978 정하진 반공법 위반 사건, 징역 2년 6월 선고 - 2013 무죄

1979 삼척고정간첩단 사건, 진항식 김상회 사형 집행 - 2014 무죄

1979 납북 어부 간첩 사건, 배일규 징역 6년 선고 - 2015 무죄

1980 신귀영 일가 간첩 사건, 신귀영 외 3명 징역 15년 선고 등 - 2009 무죄

1980 석달윤 등 간첩 사건, 무기징역 선고 등 - 2009 무죄

1980 김기삼 간첩 사건, 징역 7년 선고 - 2009 무죄

1980 재일동포 간첩 사건, 윤정현 징역 7년 선고 – 2011 무죄

1981 진도 가족 간첩단 사건, 김정인 사형 집행 – 2012 무죄

1981 납북 어부 강경하 간첩 사건, 징역 7년 선고 수형 중 사망 – 2011 무죄

1981 납북 어부 이성국 간첩 사건, 징역 10년 선고 – 2011 무죄

1981 재일동포 이헌치 간첩 사건, 무기징역 선고 – 1912 무죄

1981 아람회 간첩단 사건, 박해전 외 4명 징역 10년 선고 등 – 2009 무죄

1981 부림 사건, 징역 7년 선고 등 – 2014 무죄

1982 오송회 사건, 이광웅 등 9명 징역 4년 선고 등 – 2008 무죄

1982 차풍길 간첩 사건, 차풍길 징역 10년 선고 등 – 2008 무죄

1982 재일동포 유학생 이종수 간첩 사건, 징역 10년 선고 – 2010 무죄

1982 재일동포 유학생 박영식 간첩 사건, 징역 15년 선고 – 2014 무죄

1982 송씨 일가 간첩 사건, 송지섭 외 일가족 12명 징역 6년 선고 등 –
    2009 무죄

1982 납북 어부 김영일 간첩 사건, 징역 10년 선고 – 2012 무죄

1982 일본 방문 김장길 간첩 사건, 징역 10년 선고 – 2012 무죄

1982 재일동포 김양수 간첩 사건, 징역 8년 선고 – 2014 무죄

1983 함주명 간첩 사건, 무기징역 선고 – 2005 무죄

1983 조총련 간첩 사건, 오주석 징역 7년 선고 – 2010 무죄

1983 조총련 간첩 사건, 김상순 징역 12년 선고 – 2015 무죄

1983 조총련 간첩 사건, 최양준 징역 15년 선고 – 2011 무죄

1983 조총련 간첩 사건, 구명우 징역 7년 선고 – 2011 무죄

1983 납북 귀환 어부 정영 간첩 사건, 무기징역 선고 – 2010 무죄

1983 납북 귀환 어부 이상철 간첩 사건, 징역 17년 선고 – 2012 무죄

1983 재일동포 박박 유학생 간첩 사건, 징역 10년 선고 – 2012 무죄

1983 재일동포 이주광 간첩 사건, 징역 15년 선고 - 2015 무죄

1984 납북 어부 서창덕 간첩 사건, 징역 10년 선고 - 2008 무죄

1984 조총련 간첩 사건, 이장형 무기징역 선고 - 2008 무죄

1984 조총련 간첩 사건, 조봉수 징역 11년 선고 - 2013 무죄

1984 재일동포 조일지 간첩 사건, 징역 7년 선고 - 2012 무죄

1984 재일동포 유학생 허철중 간첩 사건, 징역 8년 선고 - 2013 무죄

1984 재일동포 유학생 윤정헌 간첩 사건, 징역 7년 선고 - 2011 무죄

1984 납북 귀환 어부 윤질규 간첩 사건, 징역 10년 선고 - 2012 무죄

1984 납북 귀환 어부 김용태 간첩 사건, 징역 14년 선고 - 2014 무죄

1985 이준호 배병회 모자간첩 사건, 징역 7년 선고 등 - 2009 무죄

1985 납북 귀환 어부 정상근 간첩 사건, 징역 7년 선고 등 - 2009 무죄

1985 조총련 간첩 사건, 구명서 징역 7년 선고 - 2011 무죄

1985 조총련 간첩 사건, 류한기 황병구 징역 5년 선고 등 - 2011 무죄

1985 홍종열 박희자 변두갑 등 간첩단 사건, 징역 7년 선고 등 - 2012 무죄

1985 납북 귀환 어부 이병규 간첩 사건, 징역 7년 선고 - 2011 무죄

1986 조총련 간첩 사건, 김양기 징역 7년 선고 - 2011 무죄

1986 재일동포 이동기 간첩 사건, 징역 7년 선고 - 2015 무죄

1986 재일동포 김순일 간첩 사건, 징역 12년 선고 - 2015 무죄

1986 심진구 고문 피해 사건, 징역 2년 선고 - 2012 무죄

1988 조총련 간첩 사건, 김철 징역 7년 선고 - 2013 무죄

1994 구국 전위 사건, 징역 3년 선고 - 1997 무죄

1997 동아대 자주대오 사건, 징역 10년 선고 등 - 1999 무죄

2011 탈북자 한준식, 중앙합동신문센터에서 심문 중 사망

2013 유우성 서울시 공무원 간첩조작사건 - 2015 무죄

2014 홍강철 보위부 직파 간첩조작 사건 – 2016 무죄

한국 현대사에서는 간첩조작사건만 있었던 것이 아니다. 민간인 대량학살 또한 수없이 반복되었기 때문이다. 그런 사실은 예컨대 임영태가 쓴 『한국에서의 학살』[2]의 다음과 같은 목차에서 쉽게 확인할 수 있다.

1. 1946년 10월 민중항쟁 – 한국 현대사, 비극의 출발점

2. 여순사건 – 보복의 악순환이 막을 올리다

3. 제주 4·3사건(1) – 유채꽃 제주도는 왜 '피의 바다'가 되었을까?

4. 제주 4·3사건(2) – 역사의 진실을 기억하고 지키기 위한 투쟁

5. 국민보도연맹사건(1) – 국가 권력의 조직적인 학살 행위

6. 국민보도연맹사건(2) – 보도연맹원은 어떤 사람들이었나?

7. 국민보도연맹사건(3) – 누가 학살을 주도했나?

8. 형무소 재소자 학살사건 – 대구, 여순, 제주, 그리고 형무소 학살

9. 부역혐의 학살사건 – 도망간 정부가 피난하지 못한 국민을 심판하다

10. 후방지역 민간인 학살(1) – 11사단의 견벽청야와 함평 민간인 학살

11. 후방지역 민간인 학살(2) – 거창·함양·산청 사건과 호남지역 학살

12. 국민방위군사건 – 1951년 초 한국 겨울의 연옥도

13. 좌익에 의한 민간인 학살(1) – 좌우 갈등과 투쟁의 폭력화

14. 좌익에 의한 민간인 학살(2) – 북한의 남한 점령과 인민학살

15. 미군에 의한 학살사건(1) – 노근리와 공중폭격, 남한에서의 미국 학살

---

2) 임영태, 『한국에서의 학살: 한국 현대사, 기억과의 투쟁』(통일뉴스, 2017).

390 그래도 세상은 변한다

16. 미군에 의한 학살사건(2) – 미군기의 북한 초토화 작전과 민간인 학살

17. 5·18 민간인 학살사건 – 전두환 정권의 민간인 대량학살3)

    임영태의 책에서 예시한 민간인 대량학살들과 유사한 대량학살들이 사실은 한국 전역에서 발생했다. 그래서 한국의 아무 곳에서나 땅을 파도 수많은 유골들이 발굴될 정도다.4) 아래 '민간인 학살지도'는 이처럼 믿기 어려운 사실을 적나라하게 보여준다.

---

3) 광주민주화운동기념사업회 엮음, 『죽음을 넘어 시대의 어둠을 넘어』(창비, 2017).

4) 예컨대, KBS, "대전 산내 골령골서 유해 천여 구 발굴…대량 학살 실체 드러나"
(2021.09.23.) https://www.youtube.com/watch?v=d2twz69ZcM8 MBC, PD 수첩
"민간인 학살, 끝나지 않은 전쟁" (2018.5.9.) https://www.youtube.com/watch?v=2V93DDGvCng

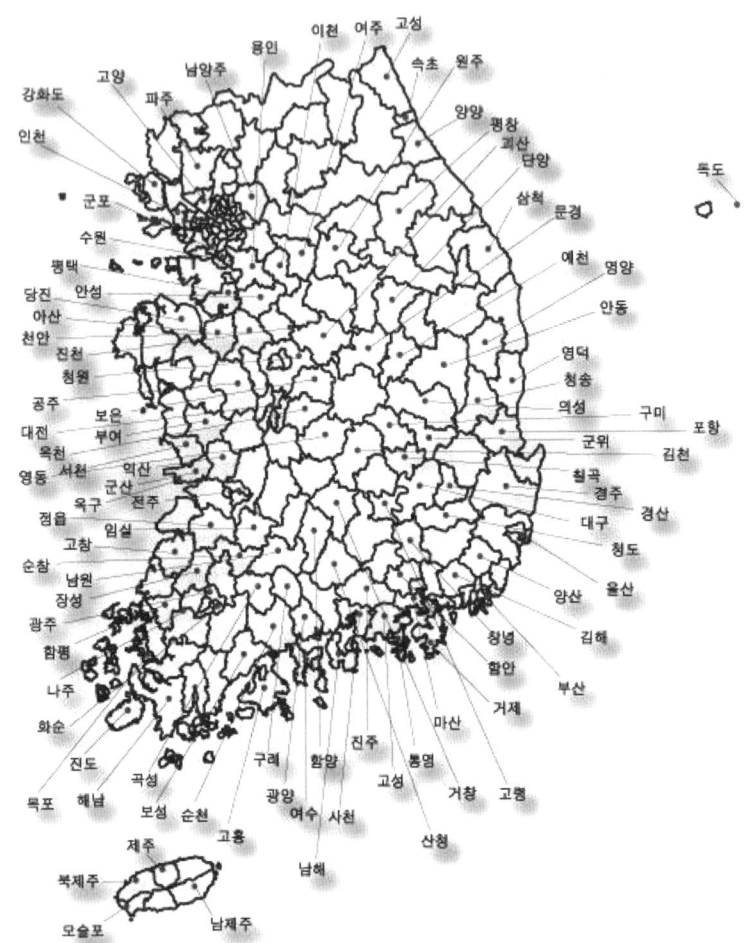

민간인 학살지도5)

5) "지난 2002년 범국민위에서 『오마이뉴스』에 제공한 민간인학살 지도. 당시 지도에는
    학살이 자행된 지역이 총 94곳이었지만 이후 진실화해위 조사결과 700여 곳으로 늘
    었다. ⓒ심규상2018.02.28.
    https://www.ohmynews.com/NWS_Web/View/img_pg.aspx?CNTN_CD=IE002293525

민간인 대량학살은 한국 현대사에서만 발생한 것이 아니다. 조선후기에도 수많은 천주교인들의 학살사건이 반복해서 발생했기 때문이다. "조선에 천주교 신앙공동체가 자생적으로 생겼으나 조정에서는 여러 차례에 걸쳐 천주교를 금하고 박해하였다. 이러한 박해는 100여 년에 걸쳐 수차례에 걸쳐 일어났고 그 박해의 도화선은 각 사건마다 다르지만, 천주교를 말살하려는데 목적이 있었다. 박해의 원인은 근본적으로 천주교인들의 조선의 전통적인 예절인 조상제사를 거부했다는 점과, 정치적인 파벌, 혹은 서양세력의 진출에 대한 거부감 등을 들 수 있다."[6]

1. 을사추조적발사건 (정조 9년, 1785) – 이벽의 가택연금, 김범우의 유배생활과 그 여파로 사망

2. 신해박해 (정조 15년, 1791) – 윤지충, 권상연의 순교

3. 신유박해 (순조 1년, 1801) – 주문모 신부, 정약종 등 초대 교회지도자 순교

4. 을해박해 (순조 15년, 1815) – 경상도 교우 100여명 체포, 그중 30여명 순교

5. 정해박해 (순조 27년, 1827) – 전라도 교우 240여명을 포함하여 경상도, 충청도, 서울 등지에서 500여명 체포당함. 그중 15명이 옥사 혹은 순교

6. 기해박해 (헌종 5년, 1839) – 전국적 박해, 정하상 등 불란서 성직자 3명을 합하여 100여명 순교

---

6) 수원화성 순교박물관, "한국 천주교에 대한 박해와 그 원인," http://suwons.net/f-5-26.htm

7. 병오박해 (헌종 12년, 1846) – 김대건 신부 등 10여명 순교

8. 병인박해 (고종 3년, 1866) – 대원군에 의해 8,000-20,000여명 순교

9. 제주도 교난 (고정 38년, 1901) – 일반민중에 의한 천주교도 학살

이대식 간첩조작사건은 공안당국이 이대식 개인에게 강제한 폭력 사건이었을 뿐만 아니라, 한국 특유의 정치문화가 이대식의 삶 전체를 파괴하고, 이대식의 가족 모두의 삶을 절망의 나락에 매장시킨 역사적 사건이었다. 그러면 도대체 한국 정치문화의 어떤 속성이 수백년에 걸쳐 헤아릴 수 없이 많은 자국 국민들에게 그토록 무자비한 폭력을 반복해서 행사할 수 있단 말인가? 그러나 한국지성은 이 질문과 대결한 적이 없다. 이 문제를 치열하게 진단한 적이 전혀 없단 말이다. 그래서 처방도 마련할 수 없었다. 바로 그래서 이대식의 삶이 적나라하게 폭로하는 '생지옥'에서 수많은 사람들 또한 희생되었고, 지금도 희생되고 있으며, 앞으로도 계속 희생될 수밖에 없는 것이다.

2. 신유교적 파라노이아와 종말론적 폭력

한국 정치문화의 심층에 각인된 폭력의 DNA를 추적하고자 할 때, 우리의 시선을 조선 신유교로 돌릴 필요가 있다. 조선 신유교의 역사적 유산이 현대 한국정치 문화를 지배하고 있기 때문이다.7) 주류 인

---

7) 나는 조선 신유교의 역사적 유산이 현대 한국정치에 관철되는 양상을 이론적으로 밝힌 바 있다. 이현휘, "정당 대변인의 '말'과 한국정치의 관습," 한국정치평론학회 편,

문사회과학에서는 이 명제를 설명할 수 있는 이론이 없다. 주류 인문사회과학 그 자체가 이미 완전히 붕괴되었기 때문이다.8) 따라서 우리 또한 조선 신유교의 역사적 유산이 현대 한국정치 문화를 지배한다는 발상 그 자체를 할 수 없었다. 그러나 뛰어난 통찰력을 지닌 소수의 학자들은 현대 한국정치 문화를 지배하는 조선 신유교의 유산을 예리하게 간파했다. 예컨대 박승관은 이렇게 진단한다. "근대화를 통하여 한국사회의 외피는 전면적으로 변화하였지만, 질적 측면에서 한국사회는 여전히 조선왕조 시대부터 우리 문화, 전통, 관습의 골수에 각인되어 온 패권(군주제) DNA를 극복하지 못하고 있다. 한국인들은 오늘날 외견상으로는 양복을 입고, 하이컬러를 하고, 자동차를 타고, 교회에 다니면서, 구두를 신고, 높은 아파트에서 살지만, 내면적 의식구조와 삶의 방식 차원에서는 여전히 조선시대에서, 조선인으로서, 유교식으로, 조선식으로 살아가고 있다."9) 오구라 기조 역시 현대 한국 정치문화를 지배하는 조선 신유교의 유산을 정확하게 간파했다. "(한국)사회의 복잡한 동태(動態)와 변화를 기술할 수 있는 개념으로 '리'(理)말고는 없다는 확신을, 서울대학교 철학과에서의 … 유학 생활 속에서 몸과 마음으로 체득하였다. … 주자학은 책속에만 있는 것이 아니다. 사회 전체가 주자학이었다. 한국인의 일거수일투족이 주

『미디어와 공론정치: 정치평론이란 무엇인가?』(인간사랑, 2011), pp. 173-213.

8) 자세한 내용은, 에롤 E. 해리스, 이현휘 옮김, 『파멸의 묵시록: 과학적 패러다임과 일상의 사유양식』(산지니, 2009). 이현휘, "'그들은 현실에서 도피하는 연구로 그처럼 최고의 사이비 명성을 획득했으니!' – 한국 인문사회과학의 현실도피와 국제정치적 파국," 이언 샤피로, 이현휘·정성원 옮김, 『현실에서 도피하는 인문사회과학』(인간사랑, 2018), pp. 412-606.

9) 박승관, "패권(군주)제 사회와 정파언론 – 그 현실과 기원," 『언론과 사회』, 25권 4호 (2017), p. 40.

자학이었다."10) 제임스 H. 그레이슨 또한 현대 한국 정치문화를 관철하는 조선 신유교의 역사적 유산을 예리하게 통찰했다.

조선조 중기 이후 급진적인 사림파와 그들의 계승자들에 의해 한국문화의 사회적 성격은 엄격한 신유학의 영향을 받았다. 구조적 측면에서 현대 한국인의 삶의 양식, 확대 가족의 중요성, 제사의 지속적인 거행과 같은 것들은 모두 유교의 사회적인 영향에 기인한다. 문화적 측면에서 가족에 대한 관심, 친구와의 우정, 그리고 스승에 대한 존경 같은 것들은 모두 한국문화에 대한 유교의 사회적 영향에 기인한다. 형식적인 면에서는 유교가 한국문화 속에서 사문화되었다고 할 수 있다. 그러나 유교의 역사관이나 유교의 영향은 비록 언급되지는 않더라도 매우 강력하게 남아 있다. 필자도 참석한 바가 있는 현대 유교의 영향에 대한 최근의 학술회의에서 참석자의 거의 전원이 현대 한국에서 유교가 차지하고 있는 중요성을 부정하였다. 마지막에 참석자 가운데 한 학자가 자기 가정에서의 아들의 역할과 제자와 스승의 관계에 대한 견해를 피력했을 때 필자는 그의 그러한 견해가 바로 유교적이라는 점을 지적한 바 있다.

현대 한국인의 세계에 대한 견해, 특히 미국과 한국의 관계에 대한 견해, 정치지도자들에 대한 태도와 비판, 가족과 친구, 그리고 다른 성별에 대한 견해는 모두 유교로부터 영향 받았다. 많은 한국 사람들은 중국을 대신하는 장자(長子)의 나라로 미국을 생각하고 있다. 한국에 대한 미국의 정책을 비판할 때 한국 사람들은 국가 간의 관계를 가족 관계의 확산으로 생각하는 유교적인 입장을 취한다. 이와 마찬가지로 정부의 수반도 가장(家長)의 개념으로 이해한다.

---

10) 오구라 기조, 조성환 옮김, 『한국은 하나의 철학이다: 리(理)와 기(氣)로 해석한 한국사회』(모시는사람들, 2017), p. 252.

정치지도자에 대한 비판은 이런 맥락에서 행해진다. 구세대의 권위의식을 혐오하는 젊고 진보적인 학자들조차도 학자들 가운데 연장자에게는 경의를 표한다. 한국인의 세계관은 효, 충, 그리고 예라는 유교적 개념에 의해 여전히 영향받고 있기 때문에 한국사회는 아직도 유교사회라고 말할 수 있다.[11]

우리의 논의의 맥락에서 우리가 특히 주목해야 할 조선 신유교의 중요한 특성이 있는데, '근본주의'가 바로 그것이다. 조선 신유교는 대단히 근본주의적 성격을 지닌 종교다(religious fundamentalism).[12] 마이클 J. 세스는 조선 신유교의 근본주의가 이슬람교의 근본주의(Islamic fundamentalism)[13]와 비견되는 수준에 있다고 평가한다. "조선 신유교는 여러 가지 점에서 정통 이슬람교와 닮았다. 두 종교는 인간 삶의 거의 모든 측면을 규율하는 행동규범(a code of behavior)을 내포하기 때문이다. 두 종교는 경쟁적 신념과 이념적 다원주의를 결코 용납하지 않았으며, 도덕과 정치를 강력하게 결합시켰다. … 조선의 이데올로기적 열정은 중세 기독교나 종교개혁을 주도한 개혁가들의 열정과도 비견될 수 있을 것이다."[14]

---

11) 제임스 헌틀리 그레이슨, 강돈구 옮김, 『한국종교사』(민족사, 1995), pp. 275-276.
12) 조선 신유교의 근본주의적 성격을 고찰한 연구로는, 정성원, "성리학적 근본주의: 조선 척사위정운동의 연구," 박사학위논문, 서강대학교 사회학과 대학원 (2000). Weon Yeol Chu, *The Confucian Roots of Fundamentalist Ethos in the Korean Presbyterian Church* (Lewiston: The Edwin Mellen Press, 2006).
13) Britannica, "Islamic fundamentalism: religion and politics,"
   https://www.britannica.com/ topic/Islamic-fundamentalism
14) Michael J. Seth, *A History of Korea: From Antiquity to the Present* (Lanham: Rowman & Littlefield Publishers, Inc., 2011), p. 155. 마이클 J. 세스가 조선 신유교와 이슬람교를 본격적으로 비교한 연구로는, Michael J. Seth, "Korean Neo-Confucianists and Islamic Reformers: A Historical Comparison," 『정치와 평

종교적 근본주의는 여러 가지 특징이 있는데,15) 가장 대표적인 것으로 선과 악(good and evil), 옳음과 그름(right and wrong), 우리와 그들(us and them) 등을 준별하는 '도덕적 이원론'(moral dualism)을 꼽을 수 있다.16) 사실 도덕적 이원론은 대부분의 종교에서 발견된다.17) 따라서 대부분의 종교는 근본주의적 성격을 지닌다.18) 조선 신유교 역시 정통과 이단(orthodoxy and heterodoxy)을 준별하는 '벽이단'(闢異端) 사상이 조선 왕조 전체의 역사에서 강력하게 관철되었다.19) 마르티나 도이힐러가 '조선은 정통성의 나라다'(Korea the land of orthodoxy)라고 평가한 것도 그런 이유 때문이었다.20)

도덕적 이원론에서 악의 세력 뒤에는 사탄이나 악마 등이 존재하는 것으로 상정된다. 사탄이나 악마의 강력한 지지를 받는 악의 세력은 끊임없이 선의 세력 그 자체의 파괴를 획책한다. 따라서 선의 세력은

론』, 19집(2016), pp. 1-18.

15) 종교적 근본주의를 명쾌하게 그리고 간결하게 설명한 사례로는, James D. G. Dunn, "The Roots of Christian Fundamentalism in American Protestantism," *British Academy Review*, Issue 22 (Summer 2013), pp. 48-54.

16) David A. Palmer, "Religious Fundamentalism: The World is Complicated? Go Back to the Basics, and Burn the Rest!" https://medium.com/the-new-mindscape/religious fundamentalism-7b5b9a184623

17) John B. Henderson, *The Construction of Orthodoxy and Heresy: Neo-Confucian, Islamic, Jewish, and Early Christian Patterns* (Albany: State University of New York Press, 1998).

18) Palmer, "Religious Fundamentalism."

19) Miura Kunio, "Orthodoxy and Heterodoxy in Seventeenth-Century Korea: Song Siyŏl and Yun Hyu" in Wm. Theodore de Barry and JaHyun Kim Haboush, eds., *The Rise of Neo-Confucianism in Korea* (New York: Columbia University Press, 1985), pp. 411-443. 금장태, "이조 유학에 있어서 벽이단의 이념과 전통," 『국제대학논문집』, 2집(1974), pp. 339-359.

20) Martina Deuchler, "Reject the False and Uphold the Straight: Attitudes Toward Heterodox Thought in Early Yi Korea" in Theodore de Barry and JaHyun Kim Haboush, eds., *The Rise of Neo-Confucianism in Korea*, pp. 401-404.

항시 악의 세력으로부터 실존적 위협을 느낀다. 데이빗 A. 팔머는 이렇게 설명한다. "(도덕적 이원론에 따르면) 세상은 우리와 그들, 선과 악 등으로 나뉘었을 뿐만 아니라, 악의 세력은 대단히 위험하기 때문에 매우 조심해야 한다. 설혹 신(God)이 선의 세력을 지지한다손 치더라도, 선의 세력은 선과 악의 싸움에서 항시 위협을 받는다. 악의 세력 – 예컨대 다른 나라, 다른 종교, 종교를 믿지 않는 사람들, 같은 종교의 다른 종파 등 – 뒤에는 사탄이나 악마가 존재하기 때문이다. 요컨대 사탄의 권력은 항시 진리를 위협한다."[21]

종교적 근본주의의 도덕적 이원론으로부터 이른바 '파라노이아'(paranoia)가 파생된다.[22] 사탄과 악마의 강력한 지지를 받는 악의 세력은 끊임없이 선의 세력 그 자체를 부정하고, 파괴하고, 전복시키려는 '음모'(conspiracy)를 획책한다. 바로 이런 위협으로부터 선의 세력이 끊임없이 느끼는 두려움, 불안, 공포 등이 파라노이아다. 편집증, 피해망상 등으로 번역되는 파라노이아는 본래 심리학, 임상의학 등에서 사용한 용어였다. 그러나 미국정치의 파라노이드 스타일(the paranoid style in American politics) 연구를 대표하는 리처드 홉스테터는 파라노이아를 지극히 정상적인 사람들에게서 발견되는 문화적 특성으로 파악했다.

---

21) Palmer, "Religious Fundamentalism."
22) Richard Hofstadter, "Pseudo–Conservatism Revisited: A postscript–1962" in Daniel Bell, ed., *The Radical Right: The New American Right, Expanded and Updated* (New York: Doubleday & Co., Inc., 1963), p. 86. Willam B. Hixson, Jr., *Searching the American Right Wing: An Analysis of the Social Science Record, 1955–1987* (Princeton, New Jersey: Princeton University Press, 1992), Chapter 7, "Hofstadter: The 'Radical Right,' Fundamentalism, and the Paranoid Style," p. 100.

내가 파라노이드 스타일(the paranoid style)이란 용어를 사용할 때, 예술사학자들이 사용하는 바로크 스타일이나 매너리스트 스타일(the baroque or the mannerist style) 등과 유사한 의미를 함축한다. 그것은 무엇보다도 세상을 바라보는 방식이자 자신을 표현하는 방식이다. … 웹스터 사전에서는 파라노이아를 임상의학적 시각에서 체계적인 피해망상과 과대망상 등을 특징으로 하는 만성적 정신장애로 정의한다. 내가 생각하는 파라노이드 스타일에서도 피해를 받는 느낌이(the feeling of persecution) 핵심적 자리를 차지한다. 또한 그것은 거대한 음모이론으로(grandiose theories of conspiracy) 체계화되어 있다. 그러나 정치권에서 파라노이아를 대변하는 자와 임상의학적 파라노이아 환자 사이에는 중요한 차이가 있다. 물론 그들은 모두 표현 방식이 지나치게 격정적이고, 지나치게 의심이 많고, 지나치게 공격적이고, 과대망상에 빠져 있고, 종말론적 경향성을 보이는 공통점이 있다. 그러나 임상의학적 파라노이아 환자는 자기가 살고 있다고 느끼는 적대적 세계 내지 음모가 가득한 세계가 **정확하게 자기 자신을 겨냥하고 있다고 여긴다**(*against him*). 반면, 정치권의 파라노이아 대변자는 적대적 세계 내지 음모가 가득한 세계가 국가 전체, 문화 전체, 삶의 양식 그 자체를 겨냥하고 있으며, 따라서 그것의 운명은 자기 자신뿐만 아니라 수백만의 다른 사람들에게도 영향을 미친다고 확신한다. … 그는 자신의 열정이 이기심이 전혀 없을 뿐만 아니라 애국심에서 우러났다고 확신하기 때문에 자신의 정의감과 도덕적 분노를 더욱 강화시킨다.23)

조선에서 묵수한 신유교의 근본주의에서도 홉스테터가 통찰한 파

---

23) Richard Hofstadter, "The Paranoid Style in American Politics" in Richard Hofstadter, *The Paranoid Style in American Politics and Other Essays* (Cambridge, Mass.: Hravard University Press, 1996), p. 4.

라노이아를 파생시켰는데, 시어도어 드 배리는 그런 사실을 다음과 같이 정확하게 간파했다.

도를 반드시 수호해야 한다는 주자의 특별한 사명감은 이른바 '위학'(僞學)이 확산되는 현실에서 그 자신이 명예훼손의 감정과 핍박의 감정을 직접 체험했다는 사실에서 확인해 볼 수 있다. … 주자는 특히 소동파(1036-1101)를 증오했다. … 주자가 볼 때 소동파가 인간의 삶, 문학, 불교, 도교 등에 취하는 경박한 '위학'의 태도는 분명히 타락한 것에 지나지 않았기 때문이다. 이러한 이념 전쟁의 상황에서 생존투쟁을 전개하는 도학파(the School of the Way)는 리처드 홉스테터가 미국의 정치현장에 적용했던 용어를 빌려서 말해본다면 일종의 '파라노이드 스타일'(a kind of 'paranoid style')에 쉽게 빠져들었다. 우리 속담에 이런 말이 있다. "내가 파라노이아를 느끼는 까닭은 누군가가 나를 헤치려고 하기 때문이다"(Just because I'm paranoid does't mean they aren't out to get me). 제이스 류(James T. C. Liu) 교수와 다른 학자들이 지적했던 것처럼 도학파의 적대 세력은 '실제로' 해를 끼쳤고, 그런 생생한 핍박 경험은 정주학파 후계자들에게 깊은 마음의 상처를 남겼다. 그래서 도가 위험에 처했다고 판단하는 그들의 파라노이드 스타일을 쉽게 강화시켰다.[24]

호이트 클리블랜드 틸먼 역시 신유교적 파라노이아를 정확하게 통찰했다.

---

24) Wm. Theodore de Barry, *Neo-Confucian Orthodoxy and the Learning of the Mind -and-Heart* (New York: Columbia University Press, 1981), pp. 13, 15-16.

도학파 멤버들은 점차 포함과 배제의 용어를 뒤섞은 말투를 쓰기 시작했는데, 예컨대 '우리 유교도들'(our Confucians), '이러한 우리들의 도'(this Tao of ours), '이러한 우리들의 문화'(this culture of ours) 등이 그것이며, 심지어 1170년대에는 '우리들의 당파'(our faction)라는 용어까지 사용했다. 그들은 국가와 사회의 질서를 '도'에 일치시키려고 헌신했다. 그러나 그런 노력은 종종 그들의 불안감을 증폭시켰을 뿐이었다(simply resulted in heightened anxiety). '도학'을 추구하는 배타적 유교도는 정부와 다른 유교도의 적대감을 유발시킬 수밖에 없었다. 또한 그들은 불교와 도교가 성행해서 많은 사람들의 사고방식에 커다란 영향을 미치는 시대를 살았다. 따라서 그들은 항시 마음이 불안했고(insecure), 자기네 폐쇄적 그룹과 세속적 세상 사이에서 도덕적 적대감을 느꼈다. 우리는 그들의 저작에서 다른 문화의 도덕적 부흥운동(moralistic regeneration movement)에서 발견되는 감정 내지 성향과 유사한 것들을 포착할 수 있다. 그들의 저작은 종종 가벼운 파라노이아(mild paranoia) 증상을 보였는데, 외부로부터 자기네 그룹들에 가해지는 위험에 관해서 과도한 불안감(a heightened anxiety)을 드러냈기 때문이다.[25]

틸먼은 중국 신유교에서 '가벼운 파라노이아'가 파생되었다고 평가했지만, 조선 신유교는 중국 신유교보다 훨씬 더 근본주의적 성격을 지녔기 때문에 '대단히 강력한 파라노이아'(very strong paranoia)를 파생시켰다. 강재언이 설명하는 조선 신유교의 교조적 성격으로부터 강력한 파라노이아를 추론할 수 있다.

---

25) Hoyt Cleveland Tillman, *Confucian Discourse and Chu Hsi's Ascendancy* (Honolulu: University of Hawaii Press, 1992), p. 260.

동아시아 유교 문화권 속에서 한국은 조선왕조 500년간 송학=주자학만을 유일한 '正學'으로 고수하고 그 敎義에 관한 한, '옛것을 풀이하고 창작하지 아니하며, 믿어서 옛것을 좋아하는 것'(述而不作 信而好古)을 철칙으로 해 온 나라라고 할 수 있다. … 한국의 유학은 주자학이 전래된 당초부터 공자 · 맹자 · 정자 · 주자의 도통을 '正學'(正統)으로서 이어받아, 기타의 모든 사상적 유파에 대하여서는 '邪學'(異端)이라고 하여 지극히 대결적이었다고 하는 것이다. … 고려 말, 조선 초에 있어서는 정도전, 권근 등이 도교, 불교와의 대결을 통하여 유교 입국의 이념적 기초를 구축하였다. 16세기에 들어서서는 양명학에 대한 이황의 가혹한 비판이 있었고, 그러한 反양명학적 입장은 영남학파에서든 기호학파에서든 조선유학계의 주조로서 그대로 답습되었다. 더욱이 17세기의 송시열에 이르러서는 孔孟學(洙泗學)에 대한 反주자학적 주석은 '斯文亂賊'이라고 하여 정치적 박해를 가하기까지에 이르렀던 것이다. 조선 유학의 경직성은 특히 이 송시열 이후에 나타났다.

주자학에 있어서의 이러한 교조적 경향에 대하여 실학파의 李瀷(호는 星湖, 1681-1763)은 '한 字만 의문을 달아도 망녕되다고 하고, 상고하여 끊고 맞대어 검토하면 곧 죄라고 한다. 주자의 글에 대하여 이와 같으니 하물며 古經에 있어서랴. 조선인의 學은 미련하고 거침을 면하기 어렵다'라고 비판하고 있지만, 그보다 앞서 일찍이 張維(호는 谿谷 , 1587-1638)는 다음과 같이 지적한 바 있다.

"중국의 학술은 갈래가 많아 正學이 있고 禪學이 있고 丹學(道敎)이 있고 程朱를 배우는 자가 있고 陸氏(陸王學=陽明學)을 배우는 자도 있어 門路가 하나만은 아니다. 그런데 우리나라에서는 유식 무식을 따질 것 없이 책을 끼고 글을 읽는 자라면 모두 程朱의 학문을 할 뿐이고, 딴 학문이 있는 것은 듣지 못한다.

설마 우리나라 선비의 풍습이 중국보다 현명하기 때문이겠는가? 말하자면 그렇지 않다.

중국에는 학자가 있으나 우리나라에는 학자가 없다. 대개 중국의 인재는 의지와 취향이 대단히 녹녹하지(남에게 쫓아 따라가지) 않아 시대마다 뜻이 있는 선비가 있어 성실한 마음으로써 학문을 닦는다. 때문에 각자 좋아하는 바를 따라서 학문하는 것이 동일하지 않다. 그러나 가끔 충실한 공부가 있다.

우리나라에서는 그렇지 않았다. 생각이 옹졸하고 묶여 있어 도무지 뜻과 기개가 없다. 다만 程朱의 학문은 세상에서 귀중하게 여긴다는 것을 들어서 입으로 말하고 겉으로 높일 뿐이다. 이른바 雜學(주자학 이외의 여러 學)이란 것이 없으니 어찌 正學엔들 얻는 것이 있으리요. 비유컨대 땅을 갈고 씨를 뿌려 자라서 열매가 맺은 다음에라야 오곡과 피를 구별할 수 있는 것과 같다. 텅 빈 맨땅에 무엇이 오곡이 되고 무엇이 피가 되겠는가?"

요컨대 '正學'(5 곡)은 '雜學'(피)이 있어야만 그 존재 가치가 있는 것인데, 다른 것은 배제하고 유일하게 '正學'만을 존중하는 것은 그 사상적 풍토가 '텅 빈 맨땅'과 같은 것이라고 비유하고 있다.[26]

홉스테터가 파악한 파라노이드 스타일은 필연적으로 '종말론적 폭력'(apocalyptic violence)을 파생시킨다.[27] 악의 세력은 끊임없이

---

26) 강재언 지음, 정창렬 옮김, 『한국의 개화사상』(비봉출판사, 1981), pp. 45-46.
27) Robert Jay Lifton, *Superpower Syndrome: America's Apocalyptic Confrontation with the World* (New York: Thunder's Mouth Press, 2003), Chapter. 2, "Apocalyptic Violence." Catherine Wessinger, "Apocalypse and Violence" in John J. Collins, ed., *Apocalyptic Literature* (Oxford: Oxford University Press, 2014), pp. 422-440.

국가 전체, 문화 전체, 삶의 양식 그 자체를 전복시키려는 거대한 '음모'를 획책한다. 그래서 악의 세력은 '종말론적 타자'(apocalyptic other)가 된다.[28] 따라서 선의 세력은 국가, 문화, 삶의 양식 등을 수호하기 위해서 악의 세력과 전면적인 십자군전쟁을 벌이는 것이 불가피하다고 판단한다.

파라노이드 스타일에서 핵심적 이미지는 방대한 규모의 사악한 음모다. 그것은 우리의 삶의 양식을 전복하고 파괴하기 위해서 은밀하게 영향력을 행사하는 거대한 체계다. … 파라노이드 스타일을 옹호하는 자들은 음모와 계략이 단순히 역사의 여기저기서 암약한다고 생각하지 않는다. 그들은 '방대하거나 거대한' 음모가 수많은 역사적 사건을 **일으키는 힘으로**(*the motive force* in historical events) 작동한다고 판단한다. 바로 이것이 파라노이아 스타일의 가장 두드러진 특징이다. 그들은 거의 초월적 힘을 가진 악마의 세력이 촉발시킨 음모가 곧 역사라고 확신한다. 따라서 그것을 격퇴하기 위해 필요하다고 느껴지는 것은 정치적으로 주고받기와 같은 통상적 방법이 아니라, 전면적인 십자군전쟁이다(an all-out crusade). 파라노이드 스타일을 대변하는 자는 이러한 음모의 운명을 종말론적 시각에서(in apocalyptic terms) 파악한다. 즉 그는 세계 전체, 정치질서 전체, 인간의 가치체계 전체의 탄생과 죽음을 비밀리에 거래한다. 요컨대 그는 항시 문명의 바리케이드를 수호한다고 자임한다. 그는 끊임없이 역사적 전환점에서 산다. 즉 지금 당장 음모에 조직적으로 저항하지 않

---

28) Charles B. Strozier, "The Apocalyptic Other" in Charles B. Strozier, David M. Terman & James W. Jones, eds., *The Fundamentalist Mindset* (New York: Oxford University Press, 2010), pp. 62−70.

는다면 앞으로는 결코 저항할 수 없다고 믿는다. …

　파라노이드 스타일 대변자는 아직 깨어나지 않은 대중에게 음모가 완전히 드러나기 전에 그것을 선구적으로 감지할 수 있는 아방가르드의 멤버의 자격으로서 전투적 지도자(a militant leader)가 된다. 그는 사회적 갈등을 현실 정치인처럼 중재하고 타협해야 할 대상으로 보지 않는다. 그가 직면한 위기는 항시 절대적 선과 절대적 악 사이의 갈등이기 때문에 그에게 필요한 자질은 타협하려는 의지가 아니라 끝까지 싸우겠다는 의지다. 오직 완전한 승리만이 있을 수 있을 뿐이다. 적은 전적으로 사악하고 결코 회유할 수 없는 존재로 생각되기 때문에 철저하게 제거되어야만 한다. ‑ 세상에서 완전히 제거하는 것이 여의치 않다면 적어도 파라노이드 스타일 대변자가 주목하는 전쟁터에서는 완전히 제거해야 한다. 이처럼 무조건적 승리를 요구하는 것은 대단히 어려운 비현실적 목표의 수립으로 이어진다. 그러나 이러한 목표는 실현 가능성이 거의 없다. 따라서 실패가 불가피한데, 이로 인해 파라노이드 스타일 대변자의 좌절이 끊임없이 고조된다. 부분적인 성공조차도 그가 처음 시작했을 때와 같은 무력감을 안겨주는데, 이는 그가 싸우는 적이 대단히 무서운 자질을 지녔다는 인식을 강화할 뿐이다.29)

　한국사에서 수백 년에 걸쳐 반복된 민간인 대량학살은 모두 신유교적 파라노이아가 동원한 종말론적 폭력이 강제한 것이었다. 나는 조선 후기 천주교인 박해사건, 제주 4·3 사건, 여순사건, 광주 5·18 사건 등을 사례로 그런 사실을 구체적으로 밝힌 바 있다.30) 개리 레드야드

---

29) Hofstadter, "The Paranoid Style in American Politics," pp. 29‑31.
30) 이현휘, 『한국 현대사에서 반복된 민간인 대량학살을 막스 베버의 종교사회학적 시

는 조선 후기 천주교 박해시기에 '반천주교 파라노이아'(anti-Catholic paranoia)가 풍미했다고 진단했다.31) 1946년 10월 민중항쟁, 제주 4·3 사건, 여순사건, 국민보도연맹사건 등에서 민간인 대량학살을 강제한 것 역시 신유교적 파라노이아에 매몰된 이승만의 종말론적 폭력이었다. 우선 서중석이 이승만의 신유교적 파라노이아를 통찰한 부분을 살펴보자.

한국판 매카시즘의 뿌리를 추적하려면 시선을 조선 신유교에 돌릴 필요가 있다. 실제로 서중석은 이승만의 몸에 밴 신유교적 파라노이아를 '부지불식간' 정확하게 통찰했다. 우선 서중석이 이승만의 파라노이아를 통찰한 부분을 보자.

"이승만 연구가 쉽지 않은 데에는 이승만의 퍼스낼리티가 하도 독특해서 분석하기가 어려운 면도 있다는 점도 주요하게 작용한다. 이승만의 편집증은 참으로 이해하기 힘들다. 필자는 이승만과 비슷한 심리 구조나 정신 상태를 다른 나라 사람한테서 찾아볼 수 있을까 하고, 심리학이나 정신의학 분야의 책을 뒤진 적이 있었다. 그렇지만 끝내 프로이드나 다른 심리학자의 어떤 저서에서도 찾아내지 못했다. 에리히 프롬 등이 히틀러 등에 대해 쓴 글도 별 도움이 되지 못했다. 이승만의 편집증 가운데 절대 권력에 대한 '합리성'이 과도하게 배제된 집착은 그의 권력 붕괴를 초래했다. … 이승만 집권기의 선거와 정당, 이승만

각에서 분석함』(한다디자인, 2021).

31) Gary Ledyard, "Hong Taeyong and His *Peking Memoirs*," *Korean Studies*, Vol. 6 (1982), p. 94. Gary Ledyard, "Cartography in Korea" in Braian Harley and David Woodward, eds., *History of Cartography*, Vol. 2, Part 2 (Chicago: University of Chicago Press, 1994), p. 314.

권력을 이해하고 분석하는 데는 이와 같은 이승만의 편집증을 파악하는 것이 중요하다. … 이승만을 상징하는 대표적인 정책이 반공과 반일(방일이라고도 했음)인데, … 예컨대 1960년 제2차 마산항쟁에 대해 이승만은 배후에 공산당이 개입했다는 혐의가 있다고 으름장을 놓고는 '(여순사건에서) 조그마한 아이들이 수류탄을 가지고 저의 부모에게까지 던지는 불상사는 공산당 아니고는 있을 수 없는 것'이라고 지적했다. … 이 대통령에겐 '추종자 아니면 적'이라는 사고가 있었다. 그의 감정적인 반공주의는 바로 이러한 '추종자 아니면 적'이라는 사고와 뗄 수 없는 관계가 있는 것이 아닌가하는 생각이 든다. … 이승만 대통령에겐 비판 세력, 반대 세력을 빨갱이와 연관시키는 면이 상당히 있었다. 프랭클린 루스벨트 미국 대통령에 대해 색깔로 표현하기도 했다. '공산당 보호자'라는 식이었다."

서중석이 통찰한 이승만의 파라노이드 스타일은 사실상 홉스테터가 통찰한 미국(의) … 파라노이드 스타일과 일치한다. 이승만 파라노이아의 음모론적 성격, 경험적 검증이 불가능한 비합리적 성격, 선과 악을 준별하는 도덕적 이원론에서 중간지대를 부정하는 점, 그래서 정치적 협상을 악마시하는 점 (등을 공유하기 때문이다).

또한 서중석은 이승만의 신유교적 성격도 정확하게 통찰했다.

"이승만은 미국의 유수한 대학에서 학사와 석사, 박사학위를 취득하였고, 미국에서 장기간 살았으며, 독실한 기독교 전파자였고, 부인이 서양인이기 때문에 유교와 인연이 멀 것으로 생각하기 쉽다. 그러나 이승만은 유교와 뗴려야 뗄 수 없는 관계였다. … 그는 대통령에 재직하면서 유교와 기독교는 별로 모순이 없다고 피력하고 오륜을 엄정히 지켜 문명세계에 나아가야 한다는 담화를 발표하였다. … 이승만은 이데올로기라고 보기 어려운 반공이데올로기, 반일이데올로기와 함께 '유교이데올로기'를 체제유지에 동원하고자 한 것이다. … 이 글에서 사용한 유교문화는 대체로 전근대적 유교문화와 같은 것으로, 시민혁명에 의해 걸러지지 않고 1950년대에 잔존하였거나 이승만에 의해 이용된 조선후기의 그것과 유사한 것을 주로 가리키는 것이고 …."

서중석이 통찰한 이승만의 파라노이아와 유교적 속성을 묶어서 보면 '신유교적 파라노이아'를 정확하게 통찰한 것이 된다.[32]

이승만의 신유교적 파라노이아는 필연적으로 종말론적 폭력을 강제했다. 실제로 이승만의 어록을 일별하면 종말론적 폭력을 강변하는 내용을 수없이 확인할 수 있다.

친구 여러분, 오늘날 여러분과 내가 당면한 문제는 여러분의 나라와 이 세계 자유 국가들의 생사와 관련된 것입니다. 오늘날 세계에는 세 부류가 존재합니다. 첫째는 공산주의를 알지 못하는 사람입니다. 둘째는 공산주의의 폐해를 이해하지만, 그것을 믿고 그 성공을 위해 공개적으로 또는 비밀리에 활동하는 사람입니다. 셋째는 공산주의가 행하는 악을 알고는 있으나 공산주의자들과 싸우거나 적대시함으로써 아무 것도 얻을 수 없다고 생각하는 사람들입니다. 이것이 바로 우리가 직면하고 있는 끔찍한 현실입니다. 공산주의 치하에서는 생존

---

32) 이현휘, 『한국 현대사에서 반복된 민간인 대량학살을 막스 베버의 종교사회학적 시각에서 분석함』, pp. 194-197.

이 위협받는다는 사실을 아는 우리가 할 일은 단 한 가지 있습니다. 당당히 우리의 의견을 밝혀야 한다는 것입니다. 우리는 세속적인 일들에 관련된 선입견을 버리고 우리 자신, 자녀들 그리고 우리 조국을 구하기 위해 무언가를 해야 합니다. 여러분은 일어서서 공산주의와 맞서 싸워야 합니다. 여러분은 전염병과 싸우는 것처럼 공산주의와 싸워야 합니다. 만일 여러분이 그렇게 하지 않으면, 점점 많은 시민이 종전에 여러분이 알았던 것과 같은 애국적인 남녀가 아니라는 사실을 조만간 알게 될 것입니다. 항상 표를 더 얻어서 선거에서 승리하기를 갈망하는 정치인들은 공산주의자들과 협상을 시작합니다. 그러나 그 결과는 끔찍한 대가를 지불하게 됩니다. 유럽의 몇몇 정치가들에게 어떤 일이 일어났는지를 보십시오. 반공적이던 어떤 이들은 가장 열렬한 공산주의 지지가가 됐고, 또 어떤 이들은 무저항주의, 공존, 또는 노골적인 유화주의 같은 정책을 씀으로써 적색 음모를 방조하고 있습니다. 이러한 지도자들은 자기 조국이 노예국가가 되느냐 아니면 중립국가로 남느냐 하는 데는 관심이 없습니다. 그들 중 어떤 이들은 스스로를 중립주의자라고 부릅니다. 한때 고귀했던 중립이라는 단어에 대한 이 얼마나 가소로운 왜곡입니까? 나는 공산주의와 민주주의 간의 투쟁에 있어서는 중립이라는 것이 존재하지 않는다고 봅니다. 어느 쪽이든 한쪽이 이겨야 합니다. 그리고 우리가 자유 문화의 숭고한 표현방법들을 신봉한다면, 우리가 가진 모든 것과 우리 전부를 자유와 정의를 위해 바쳐야 합니다.[33]

자유주의와 공산주의는 상극이다. 이 두 가지는 합쳐질 수 없다. 공산주의와 타

---

33) 이승만이 1954년 8월 6일, 샌프란시스코에서 개최된 세계정세협의회(World Affairs Council)의 오찬 연설에서 역설한 내용이다. 자세한 내용은, 이승만, "공산주의와 민주주의의 싸움에서 중립은 없다," 『NewDaily』(2012. 3. 18.).

협은 불가능하다. 그것은 마치 기름과 물을 섞으려는 것과 같다. 판문점에서 추구한 휴전은 본래 잘못된 것이다. 그것은 이 세계를 화해할 수 없는 부분으로 갈라놓은 깊은 구조적 간격을 땜질하려는 시도이기 때문에 온전한 해결 방안이 될 수 없는 것이다. … 자유민은 곳곳에서 마음으로부터 진정 우리와 함께 있습니다. 우리가 싸우는 목적은 문명 그 자체를 지키자는 것입니다. 우리가 선택해야할 길은 자유와 노예 상태, 선한 것과 악한 것, 그리고 국제법과 공산 혁명 두 갈래 길에서 양자택일하는 것입니다. … 공산주의는 콜레라와 다름없다. 콜레라와는 타협이 불가능하다. … 우리는 결코 공산주의에 굴복하지 않을 것이다. … 공산주의자들이 이 세상을 어렵고 무서운 세상으로 만들었습니다. 이 세계에서 나약하다는 것은 노예가 된다는 것을 의미합니다. 나의 친구들이여, 함께 기억합시다. 절반은 공산주의, 절반은 민주주의 세계에서 평화를 되찾을 수는 없습니다. … 만약 우리가 적의 약속을 믿고 싶기 때문에 가만히 앉아서 적의 행동에 대해 외면한다면 아마도 전쟁은 없을 것이오. 설사 전쟁이 발발한다고 해도 오래 끌지는 않을 것이오. 다만 그 결과는 우리가 바라던 대로 되지 않을 것이오. 진정한 세계평화를 쟁취하려면 우리는 그것을 위해 싸워야 할 것입니다. … 나의 사랑하는 동포여. 이 말을 잊지 말고 전파하여 준행하시오. 분투하라! 싸워라! 우리가 피를 흘려야 자손만대의 자유 기초를 회복할 것이다. 싸워라! 나의 사랑하는 2천 3백만 동포여! … 우리의 공동목표는 어떤 희생을 따르더라도 이뤄야 하는 평화여서는 안 됩니다. 그것은 단지 패배와 인간 자유의 종말을 초래할 것입니다. 우리의 영원한 표상은 어떤 희생을 따르더라도 지켜야 하는 정의이어야만 합니다. 우리는 우리가 가진 것 모두를 자유와 정의를 위해서 바쳐야 합니다. … 나는 공산주의와 민주주의 간의 투쟁에 있어서는 중립이라는 것이 존재하지 않는다고 봅니다. 어느 쪽이든 한쪽이 이겨야 합니다.

그리고 우리가 자유 문화의 숭고한 표현방법들을 신봉한다면, 우리가 가진 모든 것과 우리 전부를 자유와 정의를 위해 바쳐야 합니다. … 타협이란 있을 수 없소. 나의 신조와 처한 입장은 알고 있을 것이오. 우리 계획(자유 북진통일)에 그 따위 타협은 있을 수 없소. … 목숨을 바칠 각오로 대한제국의 자유와 독립을 나 혼자라도 지키며, 우리 2천만 동포 중 1천 9백 9십 9만 9천 9백 9십 9명이 모두 머리를 숙이거나 모두 살해된 후에라도 나 한사람이라도 태극기를 받들어 머리를 높이 들고 앞으로 전진하며, 한 걸음도 뒤로 물러나지 않을 것을 각자 마음속에 맹세하고 천만번 맹세합시다. … 나는 대통령의 지위나 영광을 중히 여기는 것이 아니오. 우리 민국과 우리 민족을 보호하여 우리나라로 하여금 민주주의의 보루가 되게 하자는 것만이 나의 유일한 목적이니, 일반민중과 환난질고(患難疾苦)를 같이하며, 사생맹세(死生盟誓)하고 끝까지 투쟁하여 내 목숨을 공헌하려는 것이 나의 원하는 바입니다.[34]

이승만의 어록은 '한국판 매카시즘'의 전형을 보여준다.[35] 매카시즘의 핵심은 파라노이드 스타일인데,[36] 이승만은 '반공주의 파라노

---

34) 자유경제원, 『건국대통령 이승만의 한구절』(2016), 2장, "전체주의, 공산주의에 맞서다."

35) 한국판 매카시즘을 비판적으로 검토한 사례들로는, 류상영, "한국판 매카시즘: 색깔공세의 역사와 민낯," EAF PD, 제68호 (2017. 3. 28.) 박태균, "탈냉전 이후 한국적 매카시즘의 탄생: 조문 파동과 주사파 발언을 통해 드러난 매카시즘," 『역사와 현실』, 93집(2014), pp. 177–207. 이완범, "1964년 『세대』지 필화사건과 황용주(1918–2001): 사회주의 전력자까지 색출해낸 반공주의 매카시즘(McCarthyism)," 『21세기정치학회보』, 25집 1호 (2015), pp. 53–79. 소근주, "한국사회 '음모론' 현상 연구: 담론 맥락과 사회 조건 분석을 중심으로," 한양대학교 대학원 사회학과, 박사학위논문 (2021). 임재경, "매카시즘과 북풍공작," 『사회평론』, 98집 5호 (1998), pp. 68–71. 강은지, "매카시즘 그 후 50년, 우리와 미국사회에는 아직도 매카시의 유령이 배회하고 있다," 『민족21』 (2003. 7.), pp. 112–117. 천관율, "종북, 편집증 그리고 정신줄 놓기," 『시사IN』 (2013. 12. 12.)

이아'(Anti-communist paranoia)에 매몰되었기 때문이다. 물론 이승만의 반공주의 파라노이아는 신유교적 파라노이아의 20세기 버전이다.37) 이승만을 직접 체험한 그레고리 헨더슨, 존 무초 등은 이승만의 반공주의 파라노이아를 생생하게 목격했다. 김정기는 그런 사실을 다음과 같이 전한다.

헨더슨은 이승만 정권의 '주요 정치적 약점'(chief political weakness) 여섯 가지를 열거하고 있는데, 여기에는 (1) 이승만 대통령의 리더십 부재, (2) 경찰국가적 퇴행, (3) 광범위한 정치적 부패와 미국 원조의 남용, (4) 과잉 보수주의, (5) 개혁적 상징의 결여, (6) 무차별 반공주의가 포함된다. … 그는 이승만의 리더십 부재가 능력 있는 인사와 같이 일할 수 없는 그의 개인적 성격에 있다면서, 이승만은 자신의 경쟁자라고 생각하는 어느 누구에게라도 평생 동안 거의 병적인 의심(pathological suspicion)을 했다고 한다. 따라서 헨더슨에 의하면 이승만의 인사 임명 기준은 능력이 아니라 무능력이라고 하면서, 이는 함태영 (이윤영을 잘못 적은 듯하다)을 총리로 지명하면서 그 이유로 그가 개인적 권력을 구축하지 않을 것이라고 말한 데서 잘 드러났다고 한다. 이승만의 병적인 의심에 관해서 당시 무초 미국 대사도 다음과 같이 회고했다.

"그(이승만)는 대단히 의심이 많았으며 그것은 아주 비정상적 이었다. 그는 어느 누구도 믿지 않았다. 나는 그가 자신도 믿었는지 의심한다. … 그는 자신이

---

36) Hofstadter, "The Paranoid Style in American Politics," pp. 6–8.
37) 자세한 내용은, 이현휘, 『한국 현대사에서 반복된 민간인 대량학살을 막스 베버의 종교사회학적 시각에서 분석함』, pp. 190–235.

제퍼슨적인 민주주의자라고 자부했고 그의 수사법은 대부분의 미국 방문객을 매료시킨 것도 사실이었다. 그러나 내 생각으로는 그는 자기 명칭을 '독재자 이승만(Rhee Autocrat)'으로 바꿨어야 한다고 생각한다." (존 무초와의 구두 역사 회견, 제리 N. 해스, 트루먼 박물관/도서관, 1971년 2월 10일).

이승만의 병적인 의심증은 유능한 사람을 멀리하고 무능한 사람을 가까이 불러들여 결국 국사를 그르치고 민심의 이반을 가져왔다. 또한 그의 독선적인 사고방식의 국사 운영에 이의를 제기하는 사람은 이단으로 몰았다. 일단 이단으로 몰린 사람은 '빨갱이'가 되기 일쑤였고 그렇게 되면 관용이란 털끝만치도 보이지 않는 성품의 소유자였다.[38]

한국판 매카시즘은 민간인 대량학살뿐만 아니라 '간첩조작사건' 또한 끊임없이 파생시킨다. 정통과 이단을 준별하는 신유교적 근본주의에서 중간지대는 허용될 수 없다. 따라서 중간지대에서 서성거리는 '회색분자'는 이단과 한통속으로 간주되어 버린다. 제프리 T. 커빗은 이 문제를 명쾌하게 설명했다. "선과 악, 기독교와 반기독교, 자유주의 세계와 공산주의 세계, 혁명과 반혁명 등을 준별하는 … 이원론적 비전(binary vision)은 다음과 같은 함축을 통해서 더욱 강화된다. 즉 선을 대표하는 세력(the pole of Good)에 자연스럽게 동화될 수 없는 세력은 모두 교활하게 악을 대표하는 세력(the pole of Evil)으로 향하는 디딤돌(stepping-stone)을 놓는 세력이 틀림없으며, 따라서 그

---

38) 김정기, 『국회프락치사건의 재발견 I』(한울, 2008), pp. 396-397.

들 역시 악을 대표하는 세력과 한패거리라고 밖에 볼 수 없다."39)

홉스테터에 따르면 종교적 근본주의에서 파생되는 파라노이드 스타일은 "거대한 음모이론(grandiose theories of conspiracy)으로 체계화되어 있다."40) 즉 '우연히 일어나는 것은 아무 것도 없고'(Nothing happens by accident), 따라서 '겉으로 보이는 것이 항시 다가 아니며'(Nothing is as it seems), 따라서 '모든 것은 은밀하게 연결되어 있다'(Everything is secretly connected).41) 따라서 회색분자는 틀림없이 악의 세력과 한패거리일 수밖에 없다. 악의 세력의 거대한 음모에 포위된 선의 세력은 항시 '강박관념'(siege mentality)에 시달린다.42) 그래서 악의 세력의 음모는 선의 세력을 단결시킨다(the stabilizing conspiracy theory).43) 그러나 선의 세력 내부에서 암약하는 회색분자는 악의 세력의 지원을 받으면서 끊임없이 선의 세력의 분열을 획책한다(the destabilizing variant).44) 따라서 선의 세력은 끊임없이 '체제 전복의 공포'(the fear of subversion)45) 내지 '음모

39) Geoffrey T. Cubitt, "Conspiracy Myths and Conspiracy Theories," *Journal of the Anthropological Society of Oxford*, Vol. 20, No. 1(1989), pp. 15-16.

40) 각주 23번 참조.

41) Michael Barkun, *A Culture of Conspiracy: Apocalyptic Visions in Contemporary America* (Berkely: University of California Press, 2013), pp. 3-4. Michael Butter and Maurus Reinkowski, eds., *Conspiracy Theories in the United States and the Middle East: A Comparative Approach* (Berlin: De Gruyter, 2014), pp. 14-15.

42) Michael Butter, *Plots, Designs, and Schemes: American Conspiracy Theories from the Puritans to the Present* (Berlin: De Gruyter, 2014), p. 75.

43) Ibid., pp. 72-77.

44) Ibid., pp. 77-88.

45) Richard O. Curry and Thomas M. Brown, eds., *Conspiracy: The Fear of Subversion in American History* (New York: Holt, Rinehart and Winston, Inc., 1972).

의 공포'(the fear of conspiracy)[46]를 느끼지 않을 수 없다.

선의 세력이 건강하게 생존하기 위해서는 선의 세력 내부에서 암약하는 회색분자 내지 이단을 철저히 색출해서(heresy-hunt) 완전히 근절시켜야만 한다.[47] 악의 세력은 선의 세력으로부터 멀리 떨어져 있는 반면, 회색분자는 선의 세력 내부에서 존재하는 '일탈적 내부자'(deviant insider)[48]이기 때문에 선의 세력에게 더욱 위험한 존재로 간주된다.[49] 그래서 색출된 회색분자에게는 오직 두 가지 길만 허용할 수 있을 뿐인데, 아우구스티누스의 용어로 표현하면 **코게 인트라레**(*coge intrare, to force [them] to join*), 즉 종교적으로 개종시켜서 체제에 복속시키거나 완전히 멸종시키는 것(conversion and submission or extirpation)이 각각 그것이다.[50] 이 원칙을 적용하는 과정에서 개종시키기 위한 '기만적 전향'(deceitful proselytizing)과 '이단을 멸종시키기 위한 폭력 사용'(the use of force against heresy)이 정당화되는데, 이는 누가복음 14장 23절, "주인이 종에게 말하였다. '큰 길과 산울타리로 나가서, 사람들을 억지로라도 데려다가, 내 집을 채워라'"를 잘못 해석한데서 유래한 것이다.[51]

---

46) David Brion Davis, ed., *The Fear of Conspiracy: Images of Un-American Subversion from the Revolution to the Present* (Ithaca: cornell University Press, 1971).

47) Lester R. Kurtz, "The Politics of Heresy," *American Journal of Sociology*, Vol. 88, No. 6 (1983), pp. 1090-1091.

48) Ibid., p. 1085.

49) 정성원, "성리학적 근본주의: 조선 척사위정운동 연구," pp. 16-17, 100-110. 정성원, "척사위정파에서 '우리'/'그들'," 『동양사상학회』, 제5집(2002), p. 151.

50) Max Weber, *Economy and Society: An Outline of Interpretive Sociology*, ed. by Guenther Roth and Claus Wittich (New York: Bedminster Press, 1968), p. 474.

51) Ibid., p. 480. Kurtz, "The Politics of Heresy," p. 1091.

그러나 선의 세력 내부에서 암약하는 일탈자 내지 이단을 색출하는 과정에서 대단히 심각한 문제가 파생된다. 이 문제를 정확하게 이해하기 위해서는 홉스태터의 다음 발언을 주의 깊게 검토할 필요가 있다. "(파라노이드) 스타일은 내용의 진실이나 거짓에 관심이 있는 것이 아니라 아이디어를 믿고 옹호하는 방식에 관심이 있다"([Paranoid] Style has to do with the way in which ideas are believed and advocated rather than with the truth or falsity of their content).52) 이는 파라노이드 스타일을 지배하는 음모론적 신념이 객관적 사실의 진위 여부를 압도한다는 것을 의미한다. 따라서 객관적 사실은 음모론적 신념의 오류를 합리적으로 비판하거나 논파하는 것이 사실상 불가능하다. 마이클 바쿤은 그 까닭을 이렇게 분석한다. "음모론의 주장이 광범위할수록 그 이론이 경험적으로 타당하다는 주장에도 불구하고 관련 증거는 줄어든다. 이러한 역설은 음모론이 본질적으로 반증이 불가능하기 때문에 발생한다(This paradox occurs because conspiracy theories are at their heart nonfalsifiable). 음모론을 지지하는 자들이 아무리 많은 증거를 축적하더라도 음모론에 대한 믿음은 궁극적으로 증거가 아닌 신념의 문제가 될 뿐이다(a matter of faith rather than proof)."53) 따라서 이단 색출은 전적으로 음모론적 신념이 주관하며, 객관적, 합리적, 합법적 근거는 액세서리로 동원될 뿐이다. 따라서 이단 색출은 언제나 '증거조작'이 불가피하다.

이제 우리는 이대식의 영혼과 신체에 무지막지한 폭력이 강제된 까

---

52) Hofstadter, "The Paranoid Style in American Politics," p. 5.
53) Barkun, *A Culture of Conspiracy*, p. 7.

닭을 비로소 이해할 수 있다. 이대식을 체포한 수사관이 이대식을 칠성판에 눕혀 놓고서 무자비한 폭력을 가했던 것, 자백하고 전향해서 한국 정치제체에 복속하라고 강요했던 것, 그렇지 않으면 염라대왕한테 갈 수밖에 없다고 협박했던 것 등은 '한국판 **코게 인트라레**'(Korean version of *Coge Intrare*)를 강제했기 때문이었다. 이대식을 개종시키기 위한 '기만적 전향'(deceitful proselytizing)과 '이단을 멸종시키기 위한 폭력 사용'(the use of force against heresy)이 정당화되었던 것이다. 또한 이대식과 고려대학교에서 함께 공부했던 정경식이 검사의 신분으로 이대식을 조사했을 때, 이대식을 보자마자 따귀를 후려치고, 객관적 근거를 전혀 살피지 않은 채 서둘러 사형선고를 내려버린 것 역시 정경식의 영혼을 지배한 한국판 매카시즘 때문이었다.

나는 조작된 간첩이 되어 1972년 2월 24일경 현저동 101번지 서대문 구치소에 이송되기 직전, 서울지방검찰청 유치장에 유치되었다. 일단 검사의 소환에 응해 공안검사실에 들어가 보니, 놀랍게도 낯익은 정경식 검사였다. 그는 고려대 법대의 한해 선배인데, 대학 도서관 자유열람실의 내 옆 자리에서 공부하고 토론하며 고시공부를 한 친구였다. 나는 4·19때의 학생운동 경력 때문에 고시(高試)를 포기했지만, 그는 공부하여 검사가 되었다. 또 나의 선친의 경북고 제자이기도 하여 남달리 여겼는데, 우연히 담당검사와 피고로 만나게 되었다. 그는 나를 보자마자 "이대식이 누군가 했더니 바로 너였구나"하면서 나의 따귀를 세게 때렸다. 그는 대법원까지 따라다니며 사형을 시키겠다고 입에 거품을 물며 소리치고 "나가라"하여, 그날 바로 서대문 구치소에 입소하게 되었다. … 구치소 직원이 1972년 3월 10일에 '검취'(검사취조)라며 호출하여 정경식 검사실에 들어갔다. 그는 치안국공작반에서 만든 조서를 그대로 읽으며 묻기에, 나는 "아니다"라고 부인했다. 그는 "아무리 부인해도 다른 사람의 증거가 있으니 두고 보라"고 협박하면서, "이렇게 계속 부인하면 치안국조사관을 불러 대질심문해 보겠는데, 두 당사자끼리 처리하도록 넘겨 줘 버릴까"라고 은근히 경찰고문을 암시했다.

그러나 나는 굽히지 않고 치안국공작반의 조서는 고문에 의한 허위진술로 엮어진 치안국이 만들어낸 소설작품이라고 했지만 정경식은 그대로 인정해 버렸다. 2차 3차 '검취'는 검찰청 검사실에서 이루어진 것이 아니라, 서울구치소 2층에 특별히 마련한 조사실에서 이루어졌다. 내 몸이 워낙 상해서 그랬는지는 모르나, 어쨌든 정경식은 구치소에 와서 조사를 했는데, 치안국공작반의 조사 중 상호 모순되는 사실만 적당히 얼버무리고, 경찰고문조작 그대로 공소사실 11가지를 범죄사실로 하여 공소장을 작성해 버렸다. … (나는) 7 · 4 공동성명 3일 후인 7월7일 검사의 사형구형을 받았다. 내 앞에는 빨간 사각형표지가 빨간 삼각형으로 변경되었고, 나에게는 밤낮으로 수갑이 채워졌다. 7월 7일 이창우, 정경식 검사의 사형구형에는 나뿐만 아니라 권양섭 선생, 재일교포 서승 선생, 우리 사건과는 전혀 관련 없는 북에서 왔다는 최병칠 선생을 포함하여 모두 4명이 7 · 4남북공동성명에도 불구하고 사형구형을 받아 서대문구치소를 떠들썩하게 했다.

그러나 정경식뿐만이 아니다. 이대식은 재심에서 3년형을 받았다. 그러나 1972년 7월 15일 1심에서 사형선고를 받았고, 1972년 2심에서 무기징역으로 감형되었으며, 1990년 3·1절 특사로 가석방되었다.

19년만의 출소였다. 도대체 왜 이처럼 한 인간의 삶을 통째로 파괴시키는 폭력이 무자비하게 강제되었는가? 이대식을 조사하고 판결한 판검사들 모두가 한국판 매카시즘에 매몰되었기 때문이다. 이대식뿐만이 아니다. 간첩사건을 조사한 책들의 제목을 보면 어김없이 '조작'이란 단어가 붙어있다. 예컨대『나는 간첩이 아닙니다: 1970–2016, 대한민국의 숨겨진 간첩 조작사』,54)『조작간첩 함주명의 나는 고발한다』55) 등이 좋은 사례다. 아울러『조국이 버린 사람들: 재일동포 유학생 간첩사건의 기록』56)의 뒤표지에는 다음과 같은 문장이 크게 새겨져 있다. "재일동포 조작간첩 피해자들이 당한 억울한 사정과 당시 군사정권의 어두운 그늘과 부도덕성이 낱낱이 드러나다." 이들 책뿐만이 아니다. 1958년 조봉암 간첩사건부터 2014년 홍강철 간첩사건까지 무려 96건에 달하는 간첩사건에서 수많은 사람들이 사형을 당했고, 장기간의 징역을 살았다. 그러나 그들은 먼 훗날 모두 무죄로 판결되었다. 도대체 이처럼 엄청난 폭력사건이 한국 땅에서 끝없이 반복되는 까닭은 무엇인가? 한마디로 한국의 지배적 문화 심층에 한국판 매카시즘이 각인되었기 때문이다. 한국판 매카시즘의 음모론적 신념이 객관적 근거를 철저히 묵살하면서 '이단 사냥'(heresy–hunt)을 감행했기 때문이다. 그 많은 간첩사건들이 그토록 끈질기게 조작될 수밖에 없었던 '비밀이' 바로 여기에 있었다.

한국판 매카시즘은 오늘도 여전히 건재하다. '12·3 계엄'이 그런 사

---

54) 서어리 (한울, 2016).

55) 이인후 (도서출판 길, 2014).

56) 김효순 (서해문집, 2015).

실을 적나라하게 예증하기 때문이다. 윤석열이 3·1절 경축사, 8·15 광복절 경축사, 탄핵심판 최종진술 등에서 발언한 내용을 보면 '반공주의 파라노이아'를 키워드로 구성되었다는 사실을 적나라하게 확인할 수 있다.57) 따라서 윤석열의 발언은 역시 반공주의 파라노이아에 매몰된 이승만의 발언과 판박이처럼 유사하다.58) 방학진은 윤석열의 광복절 경축사 세 번, 3·1절 경축사 두 번, 총 다섯 번의 경축사를 분석했는데, 그곳에서 가장 많이 나온 단어가 '자유'와 '북한'이었다고 분석했다.59) 윤석열의 사유양식에서 전자는 '선'이고 후자는 '악'이다. 또는 전자가 '정통'이고, 후자가 '이단'이다. 그런 사실은 예컨대 윤석열의 2024년 8월 19일 국무회의 발언에서 구체적으로 확인할 수 있다.

윤석열 대통령은 19일 "우리 사회 내부에는 자유민주주의 체제를 위협하는 반국가 세력들이 곳곳에서 암약하고 있다"면서 "북한은 개전 초기부터 이들을 동원해 폭력과 여론몰이, 선전·선동으로 국민적 혼란을 가중하고 국민 분열을 꾀할 것"이라고 지적했다. 윤 대통령은 이날 용산 대통령실에서 주재한 국무회의에서 이같이 밝히고 "이러한 분열을 차단하고 전 국민의 항전 의지를 높일 수 있는 방안을 적극 강구해야 한다"고 주문했다. … 윤 대통령은 "현재 우리는 전

---

57) 나는 이 문제를 자세히 검토한 바 있다. 이현휘, "윤석열과 반공주의 파라노이아, 그리고 대미 교조적 사대주의," https://blog.naver.com/whiteheadian_school/223567075074

58) 호사카 유지는 윤석열과 이승만의 사유양식이 대단히 유사하다는 사실을 구체적으로 밝혔다. 호사카 유지, "윤석열을 막지 않으면, 끔찍한 백색테러 세상이 열린다?" https://www.youtube.com/ watch?v=X7C62hoo4Ww

59) Hani21, "대통령은 뉴라이트의 꼭두각시? "윤석열 정부는 21세기 친일파," https://www. youtube.com/watch?v=rot_p1Pd--w&t=2s

세계에서 가장 무모하고 비이성적인 북한의 도발과 위협을 마주하고 있다"며 "북한 정권은 주민들의 비참한 삶을 외면한 채, 핵과 미사일 개발에 몰두하고 있다. 최근에는 GPS(위치정보시스템) 교란 공격과 쓰레기 풍선 살포 같은 저열한 도발도 서슴지 않고 있다"고 말했다.[60]

윤석열은 9월 10일 민주평통 해외지역회의에서도 유사한 주장을 반복했다.

"우리 사회 일각에서는 반대한민국 세력이 존재하고 있다." … "이러한 세력에 맞서 우리가 똘똘 뭉쳐야 되고, 하나 된 자유의 힘으로 나라의 미래를 지켜내야 한다." … "우리의 자유주의 체제를 무너뜨릴 자유는 없다." … "자유민주주의 체제에 대한 우리의 신념이 확고하고 이것을 지켜야 된다는 우리의 의지가 확고할 때 북한 주민을 향한 자유 통일의 메시지도 더 크고 힘차게 뻗어나갈 수 있는 것이다." … "아직도 한반도 북녘 땅에는 주민의 민생은 뒷전인 채 권력 세습에만 골몰하는 공산전체주의 정권이 있다." … "지금 이 순간에도 북한 주민들은 감시와 억압 속에 자유를 빼앗기고 굶주림에 시달리는 고통의 나날을 보내고 있다. 더 이상 이러한 비정상적인 상황을 방치해서는 안 된다." … "특히 우리 미래 세대들에게 자유 통일이 안겨줄 새로운 꿈과 기회를 알려 나가고 북한 인권 개선을 위한 국내·외적 노력에 박차를 가하겠다." … "자유 통일의 비전을 실현하기 위해서는 국제사회와의 긴밀한 연대와 협력이 중요하다."[61]

---

60) 尹 "반국가세력 사회 곳곳 암약…국민 항전의지 높일 방안 강구," 『연합뉴스』 (2024. 8. 19.)
61) 윤 대통령 "반대한민국 세력 존재…자유의 힘으로 나라 미래 지켜야," 『경향신문』 (2024. 9. 10.)

윤석열은 2025년 2월 25일 탄핵심판 최종진술에서 간첩이란 단어를 25회 사용했다. 또한 거대야당이 북한의 지령을 받아 탄핵을 선동한다고 주장했다.

윤 대통령은 최후진술에서 비상계엄의 정당성을 주장하기 위해 '간첩'이라는 단어를 무려 25회나 반복적으로 사용했습니다. 지난해 12월 3일 담화문에서 주장한 '반국가세력'을 증명하려는 의도로 풀이됩니다. 이날 윤 대통령은 "2023년 적발된 민주노총 간첩단 사건만 봐도 반국가세력의 실체를 쉽게 알 수 있다"면서 "이들이 북한의 지령에 따라 총파업을 하고 미국 바이든 대통령 방한 반대, 한미 연합훈련 반대, 이태원 참사 반정부 시위 등, 활동을 펼쳤다"고 주장했습니다. 이어 "북한의 지시에 따라 선거에 개입한 정황도 있다"라고 덧붙였습니다. 윤 대통령은 "2022년 3월 26일, '윤석열 선제 탄핵' 집회가 열렸다"면서 "2024년 12월 초까지 무려 178회의 대통령 퇴진, 탄핵 집회가 열렸다"고 말했습니다. 그는 "이 집회에는 민노총 산하 건설노조, 언론노조 등이 참여했고, 거대 야당 의원들도 발언대에 올랐다"면서 "북한의 지령대로 된 것"이라고 주장했습니다. 또한 민주당이 대공수사 특활비를 전액 삭감하고 간첩법 개정안을 완강히 거부했다며 "한마디로 간첩을 잡지 말라는 것"이라는 억지 주장도 내세웠습니다. 윤 대통령은 "'요즘 세상에 간첩이 어디 있냐고 말하는 사람들도 있다, 하지만 간첩은 없어진 것이 아니라, 대한민국의 자유민주주의를 무너뜨리는 체제 전복 활동으로 더욱 진화한 것"이라며 해묵은 '북풍'을 꺼내 들기도 했습니다.[62]

---

62) "'최후진술' 윤석열이 두 번째로 많이 쓴 단어는 '탄핵' ─ 대통령 55회, 탄핵 50회, 거대야당 44회, 간첩 25회 … '거대 야당이 북한 지령 받아 탄핵 선동,'" 『오마이뉴스』

그러나 정세현은 이미 2023년 5월 17일, 윤석열의 주장을 정면으로 반박했다.

남한사회가 지금 1인당 소득 3만5천 달러가 되고 GDP 규모로 세계 10위였는데, 문재인 정부 때, 지금 금년에 윤석열 정부에서는 13위로 떨어진다는 그 예측도 나오고 있지만, 이제 10위권의 경제대국, 그리고 전 세계가 남한을 소위 K-팝 K-컬처 한국을 부러워하는 시기에, 여기서 무슨 빈민과 부자 사이의 갈등을 조성할 수 있으며, 농촌과 도시 사이의 갈등을 조성해 가지고, 남조선의 혁명역량을 키워낼 수 있고, 그것이 결국 용공통일을 불러올 수 있도록 만든다? 그래서 남쪽에 지령을 내려가지고 민주노총이 그런 소위 남조선 혁명역량을 키워 나가도록 만든다? 그런 꿈을 아직도 북한에서 꾸고 있다면 그 북한의 김정은이는 참 불행한 겁니다. 밑에 대남사업하는 사람들이 아직도 65년에 나온 그 남조선 3대 혁명역량 강화론에 입각해서 대남전략을 수립해 나가고 있다면 그건 날 샌거요, 속된 말로. … 민주노총이 중국에서 북한의 공작원으로부터 무슨 지령을 받았고 보고를 했다? 남조선 혁명역량 강화를 시키라는 지령을 받았다? 말하자면 민중의 폭동을 유발하라? 그 다음에 노동자와 자본가 사이의 관계를 불편하게 만들고, 그래서 노동자를 단결하게 만들고, 그것을 주변으로 퍼트려서 폭동이 일어나도록 만들어라? 북쪽에서 그런 지령을 내리고 있다면 북한의 통전부는, 만약 그게 실체가 김정은한테 보고가 된다면, 내가 김정은이라면 통전부 없애버립니다. 지금이 어느 땐데 그 따위 짓을 하고 있는가? 그거는 김일성, 그쪽에서는 원수니까, 김일성 원수님께서 65년도에 인도네시아에 가서가지고, 소위 그 알리하리암이라는 사회과학원에서 연설하실 때 3대 혁명역

(2025. 2. 26.)

량 강화론을 말씀하셨던 연장선상에서 나온 얘기인데, 야 지금 60년 전 얘기를 지금 하고 있단 말이야?[63]

하지만 한국판 매카시즘에 매몰된 윤석열은 자신을 정치적으로 반대하는 세력을 북한과 연계된 체제전복세력으로 확신했다. 이대식과 같은 '일탈적 내부자'(deviant insider)로 파악한 것이다. 윤석열에게 이들은 모두 일망타진해야 마땅한 '종말론적 타자'(apocalyptic other)다. 따라서 '종말론적 폭력'(apocalyptic violence)을 동원해서 완전히 제거해야만 한국 민주주의를 지켜낼 수 있다고 확신했다. 실제로 윤석열은 계엄이 성공했을 경우 종북좌파세력 500여명을 '수거해서' 제거했을 것이다.[64] 한국사에서 수없이 반복된 민간인 대량학살과 유사한 대량학살이 또다시 자행될 수 있었던 것이다.

3. 한국 정치문화 혁신의 조건

"당대에 통용되는 추상의 체계를 돌파하지 못하는 문명은 매우 제한된 기간의 진보만을 이룩한 이후 장기간에 걸쳐 점진적으로 시들어

---

63) "전 통일부장관의 훈계! 민주노총에 북한 지령 같은 멍청한 소리는 윤석열이나 하는 것," https:// www.youtube.com/shorts/eJMTp2UfKs8, "북한만 이용하는 한국 정치, 언제까지?/ 한미일 VS 북중러 적대적 공생 카르텔," https://www.youtube.com/watch?v=94DM2Z070wM

64) "'살해 암시' 노상원 수첩에 문재인·유시민 등 500명 ⋯ '확인사살,'" 『한겨레』(2025. 2. 14.), "'문재인 수거' 노상원 수첩 검찰로 ⋯ 증거 신빙성 인정한 경찰," 『한겨레』 (2025. 2. 17.), "'문재인 포함 정치·언론인·판사 등 500여명 수거' ⋯ 사살계획도," 『뉴스버스』(2025. 2. 14.)

질 운명에 처하게 된다"(A civilisation which cannot burst through its current abstractions is doomed to sterility after a very limited period of progress).65) 화이트헤드는 자신의 통찰을 예증하는 구체적 사례를 다음과 같이 제시한다.

항시 기존의 완전성을 넘어선 또 다른 완전성이 존재하기 마련이다. 일체의 실현은 유한한 것이며, 따라서 모든 측면의 완전성이 무한히 지속될 수 있는 완전성이란 존재하지 않는다. 고대 그리스 문명(에서) 완전성은 성취되었다. 그리고 그러한 성취와 함께 영감은 고갈되기 시작했다. 세대교체가 반복되면서 그곳의 신선도는 차츰 사라져갔다. 학식과 박식을 선호하는 기풍이 모험의 열정을 대체했다. 고대 그리스 문화는 반복에 의해 천재가 질식된 헬레니즘 시대와 교체되었다. 2천년동안 그리스의 예술양식은 생기 없이 반복되었다. 스토아학파, 에피큐로스학파, 아리스토텔레스학파, 신플라톤학파 등과 같은 그리스 철학의 학파들은 불모의 공식을 둘러싼 논쟁을 전개했다. 역사는 인습적으로 기술되었다. 고대 의식의 신성함을 수반한 안정된 정부는 습관적으로 경건성을 통해서 지지되었다. 문학은 더 이상 깊이가 없었다. 과학은 확실한 전제로부터 연역되는 세부사실들을 정교화하는데 몰두했다. 섬세한 감수성은 강건한 모험심을 결여했다. 이는 결코 환상적인 그림이 아니다. 온갖 질풍노도에도 불구하고 위에서 예시한 종류의 일들이 거의 1천년동안 비잔틴 제국에서 일어났다. 신흥종교인 불교의 침투에도 불구하고, 그리고 타타르인들의 침략에도 불구하고, 위에서 예시한 종류의 일들이 거의 1천년 동안이나 중국의 광대한 제국에

---

65) Alfred N. Whitehead, *Science and the Modern World* (New York: The Macmillan Co., 1950), p. 86.

서 일어났다. 중국인과 그리스인은 예찬을 받기에 충분한 어떤 완전성을 성취했다. 그러나 그런 완전성조차도 끝없는 반복의 지루함을 견뎌내기란 어려울 것이다. 문명을 그 최초의 강렬한 열정으로 유지하기 위해서는 답습(learning) 이상의 것이 필요하다. 모험(adventure), 즉 새로운 완전성에 대한 추구가 필수 불가결한 것이다.[66]

전문원(錢文源) 역시 중국문명이 그 오랜 세월 '거대한 관성'(the great inertia)을 유지했다고 파악했다.[67] 또한 막스 베버 역시 '중국 지성계의 경직화'(Chinese ossification of intellectual life)[68]를 통찰했다.

가늠할 수 없는 사건의 흐름은 쉼 없이 영원을 향해 나아간다. 인간을 움직이는 문화적 문제는 늘 새롭게 그리고 달리 채색되어 형성되고, 따라서 개별적인 것의 언제나 무한한 흐름 중에서 우리에게 의의와 중요성을 띠게 되는 것의 범위, 즉 〈역사적 개체〉가 되는 것의 범위는 항상 유동적인 것이다. 또한 이 〈역사적 개체〉의 고찰과 과학적 파악의 전거가 되는 이념적 맥락들도 변화하는 것이다. 따라서 문화과학의 출발점은 무한한 미래까지 항상 변화 가능하며, 이 상황은 정신생활의 중국적(中國的) 정체로 인해 인류가 무궁무진한 삶에 대해 새로운

---

66) Alfred N. Whitehead, *Adventures of Ideas* (New York: The New American Library, 1955), pp. 256–257.
67) Wen-yuan Qian, *The Great Inertia: Scientific Stagnation in Traditional China* (Sydney: Croom Helm, 1985).
68) Max Weber, "The 'Objectivity' of Knowledge in Social Science and Social Policy" in Max Weber, *Collected Methodological Writings*, trans. by Hans Henrik Bruun (London: Routledge, 2012), p. 121.

질문을 던지는 습성을 상실하지 않는 한 지속될 것이다.[69]

그런데 조선의 지성계는 중국의 지성계보다 훨씬 더 경직된 성격을 지녔다. 따라서 한국의 정치문화는 중국의 거대한 관성보다 훨씬 더 강력한 관성을 지닐 수밖에 없었다.

1876년 2월 일본과의 강화도조약이 체결된 직후 4월에 김기수(金綺秀)를 정사로 하는 제1차 수신사(修信使) 일행이 일본을 방문했다. 김기수는 일본 정부의 문부대승(文部大丞) 구키 류이치(九鬼隆一)와 조선의 학문에 대해 다음과 같은 문답을 주고받았다.

구키 류이치: 귀국의 학문은 오로지 주자학만을 숭상합니까? 아니면 따로 존숭하는 바가 있습니까?

김기수: 우리 나라의 학문은 500년 이해 주자학이 있는 것을 알 뿐입니다. 주자에 등을 돌리는 자는 바로 난적이라고 하여 주살하고 과거에 응하는 문자에 불씨(佛氏)나 노자의 말을 사용하는 자는 먼 지방으로 추방하고 허용하지 않습니다. 국법이 매우 엄격하므로 상하와 귀천을 가리지 않고 오직 주자만 있을 따름입니다. -『일동기유』(日東記游) 제2권 「문답」

김기수가 방일한 1876년은 일본에서는 메이지 유신 후 '문명개화'(文明開化) 사조가 전국을 풍미했던 시대이다. 그런데 조선은 주자학만을 유일하게 숭상

---

69) 막스 베버, "사회과학적 그리고 사회정책적 인식의 '객관성,'" 막스 베버, 전성우 옮김, 『막스 베버 사회과학방법론 선집』(나남, 2011), pp. 80-81.

하는 사상적 폐쇄성에서 한걸음도 벗어나지 못하고 '소중화'에 유유자적하고 있었다.[70]

'조선 지성계의 경직화'(Korean ossification of intellectual life)는 한국인의 정체성 상실을 자초했다. 제임스 H. 그레이슨은 그 까닭을 이렇게 설명한다.

사실 나는 한국만큼 유교적인 나라는 없다고 본다. 한국의 유학자들은 정치뿐만 아니라 사회 · 문화 등 모든 분야에 유교를 실현하려고 했다. 나는 그러한 유교적 사고방식에 대한 집착이 오늘날 한국 사회의 위기와 변동에 큰 영향력을 미쳤고 한국인의 정체성을 상실하게 했다고 생각한다.[71]

로버트 제이 립턴의 용어로 표현하면, 한국인의 정체성은 조선 이전의 '탄력적 자아'(the protean self)에서 조선 이후의 '근본주의적 자아'(the fundamentalist self)로 변질되었다.[72] 조선 이전의 '황제교황주의'(caesaropapism)가 조선 이후의 '신정정치'(theocracy)로 전환되었기 때문이었다.[73]

---

70) 강재언, 『선비의 나라 한국유학 2천년』, pp. 363-364.
71) 제임스 H. 그레이슨, "유교가 한국인 정체성 상실 불렀다," 『문화일보』(2001. 4. 20.) 그레이슨은 한국의 설화 및 신화를 방대하게 검토하면서 한국인의 정체성 변동 내지 상실을 밝혔다. James H. Grayson, *Myths and Legends from Korea: An Annotated Compendium of Ancient and Modern Materials* (Richmond: Curzon Press, 2001).
72) Cf. Robert Jay Lifton, *The Protean Self: Human Resilience in an Age of Fragmentation* (New York: Basic Books, 1993).
73) 자세한 내용은, 이현휘, 『서독 동방정책의 '순항'과 한국 햇볕정책의 '난파'』(한다디

그러나 "우리는 이미 종교, 과학, 정치사상 등을 근본적으로 재구성해야만 하는 시대에 진입했다"(We are entering upon an age of reconstruction, in religion, in science, and in political thought).[74] 따라서 기존 지식의 '답습,' '반복,' '암기,' '숭배' 대신, '발상의 모험'(adventures of ideas)을 통해서 근원적으로 '혁신'해야만 한다. 그래서 '근본주의적 자아'를 탈각하고, '탄력적 자아'를 되찾아야 한다. 그래서 한국판 매카시즘의 늪에서 영원히 해방되어야만 한다. 오직 그래야만 한국사회에 대한 갈릴레이적 희망의 끈을 여전히 놓지 않고 있는 이대식을 따뜻하게 품을 수 있기 때문이다. 그는 "그래도 세상은 변한다"고 말하고 있지 않은가?

자인, 2024), 제4장, "조선 신유교와 신정정치, 그리고 당파이익."

74) Whitehead, *Science and the Modern World*, p. 51.

그래도 세상은 변한다

초판 1쇄 발행 ㅣ 2025년 4월 5일
지은이 ㅣ 이대식
펴낸이 ㅣ 이명권
펴낸곳 ㅣ 열린서원
등록번호 ㅣ 제300-2015-130호(1999년)
주소 ㅣ 강원특별자치도 화천군 간동면 용호길 73-155
전화 ㅣ 010-2128-1215
전자우편 ㅣ imkkorea@hanmail.net
ISBN ㅣ 979-11-89186-71-5(03300)

값 25,000원